地方政府专项债券法律法规汇编

华心萌 ◎ 主编

Difang Zhengfu
Zhuanxiang Zhaiquan
Falü Fagui Huibian

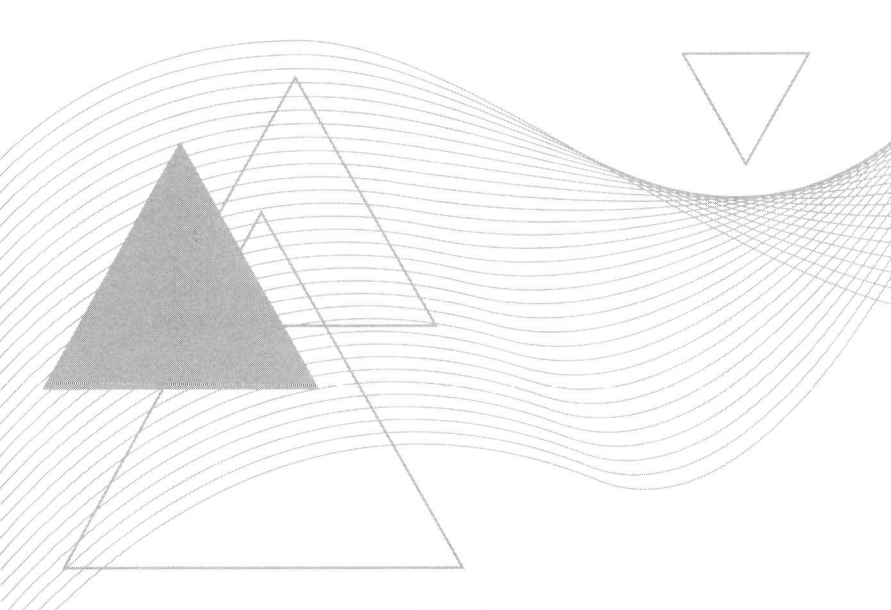

知识产权出版社
全国百佳图书出版单位
—北京—

图书在版编目（CIP）数据

地方政府专项债券法律法规汇编/戴勇坚，华心萌主编. —北京：知识产权出版社，2023.2

ISBN 978－7－5130－8678－3

Ⅰ.①地… Ⅱ.①戴… ②华… Ⅲ.①地方政府—债券发行—经济法—汇编—中国　Ⅳ.①D922.290.9

中国国家版本馆 CIP 数据核字（2023）第 016047 号

责任编辑：齐梓伊　　　　　　　　　　　责任校对：王　岩
执行编辑：凌艳怡　　　　　　　　　　　责任印制：刘译文
封面设计：瀚品设计

地方政府专项债券法律法规汇编
戴勇坚　华心萌　主编

出版发行：	知识产权出版社有限责任公司	网　　址：	http://www.ipph.cn
社　　址：	北京市海淀区气象路 50 号院	邮　　编：	100081
责编电话：	010－82000860 转 8176	责编邮箱：	qiziyi2004@qq.com
发行电话：	010－82000860 转 8101/8102	发行传真：	010－82000893/82005070/82000270
印　　刷：	天津嘉恒印务有限公司	经　　销：	新华书店、各大网上书店及相关专业书店
开　　本：	720mm×1000mm　1/16	印　　张：	26.5
版　　次：	2023 年 2 月第 1 版	印　　次：	2023 年 2 月第 1 次印刷
字　　数：	458 千字	定　　价：	96.00 元

ISBN 978－7－5130－8678－3

出版权专有　侵权必究
如有印装质量问题，本社负责调换。

前　言

2022年10月16日，习近平总书记在中国共产党第二十次全国代表大会的报告中特别强调"未来五年是全面建设社会主义现代化国家开局起步的关键时期"，要"健全宏观经济治理体系，发挥国家发展规划的战略导向作用，加强财政政策和货币政策协调配合"，还要"健全资本市场功能，提高直接融资比重"。推动用好地方政府专项债券（以下简称专项债）是进一步贯彻落实党的二十大会议精神和深化政府投融资体制改革的重要举措，也是保障地方合理融资需求的重要手段，更是遏制违法违规融资担保行为、防范地方政府债务风险的有力措施，并已经成为促进基础设施项目投资的重要资金来源，受到各级政府高度重视。一方面，发行专项债所募集的资金确保了区域经济的稳定和复苏，为国家面对疫情冲击、克服外部经济压力等发挥了重要作用；另一方面，专项债通过逆周期调节，弥补了我国中西部等地区在区域产业发展、城市基础设施建设、乡村振兴实施等方面的短板，为这些地区后续的经济发展打下了坚实基础，也为国家未来的经济增长提供了更多的发展动力。

2014年《中华人民共和国预算法》修正，正式赋予了地方政府发行地方政府专项债券的权限。经过八年的发展，专项债的制度政策体系建设日益完善，发行规模持续扩大，投向领域不断拓宽，在监督管理方面也取得了跨越式发展。例如，在发行规模方面，根据中国地方政府债券信息公开平台公布的全国地方政府新增专项债券发行数据显示，2015年，全国地方政府新增专项债券发行额为959亿元人民币，2021年已增长至35 844亿元人民币。至此，专项债已成为我国仅次于国债和政策性金融债的第三大债券品种。在投向领域方面，截至2022年年底，专项债所支持的投向领域由原来的交通基础设施、能源、农林水利、生态环保、社会事业、城乡冷链等物流基础设施、市政和产业园区基础设施、国家重大战略项目、保障性安居工程九大领域扩大至十一个，增加了新能源、新基建两大领域。专项债资金可用作项目资本金的领域也由原有的铁路、收费公路、干线机场、内河航电枢纽和港口、城市停车场、天然气管网和储气设施、城乡电网、水利、城镇污水垃圾处理、供水 10 个领域扩大至 13 个，增加了新能源项目、煤炭储备设施、国家级产业园区基础设施 3 个领域。由此可见，专项债对国家经济的支持力度仍在继续加大。

建纬律师事务所作为国内首家以建设工程、房地产、工程总承包、不动产金融等为主要业务板块的专业律师事务所，已深耕专项债法律服务多年。截至 2022 年 12 月，建纬（长沙）律师事务所和建纬（天津）律师事务所已为湖南省、天津市、长沙市等多省、市地区超 200 个专项债项目提供法律服务，累计服务专项债发行金额超 900 亿元人民币，涵盖土地储备、棚户区改造、园区建设、交通基础设施建设、保障性安居工程、农林水利、水务建设、城乡冷链物流基础设施、社会事业等多个领域。其中不乏省、市级重点建设项目，例如，长沙机场改扩建工程、中南大学湘雅医院新院区建设项目、长沙市老旧小区改造试点项目、长沙市马栏山视频文创产业园建设项目、长沙高铁西站综合客运枢纽项目、椒花水库工程、湖南湘江新区长株潭融城配套公共基础设施项目、湖南自由贸易试验区突发公共卫生事件应急服务中心建设项目、天津市滨海新区农村人居环境示范村建设项目、京滨工业园基础设施及交通工程建设项目、小王庄镇乡村振兴一二三产业融合发展项目、中塘镇产城融合基础设施建设项目等。

为便于政府机关、企事业单位以及相关领域从业人员查阅使用专项债相关法律法规，提高其法治思维和依法办事能力，为专项债相关工作的开展提供法律参考，建纬（长沙）律师事务所和建纬（天津）律师事务所充分发挥自身在专项债领域的专业特长，特对专项债有关法律法规进行了整理汇编。本汇编收录了截至 2022 年 10 月全国和地方发布的与专项债相关的法律法规及其他规范性文件等，共计 74 部（件），其中全国性工作文件 47 部（件），地方重点工作文件 27 部（件）。

本汇编系编者整理形成，难免会有遗漏，如有不足之处，敬请谅解。编印中如存在不妥之处，也欢迎批评指正。联系电话 0731 - 82241828、022 - 27310738。

编　者

2023 年 1 月 4 日

目 录
CONTENTS

第一部分　全国法律法规 ……………………………………………… 1

一、固定资产投资 ……………………………………………………… 1

 1. 政府投资条例 ……………………………………………………… 1

 2. 国务院关于调整和完善固定资产投资项目资本金制度的通知 …… 7

 3. 国务院关于加强固定资产投资项目资本金管理的通知 ………… 8

 4. 国务院办公厅关于保持基础设施领域补短板力度的指导意见 …… 10

二、预算管理 …………………………………………………………… 17

 1. 中华人民共和国预算法 ………………………………………… 17

 2. 中华人民共和国预算法实施条例 ……………………………… 35

 3. 国务院关于深化预算管理制度改革的决定 …………………… 51

 4. 国务院关于进一步深化预算管理制度改革的意见 …………… 59

 5. 政府性基金管理暂行办法 ……………………………………… 67

 6. 财政部关于对地方政府债务实行限额管理的实施意见 ……… 73

 7. 地方政府专项债务预算管理办法 ……………………………… 76

 8. 新增地方政府债务限额分配管理暂行办法 …………………… 81

三、地方政府债务管理 ………………………………………………… 85

 1. 全国人民代表大会常务委员会关于授权国务院提前下达部分新增地方政府债务限额的决定 ………………………………… 85

 2. 国务院关于加强地方政府性债务管理的意见 ………………… 86

 3. 关于妥善解决地方政府融资平台公司在建项目后续融资问题的意见 ……………………………………………………………… 91

 4. 关于进一步规范地方政府举债融资行为的通知 ……………… 93

 5. 地方政府债务信息公开办法（试行） ………………………… 97

四、债券发行

1. 中华人民共和国证券法 …………………………………… 102
2. 关于做好地方政府专项债券发行及项目配套融资工作的通知 …… 144
3. 关于试点发展项目收益与融资自求平衡的地方政府专项债券品种的通知 …………………………………… 150
4. 地方政府债券公开承销发行业务规程 ……………………… 154
5. 财政部关于做好地方政府专项债券发行工作的意见 ………… 160
6. 地方政府债券弹性招标发行业务规程 ……………………… 161
7. 财政部关于做好地方政府债券发行工作的意见 ……………… 163
8. 财政部关于加快地方政府专项债券发行使用有关工作的通知 … 166
9. 财政部关于进一步做好地方政府债券发行工作的意见 ……… 168
10. 地方政府债券发行管理办法 ………………………………… 171
11. 地方政府债券信息公开平台管理办法 ……………………… 176
12. 地方政府债券信用评级管理暂行办法 ……………………… 177
13. 地方政府专项债券项目资金绩效管理办法 ………………… 179
14. 地方政府专项债券用途调整操作指引 ……………………… 184
15. 财政部办公厅、国家发展改革委办公厅关于梳理2021年新增专项债券项目资金需求的通知 ………………… 188
16. 财政部办公厅、国家发展改革委办公厅关于申报2022年新增专项债券项目资金需求的通知 ………………… 191

五、金融机构参与

1. 中国人民银行、财政部、中国银行保险监督管理委员会关于在全国银行间债券市场开展地方政府债券柜台业务的通知 …… 196
2. 财政部关于开展通过商业银行柜台市场发行地方政府债券工作的通知 …………………………………… 197
3. 财政部关于进一步做好地方政府债券柜台发行工作的通知 …… 198

六、行业领域

1. 国务院办公厅关于全面推进城镇老旧小区改造工作的指导意见 …………………………………… 202
2. 地方政府土地储备专项债券管理办法（试行） ……………… 208
3. 地方政府收费公路专项债券管理办法（试行） ……………… 213

4. 试点发行地方政府棚户区改造专项债券管理办法 …………… 219
5. 土地储备项目预算管理办法（试行） …………………………… 226
6. 水利部关于进一步用好地方政府专项债券推进水利工程补短板
   工作的通知 ……………………………………………………… 232
7. 文化和旅游部办公厅关于用好地方政府专项债券的通知 ……… 234
8. 文化和旅游部办公厅关于进一步用好地方政府专项债券推进
   文化和旅游领域重大项目建设的通知 ………………………… 235

七、监督与风险处置 …………………………………………………… 237
  1. 地方政府性债务风险应急处置预案 …………………………… 237
  2. 地方政府性债务风险分类处置指南 …………………………… 249
  3. 财政部驻各地财政监察专员办事处实施地方政府债务监督暂行
     办法 ……………………………………………………………… 266

第二部分　地方相关法规 …………………………………………… 271

一、北京市 ……………………………………………………………… 271
  1. 北京市政府债券招标发行规则 ………………………………… 271
  2. 北京市政府债券招标发行兑付办法 …………………………… 274

二、上海市 ……………………………………………………………… 278
  1. 上海市预算审查监督条例 ……………………………………… 278
  2. 上海市政府债券招标发行规则 ………………………………… 295
  3. 上海市地方政府专项债券项目资金绩效管理办法 …………… 299
  4. 上海市政府债券招标发行兑付办法 …………………………… 305

三、天津市 ……………………………………………………………… 309
  1. 天津市发展改革委、天津市财政局关于加快地方政府
     专项债券项目实施进度提高资金使用效率的通知 …………… 309
  2. 天津市财政局关于进一步规范地方政府专项债券项目管理的
     通知 ……………………………………………………………… 310
  3. 天津市地方政府专项债券项目资金绩效管理暂行办法 ……… 314

四、重庆市 ……………………………………………………………… 319
  1. 重庆市政府债券公开招标发行兑付办法 ……………………… 319
  2. 重庆市政府债券公开招标发行规则 …………………………… 323

3. 重庆市政府专项债券项目资金绩效管理办法 …………… 326

五、浙江省 …………………………………………………… 331
1. 浙江省政府债券公开发行承销团组建及管理办法 ……… 331
2. 浙江省财政厅关于做好浙江省政府债券公开发行工作有关事项的通知 …………………………………………… 334
3. 浙江省地方政府专项债券项目资金绩效管理办法 ……… 338

六、福建省 …………………………………………………… 343
1. 福建省政府债券公开招标发行兑付办法 ………………… 343
2. 福建省政府债券招标发行规则 …………………………… 346
3. 政府专项债券项目资金绩效管理办法 …………………… 350

七、广东省 …………………………………………………… 355
1. 广东省财政厅关于做好广东省政府债券公开招标发行工作的通知 ………………………………………………… 355
2. 2021—2023年深圳市政府债券招标发行和兑付办法 …… 359

八、湖南省 …………………………………………………… 364
1. 湖南省预算审查监督条例 ………………………………… 364
2. 重大政府投资建设项目审计监督实施办法 ……………… 372
3. 进一步规范政府性投资项目决策和立项防范政府债务风险的管理办法 …………………………………………… 377
4. 湖南省发展和改革委员会、湖南省财政厅关于进一步加强地方政府专项债券项目储备申报和发行建设管理的通知 …… 380

九、四川省 …………………………………………………… 383
1. 四川省人民政府关于进一步深化预算管理制度改革的实施意见 ………………………………………………… 383
2. 四川省地方政府专项债券全生命周期管理办法 ………… 390
3. 四川省省级新区省预算内投资专项管理办法（试行） … 398

附：法律意见书模板 ……………………………………… 406

后记 ………………………………………………………… 412

第一部分　全国法律法规

一、固定资产投资

1. 政府投资条例

(2018年12月5日国务院第33次常务会议通过　2019年4月14日中华人民共和国国务院令第712号公布　自2019年7月1日起施行)

第一章　总　则

第一条　为了充分发挥政府投资作用，提高政府投资效益，规范政府投资行为，激发社会投资活力，制定本条例。

第二条　本条例所称政府投资，是指在中国境内使用预算安排的资金进行固定资产投资建设活动，包括新建、扩建、改建、技术改造等。

第三条　政府投资资金应当投向市场不能有效配置资源的社会公益服务、公共基础设施、农业农村、生态环境保护、重大科技进步、社会管理、国家安全等公共领域的项目，以非经营性项目为主。

国家完善有关政策措施，发挥政府投资资金的引导和带动作用，鼓励社会资金投向前款规定的领域。

国家建立政府投资范围定期评估调整机制，不断优化政府投资方向和结构。

第四条　政府投资应当遵循科学决策、规范管理、注重绩效、公开透明的原则。

第五条　政府投资应当与经济社会发展水平和财政收支状况相适应。

国家加强对政府投资资金的预算约束。政府及其有关部门不得违法违规举借债务筹措政府投资资金。

第六条　政府投资资金按项目安排，以直接投资方式为主；对确需支持的经营性项目，主要采取资本金注入方式，也可以适当采取投资补助、贷款贴息等方式。

安排政府投资资金，应当符合推进中央与地方财政事权和支出责任划分改革的有关要求，并平等对待各类投资主体，不得设置歧视性条件。

国家通过建立项目库等方式，加强对使用政府投资资金项目的储备。

第七条 国务院投资主管部门依照本条例和国务院的规定，履行政府投资综合管理职责。国务院其他有关部门依照本条例和国务院规定的职责分工，履行相应的政府投资管理职责。

县级以上地方人民政府投资主管部门和其他有关部门依照本条例和本级人民政府规定的职责分工，履行相应的政府投资管理职责。

第二章　政府投资决策

第八条 县级以上人民政府应当根据国民经济和社会发展规划、中期财政规划和国家宏观调控政策，结合财政收支状况，统筹安排使用政府投资资金的项目，规范使用各类政府投资资金。

第九条 政府采取直接投资方式、资本金注入方式投资的项目（以下统称政府投资项目），项目单位应当编制项目建议书、可行性研究报告、初步设计，按照政府投资管理权限和规定的程序，报投资主管部门或者其他有关部门审批。

项目单位应当加强政府投资项目的前期工作，保证前期工作的深度达到规定的要求，并对项目建议书、可行性研究报告、初步设计以及依法应当附具的其他文件的真实性负责。

第十条 除涉及国家秘密的项目外，投资主管部门和其他有关部门应当通过投资项目在线审批监管平台（以下简称在线平台），使用在线平台生成的项目代码办理政府投资项目审批手续。

投资主管部门和其他有关部门应当通过在线平台列明与政府投资有关的规划、产业政策等，公开政府投资项目审批的办理流程、办理时限等，并为项目单位提供相关咨询服务。

第十一条 投资主管部门或者其他有关部门应当根据国民经济和社会发展规划、相关领域专项规划、产业政策等，从下列方面对政府投资项目进行审查，作出是否批准的决定：

（一）项目建议书提出的项目建设的必要性；

（二）可行性研究报告分析的项目的技术经济可行性、社会效益以及项目资金等主要建设条件的落实情况；

（三）初步设计及其提出的投资概算是否符合可行性研究报告批复以及国家有关标准和规范的要求；

（四）依照法律、行政法规和国家有关规定应当审查的其他事项。

投资主管部门或者其他有关部门对政府投资项目不予批准的，应当书面通知项目单位并说明理由。

对经济社会发展、社会公众利益有重大影响或者投资规模较大的政府投资项目，投资主管部门或者其他有关部门应当在中介服务机构评估、公众参与、专家评议、风险评估的基础上作出是否批准的决定。

第十二条　经投资主管部门或者其他有关部门核定的投资概算是控制政府投资项目总投资的依据。

初步设计提出的投资概算超过经批准的可行性研究报告提出的投资估算10%的，项目单位应当向投资主管部门或者其他有关部门报告，投资主管部门或者其他有关部门可以要求项目单位重新报送可行性研究报告。

第十三条　对下列政府投资项目，可以按照国家有关规定简化需要报批的文件和审批程序：

（一）相关规划中已经明确的项目；

（二）部分扩建、改建项目；

（三）建设内容单一、投资规模较小、技术方案简单的项目；

（四）为应对自然灾害、事故灾难、公共卫生事件、社会安全事件等突发事件需要紧急建设的项目。

前款第三项所列项目的具体范围，由国务院投资主管部门会同国务院其他有关部门规定。

第十四条　采取投资补助、贷款贴息等方式安排政府投资资金的，项目单位应当按照国家有关规定办理手续。

第三章　政府投资年度计划

第十五条　国务院投资主管部门对其负责安排的政府投资编制政府投资年度计划，国务院其他有关部门对其负责安排的本行业、本领域的政府投资编制政府投资年度计划。

县级以上地方人民政府有关部门按照本级人民政府的规定，编制政府投资年度计划。

第十六条　政府投资年度计划应当明确项目名称、建设内容及规模、建设工期、项目总投资、年度投资额及资金来源等事项。

第十七条　列入政府投资年度计划的项目应当符合下列条件：

（一）采取直接投资方式、资本金注入方式的，可行性研究报告已经批准或者投资概算已经核定；

（二）采取投资补助、贷款贴息等方式的，已经按照国家有关规定办理手续；

（三）县级以上人民政府有关部门规定的其他条件。

第十八条　政府投资年度计划应当和本级预算相衔接。

第十九条　财政部门应当根据经批准的预算，按照法律、行政法规和国库管理的有关规定，及时、足额办理政府投资资金拨付。

第四章　政府投资项目实施

第二十条　政府投资项目开工建设，应当符合本条例和有关法律、行政法规规定的建设条件；不符合规定的建设条件的，不得开工建设。

国务院规定应当审批开工报告的重大政府投资项目，按照规定办理开工报告审批手续后方可开工建设。

第二十一条　政府投资项目应当按照投资主管部门或者其他有关部门批准的建设地点、建设规模和建设内容实施；拟变更建设地点或者拟对建设规模、建设内容等作较大变更的，应当按照规定的程序报原审批部门审批。

第二十二条　政府投资项目所需资金应当按照国家有关规定确保落实到位。

政府投资项目不得由施工单位垫资建设。

第二十三条　政府投资项目建设投资原则上不得超过经核定的投资概算。

因国家政策调整、价格上涨、地质条件发生重大变化等原因确需增加投资概算的，项目单位应当提出调整方案及资金来源，按照规定的程序报原初步设计审批部门或者投资概算核定部门核定；涉及预算调整或者调剂的，依照有关预算的法律、行政法规和国家有关规定办理。

第二十四条　政府投资项目应当按照国家有关规定合理确定并严格执行建设工期，任何单位和个人不得非法干预。

第二十五条　政府投资项目建成后，应当按照国家有关规定进行竣工验收，并在竣工验收合格后及时办理竣工财务决算。

政府投资项目结余的财政资金，应当按照国家有关规定缴回国库。

第二十六条　投资主管部门或者其他有关部门应当按照国家有关规定选择有代表性的已建成政府投资项目，委托中介服务机构对所选项目进行后评价。后评价应当根据项目建成后的实际效果，对项目审批和实施进行全面评价并提出明确意见。

第五章　监督管理

第二十七条　投资主管部门和依法对政府投资项目负有监督管理职责的其他部门应当采取在线监测、现场核查等方式，加强对政府投资项目实施情况的监督检查。

项目单位应当通过在线平台如实报送政府投资项目开工建设、建设进度、竣工的基本信息。

第二十八条　投资主管部门和依法对政府投资项目负有监督管理职责的其他部门应当建立政府投资项目信息共享机制，通过在线平台实现信息共享。

第二十九条　项目单位应当按照国家有关规定加强政府投资项目档案管理，将项目审批和实施过程中的有关文件、资料存档备查。

第三十条　政府投资年度计划、政府投资项目审批和实施以及监督检查的信息应当依法公开。

第三十一条　政府投资项目的绩效管理、建设工程质量管理、安全生产管理等事项，依照有关法律、行政法规和国家有关规定执行。

第六章　法律责任

第三十二条　有下列情形之一的，责令改正，对负有责任的领导人员和直接责任人员依法给予处分：

（一）超越审批权限审批政府投资项目；

（二）对不符合规定的政府投资项目予以批准；

（三）未按照规定核定或者调整政府投资项目的投资概算；

（四）为不符合规定的项目安排投资补助、贷款贴息等政府投资资金；

（五）履行政府投资管理职责中其他玩忽职守、滥用职权、徇私舞弊的情形。

第三十三条　有下列情形之一的，依照有关预算的法律、行政法规和国家有关规定追究法律责任：

（一）政府及其有关部门违法违规举借债务筹措政府投资资金；

（二）未按照规定及时、足额办理政府投资资金拨付；

（三）转移、侵占、挪用政府投资资金。

第三十四条　项目单位有下列情形之一的，责令改正，根据具体情况，暂停、停止拨付资金或者收回已拨付的资金，暂停或者停止建设活动，对负有责任的领导人员和直接责任人员依法给予处分：

（一）未经批准或者不符合规定的建设条件开工建设政府投资项目；

（二）弄虚作假骗取政府投资项目审批或者投资补助、贷款贴息等政府投资资金；

（三）未经批准变更政府投资项目的建设地点或者对建设规模、建设内容等作较大变更；

（四）擅自增加投资概算；

（五）要求施工单位对政府投资项目垫资建设；

（六）无正当理由不实施或者不按照建设工期实施已批准的政府投资项目。

第三十五条　项目单位未按照规定将政府投资项目审批和实施过程中的有关文件、资料存档备查，或者转移、隐匿、篡改、毁弃项目有关文件、资料的，责令改正，对负有责任的领导人员和直接责任人员依法给予处分。

第三十六条　违反本条例规定，构成犯罪的，依法追究刑事责任。

第七章　附　　则

第三十七条　国防科技工业领域政府投资的管理办法，由国务院国防科技工业管理部门根据本条例规定的原则另行制定。

第三十八条　中国人民解放军和中国人民武装警察部队的固定资产投资管理，按照中央军事委员会的规定执行。

第三十九条　本条例自 2019 年 7 月 1 日起施行。

2. 国务院关于调整和完善固定资产投资项目资本金制度的通知

（国发〔2015〕51号公布 自2015年9月14日起施行）

各省、自治区、直辖市人民政府，国务院各部委、各直属机构：

为进一步解决当前重大民生和公共领域投资项目融资难、融资贵问题，增加公共产品和公共服务供给，补短板、增后劲，扩大有效投资需求，促进投资结构调整，保持经济平稳健康发展，国务院决定对固定资产投资项目资本金制度进行调整和完善。现就有关事项通知如下：

一、各行业固定资产投资项目的最低资本金比例按以下规定执行。

城市和交通基础设施项目：城市轨道交通项目由25%调整为20%，港口、沿海及内河航运、机场项目由30%调整为25%，铁路、公路项目由25%调整为20%。

房地产开发项目：保障性住房和普通商品住房项目维持20%不变，其他项目由30%调整为25%。

产能过剩行业项目：钢铁、电解铝项目维持40%不变，水泥项目维持35%不变，煤炭、电石、铁合金、烧碱、焦炭、黄磷、多晶硅项目维持30%不变。

其他工业项目：玉米深加工项目由30%调整为20%，化肥（钾肥除外）项目维持25%不变。

电力等其他项目维持20%不变。

二、城市地下综合管廊、城市停车场项目，以及经国务院批准的核电站等重大建设项目，可以在规定最低资本金比例基础上适当降低。

三、金融机构在提供信贷支持和服务时，要坚持独立审贷，切实防范金融风险。要根据借款主体和项目实际情况，按照国家规定的资本金制度要求，对资本金的真实性、投资收益和贷款风险进行全面审查和评估，坚持风险可控、商业可持续原则，自主决定是否发放贷款以及具体的贷款数量和比例。对于产能严重过剩行业，金融机构要严格执行《国务院关于化解产能严重过剩矛盾的指导意见》（国发〔2013〕41号）有关规定。

四、自本通知印发之日起，凡尚未审批可行性研究报告、核准项目申请报告、办理备案手续的固定资产投资项目，以及金融机构尚未贷款的固定资产投资项目，均按照本通知执行。已经办理相关手续但尚未开工建设的固定资产投资项目，参照本通知执行。已与金融机构签订相关合同的固定资产投资项目，按照原合同执行。

五、国家将根据经济形势发展和宏观调控需要，适时调整固定资产投资项目最低资本金比例。

六、本通知自印发之日起执行。

国务院

2015年9月9日

3. 国务院关于加强固定资产投资项目资本金管理的通知

（2019年11月20日国发〔2019〕26号公布）

各省、自治区、直辖市人民政府，国务院各部委、各直属机构：

对固定资产投资项目（以下简称投资项目）实行资本金制度，合理确定并适时调整资本金比例，是促进有效投资、防范风险的重要政策工具，是深化投融资体制改革、优化投资供给结构的重要手段。为更好发挥投资项目资本金制度的作用，做到有保有控、区别对待，促进有效投资和风险防范紧密结合、协同推进，现就加强投资项目资本金管理工作通知如下：

一、进一步完善投资项目资本金制度

（一）明确投资项目资本金制度的适用范围和性质。该制度适用于我国境内的企业投资项目和政府投资的经营性项目。投资项目资本金作为项目总投资中由投资者认缴的出资额，对投资项目来说必须是非债务性资金，项目法人不承担这部分资金的任何债务和利息；投资者可按其出资比例依法享有所有者权益，也可转让其出资，但不得以任何方式抽回。党中央、国务院另有规定的除外。

（二）分类实施投资项目资本金核算管理。设立独立法人的投资项目，其所有者权益可以全部作为投资项目资本金。对未设立独立法人的投资项目，项目单位应设立专门账户，规范设置和使用会计科目，按照国家有关财务制度、会计制度对拨入的资金和投资项目的资产、负债进行独立核算，并据此核定投资项目资本金的额度和比例。

（三）按照投资项目性质，规范确定资本金比例。适用资本金制度的投资项目，属于政府投资项目的，有关部门在审批可行性研究报告时要对投资项目资本金筹措方式和有关资金来源证明文件的合规性进行审查，并在批准文件中就投资项目资本金比例、筹措方式予以确认；属于企业投资项目的，提供融资服务的有关金融机构要加强对投资项目资本金来源、比例、到位情况的审查监督。

二、适当调整基础设施项目最低资本金比例

（四）港口、沿海及内河航运项目，项目最低资本金比例由25%调整为20%。

（五）机场项目最低资本金比例维持25%不变，其他基础设施项目维持20%不变。其中，公路（含政府收费公路）、铁路、城建、物流、生态环保、社会民生等领域的补短板基础设施项目，在投资回报机制明确、收益可靠、风险可控的前提下，可以适当降低项目最低资本金比例，但下调不得超过5个百分点。实行审批制的项目，审批部门可以明确项目单位按此规定合理确定的投资项目资本金比例。实行核准或备案制的项目，项目单位与金融机构可以按此规定自主调整投资项目资本金比例。

（六）法律、行政法规和国务院对有关投资项目资本金比例另有规定的，从其规定。

三、鼓励依法依规筹措重大投资项目资本金

（七）对基础设施领域和国家鼓励发展的行业，鼓励项目法人和项目投资方通过发行权益型、股权类金融工具，多渠道规范筹措投资项目资本金。

（八）通过发行金融工具等方式筹措的各类资金，按照国家统一的会计制度应当分类为权益工具的，可以认定为投资项目资本金，但不得超过资本金总额的50%。存在下列情形之一的，不得认定为投资项目资本金：

1. 存在本息回购承诺、兜底保障等收益附加条件；
2. 当期债务性资金偿还前，可以分红或取得收益；
3. 在清算时受偿顺序优先于其他债务性资金。

（九）地方各级政府及其有关部门可统筹使用本级预算资金、上级补助资

金等各类财政资金筹集项目资本金，可按有关规定将政府专项债券作为符合条件的重大项目资本金。

四、严格规范管理，加强风险防范

（十）项目借贷资金和不符合国家规定的股东借款、"名股实债"等资金，不得作为投资项目资本金。筹措投资项目资本金，不得违规增加地方政府隐性债务，不得违反国家关于国有企业资产负债率相关要求。不得拖欠工程款。

（十一）金融机构在认定投资项目资本金时，应严格区分投资项目与项目投资方，依据不同的资金来源与投资项目的权责关系判定其权益或债务属性，对资本金的真实性、合规性和投资收益、贷款风险进行全面审查，并自主决定是否发放贷款以及贷款数量和比例。项目单位应当配合金融机构开展投资项目资本金审查工作，提供有关资本金真实性和资金来源的证明材料，并对证明材料的真实性负责。

（十二）自本通知印发之日起，凡尚未经有关部门审批可行性研究报告、核准项目申请报告、办理备案手续的投资项目，均按本通知执行。已经办理相关手续、尚未开工、金融机构尚未发放贷款的投资项目，可以按本通知调整资金筹措方案，并重新办理审批、核准或备案手续。已与金融机构签订相关贷款合同的投资项目，可按照原合同执行。

国务院

2019 年 11 月 20 日

4. 国务院办公厅关于保持基础设施领域补短板力度的指导意见

（2018 年 10 月 11 日国办发〔2018〕101 号公布）

各省、自治区、直辖市人民政府，国务院各部委、各直属机构：

补短板是深化供给侧结构性改革的重点任务。近年来，我国固定资产投资结构不断优化，为增强经济发展后劲、补齐基础设施短板、带动就业和改善民生提供了有力支撑。但今年以来整体投资增速放缓，特别是基础设施投资增速回落较多，一些领域和项目存在较大投资缺口，亟需聚焦基础设施领域突出短板,保持有效投资力度,促进内需扩大和结构调整,提升中长期供给能力,形成供需互促共进的良性循环,确保经济运行在合理区间。为贯彻落实党中央、国务院决策部署,深化供给侧结构性改革,进一步增强基础设施对促进城乡和区域协调发展、改善民生等方面的支撑作用,经国务院同意,现就保持基础设施领域补短板力度提出以下意见。

一、总体要求

(一)指导思想。

以习近平新时代中国特色社会主义思想为指导,全面贯彻党的十九大和十九届二中、三中全会精神,坚持稳中求进工作总基调,坚持以供给侧结构性改革为主线,围绕全面建成小康社会目标和高质量发展要求,坚持既不过度依赖投资也不能不要投资、防止大起大落的原则,聚焦关键领域和薄弱环节,保持基础设施领域补短板力度,进一步完善基础设施和公共服务,提升基础设施供给质量,更好发挥有效投资对优化供给结构的关键性作用,保持经济平稳健康发展。

(二)基本原则。

——聚焦短板。支持"一带一路"建设、京津冀协同发展、长江经济带发展、粤港澳大湾区建设等重大战略,围绕打好精准脱贫、污染防治攻坚战,着力补齐铁路、公路、水运、机场、水利、能源、农业农村、生态环保、公共服务、城乡基础设施、棚户区改造等领域短板,加快推进已纳入规划的重大项目。

——协同发力。充分发挥市场配置资源的决定性作用,积极鼓励民间资本参与补短板项目建设,调动各类市场主体的积极性、创造性。更好发挥政府作用,加强补短板重大项目储备,加快项目审核进度,积极发挥政府投资引导带动作用,为市场主体创造良好的投资环境。

——分类施策。加大对储备项目的协调调度力度,加快推进前期工作,推动项目尽早开工建设。在依法合规的前提下,统筹保障在建项目合理资金需求,推动在建项目顺利实施,确保工程质量安全,早日建成发挥效益,避免形成"半拉子"工程。

——防范风险。坚持尽力而为、量力而行,根据地方财政承受能力和地方政府投资能力,严格项目建设条件审核,合理安排工程项目建设,坚决避免盲目投资、重复建设。规范地方政府举债融资,管控好新增项目融资的金融"闸门",牢牢守住不发生系统性风险的底线。

二、重点任务

（一）脱贫攻坚领域。深入推进易地扶贫搬迁工程，大力实施以工代赈，加强贫困地区特别是"三区三州"等深度贫困地区基础设施和基本公共服务设施建设。大力支持革命老区、民族地区、边疆地区和资源枯竭、产业衰退地区加快发展。（发展改革委、扶贫办按职责分工牵头负责）

（二）铁路领域。以中西部为重点，加快推进高速铁路"八纵八横"主通道项目，拓展区域铁路连接线，进一步完善铁路骨干网络。加快推动一批战略性、标志性重大铁路项目开工建设。推进京津冀、长三角、粤港澳大湾区等地区城际铁路规划建设。加快国土开发性铁路建设。实施一批集疏港铁路、铁路专用线建设和枢纽改造工程。（发展改革委、中国铁路总公司牵头负责，交通运输部、铁路局按职责分工负责）

（三）公路、水运领域。加快启动一批国家高速公路网待贯通路段项目和对"一带一路"建设、京津冀协同发展、长江经济带发展、粤港澳大湾区建设等重大战略有重要支撑作用的地方高速公路项目，加快推进重点省区沿边公路建设。加快推进三峡枢纽水运新通道和葛洲坝航运扩能工程前期工作，加快启动长江干线、京杭运河等一批干线航道整治工程，同步推动实施一批支线航道整治工程。（交通运输部、水利部按职责分工负责）

（四）机场领域。加快北京大兴国际机场建设，重点推进一批国际枢纽机场和中西部支线机场新建、迁建、改扩建项目前期工作，力争尽早启动建设，提升国际枢纽机场竞争力，扩大中西部地区航空运输覆盖范围。（民航局牵头负责）

（五）水利领域。加快建设一批引调水、重点水源、江河湖泊治理、大型灌区等重大水利工程，推进引江济淮、滇中引水、珠江三角洲水资源配置、碾盘山水利水电枢纽、向家坝灌区一期等重大水利工程建设，进一步完善水利基础设施网络。加快推进中小河流治理等灾后水利薄弱环节建设。（水利部牵头负责）

（六）能源领域。进一步加快金沙江拉哇水电站、雅砻江卡拉水电站等重大水电项目开工建设。加快推进跨省跨区输电，优化完善各省份电网主网架，推动实施一批特高压输电工程。加快实施新一轮农村电网改造升级工程。继续推进燃煤机组超低排放与节能改造，加大油气勘探开发力度，做好天然气产供储销体系和重点地区应急储气能力建设。积极推进一批油气产能、管网等重点

项目。(能源局牵头负责)

(七)农业农村领域。大力实施乡村振兴战略,统筹加大高标准农田、特色农产品优势区、畜禽粪污资源化利用等农业基础设施建设力度,促进提升农业综合生产能力。持续推进农村产业融合发展。扎实推进农村人居环境整治三年行动,支持农村改厕工作,促进农村生活垃圾和污水处理设施建设,推进村庄综合建设。(中央农办、发展改革委、农业农村部按职责分工负责)

(八)生态环保领域。加大对天然林资源保护、重点防护林体系建设、水土保持等生态保护重点工程支持力度。支持城镇生活污水、生活垃圾、危险废物处理设施建设,加快黑臭水体治理。支持煤炭减量替代等重大节能工程和循环经济发展项目。支持重点流域水环境综合治理。(发展改革委、生态环境部、住房城乡建设部、水利部、林草局按职责分工牵头负责)

(九)社会民生领域。支持教育、医疗卫生、文化、体育、养老、婴幼儿托育等设施建设,进一步推进基本公共服务均等化。推进保障性安居工程和城镇公共设施、城市排水防涝设施建设。加快推进"最后一公里"水电气路邮建设。(教育部、卫生健康委、文化和旅游部、体育总局、广电总局、民政部、住房城乡建设部、邮政局等按职责分工牵头负责)

三、配套政策措施

(一)加强重大项目储备。根据重大战略部署、国民经济和社会发展规划纲要、重大建设规划以及财政承受能力和政府投资能力等,对接经济发展和民生需要,依托国家重大建设项目库,分近期、中期、长期三类储备一批基础设施等重点领域补短板重大项目,形成项目储备和滚动接续机制。(发展改革委牵头负责,工业和信息化部、生态环境部、住房城乡建设部、交通运输部、水利部、农业农村部、能源局、林草局、铁路局、民航局、中国铁路总公司等按职责分工负责,地方各级人民政府负责)

(二)加快推进项目前期工作和开工建设。加强沟通协调,强化督促调度,加快规划选址、用地、用海、环评、水土保持等方面前期工作,加大征地拆迁、市政配套、水电接入、资金落实等推进力度,推动项目尽早开工建设。(发展改革委、工业和信息化部、自然资源部、生态环境部、住房城乡建设部、交通运输部、水利部、农业农村部、能源局、林草局、铁路局、民航局、中国铁路总公司等按职责分工负责)

(三)保障在建项目顺利实施,避免形成"半拉子"工程。坚决打好防范化解重大风险攻坚战，对确有必要、关系国计民生的在建项目，统筹采取有效措施保障合理融资需求，推动项目顺利建成，避免资金断供、工程烂尾，防止造成重大经济损失、影响社会稳定，有效防范"处置风险的风险"。（地方各级人民政府负责）

（四）加强地方政府专项债券资金和项目管理。财政部门要完善地方政府专项债券制度，优化专项债券发行程序，合理安排发行进度。分配地方政府专项债券规模时，在充分考虑债务水平基础上，还要考虑在建项目和补短板重大项目资金需求，以及国家重大建设项目库项目储备情况。允许有条件的地方在专项债券发行完成前，对预算已安排的专项债券资金项目通过先行调度库款的办法，加快项目建设进度，债券发行后及时归垫。地方政府建立专项债券项目安排协调机制，加强地方发展改革、财政部门间的沟通衔接，做好项目前期工作，按照财政部确定的专项债券额度，提出专项债券项目安排意见，确保专项债券发行收入可以迅速使用，重点用于在建项目和补短板重大项目。加大财政性资金支持力度，盘活各级财政存量资金，利用以往年度财政结余资金，保障项目建设。（发展改革委、财政部按职责分工负责，地方各级人民政府负责）

（五）加大对在建项目和补短板重大项目的金融支持力度。对已签订借款合同的必要在建项目，金融机构可在依法合规和切实有效防范风险的前提下继续保障融资，对有一定收益或稳定盈利模式的在建项目优先给予信贷支持。鼓励通过发行公司信用类债券、转为合规的政府和社会资本合作（PPP）等市场化方式开展后续融资。在不增加地方政府隐性债务规模的前提下，引导商业银行按照风险可控、商业可持续的原则加大对资本金到位、运作规范的必要在建项目和补短板重大项目的信贷投放力度，支持开发性金融机构、政策性银行结合各自职能定位和业务范围加大相关支持力度。发挥保险资金长期投资优势，通过债权、股权、股债结合、基金等多种形式，积极为在建项目和补短板重大项目提供融资。（银保监会牵头负责，发展改革委、财政部、人民银行、证监会按职责分工负责，地方各级人民政府负责）

（六）合理保障融资平台公司正常融资需求。金融机构要在采取必要风险缓释措施的基础上，按照市场化原则保障融资平台公司合理融资需求，不得盲目抽贷、压贷或停贷，防范存量隐性债务资金链断裂风险。在严格依法解除违法违规担保关系的基础上，对必要的在建项目，允许融资平台公司在不扩大建设规模和防范风险的前提下与金融机构协商继续融资，避免出现工程烂尾。按照一般企业标准对被划分为"退出为一般公司类"的融资平台公司审核放贷。在不增加地方政府隐性债务规模的前提下，对存量隐性债务难以偿还的，允许融资平台公司在与金融机构协商的基础上采取适当展期、债务重组等方式维持资金周转。支持转型中的融资平台公司和转型后市场化运作的国有企业，依法合规承接政府公益性项目，实行市场化经营、自负盈亏，地方政府以出资额为限承担责任。（银保监会、发展改革委、财政部等按职责分工负责）

（七）充分调动民间投资积极性。贯彻落实各项已出台的促进民间投资政策，细化配套措施，持续激发民间投资活力。尽快在交通、油气、电信等领域推介一批投资回报机制明确、商业潜力大的项目。引导社会力量增加学前教育、健康、养老等服务供给，积极依法合规参与扶贫、污染防治等领域基础设施建设。鼓励金融机构和全国信用信息共享平台、地方有关信息平台加强合作，充分运用民营企业纳税等数据，推动开展"银税互动"等。积极发挥国家融资担保基金作用，支持省级再担保公司开展业务，推动符合条件的民营企业参与补短板重大项目。（发展改革委、财政部、银保监会、税务总局按职责分工牵头负责）

（八）规范有序推进政府和社会资本合作（PPP）项目。鼓励地方依法合规采用政府和社会资本合作（PPP）等方式，撬动社会资本特别是民间投资投入补短板重大项目。对经核查符合规定的政府和社会资本合作（PPP）项目加大推进力度，严格兑现合法合规的政策承诺，尽快落实建设条件。积极推动符合条件的政府和社会资本合作（PPP）项目发行债券、规范开展资产证券化。加强政府和社会资本合作（PPP）项目可行性论证，合理确定项目主要内容和投资规模。规范政府和社会资本合作（PPP）操作，构建合理、清晰的权责利关系，发挥社会资本管理、运营优势，提高项目实施效率。规范有序盘活存量资产，鼓励采取转让—运营—移交（TOT）、改建—运营—移交（ROT）等方式，将回收资金用于在建项目和补短板重大项目建设。（发展改革委、财政部按职责分工牵头负责）

（九）深化投资领域"放管服"改革。依托全国投资项目在线审批监管平台，对各类投资审批事项实行"一码运转、一口受理、一网通办"，发挥在线平台电子监察、实时监控功能，切实压减审批时间。加大在线平台应用力度，推动投资管理向服务引导转型，优化投资环境。加快投资项目综合性咨询和工程全过程咨询改革，切实压减审批前的评价评估环节。推进工程建设项目审批

制度改革，聚焦工程设计管理体制、施工许可环节等，压减报建时间。（发展改革委、住房城乡建设部按职责分工牵头负责）

（十）防范化解地方政府隐性债务风险和金融风险。地方政府建设投资应当量力而行，加大财政约束力度，在建设项目可行性研究阶段充分论证资金筹措方案。严格项目建设条件审核，区分轻重缓急，科学有序推进。严禁违法违规融资担保行为，严禁以政府投资基金、政府和社会资本合作（PPP）、政府购买服务等名义变相举债。金融机构要审慎合规经营，尽职调查、严格把关，按照市场化原则评估借款人财务能力和还款来源，综合考虑项目现金流、抵质押物等审慎授信。（地方各级人民政府负责）

各地区、各部门要把基础设施领域补短板作为推进供给侧结构性改革、巩固经济稳中向好态势、促进就业和提升国家长期综合竞争力的重要举措，按照职责分工抓好贯彻落实，强化分类指导，层层压实责任，加强沟通协调，形成工作合力，确保各项政策及时落地生效。

国务院办公厅

2018 年 10 月 11 日

（本文有删减①）

---

① 国务院公文原文如此。

二、预算管理

1. 中华人民共和国预算法

（1994年3月22日第八届全国人民代表大会第二次会议通过　根据2014年8月31日第十二届全国人民代表大会常务委员会第十次会议《关于修改〈中华人民共和国预算法〉的决定》第一次修正　根据2018年12月29日第十三届全国人民代表大会常务委员会第七次会议《关于修改〈中华人民共和国产品质量法〉等五部法律的决定》第二次修正）

第一章　总　　则

第一条　为了规范政府收支行为，强化预算约束，加强对预算的管理和监督，建立健全全面规范、公开透明的预算制度，保障经济社会的健康发展，根据宪法，制定本法。

第二条　预算、决算的编制、审查、批准、监督，以及预算的执行和调整，依照本法规定执行。

第三条　国家实行一级政府一级预算，设立中央，省、自治区、直辖市，设区的市、自治州，县、自治县、不设区的市、市辖区，乡、民族乡、镇五级预算。

全国预算由中央预算和地方预算组成。地方预算由各省、自治区、直辖市总预算组成。

地方各级总预算由本级预算和汇总的下一级总预算组成；下一级只有本级预算的，下一级总预算即指下一级的本级预算。没有下一级预算的，总预算即指本级预算。

第四条　预算由预算收入和预算支出组成。

政府的全部收入和支出都应当纳入预算。

第五条　预算包括一般公共预算、政府性基金预算、国有资本经营预算、社会保险基金预算。

一般公共预算、政府性基金预算、国有资本经营预算、社会保险基金预算应当保持完整、独立。政府性基金预算、国有资本经营预算、社会保险基金预算应当与一般公共预算相衔接。

第六条 一般公共预算是对以税收为主体的财政收入，安排用于保障和改善民生、推动经济社会发展、维护国家安全、维持国家机构正常运转等方面的收支预算。

中央一般公共预算包括中央各部门（含直属单位，下同）的预算和中央对地方的税收返还、转移支付预算。

中央一般公共预算收入包括中央本级收入和地方向中央的上解收入。中央一般公共预算支出包括中央本级支出、中央对地方的税收返还和转移支付。

第七条 地方各级一般公共预算包括本级各部门（含直属单位，下同）的预算和税收返还、转移支付预算。

地方各级一般公共预算收入包括地方本级收入、上级政府对本级政府的税收返还和转移支付、下级政府的上解收入。地方各级一般公共预算支出包括地方本级支出、对上级政府的上解支出、对下级政府的税收返还和转移支付。

第八条 各部门预算由本部门及其所属各单位预算组成。

第九条 政府性基金预算是对依照法律、行政法规的规定在一定期限内向特定对象征收、收取或者以其他方式筹集的资金，专项用于特定公共事业发展的收支预算。

政府性基金预算应当根据基金项目收入情况和实际支出需要，按基金项目编制，做到以收定支。

第十条 国有资本经营预算是对国有资本收益作出支出安排的收支预算。

国有资本经营预算应当按照收支平衡的原则编制，不列赤字，并安排资金调入一般公共预算。

第十一条 社会保险基金预算是对社会保险缴款、一般公共预算安排和其他方式筹集的资金，专项用于社会保险的收支预算。

社会保险基金预算应当按照统筹层次和社会保险项目分别编制，做到收支平衡。

第十二条 各级预算应当遵循统筹兼顾、勤俭节约、量力而行、讲求绩效和收支平衡的原则。

各级政府应当建立跨年度预算平衡机制。

第十三条 经人民代表大会批准的预算，非经法定程序，不得调整。各级政府、各部门、各单位的支出必须以经批准的预算为依据，未列入预算的不得支出。

第十四条 经本级人民代表大会或者本级人民代表大会常务委员会批准的预算、预算调整、决算、预算执行情况的报告及报表，应当在批准后二十日内由本级政府财政部门向社会公开，并对本级政府财政转移支付安排、执行的情况以及举借债务的情况等重要事项作出说明。

经本级政府财政部门批复的部门预算、决算及报表，应当在批复后二十日内由各部门向社会公开，并对部门预算、决算中机关运行经费的安排、使用情况等重要事项作出说明。

各级政府、各部门、各单位应当将政府采购的情况及时向社会公开。

本条前三款规定的公开事项，涉及国家秘密的除外。

第十五条 国家实行中央和地方分税制。

第十六条 国家实行财政转移支付制度。财政转移支付应当规范、公平、公开，以推进地区间基本公共服务均等化为主要目标。

财政转移支付包括中央对地方的转移支付和地方上级政府对下级政府的转移支付，以为均衡地区间基本财力、由下级政府统筹安排使用的一般性转移支付为主体。

按照法律、行政法规和国务院的规定可以设立专项转移支付，用于办理特定事项。建立健全专项转移支付定期评估和退出机制。市场竞争机制能够有效调节的事项不得设立专项转移支付。

上级政府在安排专项转移支付时，不得要求下级政府承担配套资金。但是，按照国务院的规定应当由上下级政府共同承担的事项除外。

第十七条 各级预算的编制、执行应当建立健全相互制约、相互协调的机制。

第十八条 预算年度自公历一月一日起，至十二月三十一日止。

第十九条 预算收入和预算支出以人民币元为计算单位。

第二章 预算管理职权

第二十条 全国人民代表大会审查中央和地方预算草案及中央和地方预算执行情况的报告；批准中央预算和中央预算执行情况的报告；改变或者撤销全国人民代表大会常务委员会关于预算、决算的不适当的决议。

全国人民代表大会常务委员会监督中央和地方预算的执行；审查和批准中

央预算的调整方案；审查和批准中央决算；撤销国务院制定的同宪法、法律相抵触的关于预算、决算的行政法规、决定和命令；撤销省、自治区、直辖市人民代表大会及其常务委员会制定的同宪法、法律和行政法规相抵触的关于预算、决算的地方性法规和决议。

第二十一条 县级以上地方各级人民代表大会审查本级总预算草案及本级总预算执行情况的报告；批准本级预算和本级预算执行情况的报告；改变或者撤销本级人民代表大会常务委员会关于预算、决算的不适当的决议；撤销本级政府关于预算、决算的不适当的决定和命令。

县级以上地方各级人民代表大会常务委员会监督本级总预算的执行；审查和批准本级预算的调整方案；审查和批准本级决算；撤销本级政府和下一级人民代表大会及其常务委员会关于预算、决算的不适当的决定、命令和决议。

乡、民族乡、镇的人民代表大会审查和批准本级预算和本级预算执行情况的报告；监督本级预算的执行；审查和批准本级预算的调整方案；审查和批准本级决算；撤销本级政府关于预算、决算的不适当的决定和命令。

第二十二条 全国人民代表大会财政经济委员会对中央预算草案初步方案及上一年预算执行情况、中央预算调整初步方案和中央决算草案进行初步审查，提出初步审查意见。

省、自治区、直辖市人民代表大会有关专门委员会对本级预算草案初步方案及上一年预算执行情况、本级预算调整初步方案和本级决算草案进行初步审查，提出初步审查意见。

设区的市、自治州人民代表大会有关专门委员会对本级预算草案初步方案及上一年预算执行情况、本级预算调整初步方案和本级决算草案进行初步审查，提出初步审查意见，未设立专门委员会的，由本级人民代表大会常务委员会有关工作机构研究提出意见。

县、自治县、不设区的市、市辖区人民代表大会常务委员会对本级预算草案初步方案及上一年预算执行情况进行初步审查，提出初步审查意见。县、自治县、不设区的市、市辖区人民代表大会常务委员会有关工作机构对本级预算调整初步方案和本级决算草案研究提出意见。

设区的市、自治州以上各级人民代表大会有关专门委员会进行初步审查、常务委员会有关工作机构研究提出意见时，应当邀请本级人民代表大会代表参加。

对依照本条第一款至第四款规定提出的意见，本级政府财政部门应当将处理情况及时反馈。

依照本条第一款至第四款规定提出的意见以及本级政府财政部门反馈的处理情况报告，应当印发本级人民代表大会代表。

全国人民代表大会常务委员会和省、自治区、直辖市、设区的市、自治州人民代表大会常务委员会有关工作机构，依照本级人民代表大会常务委员会的决定，协助本级人民代表大会财政经济委员会或者有关专门委员会承担审查预算草案、预算调整方案、决算草案和监督预算执行等方面的具体工作。

第二十三条 国务院编制中央预算、决算草案；向全国人民代表大会作关于中央和地方预算草案的报告；将省、自治区、直辖市政府报送备案的预算汇总后报全国人民代表大会常务委员会备案；组织中央和地方预算的执行；决定中央预算预备费的动用；编制中央预算调整方案；监督中央各部门和地方政府的预算执行；改变或者撤销中央各部门和地方政府关于预算、决算的不适当的决定、命令；向全国人民代表大会、全国人民代表大会常务委员会报告中央和地方预算的执行情况。

第二十四条 县级以上地方各级政府编制本级预算、决算草案；向本级人民代表大会作关于本级总预算草案的报告；将下一级政府报送备案的预算汇总后报本级人民代表大会常务委员会备案；组织本级总预算的执行；决定本级预算预备费的动用；编制本级预算的调整方案；监督本级各部门和下级政府的预算执行；改变或者撤销本级各部门和下级政府关于预算、决算的不适当的决定、命令；向本级人民代表大会、本级人民代表大会常务委员会报告本级总预算的执行情况。

乡、民族乡、镇政府编制本级预算、决算草案；向本级人民代表大会作关于本级预算草案的报告；组织本级预算的执行；决定本级预算预备费的动用；编制本级预算的调整方案；向本级人民代表大会报告本级预算的执行情况。

经省、自治区、直辖市政府批准，乡、民族乡、镇本级预算草案、预算调整方案、决算草案，可以由上一级政府代编，并依照本法第二十一条的规定报乡、民族乡、镇的人民代表大会审查和批准。

第二十五条 国务院财政部门具体编制中央预算、决算草案；具体组织中央和地方预算的执行；提出中央预算预备费动用方案；具体编制中央预算的调整方案；定期向国务院报告中央和地方预算的执行情况。

地方各级政府财政部门具体编制本级预算、决算草案；具体组织本级总预算的执行；提出本级预算预备费动用方案；具体编制本级预算的调整方案；定期向本级政府和上一级政府财政部门报告本级总预算的执行情况。

第二十六条　各部门编制本部门预算、决算草案；组织和监督本部门预算的执行；定期向本级政府财政部门报告预算的执行情况。

各单位编制本单位预算、决算草案；按照国家规定上缴预算收入，安排预算支出，并接受国家有关部门的监督。

第三章　预算收支范围

第二十七条　一般公共预算收入包括各项税收收入、行政事业性收费收入、国有资源（资产）有偿使用收入、转移性收入和其他收入。

一般公共预算支出按照其功能分类，包括一般公共服务支出，外交、公共安全、国防支出，农业、环境保护支出，教育、科技、文化、卫生、体育支出，社会保障及就业支出和其他支出。

一般公共预算支出按照其经济性质分类，包括工资福利支出、商品和服务支出、资本性支出和其他支出。

第二十八条　政府性基金预算、国有资本经营预算和社会保险基金预算的收支范围，按照法律、行政法规和国务院的规定执行。

第二十九条　中央预算与地方预算有关收入和支出项目的划分、地方向中央上解收入、中央对地方税收返还或者转移支付的具体办法，由国务院规定，报全国人民代表大会常务委员会备案。

第三十条　上级政府不得在预算之外调用下级政府预算的资金。下级政府不得挤占或者截留属于上级政府预算的资金。

第四章　预算编制

第三十一条　国务院应当及时下达关于编制下一年预算草案的通知。编制预算草案的具体事项由国务院财政部门部署。

各级政府、各部门、各单位应当按照国务院规定的时间编制预算草案。

第三十二条　各级预算应当根据年度经济社会发展目标、国家宏观调控总体要求和跨年度预算平衡的需要，参考上一年预算执行情况、有关支出绩效评价结果和本年度收支预测，按照规定程序征求各方面意见后，进行编制。

各级政府依据法定权限作出决定或者制定行政措施，凡涉及增加或者减少财政收入或者支出的，应当在预算批准前提出并在预算草案中作出相应安排。

各部门、各单位应当按照国务院财政部门制定的政府收支分类科目、预算支出标准和要求，以及绩效目标管理等预算编制规定，根据其依法履行职能和事业发展的需要以及存量资产情况，编制本部门、本单位预算草案。

前款所称政府收支分类科目，收入分为类、款、项、目；支出按其功能分类分为类、款、项，按其经济性质分类分为类、款。

第三十三条 省、自治区、直辖市政府应当按照国务院规定的时间，将本级总预算草案报国务院审核汇总。

第三十四条 中央一般公共预算中必需的部分资金，可以通过举借国内和国外债务等方式筹措，举借债务应当控制适当的规模，保持合理的结构。

对中央一般公共预算中举借的债务实行余额管理，余额的规模不得超过全国人民代表大会批准的限额。

国务院财政部门具体负责对中央政府债务的统一管理。

第三十五条 地方各级预算按照量入为出、收支平衡的原则编制，除本法另有规定外，不列赤字。

经国务院批准的省、自治区、直辖市的预算中必需的建设投资的部分资金，可以在国务院确定的限额内，通过发行地方政府债券举借债务的方式筹措。举借债务的规模，由国务院报全国人民代表大会或者全国人民代表大会常务委员会批准。省、自治区、直辖市依照国务院下达的限额举借的债务，列入本级预算调整方案，报本级人民代表大会常务委员会批准。举借的债务应当有偿还计划和稳定的偿还资金来源，只能用于公益性资本支出，不得用于经常性支出。

除前款规定外，地方政府及其所属部门不得以任何方式举借债务。

除法律另有规定外，地方政府及其所属部门不得为任何单位和个人的债务以任何方式提供担保。

国务院建立地方政府债务风险评估和预警机制、应急处置机制以及责任追究制度。国务院财政部门对地方政府债务实施监督。

第三十六条 各级预算收入的编制，应当与经济社会发展水平相适应，与财政政策相衔接。

各级政府、各部门、各单位应当依照本法规定，将所有政府收入全部列入预算，不得隐瞒、少列。

第三十七条　各级预算支出应当依照本法规定，按其功能和经济性质分类编制。

各级预算支出的编制，应当贯彻勤俭节约的原则，严格控制各部门、各单位的机关运行经费和楼堂馆所等基本建设支出。

各级一般公共预算支出的编制，应当统筹兼顾，在保证基本公共服务合理需要的前提下，优先安排国家确定的重点支出。

第三十八条　一般性转移支付应当按照国务院规定的基本标准和计算方法编制。专项转移支付应当分地区、分项目编制。

县级以上各级政府应当将对下级政府的转移支付预计数提前下达下级政府。

地方各级政府应当将上级政府提前下达的转移支付预计数编入本级预算。

第三十九条　中央预算和有关地方预算中应当安排必要的资金，用于扶助革命老区、民族地区、边疆地区、贫困地区发展经济社会建设事业。

第四十条　各级一般公共预算应当按照本级一般公共预算支出额的百分之一至百分之三设置预备费，用于当年预算执行中的自然灾害等突发事件处理增加的支出及其他难以预见的开支。

第四十一条　各级一般公共预算按照国务院的规定可以设置预算周转金，用于本级政府调剂预算年度内季节性收支差额。

各级一般公共预算按照国务院的规定可以设置预算稳定调节基金，用于弥补以后年度预算资金的不足。

第四十二条　各级政府上一年预算的结转资金，应当在下一年用于结转项目的支出；连续两年未用完的结转资金，应当作为结余资金管理。

各部门、各单位上一年预算的结转、结余资金按照国务院财政部门的规定办理。

第五章　预算审查和批准

第四十三条　中央预算由全国人民代表大会审查和批准。

地方各级预算由本级人民代表大会审查和批准。

第四十四条　国务院财政部门应当在每年全国人民代表大会会议举行的四十五日前，将中央预算草案的初步方案提交全国人民代表大会财政经济委员会进行初步审查。

省、自治区、直辖市政府财政部门应当在本级人民代表大会会议举行的三十日前,将本级预算草案的初步方案提交本级人民代表大会有关专门委员会进行初步审查。

设区的市、自治州政府财政部门应当在本级人民代表大会会议举行的三十日前,将本级预算草案的初步方案提交本级人民代表大会有关专门委员会进行初步审查,或者送交本级人民代表大会常务委员会有关工作机构征求意见。

县、自治县、不设区的市、市辖区政府应当在本级人民代表大会会议举行的三十日前,将本级预算草案的初步方案提交本级人民代表大会常务委员会进行初步审查。

第四十五条 县、自治县、不设区的市、市辖区、乡、民族乡、镇的人民代表大会举行会议审查预算草案前,应当采用多种形式,组织本级人民代表大会代表,听取选民和社会各界的意见。

第四十六条 报送各级人民代表大会审查和批准的预算草案应当细化。本级一般公共预算支出,按其功能分类应当编列到项;按其经济性质分类,基本支出应当编列到款。本级政府性基金预算、国有资本经营预算、社会保险基金预算支出,按其功能分类应当编列到项。

第四十七条 国务院在全国人民代表大会举行会议时,向大会作关于中央和地方预算草案以及中央和地方预算执行情况的报告。

地方各级政府在本级人民代表大会举行会议时,向大会作关于总预算草案和总预算执行情况的报告。

第四十八条 全国人民代表大会和地方各级人民代表大会对预算草案及其报告、预算执行情况的报告重点审查下列内容:

(一)上一年预算执行情况是否符合本级人民代表大会预算决议的要求;

(二)预算安排是否符合本法的规定;

(三)预算安排是否贯彻国民经济和社会发展的方针政策,收支政策是否切实可行;

(四)重点支出和重大投资项目的预算安排是否适当;

(五)预算的编制是否完整,是否符合本法第四十六条的规定;

(六)对下级政府的转移性支出预算是否规范、适当;

(七)预算安排举借的债务是否合法、合理,是否有偿还计划和稳定的偿还资金来源;

(八)与预算有关重要事项的说明是否清晰。

第四十九条 全国人民代表大会财政经济委员会向全国人民代表大会主席团提出关于中央和地方预算草案及中央和地方预算执行情况的审查结果报告。

省、自治区、直辖市、设区的市、自治州人民代表大会有关专门委员会，县、自治县、不设区的市、市辖区人民代表大会常务委员会，向本级人民代表大会主席团提出关于总预算草案及上一年总预算执行情况的审查结果报告。

审查结果报告应当包括下列内容：

（一）对上一年预算执行和落实本级人民代表大会预算决议的情况作出评价；

（二）对本年度预算草案是否符合本法的规定，是否可行作出评价；

（三）对本级人民代表大会批准预算草案和预算报告提出建议；

（四）对执行年度预算、改进预算管理、提高预算绩效、加强预算监督等提出意见和建议。

第五十条 乡、民族乡、镇政府应当及时将经本级人民代表大会批准的本级预算报上一级政府备案。县级以上地方各级政府应当及时将经本级人民代表大会批准的本级预算及下一级政府报送备案的预算汇总，报上一级政府备案。

县级以上地方各级政府将下一级政府依照前款规定报送备案的预算汇总后，报本级人民代表大会常务委员会备案。国务院将省、自治区、直辖市政府依照前款规定报送备案的预算汇总后，报全国人民代表大会常务委员会备案。

第五十一条 国务院和县级以上地方各级政府对下一级政府依照本法第五十条规定报送备案的预算，认为有同法律、行政法规相抵触或者有其他不适当之处，需要撤销批准预算的决议的，应当提请本级人民代表大会常务委员会审议决定。

第五十二条 各级预算经本级人民代表大会批准后，本级政府财政部门应当在二十日内向本级各部门批复预算。各部门应当在接到本级政府财政部门批复的本部门预算后十五日内向所属各单位批复预算。

中央对地方的一般性转移支付应当在全国人民代表大会批准预算后三十日内正式下达。中央对地方的专项转移支付应当在全国人民代表大会批准预算后九十日内正式下达。

省、自治区、直辖市政府接到中央一般性转移支付和专项转移支付后，应当在三十日内正式下达到本行政区域县级以上各级政府。

县级以上地方各级预算安排对下级政府的一般性转移支付和专项转移支付，

应当分别在本级人民代表大会批准预算后的三十日和六十日内正式下达。

对自然灾害等突发事件处理的转移支付，应当及时下达预算；对据实结算等特殊项目的转移支付，可以分期下达预算，或者先预付后结算。

县级以上各级政府财政部门应当将批复本级各部门的预算和批复下级政府的转移支付预算，抄送本级人民代表大会财政经济委员会、有关专门委员会和常务委员会有关工作机构。

第六章 预算执行

第五十三条 各级预算由本级政府组织执行，具体工作由本级政府财政部门负责。

各部门、各单位是本部门、本单位的预算执行主体，负责本部门、本单位的预算执行，并对执行结果负责。

第五十四条 预算年度开始后，各级预算草案在本级人民代表大会批准前，可以安排下列支出：

（一）上一年度结转的支出；

（二）参照上一年同期的预算支出数额安排必须支付的本年度部门基本支出、项目支出，以及对下级政府的转移性支出；

（三）法律规定必须履行支付义务的支出，以及用于自然灾害等突发事件处理的支出。

根据前款规定安排支出的情况，应当在预算草案的报告中作出说明。

预算经本级人民代表大会批准后，按照批准的预算执行。

第五十五条 预算收入征收部门和单位，必须依照法律、行政法规的规定，及时、足额征收应征的预算收入。不得违反法律、行政法规规定，多征、提前征收或者减征、免征、缓征应征的预算收入，不得截留、占用或者挪用预算收入。

各级政府不得向预算收入征收部门和单位下达收入指标。

第五十六条 政府的全部收入应当上缴国家金库（以下简称国库），任何部门、单位和个人不得截留、占用、挪用或者拖欠。

对于法律有明确规定或者经国务院批准的特定专用资金，可以依照国务院的规定设立财政专户。

第五十七条 各级政府财政部门必须依照法律、行政法规和国务院财政部门的规定，及时、足额地拨付预算支出资金，加强对预算支出的管理和监督。

各级政府、各部门、各单位的支出必须按照预算执行，不得虚假列支。

各级政府、各部门、各单位应当对预算支出情况开展绩效评价。

第五十八条 各级预算的收入和支出实行收付实现制。

特定事项按照国务院的规定实行权责发生制的有关情况，应当向本级人民代表大会常务委员会报告。

第五十九条 县级以上各级预算必须设立国库；具备条件的乡、民族乡、镇也应当设立国库。

中央国库业务由中国人民银行经理，地方国库业务依照国务院的有关规定办理。

各级国库应当按照国家有关规定，及时准确地办理预算收入的收纳、划分、留解、退付和预算支出的拨付。

各级国库库款的支配权属于本级政府财政部门。除法律、行政法规另有规定外，未经本级政府财政部门同意，任何部门、单位和个人都无权冻结、动用国库库款或者以其他方式支配已入国库的库款。

各级政府应当加强对本级国库的管理和监督，按照国务院的规定完善国库现金管理，合理调节国库资金余额。

第六十条 已经缴入国库的资金，依照法律、行政法规的规定或者国务院的决定需要退付的，各级政府财政部门或者其授权的机构应当及时办理退付。按照规定应当由财政支出安排的事项，不得用退库处理。

第六十一条 国家实行国库集中收缴和集中支付制度，对政府全部收入和支出实行国库集中收付管理。

第六十二条 各级政府应当加强对预算执行的领导，支持政府财政、税务、海关等预算收入的征收部门依法组织预算收入，支持政府财政部门严格管理预算支出。

财政、税务、海关等部门在预算执行中，应当加强对预算执行的分析；发现问题时应当及时建议本级政府采取措施予以解决。

第六十三条 各部门、各单位应当加强对预算收入和支出的管理，不得截留或者动用应当上缴的预算收入，不得擅自改变预算支出的用途。

第六十四条 各级预算预备费的动用方案，由本级政府财政部门提出，报本级政府决定。

第六十五条　各级预算周转金由本级政府财政部门管理，不得挪作他用。

第六十六条　各级一般公共预算年度执行中有超收收入的，只能用于冲减赤字或者补充预算稳定调节基金。

各级一般公共预算的结余资金，应当补充预算稳定调节基金。

省、自治区、直辖市一般公共预算年度执行中出现短收，通过调入预算稳定调节基金、减少支出等方式仍不能实现收支平衡的，省、自治区、直辖市政府报本级人民代表大会或者其常务委员会批准，可以增列赤字，报国务院财政部门备案，并应当在下一年度预算中予以弥补。

第七章　预算调整

第六十七条　经全国人民代表大会批准的中央预算和经地方各级人民代表大会批准的地方各级预算，在执行中出现下列情况之一的，应当进行预算调整：

（一）需要增加或者减少预算总支出的；

（二）需要调入预算稳定调节基金的；

（三）需要调减预算安排的重点支出数额的；

（四）需要增加举借债务数额的。

第六十八条　在预算执行中，各级政府一般不制定新的增加财政收入或者支出的政策和措施，也不制定减少财政收入的政策和措施；必须作出并需要进行预算调整的，应当在预算调整方案中作出安排。

第六十九条　在预算执行中，各级政府对于必须进行的预算调整，应当编制预算调整方案。预算调整方案应当说明预算调整的理由、项目和数额。

在预算执行中，由于发生自然灾害等突发事件，必须及时增加预算支出的，应当先动支预备费；预备费不足支出的，各级政府可以先安排支出，属于预算调整的，列入预算调整方案。

国务院财政部门应当在全国人民代表大会常务委员会举行会议审查和批准预算调整方案的三十日前，将预算调整初步方案送交全国人民代表大会财政经济委员会进行初步审查。

省、自治区、直辖市政府财政部门应当在本级人民代表大会常务委员会举行会议审查和批准预算调整方案的三十日前，将预算调整初步方案送交本级人民代表大会有关专门委员会进行初步审查。

设区的市、自治州政府财政部门应当在本级人民代表大会常务委员会举行会议审查和批准预算调整方案的三十日前,将预算调整初步方案送交本级人民代表大会有关专门委员会进行初步审查,或者送交本级人民代表大会常务委员会有关工作机构征求意见。

县、自治县、不设区的市、市辖区政府财政部门应当在本级人民代表大会常务委员会举行会议审查和批准预算调整方案的三十日前,将预算调整初步方案送交本级人民代表大会常务委员会有关工作机构征求意见。

中央预算的调整方案应当提请全国人民代表大会常务委员会审查和批准。县级以上地方各级预算的调整方案应当提请本级人民代表大会常务委员会审查和批准;乡、民族乡、镇预算的调整方案应当提请本级人民代表大会审查和批准。未经批准,不得调整预算。

第七十条 经批准的预算调整方案,各级政府应当严格执行。未经本法第六十九条规定的程序,各级政府不得作出预算调整的决定。

对违反前款规定作出的决定,本级人民代表大会、本级人民代表大会常务委员会或者上级政府应当责令其改变或者撤销。

第七十一条 在预算执行中,地方各级政府因上级政府增加不需要本级政府提供配套资金的专项转移支付而引起的预算支出变化,不属于预算调整。

接受增加专项转移支付的县级以上地方各级政府应当向本级人民代表大会常务委员会报告有关情况;接受增加专项转移支付的乡、民族乡、镇政府应当向本级人民代表大会报告有关情况。

第七十二条 各部门、各单位的预算支出应当按照预算科目执行。严格控制不同预算科目、预算级次或者项目间的预算资金的调剂,确需调剂使用的,按照国务院财政部门的规定办理。

第七十三条 地方各级预算的调整方案经批准后,由本级政府报上一级政府备案。

第八章 决　算

第七十四条 决算草案由各级政府、各部门、各单位,在每一预算年度终了后按照国务院规定的时间编制。

编制决算草案的具体事项,由国务院财政部门部署。

第七十五条 编制决算草案,必须符合法律、行政法规,做到收支真实、数额准确、内容完整、报送及时。

决算草案应当与预算相对应,按预算数、调整预算数、决算数分别列出。一般公共预算支出应当按其功能分类编列到项,按其经济性质分类编列到款。

第七十六条 各部门对所属各单位的决算草案,应当审核并汇总编制本部门的决算草案,在规定的期限内报本级政府财政部门审核。

各级政府财政部门对本级各部门决算草案审核后发现有不符合法律、行政法规规定的,有权予以纠正。

第七十七条 国务院财政部门编制中央决算草案,经国务院审计部门审计后,报国务院审定,由国务院提请全国人民代表大会常务委员会审查和批准。

县级以上地方各级政府财政部门编制本级决算草案,经本级政府审计部门审计后,报本级政府审定,由本级政府提请本级人民代表大会常务委员会审查和批准。

乡、民族乡、镇政府编制本级决算草案,提请本级人民代表大会审查和批准。

第七十八条 国务院财政部门应当在全国人民代表大会常务委员会举行会议审查和批准中央决算草案的三十日前,将上一年度中央决算草案提交全国人民代表大会财政经济委员会进行初步审查。

省、自治区、直辖市政府财政部门应当在本级人民代表大会常务委员会举行会议审查和批准本级决算草案的三十日前,将上一年度本级决算草案提交本级人民代表大会有关专门委员会进行初步审查。

设区的市、自治州政府财政部门应当在本级人民代表大会常务委员会举行会议审查和批准本级决算草案的三十日前,将上一年度本级决算草案提交本级人民代表大会有关专门委员会进行初步审查,或者送交本级人民代表大会常务委员会有关工作机构征求意见。

县、自治县、不设区的市、市辖区政府财政部门应当在本级人民代表大会常务委员会举行会议审查和批准本级决算草案的三十日前,将上一年度本级决算草案送交本级人民代表大会常务委员会有关工作机构征求意见。

全国人民代表大会财政经济委员会和省、自治区、直辖市、设区的市、自治州人民代表大会有关专门委员会,向本级人民代表大会常务委员会提出关于本级决算草案的审查结果报告。

第七十九条 县级以上各级人民代表大会常务委员会和乡、民族乡、镇人民代表大会对本级决算草案,重点审查下列内容:

（一）预算收入情况；

（二）支出政策实施情况和重点支出、重大投资项目资金的使用及绩效情况；

（三）结转资金的使用情况；

（四）资金结余情况；

（五）本级预算调整及执行情况；

（六）财政转移支付安排执行情况；

（七）经批准举借债务的规模、结构、使用、偿还等情况；

（八）本级预算周转金规模和使用情况；

（九）本级预备费使用情况；

（十）超收收入安排情况，预算稳定调节基金的规模和使用情况；

（十一）本级人民代表大会批准的预算决议落实情况；

（十二）其他与决算有关的重要情况。

县级以上各级人民代表大会常务委员会应当结合本级政府提出的上一年度预算执行和其他财政收支的审计工作报告，对本级决算草案进行审查。

第八十条 各级决算经批准后，财政部门应当在二十日内向本级各部门批复决算。各部门应当在接到本级政府财政部门批复的本部门决算后十五日内向所属单位批复决算。

第八十一条 地方各级政府应当将经批准的决算及下一级政府上报备案的决算汇总，报上一级政府备案。

县级以上各级政府应当将下一级政府报送备案的决算汇总后，报本级人民代表大会常务委员会备案。

第八十二条 国务院和县级以上地方各级政府对下一级政府依照本法第八十一条规定报送备案的决算，认为有同法律、行政法规相抵触或者有其他不适当之处，需要撤销批准该项决算的决议的，应当提请本级人民代表大会常务委员会审议决定；经审议决定撤销的，该下级人民代表大会常务委员会应当责成本级政府依照本法规定重新编制决算草案，提请本级人民代表大会常务委员会审查和批准。

第九章 监　　督

第八十三条 全国人民代表大会及其常务委员会对中央和地方预算、决算进行监督。

县级以上地方各级人民代表大会及其常务委员会对本级和下级预算、决算进行监督。

乡、民族乡、镇人民代表大会对本级预算、决算进行监督。

第八十四条 各级人民代表大会和县级以上各级人民代表大会常务委员会有权就预算、决算中的重大事项或者特定问题组织调查,有关的政府、部门、单位和个人应当如实反映情况和提供必要的材料。

第八十五条 各级人民代表大会和县级以上各级人民代表大会常务委员会举行会议时,人民代表大会代表或者常务委员会组成人员,依照法律规定程序就预算、决算中的有关问题提出询问或者质询,受询问或者受质询的有关的政府或者财政部门必须及时给予答复。

第八十六条 国务院和县级以上地方各级政府应当在每年六月至九月期间向本级人民代表大会常务委员会报告预算执行情况。

第八十七条 各级政府监督下级政府的预算执行;下级政府应当定期向上一级政府报告预算执行情况。

第八十八条 各级政府财政部门负责监督本级各部门及其所属各单位预算管理有关工作,并向本级政府和上一级政府财政部门报告预算执行情况。

第八十九条 县级以上政府审计部门依法对预算执行、决算实行审计监督。对预算执行和其他财政收支的审计工作报告应当向社会公开。

第九十条 政府各部门负责监督检查所属各单位的预算执行,及时向本级政府财政部门反映本部门预算执行情况,依法纠正违反预算的行为。

第九十一条 公民、法人或者其他组织发现有违反本法的行为,可以依法向有关国家机关进行检举、控告。

接受检举、控告的国家机关应当依法进行处理,并为检举人、控告人保密。任何单位或者个人不得压制和打击报复检举人、控告人。

第十章 法律责任

第九十二条 各级政府及有关部门有下列行为之一的,责令改正,对负有直接责任的主管人员和其他直接责任人员追究行政责任:

(一)未依照本法规定,编制、报送预算草案、预算调整方案、决算草案和部门预算、决算以及批复预算、决算的;

（二）违反本法规定，进行预算调整的；

（三）未依照本法规定对有关预算事项进行公开和说明的；

（四）违反规定设立政府性基金项目和其他财政收入项目的；

（五）违反法律、法规规定使用预算预备费、预算周转金、预算稳定调节基金、超收收入的；

（六）违反本法规定开设财政专户的。

第九十三条　各级政府及有关部门、单位有下列行为之一的，责令改正，对负有直接责任的主管人员和其他直接责任人员依法给予降级、撤职、开除的处分：

（一）未将所有政府收入和支出列入预算或者虚列收入和支出的；

（二）违反法律、行政法规的规定，多征、提前征收或者减征、免征、缓征应征预算收入的；

（三）截留、占用、挪用或者拖欠应当上缴国库的预算收入的；

（四）违反本法规定，改变预算支出用途的；

（五）擅自改变上级政府专项转移支付资金用途的；

（六）违反本法规定拨付预算支出资金，办理预算收入收纳、划分、留解、退付，或者违反本法规定冻结、动用国库库款或者以其他方式支配已入国库库款的。

第九十四条　各级政府、各部门、各单位违反本法规定举借债务或者为他人债务提供担保，或者挪用重点支出资金，或者在预算之外及超预算标准建设楼堂馆所的，责令改正，对负有直接责任的主管人员和其他直接责任人员给予撤职、开除的处分。

第九十五条　各级政府有关部门、单位及其工作人员有下列行为之一的，责令改正，追回骗取、使用的资金，有违法所得的没收违法所得，对单位给予警告或者通报批评；对负有直接责任的主管人员和其他直接责任人员依法给予处分：

（一）违反法律、法规的规定，改变预算收入上缴方式的；

（二）以虚报、冒领等手段骗取预算资金的；

（三）违反规定扩大开支范围、提高开支标准的；

（四）其他违反财政管理规定的行为。

第九十六条　本法第九十二条、第九十三条、第九十四条、第九十五条所列违法行为，其他法律对其处理、处罚另有规定的，依照其规定。

违反本法规定，构成犯罪的，依法追究刑事责任。

第十一章 附　　则

第九十七条　各级政府财政部门应当按年度编制以权责发生制为基础的政府综合财务报告，报告政府整体财务状况、运行情况和财政中长期可持续性，报本级人民代表大会常务委员会备案。

第九十八条　国务院根据本法制定实施条例。

第九十九条　民族自治地方的预算管理，依照民族区域自治法的有关规定执行；民族区域自治法没有规定的，依照本法和国务院的有关规定执行。

第一百条　省、自治区、直辖市人民代表大会或者其常务委员会根据本法，可以制定有关预算审查监督的决定或者地方性法规。

第一百零一条　本法自1995年1月1日起施行。1991年10月21日国务院发布的《国家预算管理条例》同时废止。

2. 中华人民共和国预算法实施条例

（1995年11月22日中华人民共和国国务院令第186号公布　2020年8月3日中华人民共和国国务院令第729号修订）

第一章 总　　则

第一条　根据《中华人民共和国预算法》（以下简称预算法），制定本条例。

第二条　县级以上地方政府的派出机关根据本级政府授权进行预算管理活动，不作为一级预算，其收支纳入本级预算。

第三条　社会保险基金预算应当在精算平衡的基础上实现可持续运行，一般公共预算可以根据需要和财力适当安排资金补充社会保险基金预算。

第四条　预算法第六条第二款所称各部门，是指与本级政府财政部门直接发生预算缴拨款关系的国家机关、军队、政党组织、事业单位、社会团体和其他单位。

第五条 各部门预算应当反映一般公共预算、政府性基金预算、国有资本经营预算安排给本部门及其所属各单位的所有预算资金。

各部门预算收入包括本级财政安排给本部门及其所属各单位的预算拨款收入和其他收入。各部门预算支出为与部门预算收入相对应的支出，包括基本支出和项目支出。

本条第二款所称基本支出，是指各部门、各单位为保障其机构正常运转、完成日常工作任务所发生的支出，包括人员经费和公用经费；所称项目支出，是指各部门、各单位为完成其特定的工作任务和事业发展目标所发生的支出。

各部门及其所属各单位的本级预算拨款收入和其相对应的支出，应当在部门预算中单独反映。

部门预算编制、执行的具体办法，由本级政府财政部门依法作出规定。

第六条 一般性转移支付向社会公开应当细化到地区。专项转移支付向社会公开应当细化到地区和项目。

政府债务、机关运行经费、政府采购、财政专户资金等情况，按照有关规定向社会公开。

部门预算、决算应当公开基本支出和项目支出。部门预算、决算支出按其功能分类应当公开到项；按其经济性质分类，基本支出应当公开到款。

各部门所属单位的预算、决算及报表，应当在部门批复后20日内由单位向社会公开。单位预算、决算应当公开基本支出和项目支出。单位预算、决算支出按其功能分类应当公开到项；按其经济性质分类，基本支出应当公开到款。

第七条 预算法第十五条所称中央和地方分税制，是指在划分中央与地方事权的基础上，确定中央与地方财政支出范围，并按税种划分中央与地方预算收入的财政管理体制。

分税制财政管理体制的具体内容和实施办法，按照国务院的有关规定执行。

第八条 县级以上地方各级政府应当根据中央和地方分税制的原则和上级政府的有关规定，确定本级政府对下级政府的财政管理体制。

第九条 预算法第十六条第二款所称一般性转移支付，包括：

（一）均衡性转移支付；

（二）对革命老区、民族地区、边疆地区、贫困地区的财力补助；

（三）其他一般性转移支付。

第十条 预算法第十六条第三款所称专项转移支付，是指上级政府为了实现特定的经济和社会发展目标给予下级政府，并由下级政府按照上级政府规定的用途安排使用的预算资金。

县级以上各级政府财政部门应当会同有关部门建立健全专项转移支付定期评估和退出机制。对评估后的专项转移支付，按照下列情形分别予以处理：

（一）符合法律、行政法规和国务院规定，有必要继续执行的，可以继续执行；

（二）设立的有关要求变更，或者实际绩效与目标差距较大、管理不够完善的，应当予以调整；

（三）设立依据失效或者废止的，应当予以取消。

第十一条 预算收入和预算支出以人民币元为计算单位。预算收支以人民币以外的货币收纳和支付的，应当折合成人民币计算。

第二章　预算收支范围

第十二条 预算法第二十七条第一款所称行政事业性收费收入，是指国家机关、事业单位等依照法律法规规定，按照国务院规定的程序批准，在实施社会公共管理以及在向公民、法人和其他组织提供特定公共服务过程中，按照规定标准向特定对象收取费用形成的收入。

预算法第二十七条第一款所称国有资源（资产）有偿使用收入，是指矿藏、水流、海域、无居民海岛以及法律规定属于国家所有的森林、草原等国有资源有偿使用收入，按照规定纳入一般公共预算管理的国有资产收入等。

预算法第二十七条第一款所称转移性收入，是指上级税收返还和转移支付、下级上解收入、调入资金以及按照财政部规定列入转移性收入的无隶属关系政府的无偿援助。

第十三条 转移性支出包括上解上级支出、对下级的税收返还和转移支付、调出资金以及按照财政部规定列入转移性支出的给予无隶属关系政府的无偿援助。

第十四条 政府性基金预算收入包括政府性基金各项目收入和转移性收入。

政府性基金预算支出包括与政府性基金预算收入相对应的各项目支出和转移性支出。

第十五条 国有资本经营预算收入包括依照法律、行政法规和国务院规定应当纳入国有资本经营预算的国有独资企业和国有独资公司按照规定上缴国家的利润收入、从国有资本控股和参股公司获得的股息红利收入、国有产权转让收入、清算收入和其他收入。

国有资本经营预算支出包括资本性支出、费用性支出、向一般公共预算调出资金等转移性支出和其他支出。

第十六条 社会保险基金预算收入包括各项社会保险费收入、利息收入、投资收益、一般公共预算补助收入、集体补助收入、转移收入、上级补助收入、下级上解收入和其他收入。

社会保险基金预算支出包括各项社会保险待遇支出、转移支出、补助下级支出、上解上级支出和其他支出。

第十七条 地方各级预算上下级之间有关收入和支出项目的划分以及上解、返还或者转移支付的具体办法，由上级地方政府规定，报本级人民代表大会常务委员会备案。

第十八条 地方各级社会保险基金预算上下级之间有关收入和支出项目的划分以及上解、补助的具体办法，按照统筹层次由上级地方政府规定，报本级人民代表大会常务委员会备案。

第三章 预算编制

第十九条 预算法第三十一条所称预算草案，是指各级政府、各部门、各单位编制的未经法定程序审查和批准的预算。

第二十条 预算法第三十二条第一款所称绩效评价，是指根据设定的绩效目标，依据规范的程序，对预算资金的投入、使用过程、产出与效果进行系统和客观的评价。

绩效评价结果应当按照规定作为改进管理和编制以后年度预算的依据。

第二十一条 预算法第三十二条第三款所称预算支出标准，是指对预算事项合理分类并分别规定的支出预算编制标准，包括基本支出标准和项目支出标准。

地方各级政府财政部门应当根据财政部制定的预算支出标准，结合本地区经济社会发展水平、财力状况等，制定本地区或者本级的预算支出标准。

第二十二条 财政部于每年 6 月 15 日前部署编制下一年度预算草案的具体事项，规定报表格式、编报方法、报送期限等。

第二十三条 中央各部门应当按照国务院的要求和财政部的部署，结合本部门的具体情况，组织编制本部门及其所属各单位的预算草案。

中央各部门负责本部门所属各单位预算草案的审核，并汇总编制本部门的预算草案，按照规定报财政部审核。

第二十四条 财政部审核中央各部门的预算草案，具体编制中央预算草案；汇总地方预算草案或者地方预算，汇编中央和地方预算草案。

第二十五条 省、自治区、直辖市政府按照国务院的要求和财政部的部署，结合本地区的具体情况，提出本行政区域编制预算草案的要求。

县级以上地方各级政府财政部门应当于每年6月30日前部署本行政区域编制下一年度预算草案的具体事项，规定有关报表格式、编报方法、报送期限等。

第二十六条 县级以上地方各级政府各部门应当根据本级政府的要求和本级政府财政部门的部署，结合本部门的具体情况，组织编制本部门及其所属各单位的预算草案，按照规定报本级政府财政部门审核。

第二十七条 县级以上地方各级政府财政部门审核本级各部门的预算草案，具体编制本级预算草案，汇编本级总预算草案，经本级政府审定后，按照规定期限报上一级政府财政部门。

省、自治区、直辖市政府财政部门汇总的本级总预算草案或者本级总预算，应当于下一年度1月10日前报财政部。

第二十八条 县级以上各级政府财政部门审核本级各部门的预算草案时，发现不符合编制预算要求的，应当予以纠正；汇编本级总预算草案时，发现下级预算草案不符合上级政府或者本级政府编制预算要求的，应当及时向本级政府报告，由本级政府予以纠正。

第二十九条 各级政府财政部门编制收入预算草案时，应当征求税务、海关等预算收入征收部门和单位的意见。

预算收入征收部门和单位应当按照财政部门的要求提供下一年度预算收入征收预测情况。

第三十条 财政部门会同社会保险行政部门部署编制下一年度社会保险基金预算草案的具体事项。

社会保险经办机构具体编制下一年度社会保险基金预算草案，报本级社会保险行政部门审核汇总。社会保险基金收入预算草案由社会保险经办机构会同社会保险费征收机构具体编制。财政部门负责审核并汇总编制社会保险基金预算草案。

第三十一条 各级政府财政部门应当依照预算法和本条例规定，制定本级预算草案编制规程。

第三十二条 各部门、各单位在编制预算草案时，应当根据资产配置标准，结合存量资产情况编制相关支出预算。

第三十三条 中央一般公共预算收入编制内容包括本级一般公共预算收入、从国有资本经营预算调入资金、地方上解收入、从预算稳定调节基金调入资金、其他调入资金。

中央一般公共预算支出编制内容包括本级一般公共预算支出、对地方的税收返还和转移支付、补充预算稳定调节基金。

中央政府债务余额的限额应当在本级预算中单独列示。

第三十四条 地方各级一般公共预算收入编制内容包括本级一般公共预算收入、从国有资本经营预算调入资金、上级税收返还和转移支付、下级上解收入、从预算稳定调节基金调入资金、其他调入资金。

地方各级一般公共预算支出编制内容包括本级一般公共预算支出、上解上级支出、对下级的税收返还和转移支付、补充预算稳定调节基金。

第三十五条 中央政府性基金预算收入编制内容包括本级政府性基金各项目收入、上一年度结余、地方上解收入。

中央政府性基金预算支出编制内容包括本级政府性基金各项目支出、对地方的转移支付、调出资金。

第三十六条 地方政府性基金预算收入编制内容包括本级政府性基金各项目收入、上一年度结余、下级上解收入、上级转移支付。

地方政府性基金预算支出编制内容包括本级政府性基金各项目支出、上解上级支出、对下级的转移支付、调出资金。

第三十七条 中央国有资本经营预算收入编制内容包括本级收入、上一年度结余、地方上解收入。

中央国有资本经营预算支出编制内容包括本级支出、向一般公共预算调出资金、对地方特定事项的转移支付。

第三十八条 地方国有资本经营预算收入编制内容包括本级收入、上一年度结余、上级对特定事项的转移支付、下级上解收入。

地方国有资本经营预算支出编制内容包括本级支出、向一般公共预算调出资金、对下级特定事项的转移支付、上解上级支出。

第三十九条 中央和地方社会保险基金预算收入、支出编制内容包括本条例第十六条规定的各项收入和支出。

第四十条 各部门、各单位预算收入编制内容包括本级预算拨款收入、预算拨款结转和其他收入。

各部门、各单位预算支出编制内容包括基本支出和项目支出。

各部门、各单位的预算支出，按其功能分类应当编列到项，按其经济性质分类应当编列到款。

第四十一条 各级政府应当加强项目支出管理。各级政府财政部门应当建立和完善项目支出预算评审制度。各部门、各单位应当按照本级政府财政部门的规定开展预算评审。

项目支出实行项目库管理，并建立健全项目入库评审机制和项目滚动管理机制。

第四十二条 预算法第三十四条第二款所称余额管理，是指国务院在全国人民代表大会批准的中央一般公共预算债务的余额限额内，决定发债规模、品种、期限和时点的管理方式；所称余额，是指中央一般公共预算中举借债务未偿还的本金。

第四十三条 地方政府债务余额实行限额管理。各省、自治区、直辖市的政府债务限额，由财政部在全国人民代表大会或者其常务委员会批准的总限额内，根据各地区债务风险、财力状况等因素，并考虑国家宏观调控政策等需要，提出方案报国务院批准。

各省、自治区、直辖市的政府债务余额不得突破国务院批准的限额。

第四十四条 预算法第三十五条第二款所称举借债务的规模，是指各地方政府债务余额限额的总和，包括一般债务限额和专项债务限额。一般债务是指列入一般公共预算用于公益性事业发展的一般债券、地方政府负有偿还责任的外国政府和国际经济组织贷款转贷债务；专项债务是指列入政府性基金预算用于有收益的公益性事业发展的专项债券。

第四十五条 省、自治区、直辖市政府财政部门依照国务院下达的本地区地方政府债务限额，提出本级和转贷给下级政府的债务限额安排方案，报本级政府批准后，将增加举借的债务列入本级预算调整方案，报本级人民代表大会常务委员会批准。

接受转贷并向下级政府转贷的政府应当将转贷债务纳入本级预算管理。使用转贷并负有直接偿还责任的政府,应当将转贷债务列入本级预算调整方案,报本级人民代表大会常务委员会批准。

地方各级政府财政部门负责统一管理本地区政府债务。

第四十六条　国务院可以将举借的外国政府和国际经济组织贷款转贷给省、自治区、直辖市政府。

国务院向省、自治区、直辖市政府转贷的外国政府和国际经济组织贷款,省、自治区、直辖市政府负有直接偿还责任的,应当纳入本级预算管理。省、自治区、直辖市政府未能按时履行还款义务的,国务院可以相应抵扣对该地区的税收返还等资金。

省、自治区、直辖市政府可以将国务院转贷的外国政府和国际经济组织贷款再转贷给下级政府。

第四十七条　财政部和省、自治区、直辖市政府财政部门应当建立健全地方政府债务风险评估指标体系,组织评估地方政府债务风险状况,对债务高风险地区提出预警,并监督化解债务风险。

第四十八条　县级以上各级政府应当按照本年度转移支付预计执行数的一定比例将下一年度转移支付预计数提前下达至下一级政府,具体下达事宜由本级政府财政部门办理。

除据实结算等特殊项目的转移支付外,提前下达的一般性转移支付预计数的比例一般不低于90%;提前下达的专项转移支付预计数的比例一般不低于70%。其中,按照项目法管理分配的专项转移支付,应当一并明确下一年度组织实施的项目。

第四十九条　经本级政府批准,各级政府财政部门可以设置预算周转金,额度不得超过本级一般公共预算支出总额的1%。年度终了时,各级政府财政部门可以将预算周转金收回并用于补充预算稳定调节基金。

第五十条　预算法第四十二条第一款所称结转资金,是指预算安排项目的支出年度终了时尚未执行完毕,或者因故未执行但下一年度需要按原用途继续使用的资金;连续两年未用完的结转资金,是指预算安排项目的支出在下一年度终了时仍未用完的资金。

预算法第四十二条第一款所称结余资金,是指年度预算执行终了时,预算收入实际完成数扣除预算支出实际完成数和结转资金后剩余的资金。

第四章 预算执行

第五十一条 预算执行中，政府财政部门的主要职责：

（一）研究和落实财政税收政策措施，支持经济社会健康发展；

（二）制定组织预算收入、管理预算支出以及相关财务、会计、内部控制、监督等制度和办法；

（三）督促各预算收入征收部门和单位依法履行职责，征缴预算收入；

（四）根据年度支出预算和用款计划，合理调度、拨付预算资金，监督各部门、各单位预算资金使用管理情况；

（五）统一管理政府债务的举借、支出与偿还，监督债务资金使用情况；

（六）指导和监督各部门、各单位建立健全财务制度和会计核算体系，规范账户管理，健全内部控制机制，按照规定使用预算资金；

（七）汇总、编报分期的预算执行数据，分析预算执行情况，按照本级人民代表大会常务委员会、本级政府和上一级政府财政部门的要求定期报告预算执行情况，并提出相关政策建议；

（八）组织和指导预算资金绩效监控、绩效评价；

（九）协调预算收入征收部门和单位、国库以及其他有关部门的业务工作。

第五十二条 预算法第五十六条第二款所称财政专户，是指财政部门为履行财政管理职能，根据法律规定或者经国务院批准开设的用于管理核算特定专用资金的银行结算账户；所称特定专用资金，包括法律规定可以设立财政专户的资金，外国政府和国际经济组织的贷款、赠款，按照规定存储的人民币以外的货币，财政部会同有关部门报国务院批准的其他特定专用资金。

开设、变更财政专户应当经财政部核准，撤销财政专户应当报财政部备案，中国人民银行应当加强对银行业金融机构开户的核准、管理和监督工作。

财政专户资金由本级政府财政部门管理。除法律另有规定外，未经本级政府财政部门同意，任何部门、单位和个人都无权冻结、动用财政专户资金。

财政专户资金应当由本级政府财政部门纳入统一的会计核算，并在预算执行情况、决算和政府综合财务报告中单独反映。

第五十三条 预算执行中，各部门、各单位的主要职责：

（一）制定本部门、本单位预算执行制度，建立健全内部控制机制；

（二）依法组织收入，严格支出管理，实施绩效监控，开展绩效评价，提高资金使用效益；

（三）对单位的各项经济业务进行会计核算；

（四）汇总本部门、本单位的预算执行情况，定期向本级政府财政部门报送预算执行情况报告和绩效评价报告。

第五十四条　财政部门会同社会保险行政部门、社会保险费征收机构制定社会保险基金预算的收入、支出以及财务管理的具体办法。

社会保险基金预算由社会保险费征收机构和社会保险经办机构具体执行，并按照规定向本级政府财政部门和社会保险行政部门报告执行情况。

第五十五条　各级政府财政部门和税务、海关等预算收入征收部门和单位必须依法组织预算收入，按照财政管理体制、征收管理制度和国库集中收缴制度的规定征收预算收入，除依法缴入财政专户的社会保险基金等预算收入外，应当及时将预算收入缴入国库。

第五十六条　除依法缴入财政专户的社会保险基金等预算收入外，一切有预算收入上缴义务的部门和单位，必须将应当上缴的预算收入，按照规定的预算级次、政府收支分类科目、缴库方式和期限缴入国库，任何部门、单位和个人不得截留、占用、挪用或者拖欠。

第五十七条　各级政府财政部门应当加强对预算资金拨付的管理，并遵循下列原则：

（一）按照预算拨付，即按照批准的年度预算和用款计划拨付资金。除预算法第五十四条规定的在预算草案批准前可以安排支出的情形外，不得办理无预算、无用款计划、超预算或者超计划的资金拨付，不得擅自改变支出用途；

（二）按照规定的预算级次和程序拨付，即根据用款单位的申请，按照用款单位的预算级次、审定的用款计划和财政部门规定的预算资金拨付程序拨付资金；

（三）按照进度拨付，即根据用款单位的实际用款进度拨付资金。

第五十八条　财政部应当根据全国人民代表大会批准的中央政府债务余额限额，合理安排发行国债的品种、结构、期限和时点。

省、自治区、直辖市政府财政部门应当根据国务院批准的本地区政府债务限额，合理安排发行本地区政府债券的结构、期限和时点。

第五十九条　转移支付预算下达和资金拨付应当由财政部门办理，其他部门和单位不得对下级政府部门和单位下达转移支付预算或者拨付转移支付资金。

第六十条　各级政府、各部门、各单位应当加强对预算支出的管理，严格执行预算，遵守财政制度，强化预算约束，不得擅自扩大支出范围、提高开支标准；严格按照预算规定的支出用途使用资金，合理安排支出进度。

第六十一条　财政部负责制定与预算执行有关的财务规则、会计准则和会计制度。各部门、各单位应当按照本级政府财政部门的要求建立健全财务制度，加强会计核算。

第六十二条　国库是办理预算收入的收纳、划分、留解、退付和库款支拨的专门机构。国库分为中央国库和地方国库。

中央国库业务由中国人民银行经理。未设中国人民银行分支机构的地区，由中国人民银行商财政部后，委托有关银行业金融机构办理。

地方国库业务由中国人民银行分支机构经理。未设中国人民银行分支机构的地区，由上级中国人民银行分支机构商有关地方政府财政部门后，委托有关银行业金融机构办理。

具备条件的乡、民族乡、镇，应当设立国库。具体条件和标准由省、自治区、直辖市政府财政部门确定。

第六十三条　中央国库业务应当接受财政部的指导和监督，对中央财政负责。

地方国库业务应当接受本级政府财政部门的指导和监督，对地方财政负责。

省、自治区、直辖市制定的地方国库业务规程应当报财政部和中国人民银行备案。

第六十四条　各级国库应当及时向本级政府财政部门编报预算收入入库、解库、库款拨付以及库款余额情况的日报、旬报、月报和年报。

第六十五条　各级国库应当依照有关法律、行政法规、国务院以及财政部、中国人民银行的有关规定，加强对国库业务的管理，及时准确地办理预算收入的收纳、划分、留解、退付和预算支出的拨付。

各级国库和有关银行业金融机构必须遵守国家有关预算收入缴库的规定，不得延解、占压应当缴入国库的预算收入和国库库款。

第六十六条　各级国库必须凭本级政府财政部门签发的拨款凭证或者支付清算指令于当日办理资金拨付，并及时将款项转入收款单位的账户或者清算资金。

各级国库和有关银行业金融机构不得占压财政部门拨付的预算资金。

第六十七条 各级政府财政部门、预算收入征收部门和单位、国库应当建立健全相互之间的预算收入对账制度，在预算执行中按月、按年核对预算收入的收纳以及库款拨付情况，保证预算收入的征收入库、库款拨付和库存金额准确无误。

第六十八条 中央预算收入、中央和地方预算共享收入退库的办法，由财政部制定。地方预算收入退库的办法，由省、自治区、直辖市政府财政部门制定。

各级预算收入退库的审批权属于本级政府财政部门。中央预算收入、中央和地方预算共享收入的退库，由财政部或者财政部授权的机构批准。地方预算收入的退库，由地方政府财政部门或者其授权的机构批准。具体退库程序按照财政部的有关规定办理。

办理预算收入退库，应当直接退给申请单位或者申请个人，按照国家规定用途使用。任何部门、单位和个人不得截留、挪用退库款项。

第六十九条 各级政府应当加强对本级国库的管理和监督，各级政府财政部门负责协调本级预算收入征收部门和单位与国库的业务工作。

第七十条 国务院各部门制定的规章、文件，凡涉及减免应缴预算收入、设立和改变收入项目和标准、罚没财物处理、经费开支标准和范围、国有资产处置和收益分配以及会计核算等事项的，应当符合国家统一的规定；凡涉及增加或者减少财政收入或者支出的，应当征求财政部意见。

第七十一条 地方政府依据法定权限制定的规章和规定的行政措施，不得涉及减免中央预算收入、中央和地方预算共享收入，不得影响中央预算收入、中央和地方预算共享收入的征收；违反规定的，有关预算收入征收部门和单位有权拒绝执行，并应当向上级预算收入征收部门和单位以及财政部报告。

第七十二条 各级政府应当加强对预算执行工作的领导，定期听取财政部门有关预算执行情况的汇报，研究解决预算执行中出现的问题。

第七十三条 各级政府财政部门有权监督本级各部门及其所属各单位的预算管理有关工作，对各部门的预算执行情况和绩效进行评价、考核。

各级政府财政部门有权对与本级各预算收入相关的征收部门和单位征收本级预算收入的情况进行监督，对违反法律、行政法规规定多征、提前征收、减征、免征、缓征或者退还预算收入的，责令改正。

第七十四条 各级政府财政部门应当每月向本级政府报告预算执行情况，

具体报告内容、方式和期限由本级政府规定。

第七十五条　地方各级政府财政部门应当定期向上一级政府财政部门报送本行政区域预算执行情况，包括预算执行旬报、月报、季报，政府债务余额统计报告，国库库款报告以及相关文字说明材料。具体报送内容、方式和期限由上一级政府财政部门规定。

第七十六条　各级税务、海关等预算收入征收部门和单位应当按照财政部门规定的期限和要求，向财政部门和上级主管部门报送有关预算收入征收情况，并附文字说明材料。

各级税务、海关等预算收入征收部门和单位应当与相关财政部门建立收入征管信息共享机制。

第七十七条　各部门应当按照本级政府财政部门规定的期限和要求，向本级政府财政部门报送本部门及其所属各单位的预算收支情况等报表和文字说明材料。

第七十八条　预算法第六十六条第一款所称超收收入，是指年度本级一般公共预算收入的实际完成数超过经本级人民代表大会或者其常务委员会批准的预算收入数的部分。

预算法第六十六条第三款所称短收，是指年度本级一般公共预算收入的实际完成数小于经本级人民代表大会或者其常务委员会批准的预算收入数的情形。

前两款所称实际完成数和预算收入数，不包括转移性收入和政府债务收入。

省、自治区、直辖市政府依照预算法第六十六条第三款规定增列的赤字，可以通过在国务院下达的本地区政府债务限额内发行地方政府一般债券予以平衡。

设区的市、自治州以下各级一般公共预算年度执行中出现短收的，应当通过调入预算稳定调节基金或者其他预算资金、减少支出等方式实现收支平衡；采取上述措施仍不能实现收支平衡的，可以通过申请上级政府临时救助平衡当年预算，并在下一年度预算中安排资金归还。

各级一般公共预算年度执行中厉行节约、节约开支，造成本级预算支出实际执行数小于预算总支出的，不属于预算调整的情形。

各级政府性基金预算年度执行中有超收收入的，应当在下一年度安排使用并优先用于偿还相应的专项债务；出现短收的，应当通过减少支出实现收支平衡。国务院另有规定的除外。

各级国有资本经营预算年度执行中有超收收入的,应当在下一年度安排使用;出现短收的,应当通过减少支出实现收支平衡。国务院另有规定的除外。

第七十九条 年度预算确定后,部门、单位改变隶属关系引起预算级次或者预算关系变化的,应当在改变财务关系的同时,相应办理预算、资产划转。

第五章 决 算

第八十条 预算法第七十四条所称决算草案,是指各级政府、各部门、各单位编制的未经法定程序审查和批准的预算收支和结余的年度执行结果。

第八十一条 财政部应当在每年第四季度部署编制决算草案的原则、要求、方法和报送期限,制发中央各部门决算、地方决算以及其他有关决算的报表格式。

省、自治区、直辖市政府按照国务院的要求和财政部的部署,结合本地区的具体情况,提出本行政区域编制决算草案的要求。

县级以上地方政府财政部门根据财政部的部署和省、自治区、直辖市政府的要求,部署编制本级政府各部门和下级政府决算草案的原则、要求、方法和报送期限,制发本级政府各部门决算、下级政府决算以及其他有关决算的报表格式。

第八十二条 地方政府财政部门根据上级政府财政部门的部署,制定本行政区域决算草案和本级各部门决算草案的具体编制办法。

各部门根据本级政府财政部门的部署,制定所属各单位决算草案的具体编制办法。

第八十三条 各级政府财政部门、各部门、各单位在每一预算年度终了时,应当清理核实全年预算收入、支出数据和往来款项,做好决算数据对账工作。

决算各项数据应当以经核实的各级政府、各部门、各单位会计数据为准,不得以估计数据替代,不得弄虚作假。

各部门、各单位决算应当列示结转、结余资金。

第八十四条 各单位应当按照主管部门的布置,认真编制本单位决算草案,在规定期限内上报。

各部门在审核汇总所属各单位决算草案基础上,连同本部门自身的决算收入和支出数据,汇编成本部门决算草案并附详细说明,经部门负责人签章后,在规定期限内报本级政府财政部门审核。

第八十五条　各级预算收入征收部门和单位应当按照财政部门的要求，及时编制收入年报以及有关资料并报送财政部门。

第八十六条　各级政府财政部门应当根据本级预算、预算会计核算数据等相关资料编制本级决算草案。

第八十七条　年度预算执行终了，对于上下级财政之间按照规定需要清算的事项，应当在决算时办理结算。

县级以上各级政府财政部门编制的决算草案应当及时报送本级政府审计部门审计。

第八十八条　县级以上地方各级政府应当自本级决算经批准之日起30日内，将本级决算以及下一级政府上报备案的决算汇总，报上一级政府备案；将下一级政府报送备案的决算汇总，报本级人民代表大会常务委员会备案。

乡、民族乡、镇政府应当自本级决算经批准之日起30日内，将本级决算报上一级政府备案。

第六章　监　　督

第八十九条　县级以上各级政府应当接受本级和上级人民代表大会及其常务委员会对预算执行情况和决算的监督，乡、民族乡、镇政府应当接受本级人民代表大会和上级人民代表大会及其常务委员会对预算执行情况和决算的监督；按照本级人民代表大会或者其常务委员会的要求，报告预算执行情况；认真研究处理本级人民代表大会代表或者其常务委员会组成人员有关改进预算管理的建议、批评和意见，并及时答复。

第九十条　各级政府应当加强对下级政府预算执行情况的监督，对下级政府在预算执行中违反预算法、本条例和国家方针政策的行为，依法予以制止和纠正；对本级预算执行中出现的问题，及时采取处理措施。

下级政府应当接受上级政府对预算执行情况的监督；根据上级政府的要求，及时提供资料，如实反映情况，不得隐瞒、虚报；严格执行上级政府作出的有关决定，并将执行结果及时上报。

第九十一条　各部门及其所属各单位应当接受本级政府财政部门对预算管理有关工作的监督。

财政部派出机构根据职责和财政部的授权，依法开展工作。

第九十二条 各级政府审计部门应当依法对本级预算执行情况和决算草案，本级各部门、各单位和下级政府的预算执行情况和决算，进行审计监督。

第七章 法律责任

第九十三条 预算法第九十三条第六项所称违反本法规定冻结、动用国库库款或者以其他方式支配已入国库库款，是指：

（一）未经有关政府财政部门同意，冻结、动用国库库款；

（二）预算收入征收部门和单位违反规定将所收税款和其他预算收入存入国库之外的其他账户；

（三）未经有关政府财政部门或者财政部门授权的机构同意，办理资金拨付和退付；

（四）将国库库款挪作他用；

（五）延解、占压国库库款；

（六）占压政府财政部门拨付的预算资金。

第九十四条 各级政府、有关部门和单位有下列行为之一的，责令改正；对负有直接责任的主管人员和其他直接责任人员，依法给予处分：

（一）突破一般债务限额或者专项债务限额举借债务；

（二）违反本条例规定下达转移支付预算或者拨付转移支付资金；

（三）擅自开设、变更账户。

第八章 附 则

第九十五条 预算法第九十七条所称政府综合财务报告，是指以权责发生制为基础编制的反映各级政府整体财务状况、运行情况和财政中长期可持续性的报告。政府综合财务报告包括政府资产负债表、收入费用表等财务报表和报表附注，以及以此为基础进行的综合分析等。

第九十六条 政府投资年度计划应当和本级预算相衔接。政府投资决策、项目实施和监督管理按照政府投资有关行政法规执行。

第九十七条 本条例自2020年10月1日起施行。

3. 国务院关于深化预算管理制度改革的决定

(2014年9月26日国发〔2014〕45号公布)

各省、自治区、直辖市人民政府，国务院各部委、各直属机构：

为贯彻落实党的十八大和十八届三中全会精神，按照新修订的预算法，改进预算管理，实施全面规范、公开透明的预算制度，现就深化预算管理制度改革作出如下决定。

一、充分认识深化预算管理制度改革的重要性和紧迫性

建立与实现现代化相适应的现代财政制度，对于优化资源配置、维护市场统一、促进社会公平、实现国家长治久安具有重要意义。改革开放以来，特别是1995年预算法及预算法实施条例施行以来，在党中央、国务院的正确领导下，我国财政制度改革取得显著成效，初步建立了与社会主义市场经济体制相适应的公共财政制度体系，作为公共财政制度基础的预算管理制度也不断完善，为促进经济社会持续健康发展发挥了重要作用。

当前，我国已进入全面建成小康社会的关键阶段。随着经济社会发展，现行预算管理制度也暴露出一些不符合公共财政制度和现代国家治理要求的问题，主要表现在：预算管理和控制方式不够科学，跨年度预算平衡机制尚未建立；预算体系不够完善，地方政府债务未纳入预算管理；预算约束力不够，财政收支结构有待优化；财政结转结余资金规模较大，预算资金使用绩效不高；预算透明度不够，财经纪律有待加强等，财政可持续发展面临严峻挑战。

党的十八届三中全会确立了全面深化改革的总目标，并对改进预算管理制度提出了明确要求，今年《政府工作报告》也作出了部署。贯彻落实党的十八届三中全会精神和国务院决策部署，深化预算管理制度改革，实施全面规范、公开透明的预算制度，是深化财税体制改革，建立现代公共财政制度的迫切需要；是完善社会主义市场经济体制，加快转变政府职能的必然要求；是推进国家治理体系现代化，实现国家长治久安的重要保障。

二、准确把握深化预算管理制度改革的总体方向

(一)指导思想。

深化预算管理制度改革，要以邓小平理论、"三个代表"重要思想、科学

发展观为指导,全面贯彻党的十八大和十八届三中全会精神,落实党中央、国务院决策部署,按照全面深化财税体制改革的总体要求,遵循社会主义市场经济原则,加快转变政府职能,完善管理制度,创新管理方式,提高管理绩效,用好增量资金,构建全面规范、公开透明的预算制度,进一步规范政府行为,防范财政风险,实现有效监督,提高资金效益,逐步建立与实现现代化相适应的现代财政制度。

(二)基本原则。

遵循现代国家治理理念。按照推进国家治理体系和治理能力现代化的要求,着力构建规范的现代预算制度,并与相关法律和制度的修订完善相衔接。健全财政法律制度体系,注重运用法律和制度规范预算管理,提高政府公共服务水平。

划清市场和政府的边界。凡属市场能发挥作用的,财税等优惠政策要逐步退出;凡属市场不能有效发挥作用的,政府包括公共财政等要主动补位。

着力推进预算公开透明。实施全面规范、公开透明的预算制度,将公开透明贯穿预算改革和管理全过程,充分发挥预算公开透明对政府部门的监督和约束作用,建设阳光政府、责任政府、服务政府。

坚持总体设计、协同推进。既要注重顶层设计,增强改革的系统性、整体性、协同性,又要考虑外部环境和制约因素,实现与行政管理体制改革的有序衔接,合理把握改革的力度和节奏,确保改革顺利实施。

三、全面推进深化预算管理制度改革的各项工作

(一)完善政府预算体系,积极推进预算公开。

1. 完善政府预算体系。明确一般公共预算、政府性基金预算、国有资本经营预算、社会保险基金预算的收支范围,建立定位清晰、分工明确的政府预算体系,政府的收入和支出全部纳入预算管理。加大政府性基金预算、国有资本经营预算与一般公共预算的统筹力度,建立将政府性基金预算中应统筹使用的资金列入一般公共预算的机制,加大国有资本经营预算资金调入一般公共预算的力度。加强社会保险基金预算管理,做好基金结余的保值增值,在精算平衡的基础上实现社会保险基金预算的可持续运行。

2. 健全预算标准体系。进一步完善基本支出定额标准体系,加快推进项目支出定额标准体系建设,充分发挥支出标准在预算编制和管理中的基础支撑作用。严格机关运行经费管理,加快制定机关运行经费实物定额和服务标准。加强人员编制管理和资产管理，完善人员编制、资产管理与预算管理相结合的机制。进一步完善政府收支分类体系，按经济分类编制部门预决算和政府预决算。

3. 积极推进预决算公开。细化政府预决算公开内容，除涉密信息外，政府预决算支出全部细化公开到功能分类的项级科目，专项转移支付预决算按项目按地区公开。积极推进财政政策公开。扩大部门预决算公开范围，除涉密信息外，中央和地方所有使用财政资金的部门均应公开本部门预决算。细化部门预决算公开内容，逐步将部门预决算公开到基本支出和项目支出。按经济分类公开政府预决算和部门预决算。加大"三公"经费公开力度，细化公开内容，除涉密信息外，所有财政资金安排的"三公"经费都要公开。对预决算公开过程中社会关切的问题，要规范整改、完善制度。

（二）改进预算管理和控制，建立跨年度预算平衡机制。

1. 实行中期财政规划管理。财政部门会同各部门研究编制三年滚动财政规划，对未来三年重大财政收支情况进行分析预测，对规划期内一些重大改革、重要政策和重大项目，研究政策目标、运行机制和评价办法。中期财政规划要与国民经济和社会发展规划纲要及国家宏观调控政策相衔接。强化三年滚动财政规划对年度预算的约束。推进部门编制三年滚动规划，加强项目库管理，健全项目预算审核机制。提高财政预算的统筹能力，各部门规划中涉及财政政策和资金支持的，要与三年滚动财政规划相衔接。

2. 改进年度预算控制方式。一般公共预算审核的重点由平衡状态、赤字规模向支出预算和政策拓展。强化支出预算约束，各级政府向本级人大报告支出预算的同时，要重点报告支出政策内容。预算执行中如需增加或减少预算总支出，必须报经本级人大常委会审查批准。收入预算从约束性转向预期性，根据经济形势和政策调整等因素科学预测。中央一般公共预算因宏观调控政策需要可编列赤字，通过发行国债予以弥补。中央政府债务实行余额管理，中央国债余额限额根据累计赤字和应对当年短收需发行的债务等因素合理确定，报全国人大或其常委会审批。经国务院批准，地方一般公共预算为没有收益的公益性事业发展可编列赤字，通过举借一般债务予以弥补，地方政府一般债务规模纳入限额管理，由国务院确定并报全国人大或其常委会批准。加强政府性基金预算编制管理。政府性基金预算按照以收定支的原则，根据政府性基金项目的收入情况和实际支出需要编制；经国务院批准，地方政府性基金预算为有一定收益的公益性事业发展可举借专项债务，地方政府专项债务规模纳入限额管理，由国务院确定并报全国人大或其常委会批准。财政部在全国人大或其常委会批准的地方政府债务规模内，根据各地区债务风险、财力状况等因素测算分地区债务限额，并报国务院批准。各省、自治区、直辖市在分地区债务限额内举借债务，报省级人大或其常委会批准。国有资本经营预算按照收支平衡的原则编制，不列赤字。

3. 建立跨年度预算平衡机制。根据经济形势发展变化和财政政策逆周期调节的需要，建立跨年度预算平衡机制。中央一般公共预算执行中如出现超收，超收收入用于冲减赤字、补充预算稳定调节基金；如出现短收，通过调入预算稳定调节基金、削减支出或增列赤字并在经全国人大或其常委会批准的国债余额限额内发债平衡。地方一般公共预算执行中如出现超收，用于化解政府债务或补充预算稳定调节基金；如出现短收，通过调入预算稳定调节基金或其他预算资金、削减支出实现平衡。如采取上述措施后仍不能实现平衡，省级政府报本级人大或其常委会批准后增列赤字，并报财政部备案，在下一年度预算中予以弥补；市、县级政府通过申请上级政府临时救助实现平衡，并在下一年度预算中归还。政府性基金预算和国有资本经营预算如出现超收，结转下年安排；如出现短收，通过削减支出实现平衡。

（三）加强财政收入管理，清理规范税收优惠政策。

1. 加强税收征管。各级税收征管部门要依照法律法规及时足额组织税收收入，并建立与相关经济指标变化情况相衔接的考核体系。切实加强税收征管，做到依法征收、应收尽收，不收过头税。严格减免税管理，不得违反法律法规的规定和超越权限多征、提前征收或者减征、免征、缓征应征税款。加强执法监督，强化税收入库管理。

2. 加强非税收入管理。各地区、各部门要依照法律法规切实加强非税收入管理。继续清理规范行政事业性收费和政府性基金，坚决取消不合法、不合理的收费基金项目。加快建立健全国有资源、国有资产有偿使用制度和收益共享机制。加强国有资本收益管理，完善国家以所有者身份参与国有企业利润分配制度，落实国有资本收益权。加强非税收入分类预算管理，完善非税收入征缴制度和监督体系，禁止通过违规调库、乱收费、乱罚款等手段虚增财政收入。

3. 全面规范税收优惠政策。除专门的税收法律、法规和国务院规定外，各部门起草其他法律、法规、发展规划和区域政策都不得突破国家统一财税制度、规定税收优惠政策。未经国务院批准，各地区、各部门不能对企业规定财政优惠政策。各地区、各部门要对已经出台的税收优惠政策进行规范，违反法律法规和国务院规定的一律停止执行；没有法律法规障碍且具有推广价值的，尽快在全国范围内实施；有明确时限的到期停止执行，未明确时限的应设定优惠政策实施时限。建立税收优惠政策备案审查、定期评估和退出机制，加强考核问责，严惩各类违法违规行为。

（四）优化财政支出结构，加强结转结余资金管理。

1. 优化财政支出结构。严格控制政府性楼堂馆所、财政供养人员以及"三公"经费等一般性支出。清理规范重点支出同财政收支增幅或生产总值挂钩事项，一般不采取挂钩方式。对重点支出根据推进改革的需要和确需保障的内容统筹安排，优先保障，不再采取先确定支出总额再安排具体项目的办法。结合税费制度改革，完善相关法律法规，逐步取消城市维护建设税、排污费、探矿权和采矿权价款、矿产资源补偿费等专款专用的规定，统筹安排这些领域的经费。统一预算分配，逐步将所有预算资金纳入财政部门统一分配。在此之前，负责资金分配的部门要按规定将资金具体安排情况及时报财政部门。

2. 优化转移支付结构。完善一般性转移支付增长机制，增加一般性转移支付规模和比例，逐步将一般性转移支付占比提高到60%以上；明显增加对革命老区、民族地区、边疆地区和贫困地区的转移支付；中央出台增支政策形成的地方财力缺口，原则上通过一般性转移支付调节。要大力清理、整合、规范专项转移支付，在合理界定中央与地方事权的基础上，严格控制引导类、救济类、应急类专项转移支付，属地方事务的划入一般性转移支付。对竞争性领域的专项转移支付逐一进行甄别排查，凡属"小、散、乱"以及效用不明显的要坚决取消，其余需要保留的也要予以压缩或实行零增长，并改进分配方式，减少行政性分配，引入市场化运作模式，逐步与金融资本相结合，引导带动社会资本增加投入。对目标接近、资金投入方向类同、资金管理方式相近的专项转移支付予以整合。规范专项转移支付项目设立，严格控制新增项目和资金规模，建立健全专项转移支付定期评估和退出机制。加快修订完善中央对地方转移支付管理办法，对转移支付项目的设立、资金分配、使用管理、绩效评价、信息公开等作出规定。研究建立财政转移支付同农业转移人口市民化挂钩机制。在明确中央和地方支出责任的基础上，认真清理现行配套政策，对属于中央承担支出责任的事项，一律不得要求地方安排配套资金；对属于中央和地方分担支出责任的事项，由中央和地方按各自应分担数额安排资金。各地区要对本级安排的专项资金进行清理、整合、规范，完善资金管理办法，提高资金使用效益。

3. 加强结转结余资金管理。建立结转结余资金定期清理机制，各级政府上一年预算的结转资金，应当在下一年用于结转项目的支出；连续两年未用完的结转资金，应当作为结余资金管理，其中一般公共预算的结余资金，应当补充预算稳定调节基金。各部门、各单位上一年预算的结转、结余资金按照财政部的规定办理。要加大结转资金统筹使用力度，对不需按原用途使用的资金，可按规定统筹用于经济社会发展亟需资金支持的领域。建立预算编制与结转结余资金管理相结合的机制，细化预算编制，提高年初预算到位率。建立科学合理的预算执行进度考核机制，实施预算执行进度的通报制度和监督检查制度，有效控制新增结转结余资金。

4. 加强政府购买服务资金管理。政府购买服务所需资金列入财政预算，从部门预算经费或者经批准的专项资金等既有预算中统筹安排，支持各部门按有关规定开展政府购买服务工作，切实降低公共服务成本，提高公共服务质量。

（五）加强预算执行管理，提高财政支出绩效。

1. 做好预算执行工作。硬化预算约束，年度预算执行中除救灾等应急支出通过动支预备费解决外，一般不出台增加当年支出的政策，一些必须出台的政策，通过以后年度预算安排资金。及时批复部门预算，严格按照预算、用款计划、项目进度、有关合同和规定程序及时办理资金支付，涉及政府采购的应严格执行政府采购有关规定。进一步提高提前下达转移支付预计数的比例，按因素法分配且金额相对固定的转移支付提前下达的比例要达到90%。加快转移支付预算正式下达进度，除据实结算等特殊项目外，中央对地方一般性转移支付在全国人大批准预算后30日内正式下达，专项转移支付在90日内正式下达。省级政府接到中央一般性转移支付或专项转移支付后，应在30日内正式下达到县级以上地方各级政府。规范预算变更，各部门、各单位的预算支出应当按照预算科目执行。不同预算科目、预算级次或者项目间的预算资金需要调剂使用的，按照财政部的规定办理。

2. 规范国库资金管理。规范国库资金管理，提高国库资金收支运行效率。全面清理整顿财政专户，各地一律不得新设专项支出财政专户，除财政部审核并报国务院批准予以保留的专户外，其余专户在2年内逐步取消。规范权责发生制核算，严格权责发生制核算范围，控制核算规模。地方各级财政除国库集中支付年终结余外，一律不得按权责发生制列支。按国务院规定实行权责发生制核算的特定事项，应当向本级人大常委会报告。全面清理已经发生的财政借垫款，应当由预算安排支出的按规定列支，符合制度规定的临时性借垫款及时收回，不符合制度规定的借垫款限期收回。加强财政对外借款管理，各级财政严禁违规对非预算单位及未纳入年度预算的项目借款和垫付财政资金。各级政府应当加强对本级国库的管理和监督，按照国务院的规定完善国库现金管理，合理调节国库资金余额。

3. 健全预算绩效管理机制。全面推进预算绩效管理工作，强化支出责任和效率意识，逐步将绩效管理范围覆盖各级预算单位和所有财政资金，将绩效评价重点由项目支出拓展到部门整体支出和政策、制度、管理等方面，加强绩效评价结果应用，将评价结果作为调整支出结构、完善财政政策和科学安排预算的重要依据。

4. 建立权责发生制的政府综合财务报告制度。研究制定政府综合财务报告制度改革方案、制度规范和操作指南，建立政府综合财务报告和政府会计标准体系，研究修订总预算会计制度。待条件成熟时，政府综合财务报告向本级人大或其常委会报告。研究将政府综合财务报告主要指标作为考核地方政府绩效的依据，逐步建立政府综合财务报告公开机制。

（六）规范地方政府债务管理，防范化解财政风险。

1. 赋予地方政府依法适度举债权限，建立规范的地方政府举债融资机制。经国务院批准，省、自治区、直辖市政府可以适度举借债务；市县级政府确需举借债务的由省、自治区、直辖市政府代为举借。政府债务只能通过政府及其部门举借，不得通过企事业单位等举借。地方政府举债采取政府债券方式。剥离融资平台公司政府融资职能。推广使用政府与社会资本合作模式，鼓励社会资本通过特许经营等方式参与城市基础设施等有一定收益的公益性事业投资和运营。

2. 对地方政府债务实行规模控制和分类管理。地方政府债务规模实行限额管理，地方政府举债不得突破批准的限额。地方政府债务分为一般债务、专项债务两类，分类纳入预算管理。一般债务通过发行一般债券融资，纳入一般公共预算管理。专项债务通过发行专项债券融资，纳入政府性基金预算管理。

3. 严格限定政府举债程序和资金用途。地方政府在国务院批准的分地区限额内举借债务，必须报本级人大或其常委会批准。地方政府举借债务要遵循市场化原则。建立地方政府信用评级制度，逐步完善地方政府债券市场。地方政府举借的债务，只能用于公益性资本支出和适度归还存量债务，不得用于经常性支出。

4. 建立债务风险预警及化解机制。财政部根据债务率、新增债务率、偿债率、逾期债务率等指标，评估各地区债务风险状况，对债务高风险地区进行风险预警。债务高风险地区要积极采取措施，逐步降低风险。对甄别后纳入预算管理的地方政府存量债务，各地区可申请发行地方政府债券置换，以降低利息负担，优化期限结构。要硬化预算约束，防范道德风险，地方政府对其举借的债务负有偿还责任，中央政府实行不救助原则。

5. 建立考核问责机制。把政府性债务作为一个硬指标纳入政绩考核。明确责任落实，省、自治区、直辖市政府要对本地区地方政府性债务负责任。地方各级政府要切实担负起加强地方政府性债务管理、防范化解财政金融风险的责任，政府主要负责人要作为第一责任人，认真抓好政策落实。

（七）规范理财行为，严肃财经纪律。

1. 坚持依法理财，主动接受监督。各地区、各部门要严格遵守预算法、税收征收管理法、会计法、政府采购法等财税法律法规，依法行使行政决策权和财政管理权，自觉接受人大监督和社会各界的监督。建立和完善政府决算审计制度，进一步加强审计监督。推进预算公开，增强政府理财工作的透明度，减少政府自由裁量权，让财政资金在阳光下运行。

2. 健全制度体系，规范理财行为。要健全预算编制、收入征管、资金分配、国库管理、政府采购、财政监督、绩效评价、责任追究等方面的制度建设，扎紧制度的篱笆。要规范理财行为，严格按照规范的程序和要求编报预决算，按规定的用途拨付和使用财政资金，预决算编报都要做到程序合法、数据准确、情况真实、内容完整。

3. 严肃财经纪律，强化责任追究。财经纪律是财经工作中必须遵守的行为准则，也是预算管理制度改革取得成效的重要保障。地方各级政府要对本地区各部门、各单位财经纪律的执行情况进行全面检查，通过单位自查、财政部门和审计机关专项检查，及时发现存在的问题。强化责任追究，对检查中发现的虚报、冒领、截留、挪用、滞留财政资金以及违规出台税收优惠政策等涉及违规违纪的行为，要按照预算法等法律法规的规定严肃处理。

四、切实做好深化预算管理制度改革的实施保障工作

深化预算管理制度改革涉及制度创新和利益关系调整,任务艰巨,面临许多矛盾和困难。各地区、各部门要从大局出发,进一步提高认识,把思想和行动统一到党中央、国务院的决策部署上来。要以高度的责任感、使命感和改革创新精神,切实履行职责,加强协调配合,认真落实各项改革措施,合力推进预算管理制度改革。要坚持于法有据,积极推进相关法律法规的修改工作,确保在法治轨道上推进预算管理制度改革。本决定有关要求需要与法律规定相衔接的,按法律规定的程序做好衔接。要加强宣传引导,做好政策解读,为深化预算管理制度改革营造良好的社会环境。财政部要抓紧制定深化预算管理制度改革的具体办法,印发各地区、各部门执行。各地区要结合本地实际情况制定具体政策措施和工作方案,切实加强组织领导,确保改革顺利实施。

国务院
2014 年 9 月 26 日

4. 国务院关于进一步深化预算管理制度改革的意见

(2021 年 3 月 7 日国发〔2021〕5 号公布)

各省、自治区、直辖市人民政府,国务院各部委、各直属机构:

预算体现国家的战略和政策,反映政府的活动范围和方向,是推进国家治理体系和治理能力现代化的重要支撑,是宏观调控的重要手段。党的十八大以来,按照党中央、国务院决策部署,预算管理制度不断改革完善,为建立现代财政制度奠定了坚实基础。当前和今后一个时期,财政处于紧平衡状态,收支矛盾较为突出,加之预算管理中存在统筹力度不足、政府过紧日子意识尚未牢固树立、预算约束不够有力、资源配置使用效率有待提高、预算公开范围和内容仍需拓展等问题,影响了财政资源统筹和可持续性。为落实《中华人民共和国预算法》及其实施条例有关规定,规范管理、提高效率、挖掘潜力、释放活力,现就进一步深化预算管理制度改革提出以下意见。

一、总体要求

（一）指导思想。以习近平新时代中国特色社会主义思想为指导，深入贯彻党的十九大和十九届二中、三中、四中、五中全会精神，全面贯彻党的基本理论、基本路线、基本方略，坚持稳中求进工作总基调，立足新发展阶段、贯彻新发展理念、构建新发展格局，以推动高质量发展为主题，以深化供给侧结构性改革为主线，以改革创新为根本动力，以满足人民日益增长的美好生活需要为根本目的，更加有效保障和改善民生，进一步完善预算管理制度，更好发挥财政在国家治理中的基础和重要支柱作用，为全面建设社会主义现代化国家提供坚实保障。

（二）基本原则。

坚持党的全面领导。将坚持和加强党的全面领导贯穿预算管理制度改革全过程。坚持以人民为中心，兜牢基本民生底线。坚持系统观念，加强财政资源统筹，集中力量办大事，坚决落实政府过紧日子要求，强化预算对落实党和国家重大政策的保障能力，实现有限公共资源与政策目标有效匹配。

坚持预算法定。增强法治观念，强化纪律意识，严肃财经纪律，更加注重强化约束，着力提升制度执行力，维护法律的权威性和制度的刚性约束力。明确地方和部门的主体责任，切实强化预算约束，加强对权力运行的制约和监督。

坚持目标引领。按照建立现代财税体制的要求，坚持目标导向和问题导向相结合，完善管理手段，创新管理技术，破除管理瓶颈，推进预算和绩效管理一体化，以信息化推进预算管理现代化，加强预算管理各项制度的系统集成、协同高效，提高预算管理规范化、科学化、标准化水平和预算透明度。

坚持底线思维。把防风险摆在更加突出的位置，统筹发展和安全、当前和长远，杜绝脱离实际的过高承诺，形成稳定合理的社会预期。加强政府债务和中长期支出事项管理，牢牢守住不发生系统性风险的底线。

二、加大预算收入统筹力度，增强财政保障能力

（三）规范政府收入预算管理。实事求是编制收入预算，考虑经济运行和实施减税降费政策等因素合理测算。严禁将财政收入规模、增幅纳入考核评比。严格落实各项减税降费政策，严禁收取过头税费、违规设置收费项目或提高收费标准。依照法律法规及时足额征收应征的预算收入，如实反映财政收入情况，提高收入质量，严禁虚收空转。不得违法违规制定实施各种形式的歧视性税费减免政策，维护全国统一市场和公平竞争。严禁将政府非税收入与征收单位支

出挂钩。

（四）加强政府性资源统筹管理。将依托行政权力、国有资源（资产）获取的收入以及特许经营权拍卖收入等按规定全面纳入预算，加大预算统筹力度。完善收费基金清单管理，将列入清单的收费基金按规定纳入预算。将应当由政府统筹使用的基金项目转列一般公共预算。合理确定国有资本收益上交比例。

（五）强化部门和单位收入统筹管理。各部门和单位要依法依规将取得的各类收入纳入部门或单位预算，未纳入预算的收入不得安排支出。各部门应当加强所属单位事业收入、事业单位经营收入等非财政拨款收入管理，在部门和单位预算中如实反映非财政拨款收入情况。加强行政事业性国有资产收入管理，资产出租、处置等收入按规定上缴国库或纳入单位预算。

（六）盘活各类存量资源。盘活财政存量资金，完善结余资金收回使用机制。新增资产配置要与资产存量挂钩，依法依规编制相关支出预算。严格各类资产登记和核算，所有资本性支出应当形成资产并予以全程登记。各级行政事业单位要将资产使用管理责任落实到人，确保资产安全完整、高效利用。推动国有资产共享共用，促进长期低效运转、闲置和超标准配置资产以及临时配置资产调剂使用，有条件的部门和地区可以探索建立公物仓，按规定处置不需使用且难以调剂的国有资产，提高财政资源配置效益。

三、规范预算支出管理，推进财政支出标准化

（七）加强重大决策部署财力保障。各级预算安排要将落实党中央、国务院重大决策部署作为首要任务，贯彻党的路线方针政策，增强对国家重大战略任务、国家发展规划的财力保障。完善预算决策机制和程序，各级预算、决算草案提请本级人大或其常委会审查批准前，应当按程序报本级党委和政府审议；各部门预算草案应当报本部门党组（党委）审议。

（八）合理安排支出预算规模。坚持量入为出原则，积极运用零基预算理念，打破支出固化僵化格局，合理确定支出预算规模，调整完善相关重点支出的预算编制程序，不再与财政收支增幅或生产总值层层挂钩。充分发挥财政政策逆周期调节作用，安排财政赤字和举借债务要与经济逆周期调节相适应，将政府杠杆率控制在合理水平，并预留应对经济周期变化的政策空间。

（九）大力优化财政支出结构。各级预算安排要突出重点，坚持"三保"（保基本民生、保工资、保运转）支出在财政支出中的优先顺序，坚决兜住

"三保"底线，不留硬缺口。严格控制竞争性领域财政投入，强化对具有正外部性创新发展的支持。不折不扣落实过紧日子要求，厉行节约办一切事业，建立节约型财政保障机制，精打细算，严控一般性支出。严禁违反规定乱开口子、随意追加预算。严格控制政府性楼堂馆所建设，严格控制和执行资产配置标准，暂时没有标准的要从严控制、避免浪费。清理压缩各种福利性、普惠性、基数化奖励。优化国有资本经营预算支出结构，强化资本金注入，推动国有经济布局优化和结构调整。

（十）完善财政资金直达机制。在保持现行财政体制、资金管理权限和保障主体责任基本稳定的前提下，稳步扩大直达资金范围。完善直达资金分配审核流程，加强对地方分配直达资金情况的监督，确保资金安排符合相关制度规定、体现政策导向。建立健全直达资金监控体系，加强部门协同联动，强化从资金源头到使用末端的全过程、全链条、全方位监管，资金监管"一竿子插到底"，确保资金直达使用单位、直接惠企利民，防止挤占挪用、沉淀闲置等，提高财政资金使用的有效性和精准性。

（十一）推进支出标准体系建设。建立国家基础标准和地方标准相结合的基本公共服务保障标准体系，由财政部会同中央有关职能部门按程序制定国家基础标准，地方结合公共服务状况、支出成本差异、财政承受能力等因素因地制宜制定地方标准，按程序报上级备案后执行。鼓励各地区结合实际在国家尚未出台基础标准的领域制定地方标准。各地区要围绕"三保"等基本需要研究制定县级标准。根据支出政策、项目要素及成本、财力水平等，建立不同行业、不同地区、分类分档的预算项目支出标准体系。根据经济社会发展、物价变动和财力变化等动态调整支出标准。加强对项目执行情况的分析和结果运用，将科学合理的实际执行情况作为制定和调整标准的依据。加快推进项目要素、项目文本、绩效指标等标准化规范化。将支出标准作为预算编制的基本依据，不得超标准编制预算。

四、严格预算编制管理，增强财政预算完整性

（十二）改进政府预算编制。上级政府应当依法依规提前下达转移支付和新增地方政府债务限额预计数，增强地方预算编制的完整性、主动性。下级政府应当严格按照提前下达数如实编制预算，既不得虚列收支、增加规模，也不得少列收支、脱离监督。进一步优化转移支付体系，完善转移支付资金分配方法，健全转移支付定期评估和动态调整、退出机制，提高转移支付管理的规范性、科学性、合理性。规范国有资本经营预算编制，经本级人大或其常委会批准，国有资本规模较小或国有企业数量较少的市县可以不编制本级国有资本经营预算。

（十三）加强跨年度预算平衡。加强中期财政规划管理，进一步增强与国家发展规划的衔接，强化中期财政规划对年度预算的约束。对各类合规确定的中长期支出事项和跨年度项目，要根据项目预算管理等要求，将全生命周期内对财政支出的影响纳入中期财政规划。地方政府举借债务应当严格落实偿债资金来源，科学测算评估预期偿债收入，合理制定偿债计划，并在中期财政规划中如实反映。鼓励地方结合项目偿债收入情况，建立政府偿债备付金制度。

（十四）加强部门和单位预算管理。政府的全部收入和支出都应当依法纳入预算，执行统一的预算管理制度。落实部门和单位预算管理主体责任，部门和单位要对预算完整性、规范性、真实性以及执行结果负责。各部门要统筹各类资金资产，结合本部门非财政拨款收入情况统筹申请预算，保障合理支出需求。将项目作为部门和单位预算管理的基本单元，预算支出全部以项目形式纳入预算项目库，实施项目全生命周期管理，未纳入预算项目库的项目一律不得安排预算。有关部门负责安排的建设项目，要按规定纳入部门项目库并纳入预算项目库。实行项目标准化分类，规范立项依据、实施期限、支出标准、预算需求等要素。建立健全项目入库评审机制和项目滚动管理机制。做实做细项目储备，纳入预算项目库的项目应当按规定完成可行性研究论证、制定具体实施计划等各项前期工作，做到预算一经批准即可实施，并按照轻重缓急等排序，突出保障重点。推进运用成本效益分析等方法研究开展事前绩效评估。依法依规管理预算代编事项，除应急、救灾等特殊事项外，部门不得代编应由所属单位实施的项目预算。

（十五）完善政府财务报告体系。建立完善权责发生制政府综合财务报告制度，全面客观反映政府资产负债与财政可持续性情况。健全财政总预算会计制度，将财政财务信息内容从预算收支信息扩展至资产、负债、投资等信息。推动预算单位深化政府会计改革，全面有效实施政府会计标准体系，完善权责发生制会计核算基础。完善国有资产管理情况报告制度，做好与政府综合财务报告的衔接。

五、强化预算执行和绩效管理，增强预算约束力

（十六）强化预算对执行的控制。严格执行人大批准的预算，预算一经批准非经法定程序不得调整。对预算指标实行统一规范的核算管理，精准反映预算指标变化，实现预算指标对执行的有效控制。坚持先有预算后有支出，严禁超预算、无预算安排支出或开展政府采购，严禁将国库资金违规拨入财政专户。严禁出台溯及以前年度的增支政策，新的增支政策原则上通过以后年度预算安排支出。规范预算调剂行为。规范按权责发生制列支事项，市县级财政国库集中支付结余不再按权责发生制列支。严禁以拨代支，进一步加强地方财政暂付性款项管理，除已按规定程序审核批准的事项外，不得对未列入预算的项目安排支出。加强对政府投资基金设立和出资的预算约束，提高资金使用效益。加强国有资本管理与监督，确保国有资本安全和保值增值。

（十七）推动预算绩效管理提质增效。将落实党中央、国务院重大决策部署作为预算绩效管理重点，加强财政政策评估评价，增强政策可行性和财政可持续性。加强重点领域预算绩效管理，分类明确转移支付绩效管理重点，强化引导约束。加强对政府和社会资本合作、政府购买服务等项目的全过程绩效管理。加强国有资本资产使用绩效管理，提高使用效益。加强绩效评价结果应用，将绩效评价结果与完善政策、调整预算安排有机衔接，对低效无效资金一律削减或取消，对沉淀资金一律按规定收回并统筹安排。加大绩效信息公开力度，推动绩效目标、绩效评价结果向社会公开。

（十八）优化国库集中收付管理。对政府全部收入和支出实行国库集中收付管理。完善国库集中支付控制体系和集中校验机制，实行全流程电子支付，优化预算支出审核流程，全面提升资金支付效率。根据预算收入进度和资金调度需要等，合理安排国债、地方政府债券的发行规模和节奏，节省资金成本。优化国债品种期限结构，发挥国债收益率曲线定价基准作用。完善财政收支和国库现金流量预测体系，建立健全库款风险预警机制，统筹协调国库库款管理、政府债券发行与国库现金运作。

（十九）拓展政府采购政策功能。建立政府采购需求标准体系，鼓励相关部门结合部门和行业特点提出政府采购相关政策需求，推动在政府采购需求标准中嵌入支持创新、绿色发展等政策要求。细化政府采购预算编制，确保与年度预算相衔接。建立支持创新产品及服务、中小企业发展等政策落实的预算编制和资金支付控制机制。对于适合以市场化方式提供的服务事项，应当依法依规实施政府购买服务，坚持费随事转，防止出现"一边购买服务，一边养人办事"的情况。

六、加强风险防控，增强财政可持续性

（二十）健全地方政府依法适度举债机制。健全地方政府债务限额确定机制，一般债务限额与一般公共预算收入相匹配，专项债务限额与政府性基金预算收入及项目收益相匹配。完善专项债券管理机制，专项债券必须用于有一定收益的公益性建设项目，建立健全专项债券项目全生命周期收支平衡机制，实现融资规模与项目收益相平衡，专项债券期限要与项目期限相匹配，专项债券项目对应的政府性基金收入、专项收入应当及时足额缴入国库，保障专项债券到期本息偿付。完善以债务率为主的政府债务风险评估指标体系，建立健全政府债务与项目资产、收益相对应的制度，综合评估政府偿债能力。加强风险评估预警结果应用，有效前移风险防控关口。依法落实到期法定债券偿还责任。健全地方政府债务信息公开及债券信息披露机制，发挥全国统一的地方政府债务信息公开平台作用，全面覆盖债券参与主体和机构，打通地方政府债券管理全链条，促进形成市场化融资自律约束机制。

（二十一）防范化解地方政府隐性债务风险。把防范化解地方政府隐性债务风险作为重要的政治纪律和政治规矩，坚决遏制隐性债务增量，妥善处置和化解隐性债务存量。完善常态化监控机制，进一步加强日常监督管理，决不允许新增隐性债务上新项目、铺新摊子。强化国有企事业单位监管，依法健全地方政府及其部门向企事业单位拨款机制，严禁地方政府以企业债务形式增加隐性债务。严禁地方政府通过金融机构违规融资或变相举债。金融机构要审慎合规经营，尽职调查、严格把关，严禁要求或接受地方党委、人大、政府及其部门出具担保性质文件或者签署担保性质协议。清理规范地方融资平台公司，剥离其政府融资职能，对失去清偿能力的要依法实施破产重整或清算。健全市场化、法治化的债务违约处置机制，鼓励债务人、债权人协商处置存量债务，切实防范恶意逃废债，保护债权人合法权益，坚决防止风险累积形成系统性风险。加强督查审计问责，严格落实政府举债终身问责制和债务问题倒查机制。

（二十二）防范化解财政运行风险隐患。推进养老保险全国统筹，坚持精算平衡，加强基金运行监测，防范待遇支付风险。加强医疗、失业、工伤等社保基金管理，推进省级统筹，根据收支状况及时调整完善缴费和待遇政策，促进收支基本平衡。各地区出台涉及增加财政支出的重大政策或实施重大政府投资项目前，要按规定进行财政承受能力评估，未通过评估的不得安排预算。规范政府和社会资本合作项目管理。各部门出台政策时要考虑地方财政承受能力。除党中央、国务院统一要求以及共同事权地方应负担部分外，上级政府及其部门不得出台要求下级配套或以达标评比、考核评价等名目变相配套的政策。加强政府中长期支出事项管理，客观评估对财政可持续性的影响。

七、增强财政透明度，提高预算管理信息化水平

（二十三）改进预决算公开。加大各级政府预决算公开力度，大力推进财政政策公开。扩大部门预决算公开范围，各部门所属预算单位预算、决算及相关报表应当依法依规向社会公开。推进政府投资基金、收费基金、国有资本收益、政府采购意向等信息按规定向社会公开。建立民生项目信息公示制度。细化政府预决算公开内容，转移支付资金管理办法及绩效目标、预算安排情况等应当依法依规向社会公开。细化部门预决算公开内容，项目预算安排、使用情况等项目信息应当依法依规向社会公开。推进按支出经济分类公开政府预决算和部门预决算。

（二十四）发挥多种监督方式的协同效应。充分发挥党内监督的主导作用，加强财会监督，促进财会监督与党内监督、监察监督、行政监督、司法监督、审计监督、统计监督、群众监督、舆论监督等协同发力。各级政府、各部门要依法接受各级人大及其常委会、审计部门的监督。推进人大预算联网监督工作。各级财政部门要做好财税法规和政策执行情况、预算管理有关监督工作，构建日常监管与专项监督协调配合的监督机制。强化监督结果运用，对监督发现的问题，严格依规依纪依法追究有关单位和人员责任，加大处理结果公开力度。

（二十五）实现中央和地方财政系统信息贯通。用信息化手段支撑中央和地方预算管理，规范各级预算管理工作流程等，统一数据标准，推动数据共享。以省级财政为主体加快建设覆盖本地区的预算管理一体化系统并与中央财政对接，动态反映各级预算安排和执行情况，力争2022年年底全面运行。中央部门根据国家政务信息化建设进展同步推进相关信息系统建设。建立完善全覆盖、全链条的转移支付资金监控机制，实时记录和动态反映转移支付资金分配、拨付、使用情况，实现资金从预算安排源头到使用末端全过程来源清晰、流向明确、账目可查、账实相符。

（二十六）推进部门间预算信息互联共享。预算管理一体化系统集中反映单位基础信息和会计核算、资产管理、账户管理等预算信息，实现财政部门与主管部门共享共用。积极推动财政与组织、人力资源和社会保障、税务、人民银行、审计、公安、市场监管等部门实现基础信息按规定共享共用。落实部门和单位财务管理主体责任，强化部门对所属单位预算执行的监控管理职责。

各地区、各部门要充分认识到进一步深化预算管理制度改革的重要意义，把思想认识和行动统一到党中央、国务院的决策部署上来，增强"四个意识"、坚定"四个自信"、做到"两个维护"，主动谋划，精心组织，扎实推进改革。各地区要按照本意见要求，结合本地区实际，细化各项政策措施，切实加强制度建设，夯实改革基础，推进人才队伍建设，确保各项改革任务及时落地见效，推动预算管理水平再上新台阶。

国务院

2021年3月7日

（本文有删减[①]）

5. 政府性基金管理暂行办法

（财综〔2010〕80号公布　自2011年1月1日起施行）

第一章　总　则

第一条　为加强政府性基金管理，进一步规范审批、征收、使用、监管等行为，保护公民、法人和其他组织的合法权益，根据《中共中央国务院关于坚决制止乱收费、乱罚款和各种摊派的决定》（中发〔1990〕16号）、《国务院关于加强预算外资金管理的决定》（国发〔1996〕29号）和《中共中央　国务院关于治理向企业乱收费、乱罚款和各种摊派等问题的决定》（中发〔1997〕14号）的规定，制定本办法。

第二条　本办法所称政府性基金，是指各级人民政府及其所属部门根据法律、行政法规和中共中央、国务院文件规定，为支持特定公共基础设施建设和公共事业发展，向公民、法人和其他组织无偿征收的具有专项用途的财政资金。

[①] 国务院公文原文如此。

第三条　政府性基金实行中央一级审批制度，遵循统一领导、分级管理的原则。

第四条　政府性基金属于政府非税收入，全额纳入财政预算，实行"收支两条线"管理。

第五条　各级人民政府财政部门（以下简称各级财政部门）以及政府性基金征收、使用部门和单位按照本办法规定权限，分别负责政府性基金的征收、使用、管理和监督。

第六条　各级财政部门是政府性基金管理的职能部门。

财政部负责制定全国政府性基金征收使用管理政策和制度，审批、管理和监督全国政府性基金，编制中央政府性基金预决算草案，汇总全国政府性基金预决算草案。

地方各级财政部门依照规定负责对本行政区域内政府性基金的征收使用管理和监督，编制本级政府性基金预决算草案。

第七条　政府性基金征收部门和单位（以下简称征收机构）负责政府性基金的具体征收工作。

第八条　政府性基金使用部门和单位（以下简称使用单位）负责编制涉及本部门和单位的有关政府性基金收支预算和决算。

第九条　财政部于每年3月31日前编制截至上年12月31日的全国政府性基金项目目录，向社会公布。各省、自治区、直辖市人民政府（以下简称省级政府）财政部门按照财政部规定，于每年4月30日前编制截至上年12月31日在本行政区域范围内实施的政府性基金项目，向社会公布。

第十条　政府性基金的征收、使用、管理等应当接受财政、审计部门的监督检查。

第二章　申请和审批程序

第十一条　国务院所属部门（含直属机构，下同）、地方各级人民政府及其所属部门申请征收政府性基金，必须以法律、行政法规和中共中央、国务院文件为依据，法律、行政法规和中共中央、国务院文件没有明确规定征收政府性基金的，一律不予审批。

第十二条　法律、行政法规和中共中央、国务院文件明确规定征收政府性基金，但没有明确规定征收对象、范围和标准等内容的，应当按照下列程序进行申请和审批：

（一）国务院所属部门、地方各级人民政府及其所属部门申请附加在税收、价格上征收，或者按销售（营业）收入、固定资产原值等的一定比例征收的政府性基金项目，应当由国务院所属部门或者省级政府提出书面申请，经财政部会同有关部门审核后，报国务院批准。

（二）国务院所属部门申请征收除本条第一款（一）以外的其他政府性基金项目，应当向财政部提出书面申请，由财政部审批。

（三）地方各级人民政府及其所属部门申请征收除本条第一款（一）以外的其他政府性基金项目，应当提出书面申请，经省级政府财政部门审核后，由省级政府财政部门或者省级政府报财政部审批。

法律、行政法规和中共中央、国务院文件已经明确政府性基金征收对象、范围和标准等内容的，其具体征收使用管理办法由财政部会同有关部门负责制定。

第十三条 征收政府性基金的申请文件应当包括下列内容：政府性基金项目名称、征收目的和依据、征收机构、征收对象、征收范围、征收标准、征收方式、资金用途、使用票据、使用单位、执行期限等，并说明有关理由。同时，还应当提交有关征收政府性基金的法律、行政法规和中共中央、国务院文件依据，以及国务院或财政部认为应当提交的其他相关数据和资料。

第十四条 财政部收到征收政府性基金的申请文件后，经初步审查确认申请文件的形式和内容符合本办法规定的，应当予以受理；经初步审查确认申请文件的形式和内容不符合本办法规定的，应当及时通知申请单位对申请文件作出相应修改或者补充相关资料。

第十五条 财政部正式受理申请后，应当对申请征收的政府性基金是否符合法律、行政法规和中共中央、国务院文件规定等内容进行审查，并对申请征收政府性基金的有关情况进行调查，通过召开座谈会、论证会、书面征求意见等形式，广泛听取征收对象和其他相关部门或者单位的意见。其中，涉及农民负担的政府性基金，应当听取农民负担监督管理部门的意见。

第十六条 财政部原则上应当自受理申请之日起90个工作日内作出是否批准征收政府性基金的决定或者提出是否同意征收政府性基金的审核意见。由于客观原因未能在规定时间内作出审批决定或者提出审核意见的，应当向申请单位说明理由。

第十七条　财政部关于批准或者不予批准征收政府性基金的决定，应当以书面形式发布。

批准决定应当包括以下内容：审批政府性基金的依据、政府性基金项目名称、征收机构、征收对象、征收范围、征收标准、征收方式、使用票据、资金用途、使用单位、执行期限、监督检查等。其中，政府性基金征收标准根据有关事业发展需要，兼顾经济发展和社会承受能力确定。

不予批准的决定，应当说明依据和理由。

第十八条　财政部同意或者不同意征收政府性基金的审核意见，应当以书面形式上报国务院。其内容包括：申请征收的政府性基金是否具有法律、行政法规和中共中央、国务院文件依据，是否同意征收及主要理由；对经审核同意征收的政府性基金，还应当提出对政府性基金项目名称、征收机构、征收对象、征收范围、征收标准、征收方式、使用票据、资金用途、使用单位、执行期限、监督检查等内容的具体意见和建议。

第十九条　按照本办法第十二条规定报经批准征收的政府性基金，在执行过程中需要变更项目名称，改变征收对象，调整征收范围、标准、支出范围及期限或减征、免征、缓征、停征的，除法律、行政法规、国务院或财政部另有规定外，应当按照本办法第十二条规定的审批程序重新履行报批手续。

第二十条　政府性基金在执行过程中，如遇征收政府性基金依据的法律、行政法规修改或者中共中央、国务院出台新的规定，应当按照修改后的法律、行政法规或新的规定执行。

因客观情况发生变化，对不宜再继续征收的政府性基金，由财政部按照规定程序报请国务院予以撤销，或者按照法律、行政法规规定程序予以撤销。

第二十一条　除法律、行政法规和中共中央、国务院或者财政部规定外，其他任何部门、单位和地方各级人民政府均不得批准设立或者征收政府性基金，不得改变征收对象、调整征收范围、标准及期限，不得减征、免征、缓征、停征或者撤销政府性基金，不得以行政事业性收费名义变相设立政府性基金项目。

第三章　征收和缴库

第二十二条　政府性基金按照规定实行国库集中收缴制度。各级财政部门可以自行征收政府性基金，也可以委托其他机构代征政府性基金。

委托其他机构代征政府性基金的,其代征费用由同级财政部门通过预算予以安排。

第二十三条 政府性基金征收机构应当严格按照法律、行政法规和中共中央、国务院或者财政部规定的项目、范围、标准和期限征收政府性基金。

公民、法人或者其他组织不得拒绝缴纳符合本办法规定设立的政府性基金。

第二十四条 除财政部另有规定外,政府性基金征收机构在征收政府性基金时,应当按照规定开具财政部或者省级政府财政部门统一印制或监制的财政票据;不按规定开具财政票据的,公民、法人和其他组织有权拒绝缴纳。

第二十五条 政府性基金收入应按规定及时、足额缴入相应级次国库,不得截留、坐支和挪作他用。

各级财政部门应当按照有关规定,监督政府性基金的征收和解缴入库。

第四章 预决算管理

第二十六条 政府性基金收支纳入政府性基金预算管理。

政府性基金预算编制遵循"以收定支、专款专用、收支平衡、结余结转下年安排使用"的原则。政府性基金支出根据政府性基金收入情况安排,自求平衡,不编制赤字预算。各项政府性基金按照规定用途安排,不得挪作他用。

各级财政部门应当建立健全政府性基金预算编报体系,不断提高政府性基金预算编制的完整性、准确性和精细化程度。

第二十七条 政府性基金使用单位应当按照财政部统一要求以及同级财政部门的有关规定,编制年度相关政府性基金预算,逐级汇总后报同级财政部门审核。

第二十八条 各级财政部门在审核使用单位年度政府性基金预算的基础上,编制本级政府年度政府性基金预算草案,经同级人民政府审定后,报同级人民代表大会审查批准。

财政部汇总中央和地方政府性基金预算,形成全国政府性基金预算草案,经国务院审定后,报全国人民代表大会审查批准。

第二十九条 各级财政部门要加强政府性基金预算执行管理,按照经同级人民代表大会批准的政府性基金预算和政府性基金征收缴库进度,以及国库集中支付的相关制度规定及时支付资金,确保政府性基金预算执行均衡。

政府性基金使用单位要强化预算执行,严格遵守财政部制定的财务管理和会计核算制度，按照财政部门批复的政府性基金预算使用政府性基金，确保政府性基金专款专用。

政府性基金预算调整必须符合法律、行政法规规定的程序。

第三十条 政府性基金使用单位按照财政部统一要求以及同级财政部门的有关规定，根据年度相关政府性基金预算执行情况，编制政府性基金决算，报同级财政部门审核。

各级财政部门汇总编制本级政府性基金决算草案，报同级人民政府审定后，报同级人民代表大会常务委员会审查批准。

财政部汇总中央和地方政府性基金决算，形成全国政府性基金决算草案，经国务院审定后，报全国人民代表大会常务委员会审查批准。

第五章 监督检查与法律责任

第三十一条 各级财政部门、政府性基金征收机构和使用单位应当严格按照国家规定征收、使用和管理政府性基金。

第三十二条 对未按本办法规定的审批程序批准，自行设立政府性基金项目，或者改变政府性基金征收对象、范围、标准和期限的，财政部应当会同有关部门予以纠正，公民、法人和其他组织有权拒绝缴纳并向财政部举报。

第三十三条 各级财政部门应当按照财政部规定，加强政府性基金收支管理及相关财政票据使用情况的监督检查。

第三十四条 政府性基金征收机构和使用单位应当建立健全相关政府性基金的内部财务审计制度，自觉接受财政、审计部门的监督检查，如实提供相关政府性基金收支情况和资料。

第三十五条 财政部应当按照本办法规定定期向社会公布新批准征收或取消的政府性基金项目等相关信息。

省级政府财政部门应当按照本办法规定定期向社会公布本行政区域内实施的政府性基金项目等相关信息。

政府性基金征收机构应当按照规定在征收场所公布政府性基金的征收文件，自觉接受社会监督。

第三十六条 对违反本办法规定设立、征收、缴纳、管理和使用政府性基金等行为，依照《财政违法行为处罚处分条例》（国务院令第427号）等国家有关规定追究法律责任。

第六章 附　　则

第三十七条　国务院所属部门代拟中共中央、国务院文件，凡涉及新设立政府性基金项目或调整政府性基金相关政策的，应当事先征求财政部意见。

第三十八条　通过公共财政预算安排资金设立的基金，公民、法人和其他组织自愿捐赠、赞助设立的基金，各类基金会接受社会自愿捐赠设立的基金，行政事业单位按照财务制度规定建立的专用基金，以及社会保险基金，不适用本办法。

第三十九条　省级政府财政部门可以根据本办法的规定，结合本地区实际情况，制定政府性基金管理的具体实施办法，经同级人民政府批准后，报财政部备案。

第四十条　本办法自 2011 年 1 月 1 日起施行。

6. 财政部关于对地方政府债务实行限额管理的实施意见

（财预〔2015〕225 号公布　自 2015 年 12 月 21 日起施行）

各省、自治区、直辖市、计划单列市人民政府：

为进一步规范地方政府债务管理，更好发挥政府债务促进经济社会发展的积极作用，防范和化解财政金融风险，根据预算法、《国务院关于加强地方政府性债务管理的意见》（国发〔2014〕43 号）和全国人民代表大会常务委员会批准的国务院关于提请审议批准 2015 年地方政府债务限额的议案有关要求，经国务院同意，现就地方政府债务限额管理提出以下实施意见：

一、切实加强地方政府债务限额管理

（一）合理确定地方政府债务总限额。对地方政府债务余额实行限额管理。年度地方政府债务限额等于上年地方政府债务限额加上当年新增债务限额（或减去当年调减债务限额），具体分为一般债务限额和专项债务限额。

地方政府债务总限额由国务院根据国家宏观经济形势等因素确定，并报全国人民代表大会批准。年度预算执行中，如出现下列特殊情况需要调整地方政府债务新增限额,由国务院提请全国人大常委会审批;当经济下行压力大、需要实施积极财政政策时,适当扩大当年新增债务限额;当经济形势好转、需要实施稳健财政政策或适度从紧财政政策时,适当削减当年新增债务限额或在上年债务限额基础上合理调减限额。

(二)逐级下达分地区地方政府债务限额。各省、自治区、直辖市政府债务限额,由财政部在全国人大或其常委会批准的总限额内,根据债务风险、财力状况等因素并统筹考虑国家宏观调控政策、各地区建设投资需求等提出方案,报国务院批准后下达各省级财政部门。

省级财政部门依照财政部下达的限额,提出本地区政府债务安排建议,编制预算调整方案,经省级政府报本级人大常委会批准;根据债务风险、财力状况等因素并统筹本地区建设投资需求提出省本级及所属各市县当年政府债务限额,报省级政府批准后下达各市县级政府。市县级政府确需举借债务的,依照经批准的限额提出本地区当年政府债务举借和使用计划,列入预算调整方案,报本级人大常委会批准,报省级政府备案并由省级政府代为举借。

(三)严格按照限额举借地方政府债务。省级财政部门在批准的地方政府债务限额内,统筹考虑地方政府负有偿还责任的中央转贷外债情况,合理安排地方政府债券的品种、结构、期限和时点,做好政府债券的发行兑付工作。中央和省级财政部门每半年向本级人大有关专门委员会书面报告地方政府债券发行和兑付等情况。对2015年地方政府债务限额下达前举借的在建项目后续贷款中需要纳入政府债务的,由各地在2015年地方政府债务限额内调整结构解决。今后,需要纳入政府债务的在建项目后续融资需求在确定每年新增地方政府债务限额时统筹考虑,依法通过发行地方政府债券举借。地方政府新发生或有债务,要严格限定在依法担保的外债转贷范围内,并根据担保合同依法承担相关责任。

(四)将地方政府债务分类纳入预算管理。地方政府要将其所有政府债务纳入限额,并分类纳入预算管理。其中,一般债务纳入一般公共预算管理,主要以一般公共预算收入偿还,当赤字不能减少时可采取借新还旧的办法。专项债务纳入政府性基金预算管理,通过对应的政府性基金或专项收入偿还;政府性基金或专项收入暂时难以实现,如收储土地未能按计划出让的,可先通过借新还旧周转,收入实现后即予归还。

二、建立健全地方政府债务风险防控机制

(一)全面评估和预警地方政府债务风险。地方各级政府要全面掌握资产负债、还本付息、财政运行等情况，加快建立政府综合财务报告制度，全面评估风险状况，跟踪风险变化，切实防范风险。中央和省级财政部门要加强对地方政府债务的监督，根据债务率、新增债务率、偿债率、逾期债务率、或有债务代偿率等指标，及时分析和评估地方政府债务风险状况，对债务高风险地区进行风险预警。

（二）抓紧建立债务风险化解和应急处置机制。各省、自治区、直辖市政府要对本地区地方政府债务风险防控负总责，建立债务风险化解激励约束机制，全面组织做好债务风险化解和应急处置工作。列入风险预警范围的地方各级政府要制订中长期债务风险化解规划和应急处置预案，在严格控制债务增量的同时，通过控制项目规模、减少支出、处置资产、引入社会资本等方式，多渠道筹集资金消化存量债务，逐步降低债务风险。市县级政府难以自行偿还债务时，要启动债务风险应急处置预案并及时上报；省级政府要加大对市县级政府债务风险应急处置的指导力度，并督促其切实化解债务风险，确保不发生区域性和系统性风险。

（三）健全地方政府债务监督和考核问责机制。地方各级政府要主动接受本级人大和社会监督，定期向社会公开政府债务限额、举借、使用、偿还等情况。地方政府举债要遵循市场化原则，强化市场约束。审计部门要依法加强债务审计监督，财政部门要加大对地方政府违规举债及债务风险的监控力度。要将政府债务管理作为硬指标纳入政绩考核，强化对地方政府领导干部的考核。地方政府主要负责人要作为第一责任人，切实抓好本级政府债务风险防控等各项工作。对地方政府防范化解政府债务风险不力的，要进行约谈、通报，必要时可以责令其减少或暂停举借新债。对地方政府违法举债或担保的，责令改正，并按照预算法规定追究相关人员责任。

三、妥善处理存量债务

（一）切实履行政府债务偿还责任。对甄别后纳入预算管理的地方政府存量债务，属于公益性项目债务的，由地方政府统筹安排包括债券资金在内的预算资金偿还，必要时可以处置政府资产；属于非公益性项目债务的，由举借债务的部门和单位通过压减预算支出等措施偿还，暂时难以压减的可用财政资金先行垫付，并在以后年度部门和单位预算中扣回。取消融资平台公司的政府融资职能，推动有经营收益和现金流的融资平台公司市场化转型改制，通过政府和社会资本合作（PPP）、政府购买服务等措施予以支持。

地方政府存量债务中通过银行贷款等非政府债券方式举借部分，通过三年左右的过渡期，由省级财政部门在限额内安排发行地方政府债券置换。为避免地方竞相发债对市场产生冲击，财政部根据债务到期、债务风险等情况予以组织协调，并继续会同人民银行、银监会等有关部门做好定向承销发行置换债券等工作。

（二）依法妥善处置或有债务。对政府负有担保责任或可能承担一定救助责任的或有债务，地方政府要依法妥善处置。对确需依法代偿的或有债务，地方政府要将代偿部分的资金纳入预算管理，并依法对原债务单位及有关责任方保留追索权；对因预算管理方式变化导致原偿债资金性质变化为财政资金、相应确需转化为政府债务的或有债务，在不突破限额的前提下，报经省级政府批准后转化为政府债务；对违法违规担保的或有债务，由政府、债务人与债权人共同协商，重新修订合同，明确责任，依法解除担保关系。地方政府通过政府和社会资本合作等方式减少政府债务余额腾出的限额空间，要优先用于解决上述或有债务代偿或转化问题。

各地区、各部门要进一步统一思想认识，高度重视，严格执行地方政府债务管理的各项规定，结合本地区、本部门实际，明确任务分工、落实工作职责，积极研究解决新问题，及时总结经验做法，加强舆论引导，切实发挥规范地方政府债务管理对"稳增长"和"防风险"的积极作用，推动各项政策措施落实到位。

财政部
2015 年 12 月 21 日

7. 地方政府专项债务预算管理办法

（财预〔2016〕155 号公布　自 2016 年 11 月 9 日起施行）

第一章　总　　则

第一条　为规范地方政府专项债务预算管理，根据《中华人民共和国预算法》、《国务院关于加强地方政府性债务管理的意见》（国发〔2014〕43 号）等有关规定，制定本办法。

第二条 本办法所称地方政府专项债务（以下简称专项债务），包括地方政府专项债券（以下简称专项债券）、清理甄别认定的截至 2014 年 12 月 31 日非地方政府债券形式的存量专项债务（以下简称非债券形式专项债务）。

第三条 专项债务收入、安排的支出、还本付息、发行费用纳入政府性基金预算管理。

第四条 专项债务收入通过发行专项债券方式筹措。

省、自治区、直辖市政府为专项债券的发行主体，具体发行工作由省级财政部门负责。设区的市、自治州，县、自治县、不设区的市、市辖区政府（以下简称市县级政府）确需发行专项债券的，应当纳入本省、自治区、直辖市政府性基金预算管理，由省、自治区、直辖市政府统一发行并转贷给市县级政府。经省政府批准，计划单列市政府可以自办发行专项债券。

第五条 专项债务收入应当用于公益性资本支出，不得用于经常性支出。

第六条 专项债务应当有偿还计划和稳定的偿还资金来源。

专项债务本金通过对应的政府性基金收入、专项收入、发行专项债券等偿还。

专项债务利息通过对应的政府性基金收入、专项收入偿还，不得通过发行专项债券偿还。

第七条 专项债务收支应当按照对应的政府性基金收入、专项收入实现项目收支平衡，不同政府性基金科目之间不得调剂。执行中专项债务对应的政府性基金收入不足以偿还本金和利息的，可以从相应的公益性项目单位调入专项收入弥补。

第八条 非债券形式专项债务应当在国务院规定的期限内置换成专项债券。

第九条 加强地方政府债务管理信息化建设，专项债务预算收支纳入本级财政预算管理信息系统，专项债务管理纳入全国统一的管理信息系统。

第二章 专项债务限额和余额

第十条 财政部在全国人民代表大会或其常务委员会批准的专项债务限额内，根据债务风险、财力状况等因素并统筹考虑国家调控政策、各地区公益性项目建设需求等，提出分地区专项债务限额及当年新增专项债务限额方案，报国务院批准后下达省级财政部门。

省级财政部门应当于每年 10 月底前，提出本地区下一年度增加举借专项债务和安排公益性资本支出项目的建议，经省、自治区、直辖市政府批准后报财政部。

第十一条　省级财政部门在财政部下达的本地区专项债务限额内，根据债务风险、财力状况等因素并统筹考虑本地区公益性项目建设需求等，提出省本级及所辖各市县当年专项债务限额方案，报省、自治区、直辖市政府批准后下达市县级财政部门。

市县级财政部门应当提前提出省级代发专项债券和安排公益性资本支出项目的建议，经本级政府批准后按程序报省级财政部门。

第十二条　省、自治区、直辖市应当在专项债务限额内举借专项债务，专项债务余额不得超过本地区专项债务限额。

省、自治区、直辖市发行专项债券偿还到期专项债务本金计划，由省级财政部门统筹考虑本级和各市县实际需求提出，报省、自治区、直辖市政府批准后按规定组织实施。

第三章　预算编制和批复

第十三条　增加举借专项债务收入，以下内容应当列入预算调整方案：

（一）省、自治区、直辖市在新增专项债务限额内筹措的专项债券收入；

（二）市县级政府从上级政府转贷的专项债务收入。

专项债务收入应当在政府性基金预算收入合计线下反映，省级列入"专项债务收入"下对应的政府性基金债务收入科目，市县级列入"地方政府专项债务转贷收入"下对应的政府性基金债务转贷收入科目。

第十四条　增加举借专项债务安排的支出应当列入预算调整方案，包括本级支出和转贷下级支出。专项债务支出应当明确到具体项目，纳入财政支出预算项目库管理，并与中期财政规划相衔接。

专项债务安排本级的支出，应当在政府性基金预算支出合计线上反映，根据支出用途列入相关预算科目；转贷下级支出应当在政府性基金预算支出合计线下反映，列入"债务转贷支出"下对应的政府性基金债务转贷支出科目。

第十五条　专项债务还本支出应当根据当年到期专项债务规模、政府性基金财力、调入专项收入等因素合理预计、妥善安排，并列入年度预算草案。

专项债务还本支出应当在政府性基金预算支出合计线下反映，列入"地方政府专项债务还本支出"下对应的政府性基金债务还本支出科目。

第十六条 专项债务利息和发行费用应当根据专项债务规模、利率、费率等情况合理预计，并列入政府性基金预算支出统筹安排。

专项债务利息、发行费用支出应当在政府性基金预算支出合计线上反映。专项债务利息支出列入"地方政府专项债务付息支出"下对应的政府性基金债务付息支出科目，发行费用支出列入"地方政府专项债务发行费用支出"下对应的政府性基金债务发行费用支出科目。

第十七条 增加举借专项债务和相应安排的支出，财政部门负责具体编制政府性基金预算调整方案，由本级政府提请本级人民代表大会常务委员会批准。

第十八条 专项债务转贷下级政府的，财政部门应当在本级人民代表大会或其常务委员会批准后，及时将专项债务转贷的预算下达有关市县级财政部门。

接受专项债务转贷的市县级政府在本级人民代表大会或其常务委员会批准后，应当及时与上级财政部门签订转贷协议。

第四章 预算执行和决算

第十九条 省级财政部门统筹考虑本级和市县情况，根据预算调整方案、偿还专项债务本金需求和债券市场状况等因素，制定全省专项债券发行计划，合理确定期限结构和发行时点。

第二十条 省级财政部门发行专项债券募集的资金，应当缴入省级国库，并根据预算安排和还本计划拨付资金。

代市县级政府发行专项债券募集的资金，由省级财政部门按照转贷协议及时拨付市县级财政部门。

第二十一条 省级财政部门应当按照规定做好专项债券发行的信息披露和信用评级等相关工作。披露的信息应当包括政府性基金预算财力情况、发行专项债券计划和安排支出项目方案、偿债计划和资金来源，以及其他按照规定应当公开的信息。

第二十二条 省级财政部门应当在发行专项债券后3个工作日内，将专项债券发行情况报财政部备案，并抄送财政部驻当地财政监察专员办事处（以下简称专员办）。

第二十三条 地方各级财政部门应当依据预算调整方案及专项债券发行规定的预算科目和用途，使用专项债券资金。确需调整支出用途的，应当按照规定程序办理。

第二十四条 省级财政部门应当按照合同约定，及时偿还全省、自治区、直辖市专项债券到期本金、利息以及支付发行费用。市县级财政部门应当按照转贷协议约定，及时向省级财政部门缴纳本地区或本级应当承担的还本付息、发行费用等资金。

第二十五条 市县级财政部门未按时足额向省级财政部门缴纳专项债券还本付息、发行费用等资金的，省级财政部门可以采取适当方式扣回，并将违约情况向市场披露。

第二十六条 预算年度终了，地方各级财政部门编制政府性基金预算决算草案时，应当全面、准确反映专项债务收入、安排的支出、还本付息和发行费用等情况。

第五章 非债券形式专项债务纳入预算管理

第二十七条 县级以上地方各级财政部门应当将非债券形式专项债务纳入本地区专项债务限额，实行预算管理。

对非债券形式专项债务，应当由政府、债权人、债务人通过合同方式，约定在国务院规定的期限内置换成专项债券的时限，转移偿还义务。偿还义务转移给地方政府后，地方财政部门应当根据相关材料登记总预算会计账。

第二十八条 对非债券形式专项债务，债务人为地方政府及其部门的，应当在国务院规定的期限内置换成专项债券；债务人为企事业单位或个人，且债权人同意在国务院规定的期限内置换成专项债券的，地方政府应当予以置换，债权人不同意在国务院规定的期限内置换成专项债券的，不再计入地方政府债务，由债务人自行偿还，对应的专项债务限额由财政部按照程序予以调减。

第六章 监督管理

第二十九条 县级以上地方各级财政部门应当按照法律、法规和财政部规定，向社会公开专项债务限额、余额、期限结构、使用、项目收支、偿还等情况，主动接受监督。

第三十条 县级以上地方各级财政部门应当建立和完善相关制度，加强对本地区专项债务的管理和监督。

第三十一条 专员办应当加强对所在地专项债务的监督，督促地方规范专项债务的举借、使用、偿还等行为，发现违反法律法规和财政管理规定的行为，及时报告财政部。

第三十二条 违反本办法规定情节严重的,财政部可以暂停相关地区专项债券发行资格。违反法律、行政法规的,依法追究有关人员责任;涉嫌犯罪的,移送司法机关依法处理。

第七章 附　　则

第三十三条 省、自治区、直辖市可以根据本办法制定实施细则。

第三十四条 本办法由财政部负责解释。

第三十五条 本办法自印发之日起施行。

8. 新增地方政府债务限额分配管理暂行办法

(2017年3月23日财预〔2017〕35号公布)

第一章 总　　则

第一条 为健全地方政府债务限额管理机制,规范新增地方政府债务限额分配管理,发挥地方政府债务促进经济社会发展的积极作用,防范财政金融风险,根据《中华人民共和国预算法》、《国务院关于加强地方政府性债务管理的意见》(国发〔2014〕43号)、《财政部关于对地方政府债务实行限额管理的通知》(财预〔2015〕225号)等规定,制定本办法。

第二条 新增地方政府一般债务限额、新增地方政府专项债务限额(以下均简称新增限额)分别按照一般公共预算、政府性基金预算管理方式不同,单独测算。

第三条 新增限额分配管理应当遵循立足财力水平、防范债务风险、保障融资需求、注重资金效益、公平公开透明的原则。

第二章 管理权限和程序

第四条 各省、自治区、直辖市、计划单列市新增限额由财政部在全国人大或其常委会批准的地方政府债务规模内测算,报国务院批准后下达地方。

第五条 省本级及市县新增限额由省级财政部门在财政部下达的本地区新增限额内测算，报经省级政府批准后，按照财政管理级次向省本级及市县级财政部门下达。

第三章 新增限额分配

第六条 新增限额分配选取影响政府债务规模的客观因素，根据各地区债务风险、财力状况等，并统筹考虑中央确定的重大项目支出、地方融资需求等情况，采用因素法测算。各客观因素数据来源于统计年鉴、地方财政预决算及相关部门提供的资料。

第七条 新增限额分配应当体现正向激励原则，财政实力强、举债空间大、债务风险低、债务管理绩效好的地区多安排，财政实力弱、举债空间小、债务风险高、债务管理绩效差的地区少安排或不安排。新增限额分配用公式表示为：

某地区新增限额＝（该地区财力×系数1＋该地区重大项目支出×系数2）×该地区债务风险系数×波动系数＋债务管理绩效因素调整＋地方申请因素调整。

系数1和系数2根据各地区财力、重大项目支出以及当年全国新增地方政府债务限额规模计算确定。用公式表示为：

系数1＝（某年新增限额－某年新增限额中用于支持重大项目支出额度）／（$\sum_i$各地政府财力）

i＝省、自治区、直辖市、计划单列市

某地区政府财力＝某地区一般公共预算财力＋某地区政府性基金预算财力

系数2＝（某年新增债务限额中用于支持重大项目支出额度）÷（$\sum_i$各地重大项目支出额度）

i＝省、自治区、直辖市、计划单列市

第八条 本办法第七条所称地区财力分别为一般公共预算财力和政府性基金预算财力，按照政府收支分类科目分项测算，部分收入项目结合每年政府收支分类科目变动作适当调整。公式表示为：

某地区一般公共预算财力＝本级一般公共预算收入＋中央一般公共预算补助收入－地方一般公共预算上解

某地区政府性基金预算财力＝本级政府性基金预算收入＋中央政府性基金预算补助收入－地方政府性基金预算上解

第九条 重大项目支出主要根据各地区落实党中央、国务院确定的"一带一路"、京津冀协同发展、长江经济带等国家重大战略以及打赢脱贫攻坚战、推进农业供给侧结构性改革、棚户区改造等重点方向的融资需求测算。

根据经济社会发展程度、基本公共服务保障程度等差异，各地区部分项目额度可以作适当调整。

第十条 债务风险系数反映地方政府举债空间和偿债风险，根据各地区上年度政府债务限额与标准限额等比较测算。

某地区地方政府债务标准限额＝该地区可以用于偿债的财力状况×全国地方政府债务平均年限。

全国地方政府债务平均年限是全国地方政府债券余额平均年限和非债券形式债务余额平均年限的加权平均值。用公式表示：

全国地方政府债务平均年限＝（地方政府债券余额×地方政府债券平均年限＋非政府债券形式债务余额×非政府债券形式债务平均年限）÷地方政府债务余额

第十一条 为防范地方政府债务风险，避免债务过快增长和异常波动，保障年度间地方财政运行的稳定性，以全国人大批准的新增限额平均增长率为基准确定波动系数区间，即各地区新增限额增长率最高不超过波动系数区间上限，最低不低于波动系数区间下限。

第十二条 为促进地方加强政府债务管理，保障债权人合法权益，提高债务资金使用效益，财政部应当根据地方政府债务收支预算编制、项目管理、执行进度、存量债务化解等因素，加快开展地方政府债务管理绩效评估，根据管理绩效情况对该地区予以适当调整。

第十三条 为合理反映各地区公益性项目建设融资需求，各地区的新增限额不应超过本地区申请额。

第十四条 按本办法第六条至第十三条测算分地区新增限额后，对一般债务率、专项债务率超过风险警戒线标准的地区，在分配该地区新增限额总量不变的前提下，应当优化其一般债务、专项债务结构，防控地方政府债务风险。

第十五条 按照地方政府性基金收入项目分类发行专项债券的，在年度地方政府专项债务新增限额内，根据相关领域融资需求、项目期限、政府性基金收入项目规模等因素，测算确定分地区分类专项债务额度，报国务院批准后在下达分地区专项债务新增限额时单独列示。

第四章 附 则

第十六条 各级财政部门及其工作人员在新增地方政府债务限额分配管理工作中，存在违反本办法规定的行为，以及其他滥用职权、玩忽职守、徇私舞弊等违法违纪行为的，按照《预算法》《公务员法》《行政监察法》《财政违法行为处罚处分条例》等国家有关规定追究相应责任；涉嫌犯罪的，移送司法机关处理。

第十七条 省级财政部门可以参照本办法，综合考虑本地区各级政府融资需求、财政实力、项目管理、风险防控等情况，制定本地区新增限额分配管理的具体规定，报财政部备案。

第十八条 本办法由财政部负责解释，自公布之日起施行。

三、地方政府债务管理

1. 全国人民代表大会常务委员会关于授权国务院提前下达部分新增地方政府债务限额的决定

(2018年12月29日第十三届全国人民代表大会常务委员会第七次会议通过 自2019年1月1日起施行)

为了加快地方政府债券发行使用进度，保障重点项目资金需求，发挥政府债券资金对稳投资、扩内需、补短板的重要作用，更好发挥积极的财政政策作用，保持经济持续健康发展，第十三届全国人民代表大会常务委员会第七次会议决定：在2019年3月全国人民代表大会批准当年地方政府债务限额之前，授权国务院提前下达2019年地方政府新增一般债务限额5800亿元、新增专项债务限额8100亿元，合计13900亿元；授权国务院在2019年以后年度，在当年新增地方政府债务限额的60%以内，提前下达下一年度新增地方政府债务限额（包括一般债务限额和专项债务限额）。授权期限为2019年1月1日至2022年12月31日。

为了进一步规范和完善地方政府债务管理制度，防范和化解地方政府债务风险，国务院每年提前下达的部分新增地方政府债务限额，应当按照党中央决策部署，并根据经济形势和宏观调控的需要来确定。提前下达情况应当报全国人民代表大会常务委员会备案。各省、自治区、直辖市人民政府按照国务院批准的提前下达的新增政府债务限额编制预算，经本级人民代表大会批准后执行，并向下级人民政府下达新增债务限额。下级人民政府新增债务限额经本级人民代表大会或其常务委员会批准后执行。

在每年国务院提请全国人民代表大会审查的预算报告和草案中，应当报告和反映提前下达部分新增地方政府债务限额的规模和分省、自治区、直辖市下达的情况。预算报告和草案经全国人民代表大会批准后，地方政府新增债务规模应当按照批准的预算执行。国务院应当采取措施，确保地方政府债务余额不得突破批准的限额。

本决定自 2019 年 1 月 1 日起施行。

2. 国务院关于加强地方政府性债务管理的意见

（2014 年 9 月 21 日国发〔2014〕43 号公布）

各省、自治区、直辖市人民政府，国务院各部委、各直属机构：

为加强地方政府性债务管理，促进国民经济持续健康发展，根据党的十八大、十八届三中全会精神，现提出以下意见：

一、总体要求

（一）指导思想。以邓小平理论、"三个代表"重要思想、科学发展观为指导，全面贯彻落实党的十八大、十八届三中全会精神，按照党中央、国务院决策部署，建立"借、用、还"相统一的地方政府性债务管理机制，有效发挥地方政府规范举债的积极作用，切实防范化解财政金融风险，促进国民经济持续健康发展。

（二）基本原则。

疏堵结合。修明渠、堵暗道，赋予地方政府依法适度举债融资权限，加快建立规范的地方政府举债融资机制。同时，坚决制止地方政府违法违规举债。

分清责任。明确政府和企业的责任，政府债务不得通过企业举借，企业债务不得推给政府偿还，切实做到谁借谁还、风险自担。政府与社会资本合作的，按约定规则依法承担相关责任。

规范管理。对地方政府债务实行规模控制，严格限定政府举债程序和资金用途，把地方政府债务分门别类纳入全口径预算管理，实现"借、用、还"相统一。

防范风险。牢牢守住不发生区域性和系统性风险的底线，切实防范和化解财政金融风险。

稳步推进。加强债务管理，既要积极推进，又要谨慎稳健。在规范管理的同时，要妥善处理存量债务，确保在建项目有序推进。

二、加快建立规范的地方政府举债融资机制

（一）赋予地方政府依法适度举债权限。经国务院批准，省、自治区、直辖市政府可以适度举借债务，市县级政府确需举借债务的由省、自治区、直辖市政府代为举借。明确划清政府与企业界限，政府债务只能通过政府及其部门举借，不得通过企事业单位等举借。

（二）建立规范的地方政府举债融资机制。地方政府举债采取政府债券方式。没有收益的公益性事业发展确需政府举借一般债务的，由地方政府发行一般债券融资，主要以一般公共预算收入偿还。有一定收益的公益性事业发展确需政府举借专项债务的，由地方政府通过发行专项债券融资，以对应的政府性基金或专项收入偿还。

（三）推广使用政府与社会资本合作模式。鼓励社会资本通过特许经营等方式，参与城市基础设施等有一定收益的公益性事业投资和运营。政府通过特许经营权、合理定价、财政补贴等事先公开的收益约定规则，使投资者有长期稳定收益。投资者按照市场化原则出资，按约定规则独自或与政府共同成立特别目的公司建设和运营合作项目。投资者或特别目的公司可以通过银行贷款、企业债、项目收益债券、资产证券化等市场化方式举债并承担偿债责任。政府对投资者或特别目的公司按约定规则依法承担特许经营权、合理定价、财政补贴等相关责任，不承担投资者或特别目的公司的偿债责任。

（四）加强政府或有债务监管。剥离融资平台公司政府融资职能，融资平台公司不得新增政府债务。地方政府新发生或有债务，要严格限定在依法担保的范围内，并根据担保合同依法承担相关责任。地方政府要加强对或有债务的统计分析和风险防控，做好相关监管工作。

三、对地方政府债务实行规模控制和预算管理

（一）对地方政府债务实行规模控制。地方政府债务规模实行限额管理，地方政府举债不得突破批准的限额。地方政府一般债务和专项债务规模纳入限额管理，由国务院确定并报全国人大或其常委会批准，分地区限额由财政部在全国人大或其常委会批准的地方政府债务规模内根据各地区债务风险、财力状况等因素测算并报国务院批准。

（二）严格限定地方政府举债程序和资金用途。地方政府在国务院批准的分地区限额内举借债务，必须报本级人大或其常委会批准。地方政府不得通过企事业单位等举借债务。地方政府举借债务要遵循市场化原则。建立地方政府

信用评级制度，逐步完善地方政府债券市场。地方政府举借的债务，只能用于公益性资本支出和适度归还存量债务，不得用于经常性支出。

（三）把地方政府债务分门别类纳入全口径预算管理。地方政府要将一般债务收支纳入一般公共预算管理，将专项债务收支纳入政府性基金预算管理，将政府与社会资本合作项目中的财政补贴等支出按性质纳入相应政府预算管理。地方政府各部门、各单位要将债务收支纳入部门和单位预算管理。或有债务确需地方政府或其部门、单位依法承担偿债责任的，偿债资金要纳入相应预算管理。

四、控制和化解地方政府性债务风险

（一）建立地方政府性债务风险预警机制。财政部根据各地区一般债务、专项债务、或有债务等情况，测算债务率、新增债务率、偿债率、逾期债务率等指标，评估各地区债务风险状况，对债务高风险地区进行风险预警。列入风险预警范围的债务高风险地区，要积极采取措施，逐步降低风险。债务风险相对较低的地区，要合理控制债务余额的规模和增长速度。

（二）建立债务风险应急处置机制。要硬化预算约束，防范道德风险，地方政府对其举借的债务负有偿还责任，中央政府实行不救助原则。各级政府要制定应急处置预案，建立责任追究机制。地方政府出现偿债困难时，要通过控制项目规模、压缩公用经费、处置存量资产等方式，多渠道筹集资金偿还债务。地方政府难以自行偿还债务时，要及时上报，本级和上级政府要启动债务风险应急处置预案和责任追究机制，切实化解债务风险，并追究相关人员责任。

（三）严肃财经纪律。建立对违法违规融资和违规使用政府性债务资金的惩罚机制，加大对地方政府性债务管理的监督检查力度。地方政府及其所属部门不得在预算之外违法违规举借债务，不得以支持公益性事业发展名义举借债务用于经常性支出或楼堂馆所建设，不得挪用债务资金或改变既定资金用途；对企业的注资、财政补贴等行为必须依法合规，不得违法为任何单位和个人的债务以任何方式提供担保；不得违规干预金融机构等正常经营活动，不得强制金融机构等提供政府性融资。地方政府要进一步规范土地出让管理，坚决制止违法违规出让土地及融资行为。

五、完善配套制度

（一）完善债务报告和公开制度。完善地方政府性债务统计报告制度，加快建立权责发生制的政府综合财务报告制度,全面反映政府的资产负债情况。对于中央出台的重大政策措施如棚户区改造等形成的政府性债务,应当单独统计、单独核算、单独检查、单独考核。建立地方政府性债务公开制度,加强政府信用体系建设。各地区要定期向社会公开政府性债务及其项目建设情况,自觉接受社会监督。

(二)建立考核问责机制。把政府性债务作为一个硬指标纳入政绩考核。明确责任落实,各省、自治区、直辖市政府要对本地区地方政府性债务负责任。强化教育和考核,纠正不正确的政绩导向。对脱离实际过度举债、违法违规举债或担保、违规使用债务资金、恶意逃废债务等行为,要追究相关责任人责任。

(三)强化债权人约束。金融机构等不得违法违规向地方政府提供融资,不得要求地方政府违法违规提供担保。金融机构等购买地方政府债券要符合监管规定,向属于政府或有债务举借主体的企业法人等提供融资要严格规范信贷管理,切实加强风险识别和风险管理。金融机构等违法违规提供政府性融资的,应自行承担相应损失,并按照商业银行法、银行业监督管理法等法律法规追究相关机构和人员的责任。

六、妥善处理存量债务和在建项目后续融资

(一)抓紧将存量债务纳入预算管理。以2013年政府性债务审计结果为基础,结合审计后债务增减变化情况,经债权人与债务人共同协商确认,对地方政府性债务存量进行甄别。对地方政府及其部门举借的债务,相应纳入一般债务和专项债务。对企事业单位举借的债务,凡属于政府应当偿还的债务,相应纳入一般债务和专项债务。地方政府将甄别后的政府存量债务逐级汇总上报国务院批准后,分类纳入预算管理。纳入预算管理的债务原有债权债务关系不变,偿债资金要按照预算管理要求规范管理。

(二)积极降低存量债务利息负担。对甄别后纳入预算管理的地方政府存量债务,各地区可申请发行地方政府债券置换,以降低利息负担,优化期限结构,腾出更多资金用于重点项目建设。

(三)妥善偿还存量债务。处置到期存量债务要遵循市场规则,减少行政干预。对项目自身运营收入能够按时还本付息的债务,应继续通过项目收入偿还。对项目自身运营收入不足以还本付息的债务,可以通过依法注入优质资产、加强经营管理、加大改革力度等措施,提高项目盈利能力,增强偿债能力。地方政府应指导和督促有关债务举借单位加强财务管理、拓宽偿债资金渠道、统筹安排偿债资金。对确需地方政府偿还的债务，地方政府要切实履行偿债责任，必要时可以处置政府资产偿还债务。对确需地方政府履行担保或救助责任的债务，地方政府要切实依法履行协议约定，作出妥善安排。有关债务举借单位和连带责任人要按照协议认真落实偿债责任，明确偿债时限，按时还本付息，不得单方面改变原有债权债务关系，不得转嫁偿债责任和逃废债务。对确已形成损失的存量债务，债权人应按照商业化原则承担相应责任和损失。

（四）确保在建项目后续融资。地方政府要统筹各类资金，优先保障在建项目续建和收尾。对使用债务资金的在建项目，原贷款银行等要重新进行审核，凡符合国家有关规定的项目，要继续按协议提供贷款，推进项目建设；对在建项目确实没有其他建设资金来源的，应主要通过政府与社会资本合作模式和地方政府债券解决后续融资。

七、加强组织领导

各地区、各部门要高度重视，把思想和行动统一到党中央、国务院决策部署上来。地方政府要切实担负起加强地方政府性债务管理、防范化解财政金融风险的责任，结合实际制定具体方案，政府主要负责人要作为第一责任人，认真抓好政策落实。要建立地方政府性债务协调机制，统筹加强地方政府性债务管理。财政部门作为地方政府性债务归口管理部门，要完善债务管理制度，充实债务管理力量，做好债务规模控制、债券发行、预算管理、统计分析和风险监控等工作；发展改革部门要加强政府投资计划管理和项目审批，从严审批债务风险较高地区的新开工项目；金融监管部门要加强监管、正确引导，制止金融机构等违法违规提供融资；审计部门要依法加强对地方政府性债务的审计监督，促进完善债务管理制度，防范风险，规范管理，提高资金使用效益。各地区、各部门要切实履行职责，加强协调配合，全面做好加强地方政府性债务管理各项工作，确保政策贯彻落实到位。

国务院

2014 年 9 月 21 日

3. 关于妥善解决地方政府融资平台公司在建项目后续融资问题的意见

(2015年5月11日国办发〔2015〕40号公布)

为全面落实《国务院关于加强地方政府性债务管理的意见》(国发〔2014〕43号)要求,依法合规积极支持融资平台公司在建项目后续融资,确保在建项目有序推进,切实满足实体经济的合理融资需求,有效防范和化解财政金融风险,现就妥善解决地方政府融资平台公司在建项目后续融资问题提出以下意见。

一、总体要求和适用范围

(一)总体要求。地方各级政府和银行业金融机构要妥善处理融资平台公司在建项目后续融资问题,区分存量和增量实施分类管理,依法合规进行融资,切实满足促进经济发展和防范财政金融风险的需要。

(二)适用范围。融资平台公司是指由地方政府及其部门和机构等通过财政拨款或注入土地、股权等资产设立,承担政府投资项目融资功能,并拥有独立法人资格的经济实体。在建项目是指在国发〔2014〕43号文件成文日期(2014年9月21日)之前,经相关投资主管部门依照有关规定完成审批、核准或备案手续,并已开工建设的项目。

二、重点任务

(三)支持在建项目的存量融资需求。地方各级政府和银行业金融机构要按照总量控制、区别对待的原则,支持融资平台公司在建项目的存量融资需求,确保在建项目有序推进。对于在2014年12月31日前已签订具有法律效力的借款合同并已放款,但合同尚未到期的融资平台公司在建项目贷款,银行业金融机构要在全面把控风险、落实信贷条件的前提下,继续按照合同约定发放贷款,不得盲目抽贷、压贷、停贷。对于在2014年12月31日前已签订具有法律效力的借款合同,且合同到期的融资平台公司在建项目贷款,如果项目自身运营收入不足以还本付息,银行业金融机构可与地方政府、融资平台公司协商,在后续借款与前期借款合同约定的责任一致,且确保借款合同金额不增加的前提下,重新修订借款合同,合理确定贷款期限,补充合格有效抵质押品。

（四）规范实施在建项目的增量融资。地方各级政府要密切关注融资平台公司在建项目中应由财政支持的增量融资需求，在依法合规、规范管理的前提下，统筹财政资金和社会资本等各类资金，保障在建项目续建和收尾。对于已签合同贷款额不能满足建设需要，且适宜采取政府和社会资本合作模式的融资平台公司在建项目，优先采取政府和社会资本合作模式，弥补在建项目增量融资需求。对于已签合同贷款额不能满足建设需要，且符合国家有关规定并确实没有其他建设资金来源，但又暂时不宜转为政府和社会资本合作模式的融资平台公司在建项目，增量融资需求纳入政府预算管理，由地方政府按法律要求和有关规定发行政府债券解决。

（五）切实做好在建项目后续融资管理工作。银行业金融机构要兼顾促发展和防风险，严格规范信贷管理，切实加强风险识别和风险控制。对于融资平台公司在建项目贷款，银行业金融机构要在审慎测算融资平台公司还款能力和在建项目收益、综合考虑地方政府偿债能力的基础上，自主决策、自担风险，切实做好后续融资管理工作。银行业金融机构要认真审查贷款投向，重点支持农田水利设施、保障性安居工程、城市轨道交通等领域的融资平台公司在建项目，确保贷款符合产业发展需要和产业园区发展规划。

（六）完善配套措施。对地方政府按法律要求和有关规定发行政府债券解决的在建项目后续融资，在保障财政支出需要的前提下，对于有相应政府债券发行额度，且本地区国库库款余额超过一个半月库款支付保障水平的地区，允许地方财政部门在政府债券发行额度内，加大盘活以前年度存量财政资金力度，利用超出部分的国库库款用于政府债券发行之前的资金周转，以解决在建项目融资与政府债券发行之间的时间差问题。地方财政部门在动用国库库款用于资金周转前，须报经本级人民政府批准，并抄送同级人大有关机构和有关单位。地方财政部门在完成政府债券发行之后，要及时将资金全部收回国库。财政部、发展改革委、人民银行、银监会等有关部门要加强地方政府性债务信息共享，密切监测债务变化。

三、组织实施

（七）加强组织领导。地方各级人民政府、各有关部门要从大局出发，充分认识做好融资平台公司在建项目后续融资工作的重要性，统一思想，加强领导，结合本地区、本部门实际认真抓好落实。

（八）密切协同推进。财政部、人民银行要加强财政政策和货币政策的协调配合，为地方政府发行债券创造良好的市场环境。财政部要制定出台地方政府债券配套管理办法，加强对地方政府债券发行和使用工作的组织领导。银监会要加强监管、正确引导，推动银行业金融机构在依法合规、有效防范风险的前提下，做好融资平台公司在建项目后续融资工作，并将本意见传达至各银行业金融机构。各有关部门要切实履行职责，强化政策协同，共同做好融资平台公司在建项目后续融资相关工作，确保政策及时落实到位。

（九）关于地方政府融资平台公司在建项目后续融资问题，国务院另有规定的，从其规定。

4. 关于进一步规范地方政府举债融资行为的通知

（2017 年 4 月 26 日财预〔2017〕50 号公布）

各省、自治区、直辖市、计划单列市财政厅（局）、发展改革委、司法厅（局），中国人民银行上海总部、各分行、营业管理部、省会（首府）城市中心支行、副省级城市中心支行，各银监局、证监局：

2014 年修订的预算法和《国务院关于加强地方政府性债务管理的意见》（国发〔2014〕43 号）实施以来，地方各级政府加快建立规范的举债融资机制，积极发挥政府规范举债对经济社会发展的支持作用，防范化解财政金融风险，取得了阶段性成效。但个别地区违法违规举债担保时有发生，局部风险不容忽视。为贯彻落实党中央、国务院决策部署，牢牢守住不发生区域性系统性风险的底线，现就进一步规范地方政府举债融资行为有关事项通知如下：

一、全面组织开展地方政府融资担保清理整改工作

各省级政府要认真落实国务院办公厅印发的《地方政府性债务风险应急处置预案》（国办函〔2016〕88 号）要求，抓紧设立政府性债务管理领导小组，指导督促本级各部门和市县政府进一步完善风险防范机制，结合 2016 年开展的融资平台公司债务等统计情况，尽快组织一次地方政府及其部门融资担保行为摸底排查，督促相关部门、市县政府加强与社会资本方的平等协商，依法完善合同条款，分类妥善处置，全面改正地方政府不规范的融资担保行为。上述工作应当于 2017 年 7 月 31 日前清理整改到位，对逾期不改正或改正不到位的相关部门、市县政府，省级政府性债务管理领导小组应当提请省级政府依法依规追究相关责任人的责任。财政部驻各地财政监察专员办事处要密切跟踪地方工作进展，发现问题及时报告。

二、切实加强融资平台公司融资管理

加快政府职能转变，处理好政府和市场的关系，进一步规范融资平台公司融资行为管理，推动融资平台公司尽快转型为市场化运营的国有企业、依法合规开展市场化融资，地方政府及其所属部门不得干预融资平台公司日常运营和市场化融资。地方政府不得将公益性资产、储备土地注入融资平台公司，不得承诺将储备土地预期出让收入作为融资平台公司偿债资金来源，不得利用政府性资源干预金融机构正常经营行为。金融机构应当依法合规支持融资平台公司市场化融资，服务实体经济发展。进一步健全信息披露机制，融资平台公司在境内外举债融资时，应当向债权人主动书面声明不承担政府融资职能，并明确自2015年1月1日起其新增债务依法不属于地方政府债务。金融机构应当严格规范融资管理，切实加强风险识别和防范，落实企业举债准入条件，按商业化原则履行相关程序，审慎评估举债人财务能力和还款来源。金融机构为融资平台公司等企业提供融资时，不得要求或接受地方政府及其所属部门以担保函、承诺函、安慰函等任何形式提供担保。对地方政府违法违规举债担保形成的债务，按照《国务院办公厅关于印发地方政府性债务风险应急处置预案的通知》（国办函〔2016〕88号）、《财政部关于印发〈地方政府性债务风险分类处置指南〉的通知》（财预〔2016〕152号）依法妥善处理。

三、规范政府与社会资本方的合作行为

地方政府应当规范政府和社会资本合作（PPP）。允许地方政府以单独出资或与社会资本共同出资方式设立各类投资基金，依法实行规范的市场化运作，按照利益共享、风险共担的原则，引导社会资本投资经济社会发展的重点领域和薄弱环节，政府可适当让利。地方政府不得以借贷资金出资设立各类投资基金，严禁地方政府利用PPP、政府出资的各类投资基金等方式违法违规变相举债，除国务院另有规定外，地方政府及其所属部门参与PPP项目、设立政府出资的各类投资基金时，不得以任何方式承诺回购社会资本方的投资本金，不得以任何方式承担社会资本方的投资本金损失，不得以任何方式向社会资本方承诺最低收益，不得对有限合伙制基金等任何股权投资方式额外附加条款变相举债。

四、进一步健全规范的地方政府举债融资机制

全面贯彻落实依法治国战略，严格执行预算法和国发〔2014〕43号文件规定，健全规范的地方政府举债融资机制，地方政府举债一律采取在国务院批准的限额内发行地方政府债券方式，除此以外地方政府及其所属部门不得以任何方式举借债务。地方政府及其所属部门不得以文件、会议纪要、领导批示等任何形式，要求或决定企业为政府举债或变相为政府举债。允许地方政府结合财力可能设立或参股担保公司（含各类融资担保基金公司），构建市场化运作的融资担保体系，鼓励政府出资的担保公司依法依规提供融资担保服务，地方政府依法在出资范围内对担保公司承担责任。除外国政府和国际经济组织贷款转贷外，地方政府及其所属部门不得为任何单位和个人的债务以任何方式提供担保，不得承诺为其他任何单位和个人的融资承担偿债责任。地方政府应当科学制定债券发行计划，根据实际需求合理控制节奏和规模，提高债券透明度和资金使用效益，建立信息共享机制。

五、建立跨部门联合监测和防控机制

完善统计监测机制，由财政部门会同发展改革、人民银行、银监、证监等部门建设大数据监测平台，统计监测政府中长期支出事项以及融资平台公司举借或发行的银行贷款、资产管理产品、企业债券、公司债券、非金融企业债务融资工具等情况，加强部门信息共享和数据校验，定期通报监测结果。开展跨部门联合监管，建立财政、发展改革、司法行政机关、人民银行、银监、证监等部门以及注册会计师协会、资产评估协会、律师协会等行业自律组织参加的监管机制，对地方政府及其所属部门、融资平台公司、金融机构、中介机构、法律服务机构等的违法违规行为加强跨部门联合惩戒，形成监管合力。对地方政府及其所属部门违法违规举债或担保的，依法依规追究负有直接责任的主管人员和其他直接责任人员的责任；对融资平台公司从事或参与违法违规融资活动的，依法依规追究企业及其相关负责人责任；对金融机构违法违规向地方政府提供融资、要求或接受地方政府提供担保承诺的，依法依规追究金融机构及其相关负责人和授信审批人员责任；对中介机构、法律服务机构违法违规为融资平台公司出具审计报告、资产评估报告、信用评级报告、法律意见书等的，依法依规追究中介机构、法律服务机构及相关从业人员的责任。

六、大力推进信息公开

地方各级政府要贯彻落实中共中央办公厅、国务院办公厅《关于全面推进政务公开工作的意见》等规定和要求，全面推进地方政府及其所属部门举债融资行为的决策、执行、管理、结果等公开，严格公开责任追究，回应社会关切，主动接受社会监督。继续完善地方政府债务信息公开制度，县级以上地方各级政府应当重点公开本地区政府债务限额和余额，以及本级政府债务的规模、种类、利率、期限、还本付息、用途等内容。省级财政部门应当参考国债发行做法，提前公布地方政府债务发行计划。推进政府购买服务公开，地方政府及其所属部门应当重点公开政府购买服务决策主体、购买主体、承接主体、服务内容、合同资金规模、分年财政资金安排、合同期限、绩效评价等内容。推进政府和社会资本合作（PPP）项目信息公开，地方政府及其所属部门应当重点公开政府和社会资本合作（PPP）项目决策主体、政府方和社会资本方信息、合作项目内容和财政承受能力论证、社会资本方采购信息、项目回报机制、合同期限、绩效评价等内容。推进融资平台公司名录公开。

各地区要充分认识规范地方政府举债融资行为的重要性，把防范风险放在更加重要的位置，省级政府性债务管理领导小组要切实担负起地方政府债务管理责任，进一步健全制度和机制，自觉维护总体国家安全，牢牢守住不发生区域性系统性风险的底线。各省（自治区、直辖市、计划单列市）政府性债务管理领导小组办公室应当汇总本地区举债融资行为清理整改工作情况，报省级政府同意后，于2017年8月31日前反馈财政部，抄送发展改革委、人民银行、银监会、证监会。

特此通知。

财政部
发展改革委
司法部
人民银行
银监会
证监会
2017年4月26日

5. 地方政府债务信息公开办法（试行）

（财预〔2018〕209号公布　自2019年1月1日起施行）

第一条　【目的和依据】为依法规范地方政府债务管理，切实增强地方政府债务信息透明度，自觉接受监督，防范地方政府债务风险，根据《中华人民共和国预算法》、《中华人民共和国政府信息公开条例》、《国务院关于加强地方政府性债务管理的意见》（国发〔2014〕43号）等法律法规和制度规定，制定本办法。

第二条　【适用范围】本办法适用于县级以上各级财政部门地方政府债务信息公开工作。

本办法所称地方政府债务包括地方政府一般债务和地方政府专项债务；地方政府债务信息包括预决算公开范围的地方政府债务限额、余额等信息以及预决算公开范围之外的地方政府债券发行、存续期、重大事项等相关信息；重大事项是指可能引起地方政府一般债券、专项债券投资价值发生增减变化，影响投资者合法权益的相关事项。

第三条　【公开原则】地方政府债务信息公开应当遵循以下原则：

（一）坚持以公开为常态、不公开为例外；

（二）坚持谁制作、谁负责、谁公开；

（三）坚持突出重点，真实、准确、完整、及时公开；

（四）坚持以公开促改革、以公开促规范，推进国家治理体系和治理能力现代化。

第四条　【公开渠道】预决算公开范围的地方政府债务限额、余额、使用安排及还本付息等信息应当在地方政府及财政部门门户网站公开。财政部门未设立门户网站的，应当在本级政府门户网站设立专栏公开。

预决算公开范围之外的地方政府债券等信息应当在省级财政部门、发行场所门户网站公开。财政部设立地方政府债务信息公开平台或专栏，支持地方财政部门公开地方政府债务（券）相关信息。

第五条　【预决算公开】县级以上地方各级财政部门（以下简称地方各级

财政部门）应当随同预决算公开地方政府债务限额、余额、使用安排及还本付息等信息。

（一）随同预算公开上一年度本地区、本级及所属地区地方政府债务限额及余额（或余额预计执行数），以及本地区和本级上一年度地方政府债券（含再融资债券）发行及还本付息额（或预计执行数）、本年度地方政府债券还本付息预算数等。

（二）随同调整预算公开当年本地区及本级地方政府债务限额、本级新增地方政府债券资金使用安排等。

（三）随同决算公开上年末本地区、本级及所属地区地方政府债务限额、余额决算数，地方政府债券发行、还本付息决算数，以及债券资金使用安排等。

第六条 【债券发行安排公开】省级财政部门应当在每月 20 日前公开本地区下一月度新增地方政府债券和再融资债券发行安排，鼓励有条件的地区同时公开多个月份地方政府债券发行安排。

第七条 【新增一般债券发行公开】省级财政部门应当在新增一般债券发行前，提前 5 个以上工作日公开以下信息：

（一）经济社会发展指标，包括本地区国内生产总值、居民人均可支配收入等；

（二）地方政府一般公共预算情况；

（三）一般债务情况，包括本地区一般债务限额及余额、地区分布、期限结构等；

（四）拟发行一般债券信息，包括规模、期限、项目、偿债资金安排等；

（五）第三方评估材料，包括信用评级报告等；

（六）其他按规定需要公开的信息。

省级财政部门应当在新增一般债券发行后 2 个工作日内，公布发行债券编码、利率等信息。

第八条 【新增专项债券发行公开】省级财政部门应当在新增专项债券发行前，提前 5 个以上工作日公开以下信息：

（一）经济社会发展指标，包括本地区国内生产总值、居民人均可支配收入等；

（二）地方政府性基金预算情况，包括本地区、本级或使用专项债券资金的市县级政府地方政府性基金收支、拟发行专项债券对应的地方政府性基金预算收支情况；

（三）专项债务情况，包括本地区专项债务限额及余额、地区分布、期限结构等；

（四）拟发行专项债券信息，包括规模、期限及偿还方式等基本信息；

（五）拟发行专项债券对应项目信息，包括项目概况、分年度投资计划、项目资金来源、预期收益和融资平衡方案、潜在风险评估、主管部门责任等；

（六）第三方评估信息，包括财务评估报告（重点是项目预期收益和融资平衡情况评估）、法律意见书、信用评级报告等；

（七）其他按规定需要公开的信息。

省级财政部门应当在新增专项债券发行后2个工作日内，公布发行债券编码、利率等信息。

第九条　【再融资债券发行公开】省级财政部门应当在再融资债券发行前，提前5个以上工作日公开再融资债券发行规模以及原债券名称、代码、发行规模、到期本金规模等信息。

第十条　【一般债券存续期公开】地方各级财政部门应当组织开展本地区和本级一般债券存续期信息公开工作，督促和指导使用一般债券资金的部门不迟于每年6月底前公开以下信息：

（一）截至上年末一般债券资金余额、利率、期限、地区分布等情况；

（二）截至上年末一般债券资金使用情况；

（三）截至上年末一般债券项目建设进度、运营情况等；

（四）其他按规定需要公开的信息。

第十一条　【专项债券存续期公开】地方各级财政部门应当组织开展本地区和本级专项债券存续期信息公开工作，督促和指导使用专项债券资金的部门不迟于每年6月底前公开以下信息：

（一）截至上年末专项债券资金使用情况；

（二）截至上年末专项债券对应项目建设进度、运营情况等；

（三）截至上年末专项债券项目收益及对应形成的资产情况；

（四）其他按规定需要公开的信息。

第十二条　【违法违规情形公开】涉及违法违规举债担保行为问责的，各级财政部门应当在收到问责决定后20个工作日内公开问责结果。

第十三条　【一般债券重大事项公开】一般债券存续期内，发生可能影响使用一般债券资金地区的一般公共预算收入的重大事项的，财政部门应当按照《国务院办公厅关于印发地方政府性债务风险应急处置预案的通知》（国办函〔2016〕88号）等有关规定提出具体补救措施，经本级政府批准后向省级财政部门报告，并由省级财政部门公告或以适当方式告知一般债券持有人。

第十四条 【专项债券重大事项公开】专项债券存续期内，对应项目发生可能影响其收益与融资平衡能力的重大事项的，专项债券资金使用部门和财政部门应当按照《国务院办公厅关于印发地方政府性债务风险应急处置预案的通知》（国办函〔2016〕88号）等有关规定提出具体补救措施，经本级政府批准后向省级财政部门报告，并由省级财政部门公告或以适当方式告知专项债券持有人。

第十五条 【债券资金调整用途公开】地方政府债券存续期内确需调整债券资金用途的，按规定履行相关程序后，由省级财政部门予以公告或以适当方式告知债券持有人。

第十六条 【财政经济信息】地方各级财政部门在公开政府债务信息时，应当根据本级政府及其相关部门信息公开进展，一并提供本级政府工作报告、预决算报告、预算执行和其他财政收支的审计工作报告等信息或其网址备查。

第十七条 【政府债务管理制度】地方各级财政部门应当及时公开本地区政府债务管理制度规定。

第十八条 【职责分工】财政部负责指导、监督全国地方政府债务信息公开工作。地方各级财政部门负责组织实施本地区和本级政府债务信息公开工作，指导、监督和协调本级使用债券资金的部门和下级政府债务信息公开工作。

第十九条 【绩效评价】地方各级财政部门要将地方政府债务信息公开情况纳入地方政府债务绩效评价范围，加强绩效评价结果应用。

第二十条 【日常监督】财政部驻各省、自治区、直辖市、计划单列市财政监察专员办事处应当将地方政府债务信息公开工作纳入日常监督范围，对发现问题的予以督促整改。

第二十一条 【法律责任】对未按规定公开地方政府债务信息的，应当依照《中华人民共和国预算法》《中华人民共和国政府信息公开条例》等法律法规的规定，责令改正，对负有直接责任的主管人员和其他直接责任人员依法依规给予处分。

第二十二条 【社会监督】公民、法人或者其他组织认为有关部门不依法履行地方政府债务信息公开义务的，可以向同级或上一级财政部门举报。财政部门收到举报后应当依法依规予以处理。

第二十三条　省、自治区、直辖市、计划单列市财政部门可以根据本办法规定，结合本地区实际制定实施细则。

第二十四条　中央转贷地方国际金融组织和外国政府贷款信息公开办法由财政部另行制定。

第二十五条　本办法由财政部负责解释。

第二十六条　本办法自2019年1月1日起实施。

四、债券发行

1. 中华人民共和国证券法

（1998年12月29日第九届全国人民代表大会常务委员会第六次会议通过 根据2004年8月28日第十届全国人民代表大会常务委员会第十一次会议《关于修改〈中华人民共和国证券法〉的决定》第一次修正 2005年10月27日第十届全国人民代表大会常务委员会第十八次会议第一次修订 根据2013年6月29日第十二届全国人民代表大会常务委员会第三次会议《关于修改〈中华人民共和国文物保护法〉等十二部法律的决定》第二次修正 根据2014年8月31日第十二届全国人民代表大会常务委员会第十次会议《关于修改〈中华人民共和国保险法〉等五部法律的决定》第三次修正 2019年12月28日第十三届全国人民代表大会常务委员会第十五次会议第二次修订）

第一章 总 则

第一条 为了规范证券发行和交易行为，保护投资者的合法权益，维护社会经济秩序和社会公共利益，促进社会主义市场经济的发展，制定本法。

第二条 在中华人民共和国境内，股票、公司债券、存托凭证和国务院依法认定的其他证券的发行和交易，适用本法；本法未规定的，适用《中华人民共和国公司法》和其他法律、行政法规的规定。

政府债券、证券投资基金份额的上市交易，适用本法；其他法律、行政法规另有规定的，适用其规定。

资产支持证券、资产管理产品发行、交易的管理办法，由国务院依照本法的原则规定。

在中华人民共和国境外的证券发行和交易活动，扰乱中华人民共和国境内市场秩序，损害境内投资者合法权益的，依照本法有关规定处理并追究法律责任。

第三条 证券的发行、交易活动，必须遵循公开、公平、公正的原则。

第四条 证券发行、交易活动的当事人具有平等的法律地位，应当遵守自愿、有偿、诚实信用的原则。

第五条 证券的发行、交易活动，必须遵守法律、行政法规；禁止欺诈、内幕交易和操纵证券市场的行为。

第六条 证券业和银行业、信托业、保险业实行分业经营、分业管理，证券公司与银行、信托、保险业务机构分别设立。国家另有规定的除外。

第七条 国务院证券监督管理机构依法对全国证券市场实行集中统一监督管理。

国务院证券监督管理机构根据需要可以设立派出机构，按照授权履行监督管理职责。

第八条 国家审计机关依法对证券交易场所、证券公司、证券登记结算机构、证券监督管理机构进行审计监督。

第二章 证券发行

第九条 公开发行证券，必须符合法律、行政法规规定的条件，并依法报经国务院证券监督管理机构或者国务院授权的部门注册。未经依法注册，任何单位和个人不得公开发行证券。证券发行注册制的具体范围、实施步骤，由国务院规定。

有下列情形之一的，为公开发行：

（一）向不特定对象发行证券；

（二）向特定对象发行证券累计超过二百人，但依法实施员工持股计划的员工人数不计算在内；

（三）法律、行政法规规定的其他发行行为。

非公开发行证券，不得采用广告、公开劝诱和变相公开方式。

第十条 发行人申请公开发行股票、可转换为股票的公司债券，依法采取承销方式的，或者公开发行法律、行政法规规定实行保荐制度的其他证券的，应当聘请证券公司担任保荐人。

保荐人应当遵守业务规则和行业规范，诚实守信，勤勉尽责，对发行人的申请文件和信息披露资料进行审慎核查，督导发行人规范运作。

保荐人的管理办法由国务院证券监督管理机构规定。

第十一条 设立股份有限公司公开发行股票，应当符合《中华人民共和国公司法》规定的条件和经国务院批准的国务院证券监督管理机构规定的其他条件，向国务院证券监督管理机构报送募股申请和下列文件：

（一）公司章程；

（二）发起人协议；

（三）发起人姓名或者名称，发起人认购的股份数、出资种类及验资证明；

（四）招股说明书；

（五）代收股款银行的名称及地址；

（六）承销机构名称及有关的协议。

依照本法规定聘请保荐人的，还应当报送保荐人出具的发行保荐书。

法律、行政法规规定设立公司必须报经批准的，还应当提交相应的批准文件。

第十二条 公司首次公开发行新股，应当符合下列条件：

（一）具备健全且运行良好的组织机构；

（二）具有持续经营能力；

（三）最近三年财务会计报告被出具无保留意见审计报告；

（四）发行人及其控股股东、实际控制人最近三年不存在贪污、贿赂、侵占财产、挪用财产或者破坏社会主义市场经济秩序的刑事犯罪；

（五）经国务院批准的国务院证券监督管理机构规定的其他条件。

上市公司发行新股，应当符合经国务院批准的国务院证券监督管理机构规定的条件，具体管理办法由国务院证券监督管理机构规定。

公开发行存托凭证的，应当符合首次公开发行新股的条件以及国务院证券监督管理机构规定的其他条件。

第十三条 公司公开发行新股，应当报送募股申请和下列文件：

（一）公司营业执照；

（二）公司章程；

（三）股东大会决议；

（四）招股说明书或者其他公开发行募集文件；

（五）财务会计报告；

（六）代收股款银行的名称及地址。

依照本法规定聘请保荐人的，还应当报送保荐人出具的发行保荐书。依照本法规定实行承销的，还应当报送承销机构名称及有关的协议。

第十四条 公司对公开发行股票所募集资金，必须按照招股说明书或者其他公开发行募集文件所列资金用途使用；改变资金用途，必须经股东大会作出决议。擅自改变用途，未作纠正的，或者未经股东大会认可的，不得公开发行新股。

第十五条　公开发行公司债券，应当符合下列条件：

（一）具备健全且运行良好的组织机构；

（二）最近三年平均可分配利润足以支付公司债券一年的利息；

（三）国务院规定的其他条件。

公开发行公司债券筹集的资金，必须按照公司债券募集办法所列资金用途使用；改变资金用途，必须经债券持有人会议作出决议。公开发行公司债券筹集的资金，不得用于弥补亏损和非生产性支出。

上市公司发行可转换为股票的公司债券，除应当符合第一款规定的条件外，还应当遵守本法第十二条第二款的规定。但是，按照公司债券募集办法，上市公司通过收购本公司股份的方式进行公司债券转换的除外。

第十六条　申请公开发行公司债券，应当向国务院授权的部门或者国务院证券监督管理机构报送下列文件：

（一）公司营业执照；

（二）公司章程；

（三）公司债券募集办法；

（四）国务院授权的部门或者国务院证券监督管理机构规定的其他文件。

依照本法规定聘请保荐人的，还应当报送保荐人出具的发行保荐书。

第十七条　有下列情形之一的，不得再次公开发行公司债券：

（一）对已公开发行的公司债券或者其他债务有违约或者延迟支付本息的事实，仍处于继续状态的；

（二）违反本法规定，改变公开发行公司债券所募资金的用途。

第十八条　发行人依法申请公开发行证券所报送的申请文件的格式、报送方式，由依法负责注册的机构或者部门规定。

第十九条　发行人报送的证券发行申请文件，应当充分披露投资者作出价值判断和投资决策所必需的信息，内容应当真实、准确、完整。

为证券发行出具有关文件的证券服务机构和人员，必须严格履行法定职责，保证所出具文件的真实性、准确性和完整性。

第二十条　发行人申请首次公开发行股票的，在提交申请文件后，应当按照国务院证券监督管理机构的规定预先披露有关申请文件。

第二十一条　国务院证券监督管理机构或者国务院授权的部门依照法定条件负责证券发行申请的注册。证券公开发行注册的具体办法由国务院规定。

按照国务院的规定，证券交易所等可以审核公开发行证券申请，判断发行人是否符合发行条件、信息披露要求，督促发行人完善信息披露内容。

依照前两款规定参与证券发行申请注册的人员，不得与发行申请人有利害关系，不得直接或者间接接受发行申请人的馈赠，不得持有所注册的发行申请的证券，不得私下与发行申请人进行接触。

第二十二条　国务院证券监督管理机构或者国务院授权的部门应当自受理证券发行申请文件之日起三个月内，依照法定条件和法定程序作出予以注册或者不予注册的决定，发行人根据要求补充、修改发行申请文件的时间不计算在内。不予注册的，应当说明理由。

第二十三条　证券发行申请经注册后，发行人应当依照法律、行政法规的规定，在证券公开发行前公告公开发行募集文件，并将该文件置备于指定场所供公众查阅。

发行证券的信息依法公开前，任何知情人不得公开或者泄露该信息。

发行人不得在公告公开发行募集文件前发行证券。

第二十四条　国务院证券监督管理机构或者国务院授权的部门对已作出的证券发行注册的决定，发现不符合法定条件或者法定程序，尚未发行证券的，应当予以撤销，停止发行。已经发行尚未上市的，撤销发行注册决定，发行人应当按照发行价并加算银行同期存款利息返还证券持有人；发行人的控股股东、实际控制人以及保荐人，应当与发行人承担连带责任，但是能够证明自己没有过错的除外。

股票的发行人在招股说明书等证券发行文件中隐瞒重要事实或者编造重大虚假内容，已经发行并上市的，国务院证券监督管理机构可以责令发行人回购证券，或者责令负有责任的控股股东、实际控制人买回证券。

第二十五条　股票依法发行后，发行人经营与收益的变化，由发行人自行负责；由此变化引致的投资风险，由投资者自行负责。

第二十六条　发行人向不特定对象发行的证券，法律、行政法规规定应当由证券公司承销的，发行人应当同证券公司签订承销协议。证券承销业务采取代销或者包销方式。

证券代销是指证券公司代发行人发售证券，在承销期结束时，将未售出的证券全部退还给发行人的承销方式。

证券包销是指证券公司将发行人的证券按照协议全部购入或者在承销期结束时将售后剩余证券全部自行购入的承销方式。

第二十七条 公开发行证券的发行人有权依法自主选择承销的证券公司。

第二十八条 证券公司承销证券，应当同发行人签订代销或者包销协议，载明下列事项：

（一）当事人的名称、住所及法定代表人姓名；
（二）代销、包销证券的种类、数量、金额及发行价格；
（三）代销、包销的期限及起止日期；
（四）代销、包销的付款方式及日期；
（五）代销、包销的费用和结算办法；
（六）违约责任；
（七）国务院证券监督管理机构规定的其他事项。

第二十九条 证券公司承销证券，应当对公开发行募集文件的真实性、准确性、完整性进行核查。发现有虚假记载、误导性陈述或者重大遗漏的，不得进行销售活动；已经销售的，必须立即停止销售活动，并采取纠正措施。

证券公司承销证券，不得有下列行为：

（一）进行虚假的或者误导投资者的广告宣传或者其他宣传推介活动；
（二）以不正当竞争手段招揽承销业务；
（三）其他违反证券承销业务规定的行为。

证券公司有前款所列行为，给其他证券承销机构或者投资者造成损失的，应当依法承担赔偿责任。

第三十条 向不特定对象发行证券聘请承销团承销的，承销团应当由主承销和参与承销的证券公司组成。

第三十一条 证券的代销、包销期限最长不得超过九十日。

证券公司在代销、包销期内，对所代销、包销的证券应当保证先行出售给认购人，证券公司不得为本公司预留所代销的证券和预先购入并留存所包销的证券。

第三十二条 股票发行采取溢价发行的，其发行价格由发行人与承销的证券公司协商确定。

第三十三条 股票发行采用代销方式，代销期限届满，向投资者出售的股票数量未达到拟公开发行股票数量百分之七十的，为发行失败。发行人应当按照发行价并加算银行同期存款利息返还股票认购人。

第三十四条 公开发行股票，代销、包销期限届满，发行人应当在规定的期限内将股票发行情况报国务院证券监督管理机构备案。

第三章 证券交易

第一节 一般规定

第三十五条 证券交易当事人依法买卖的证券，必须是依法发行并交付的证券。

非依法发行的证券，不得买卖。

第三十六条 依法发行的证券，《中华人民共和国公司法》和其他法律对其转让期限有限制性规定的，在限定的期限内不得转让。

上市公司持有百分之五以上股份的股东、实际控制人、董事、监事、高级管理人员，以及其他持有发行人首次公开发行前发行的股份或者上市公司向特定对象发行的股份的股东，转让其持有的本公司股份的，不得违反法律、行政法规和国务院证券监督管理机构关于持有期限、卖出时间、卖出数量、卖出方式、信息披露等规定，并应当遵守证券交易所的业务规则。

第三十七条 公开发行的证券，应当在依法设立的证券交易所上市交易或者在国务院批准的其他全国性证券交易场所交易。

非公开发行的证券，可以在证券交易所、国务院批准的其他全国性证券交易场所、按照国务院规定设立的区域性股权市场转让。

第三十八条 证券在证券交易所上市交易，应当采用公开的集中交易方式或者国务院证券监督管理机构批准的其他方式。

第三十九条 证券交易当事人买卖的证券可以采用纸面形式或者国务院证券监督管理机构规定的其他形式。

第四十条 证券交易场所、证券公司和证券登记结算机构的从业人员，证券监督管理机构的工作人员以及法律、行政法规规定禁止参与股票交易的其他人员，在任期或者法定限期内，不得直接或者以化名、借他人名义持有、买卖股票或者其他具有股权性质的证券，也不得收受他人赠送的股票或者其他具有股权性质的证券。

任何人在成为前款所列人员时，其原已持有的股票或者其他具有股权性质的证券，必须依法转让。

实施股权激励计划或者员工持股计划的证券公司的从业人员，可以按照国务院证券监督管理机构的规定持有、卖出本公司股票或者其他具有股权性质的证券。

第四十一条 证券交易场所、证券公司、证券登记结算机构、证券服务机构及其工作人员应当依法为投资者的信息保密，不得非法买卖、提供或者公开投资者的信息。

证券交易场所、证券公司、证券登记结算机构、证券服务机构及其工作人员不得泄露所知悉的商业秘密。

第四十二条 为证券发行出具审计报告或者法律意见书等文件的证券服务机构和人员，在该证券承销期内和期满后六个月内，不得买卖该证券。

除前款规定外，为发行人及其控股股东、实际控制人，或者收购人、重大资产交易方出具审计报告或者法律意见书等文件的证券服务机构和人员，自接受委托之日起至上述文件公开后五日内，不得买卖该证券。实际开展上述有关工作之日早于接受委托之日的，自实际开展上述有关工作之日起至上述文件公开后五日内，不得买卖该证券。

第四十三条 证券交易的收费必须合理，并公开收费项目、收费标准和管理办法。

第四十四条 上市公司、股票在国务院批准的其他全国性证券交易场所交易的公司持有百分之五以上股份的股东、董事、监事、高级管理人员，将其持有的该公司的股票或者其他具有股权性质的证券在买入后六个月内卖出，或者在卖出后六个月内又买入，由此所得收益归该公司所有，公司董事会应当收回其所得收益。但是，证券公司因购入包销售后剩余股票而持有百分之五以上股份，以及有国务院证券监督管理机构规定的其他情形的除外。

前款所称董事、监事、高级管理人员、自然人股东持有的股票或者其他具有股权性质的证券，包括其配偶、父母、子女持有的及利用他人账户持有的股票或者其他具有股权性质的证券。

公司董事会不按照第一款规定执行的，股东有权要求董事会在三十日内执行。公司董事会未在上述期限内执行的，股东有权为了公司的利益以自己的名义直接向人民法院提起诉讼。

公司董事会不按照第一款的规定执行的，负有责任的董事依法承担连带责任。

第四十五条 通过计算机程序自动生成或者下达交易指令进行程序化交易的，应当符合国务院证券监督管理机构的规定，并向证券交易所报告，不得影响证券交易所系统安全或者正常交易秩序。

第二节 证券上市

第四十六条 申请证券上市交易，应当向证券交易所提出申请，由证券交易所依法审核同意，并由双方签订上市协议。

证券交易所根据国务院授权的部门的决定安排政府债券上市交易。

第四十七条 申请证券上市交易，应当符合证券交易所上市规则规定的上市条件。

证券交易所上市规则规定的上市条件，应当对发行人的经营年限、财务状况、最低公开发行比例和公司治理、诚信记录等提出要求。

第四十八条 上市交易的证券，有证券交易所规定的终止上市情形的，由证券交易所按照业务规则终止其上市交易。

证券交易所决定终止证券上市交易的，应当及时公告，并报国务院证券监督管理机构备案。

第四十九条 对证券交易所作出的不予上市交易、终止上市交易决定不服的，可以向证券交易所设立的复核机构申请复核。

第三节 禁止的交易行为

第五十条 禁止证券交易内幕信息的知情人和非法获取内幕信息的人利用内幕信息从事证券交易活动。

第五十一条 证券交易内幕信息的知情人包括：

（一）发行人及其董事、监事、高级管理人员；

（二）持有公司百分之五以上股份的股东及其董事、监事、高级管理人员，公司的实际控制人及其董事、监事、高级管理人员；

（三）发行人控股或者实际控制的公司及其董事、监事、高级管理人员；

（四）由于所任公司职务或者因与公司业务往来可以获取公司有关内幕信息的人员；

（五）上市公司收购人或者重大资产交易方及其控股股东、实际控制人、董事、监事和高级管理人员；

（六）因职务、工作可以获取内幕信息的证券交易场所、证券公司、证券登记结算机构、证券服务机构的有关人员；

（七）因职责、工作可以获取内幕信息的证券监督管理机构工作人员；

（八）因法定职责对证券的发行、交易或者对上市公司及其收购、重大资产交易进行管理可以获取内幕信息的有关主管部门、监管机构的工作人员；

（九）国务院证券监督管理机构规定的可以获取内幕信息的其他人员。

第五十二条 证券交易活动中，涉及发行人的经营、财务或者对该发行人证券的市场价格有重大影响的尚未公开的信息，为内幕信息。

本法第八十条第二款、第八十一条第二款所列重大事件属于内幕信息。

第五十三条 证券交易内幕信息的知情人和非法获取内幕信息的人，在内幕信息公开前，不得买卖该公司的证券，或者泄露该信息，或者建议他人买卖该证券。

持有或者通过协议、其他安排与他人共同持有公司百分之五以上股份的自然人、法人、非法人组织收购上市公司的股份，本法另有规定的，适用其规定。

内幕交易行为给投资者造成损失的，应当依法承担赔偿责任。

第五十四条 禁止证券交易场所、证券公司、证券登记结算机构、证券服务机构和其他金融机构的从业人员、有关监管部门或者行业协会的工作人员，利用因职务便利获取的内幕信息以外的其他未公开的信息，违反规定，从事与该信息相关的证券交易活动，或者明示、暗示他人从事相关交易活动。

利用未公开信息进行交易给投资者造成损失的，应当依法承担赔偿责任。

第五十五条 禁止任何人以下列手段操纵证券市场，影响或者意图影响证券交易价格或者证券交易量：

（一）单独或者通过合谋，集中资金优势、持股优势或者利用信息优势联合或者连续买卖；

（二）与他人串通，以事先约定的时间、价格和方式相互进行证券交易；

（三）在自己实际控制的账户之间进行证券交易；

（四）不以成交为目的，频繁或者大量申报并撤销申报；

（五）利用虚假或者不确定的重大信息，诱导投资者进行证券交易；

（六）对证券、发行人公开作出评价、预测或者投资建议，并进行反向证券交易；

（七）利用在其他相关市场的活动操纵证券市场；

（八）操纵证券市场的其他手段。

操纵证券市场行为给投资者造成损失的，应当依法承担赔偿责任。

第五十六条　禁止任何单位和个人编造、传播虚假信息或者误导性信息，扰乱证券市场。

禁止证券交易场所、证券公司、证券登记结算机构、证券服务机构及其从业人员，证券业协会、证券监督管理机构及其工作人员，在证券交易活动中作出虚假陈述或者信息误导。

各种传播媒介传播证券市场信息必须真实、客观，禁止误导。传播媒介及其从事证券市场信息报道的工作人员不得从事与其工作职责发生利益冲突的证券买卖。

编造、传播虚假信息或者误导性信息，扰乱证券市场，给投资者造成损失的，应当依法承担赔偿责任。

第五十七条　禁止证券公司及其从业人员从事下列损害客户利益的行为：

（一）违背客户的委托为其买卖证券；

（二）不在规定时间内向客户提供交易的确认文件；

（三）未经客户的委托，擅自为客户买卖证券，或者假借客户的名义买卖证券；

（四）为牟取佣金收入，诱使客户进行不必要的证券买卖；

（五）其他违背客户真实意思表示，损害客户利益的行为。

违反前款规定给客户造成损失的，应当依法承担赔偿责任。

第五十八条　任何单位和个人不得违反规定，出借自己的证券账户或者借用他人的证券账户从事证券交易。

第五十九条　依法拓宽资金入市渠道，禁止资金违规流入股市。

禁止投资者违规利用财政资金、银行信贷资金买卖证券。

第六十条　国有独资企业、国有独资公司、国有资本控股公司买卖上市交易的股票，必须遵守国家有关规定。

第六十一条　证券交易场所、证券公司、证券登记结算机构、证券服务机构及其从业人员对证券交易中发现的禁止的交易行为，应当及时向证券监督管理机构报告。

第四章　上市公司的收购

第六十二条　投资者可以采取要约收购、协议收购及其他合法方式收购上市公司。

第六十三条　通过证券交易所的证券交易，投资者持有或者通过协议、其他安排与他人共同持有一个上市公司已发行的有表决权股份达到百分之五时，应当在该事实发生之日起三日内，向国务院证券监督管理机构、证券交易所作出书面报告，通知该上市公司，并予公告，在上述期限内不得再行买卖该上市公司的股票，但国务院证券监督管理机构规定的情形除外。

投资者持有或者通过协议、其他安排与他人共同持有一个上市公司已发行的有表决权股份达到百分之五后，其所持该上市公司已发行的有表决权股份比例每增加或者减少百分之五，应当依照前款规定进行报告和公告，在该事实发生之日起至公告后三日内，不得再行买卖该上市公司的股票，但国务院证券监督管理机构规定的情形除外。

投资者持有或者通过协议、其他安排与他人共同持有一个上市公司已发行的有表决权股份达到百分之五后，其所持该上市公司已发行的有表决权股份比例每增加或者减少百分之一，应当在该事实发生的次日通知该上市公司，并予公告。

违反第一款、第二款规定买入上市公司有表决权的股份的，在买入后的三十六个月内，对该超过规定比例部分的股份不得行使表决权。

第六十四条　依照前条规定所作的公告，应当包括下列内容：

（一）持股人的名称、住所；

（二）持有的股票的名称、数额；

（三）持股达到法定比例或者持股增减变化达到法定比例的日期、增持股份的资金来源；

（四）在上市公司中拥有有表决权的股份变动的时间及方式。

第六十五条　通过证券交易所的证券交易，投资者持有或者通过协议、其他安排与他人共同持有一个上市公司已发行的有表决权股份达到百分之三十时，继续进行收购的，应当依法向该上市公司所有股东发出收购上市公司全部或者部分股份的要约。

收购上市公司部分股份的要约应当约定，被收购公司股东承诺出售的股份数额超过预定收购的股份数额的，收购人按比例进行收购。

第六十六条　依照前条规定发出收购要约，收购人必须公告上市公司收购报告书，并载明下列事项：

（一）收购人的名称、住所；

（二）收购人关于收购的决定；

（三）被收购的上市公司名称；

（四）收购目的；

（五）收购股份的详细名称和预定收购的股份数额；

（六）收购期限、收购价格；

（七）收购所需资金额及资金保证；

（八）公告上市公司收购报告书时持有被收购公司股份数占该公司已发行的股份总数的比例。

第六十七条　收购要约约定的收购期限不得少于三十日，并不得超过六十日。

第六十八条　在收购要约确定的承诺期限内，收购人不得撤销其收购要约。收购人需要变更收购要约的，应当及时公告，载明具体变更事项，且不得存在下列情形：

（一）降低收购价格；

（二）减少预定收购股份数额；

（三）缩短收购期限；

（四）国务院证券监督管理机构规定的其他情形。

第六十九条　收购要约提出的各项收购条件，适用于被收购公司的所有股东。

上市公司发行不同种类股份的，收购人可以针对不同种类股份提出不同的收购条件。

第七十条　采取要约收购方式的，收购人在收购期限内，不得卖出被收购公司的股票，也不得采取要约规定以外的形式和超出要约的条件买入被收购公司的股票。

第七十一条　采取协议收购方式的，收购人可以依照法律、行政法规的规定同被收购公司的股东以协议方式进行股份转让。

以协议方式收购上市公司时，达成协议后，收购人必须在三日内将该收购协议向国务院证券监督管理机构及证券交易所作出书面报告，并予公告。

在公告前不得履行收购协议。

第七十二条　采取协议收购方式的，协议双方可以临时委托证券登记结算机构保管协议转让的股票,并将资金存放于指定的银行。

第七十三条 采取协议收购方式的,收购人收购或者通过协议、其他安排与他人共同收购一个上市公司已发行的有表决权股份达到百分之三十时,继续进行收购的,应当依法向该上市公司所有股东发出收购上市公司全部或者部分股份的要约。但是,按照国务院证券监督管理机构的规定免除发出要约的除外。

收购人依照前款规定以要约方式收购上市公司股份,应当遵守本法第六十五条第二款、第六十六条至第七十条的规定。

第七十四条 收购期限届满,被收购公司股权分布不符合证券交易所规定的上市交易要求的,该上市公司的股票应当由证券交易所依法终止上市交易;其余仍持有被收购公司股票的股东,有权向收购人以收购要约的同等条件出售其股票,收购人应当收购。

收购行为完成后,被收购公司不再具备股份有限公司条件的,应当依法变更企业形式。

第七十五条 在上市公司收购中,收购人持有的被收购的上市公司的股票,在收购行为完成后的十八个月内不得转让。

第七十六条 收购行为完成后,收购人与被收购公司合并,并将该公司解散的,被解散公司的原有股票由收购人依法更换。

收购行为完成后,收购人应当在十五日内将收购情况报告国务院证券监督管理机构和证券交易所,并予公告。

第七十七条 国务院证券监督管理机构依照本法制定上市公司收购的具体办法。

上市公司分立或者被其他公司合并,应当向国务院证券监督管理机构报告,并予公告。

第五章 信息披露

第七十八条 发行人及法律、行政法规和国务院证券监督管理机构规定的其他信息披露义务人,应当及时依法履行信息披露义务。

信息披露义务人披露的信息,应当真实、准确、完整,简明清晰,通俗易懂,不得有虚假记载、误导性陈述或者重大遗漏。

证券同时在境内境外公开发行、交易的,其信息披露义务人在境外披露的信息,应当在境内同时披露。

第七十九条 上市公司、公司债券上市交易的公司、股票在国务院批准的其他全国性证券交易场所交易的公司，应当按照国务院证券监督管理机构和证券交易场所规定的内容和格式编制定期报告，并按照以下规定报送和公告：

（一）在每一会计年度结束之日起四个月内，报送并公告年度报告，其中的年度财务会计报告应当经符合本法规定的会计师事务所审计；

（二）在每一会计年度的上半年结束之日起二个月内，报送并公告中期报告。

第八十条 发生可能对上市公司、股票在国务院批准的其他全国性证券交易场所交易的公司的股票交易价格产生较大影响的重大事件，投资者尚未得知时，公司应当立即将有关该重大事件的情况向国务院证券监督管理机构和证券交易场所报送临时报告，并予公告，说明事件的起因、目前的状态和可能产生的法律后果。

前款所称重大事件包括：

（一）公司的经营方针和经营范围的重大变化；

（二）公司的重大投资行为，公司在一年内购买、出售重大资产超过公司资产总额百分之三十，或者公司营业用主要资产的抵押、质押、出售或者报废一次超过该资产的百分之三十；

（三）公司订立重要合同、提供重大担保或者从事关联交易，可能对公司的资产、负债、权益和经营成果产生重要影响；

（四）公司发生重大债务和未能清偿到期重大债务的违约情况；

（五）公司发生重大亏损或者重大损失；

（六）公司生产经营的外部条件发生的重大变化；

（七）公司的董事、三分之一以上监事或者经理发生变动，董事长或者经理无法履行职责；

（八）持有公司百分之五以上股份的股东或者实际控制人持有股份或者控制公司的情况发生较大变化，公司的实际控制人及其控制的其他企业从事与公司相同或者相似业务的情况发生较大变化；

（九）公司分配股利、增资的计划，公司股权结构的重要变化，公司减资、合并、分立、解散及申请破产的决定，或者依法进入破产程序、被责令关闭；

（十）涉及公司的重大诉讼、仲裁，股东大会、董事会决议被依法撤销或者宣告无效；

（十一）公司涉嫌犯罪被依法立案调查，公司的控股股东、实际控制人、董事、监事、高级管理人员涉嫌犯罪被依法采取强制措施；

（十二）国务院证券监督管理机构规定的其他事项。

公司的控股股东或者实际控制人对重大事件的发生、进展产生较大影响的，应当及时将其知悉的有关情况书面告知公司，并配合公司履行信息披露义务。

第八十一条 发生可能对上市交易公司债券的交易价格产生较大影响的重大事件，投资者尚未得知时，公司应当立即将有关该重大事件的情况向国务院证券监督管理机构和证券交易场所报送临时报告，并予公告，说明事件的起因、目前的状态和可能产生的法律后果。

前款所称重大事件包括：

（一）公司股权结构或者生产经营状况发生重大变化；

（二）公司债券信用评级发生变化；

（三）公司重大资产抵押、质押、出售、转让、报废；

（四）公司发生未能清偿到期债务的情况；

（五）公司新增借款或者对外提供担保超过上年末净资产的百分之二十；

（六）公司放弃债权或者财产超过上年末净资产的百分之十；

（七）公司发生超过上年末净资产百分之十的重大损失；

（八）公司分配股利，作出减资、合并、分立、解散及申请破产的决定，或者依法进入破产程序、被责令关闭；

（九）涉及公司的重大诉讼、仲裁；

（十）公司涉嫌犯罪被依法立案调查，公司的控股股东、实际控制人、董事、监事、高级管理人员涉嫌犯罪被依法采取强制措施；

（十一）国务院证券监督管理机构规定的其他事项。

第八十二条 发行人的董事、高级管理人员应当对证券发行文件和定期报告签署书面确认意见。

发行人的监事会应当对董事会编制的证券发行文件和定期报告进行审核并提出书面审核意见。监事应当签署书面确认意见。

发行人的董事、监事和高级管理人员应当保证发行人及时、公平地披露信息，所披露的信息真实、准确、完整。

董事、监事和高级管理人员无法保证证券发行文件和定期报告内容的真实性、准确性、完整性或者有异议的，应当在书面确认意见中发表意见并陈述理由，发行人应当披露。发行人不予披露的，董事、监事和高级管理人员可以直接申请披露。

第八十三条 信息披露义务人披露的信息应当同时向所有投资者披露，不得提前向任何单位和个人泄露。但是，法律、行政法规另有规定的除外。

任何单位和个人不得非法要求信息披露义务人提供依法需要披露但尚未披露的信息。任何单位和个人提前获知的前述信息，在依法披露前应当保密。

第八十四条 除依法需要披露的信息之外，信息披露义务人可以自愿披露与投资者作出价值判断和投资决策有关的信息，但不得与依法披露的信息相冲突，不得误导投资者。

发行人及其控股股东、实际控制人、董事、监事、高级管理人员等作出公开承诺的，应当披露。不履行承诺给投资者造成损失的，应当依法承担赔偿责任。

第八十五条 信息披露义务人未按照规定披露信息，或者公告的证券发行文件、定期报告、临时报告及其他信息披露资料存在虚假记载、误导性陈述或者重大遗漏，致使投资者在证券交易中遭受损失的，信息披露义务人应当承担赔偿责任；发行人的控股股东、实际控制人、董事、监事、高级管理人员和其他直接责任人员以及保荐人、承销的证券公司及其直接责任人员，应当与发行人承担连带赔偿责任，但是能够证明自己没有过错的除外。

第八十六条 依法披露的信息，应当在证券交易场所的网站和符合国务院证券监督管理机构规定条件的媒体发布，同时将其置备于公司住所、证券交易场所，供社会公众查阅。

第八十七条 国务院证券监督管理机构对信息披露义务人的信息披露行为进行监督管理。

证券交易场所应当对其组织交易的证券的信息披露义务人的信息披露行为进行监督，督促其依法及时、准确地披露信息。

第六章 投资者保护

第八十八条 证券公司向投资者销售证券、提供服务时，应当按照规定充分了解投资者的基本情况、财产状况、金融资产状况、投资知识和经验、专业能力等相关信息；如实说明证券、服务的重要内容，充分揭示投资风险；销售、提供与投资者上述状况相匹配的证券、服务。

投资者在购买证券或者接受服务时,应当按照证券公司明示的要求提供前款所列真实信息。拒绝提供或者未按照要求提供信息的,证券公司应当告知其后果,并按照规定拒绝向其销售证券、提供服务。

证券公司违反第一款规定导致投资者损失的,应当承担相应的赔偿责任。

第八十九条 根据财产状况、金融资产状况、投资知识和经验、专业能力等因素,投资者可以分为普通投资者和专业投资者。专业投资者的标准由国务院证券监督管理机构规定。

普通投资者与证券公司发生纠纷的,证券公司应当证明其行为符合法律、行政法规以及国务院证券监督管理机构的规定,不存在误导、欺诈等情形。证券公司不能证明的,应当承担相应的赔偿责任。

第九十条 上市公司董事会、独立董事、持有百分之一以上有表决权股份的股东或者依照法律、行政法规或者国务院证券监督管理机构的规定设立的投资者保护机构(以下简称投资者保护机构),可以作为征集人,自行或者委托证券公司、证券服务机构,公开请求上市公司股东委托其代为出席股东大会,并代为行使提案权、表决权等股东权利。

依照前款规定征集股东权利的,征集人应当披露征集文件,上市公司应当予以配合。

禁止以有偿或者变相有偿的方式公开征集股东权利。

公开征集股东权利违反法律、行政法规或者国务院证券监督管理机构有关规定,导致上市公司或者其股东遭受损失的,应当依法承担赔偿责任。

第九十一条 上市公司应当在章程中明确分配现金股利的具体安排和决策程序,依法保障股东的资产收益权。

上市公司当年税后利润,在弥补亏损及提取法定公积金后有盈余的,应当按照公司章程的规定分配现金股利。

第九十二条 公开发行公司债券的,应当设立债券持有人会议,并应当在募集说明书中说明债券持有人会议的召集程序、会议规则和其他重要事项。

公开发行公司债券的,发行人应当为债券持有人聘请债券受托管理人,并订立债券受托管理协议。受托管理人应当由本次发行的承销机构或者其他经国务院证券监督管理机构认可的机构担任,债券持有人会议可以决议变更债券受托管理人。债券受托管理人应当勤勉尽责,公正履行受托管理职责,不得损害债券持有人利益。

债券发行人未能按期兑付债券本息的,债券受托管理人可以接受全部或者部分债券持有人的委托,以自己名义代表债券持有人提起、参加民事诉讼或者清算程序。

第九十三条　发行人因欺诈发行、虚假陈述或者其他重大违法行为给投资者造成损失的,发行人的控股股东、实际控制人、相关的证券公司可以委托投资者保护机构,就赔偿事宜与受到损失的投资者达成协议,予以先行赔付。先行赔付后,可以依法向发行人以及其他连带责任人追偿。

第九十四条　投资者与发行人、证券公司等发生纠纷的,双方可以向投资者保护机构申请调解。普通投资者与证券公司发生证券业务纠纷,普通投资者提出调解请求的,证券公司不得拒绝。

投资者保护机构对损害投资者利益的行为,可以依法支持投资者向人民法院提起诉讼。

发行人的董事、监事、高级管理人员执行公司职务时违反法律、行政法规或者公司章程的规定给公司造成损失,发行人的控股股东、实际控制人等侵犯公司合法权益给公司造成损失,投资者保护机构持有该公司股份的,可以为公司的利益以自己的名义向人民法院提起诉讼,持股比例和持股期限不受《中华人民共和国公司法》规定的限制。

第九十五条　投资者提起虚假陈述等证券民事赔偿诉讼时,诉讼标的是同一种类,且当事人一方人数众多的,可以依法推选代表人进行诉讼。

对按照前款规定提起的诉讼,可能存在有相同诉讼请求的其他众多投资者的,人民法院可以发出公告,说明该诉讼请求的案件情况,通知投资者在一定期间向人民法院登记。人民法院作出的判决、裁定,对参加登记的投资者发生效力。

投资者保护机构受五十名以上投资者委托,可以作为代表人参加诉讼,并为经证券登记结算机构确认的权利人依照前款规定向人民法院登记,但投资者明确表示不愿意参加该诉讼的除外。

第七章　证券交易场所

第九十六条　证券交易所、国务院批准的其他全国性证券交易场所为证券集中交易提供场所和设施,组织和监督证券交易,实行自律管理,依法登记,取得法人资格。

证券交易所、国务院批准的其他全国性证券交易场所的设立、变更和解散由国务院决定。

国务院批准的其他全国性证券交易场所的组织机构、管理办法等，由国务院规定。

第九十七条　证券交易所、国务院批准的其他全国性证券交易场所可以根据证券品种、行业特点、公司规模等因素设立不同的市场层次。

第九十八条　按照国务院规定设立的区域性股权市场为非公开发行证券的发行、转让提供场所和设施，具体管理办法由国务院规定。

第九十九条　证券交易所履行自律管理职能，应当遵守社会公共利益优先原则，维护市场的公平、有序、透明。

设立证券交易所必须制定章程。证券交易所章程的制定和修改，必须经国务院证券监督管理机构批准。

第一百条　证券交易所必须在其名称中标明证券交易所字样。其他任何单位或者个人不得使用证券交易所或者近似的名称。

第一百零一条　证券交易所可以自行支配的各项费用收入，应当首先用于保证其证券交易场所和设施的正常运行并逐步改善。

实行会员制的证券交易所的财产积累归会员所有，其权益由会员共同享有，在其存续期间，不得将其财产积累分配给会员。

第一百零二条　实行会员制的证券交易所设理事会、监事会。

证券交易所设总经理一人，由国务院证券监督管理机构任免。

第一百零三条　有《中华人民共和国公司法》第一百四十六条规定的情形或者下列情形之一的，不得担任证券交易所的负责人：

（一）因违法行为或者违纪行为被解除职务的证券交易场所、证券登记结算机构的负责人或者证券公司的董事、监事、高级管理人员，自被解除职务之日起未逾五年；

（二）因违法行为或者违纪行为被吊销执业证书或者被取消资格的律师、注册会计师或者其他证券服务机构的专业人员，自被吊销执业证书或者被取消资格之日起未逾五年。

第一百零四条　因违法行为或者违纪行为被开除的证券交易场所、证券公司、证券登记结算机构、证券服务机构的从业人员和被开除的国家机关工作人员，不得招聘为证券交易所的从业人员。

第一百零五条 进入实行会员制的证券交易所参与集中交易的,必须是证券交易所的会员。证券交易所不得允许非会员直接参与股票的集中交易。

第一百零六条 投资者应当与证券公司签订证券交易委托协议,并在证券公司实名开立账户,以书面、电话、自助终端、网络等方式,委托该证券公司代其买卖证券。

第一百零七条 证券公司为投资者开立账户,应当按照规定对投资者提供的身份信息进行核对。

证券公司不得将投资者的账户提供给他人使用。

投资者应当使用实名开立的账户进行交易。

第一百零八条 证券公司根据投资者的委托,按照证券交易规则提出交易申报,参与证券交易所场内的集中交易,并根据成交结果承担相应的清算交收责任。证券登记结算机构根据成交结果,按照清算交收规则,与证券公司进行证券和资金的清算交收,并为证券公司客户办理证券的登记过户手续。

第一百零九条 证券交易所应当为组织公平的集中交易提供保障,实时公布证券交易即时行情,并按交易日制作证券市场行情表,予以公布。

证券交易即时行情的权益由证券交易所依法享有。未经证券交易所许可,任何单位和个人不得发布证券交易即时行情。

第一百一十条 上市公司可以向证券交易所申请其上市交易股票的停牌或者复牌,但不得滥用停牌或者复牌损害投资者的合法权益。

证券交易所可以按照业务规则的规定,决定上市交易股票的停牌或者复牌。

第一百一十一条 因不可抗力、意外事件、重大技术故障、重大人为差错等突发性事件而影响证券交易正常进行时,为维护证券交易正常秩序和市场公平,证券交易所可以按照业务规则采取技术性停牌、临时停市等处置措施,并应当及时向国务院证券监督管理机构报告。

因前款规定的突发性事件导致证券交易结果出现重大异常,按交易结果进行交收将对证券交易正常秩序和市场公平造成重大影响的,证券交易所按照业务规则可以采取取消交易、通知证券登记结算机构暂缓交收等措施,并应当及时向国务院证券监督管理机构报告并公告。

证券交易所对其依照本条规定采取措施造成的损失,不承担民事赔偿责任,但存在重大过错的除外。

第一百一十二条 证券交易所对证券交易实行实时监控,并按照国务院证券监督管理机构的要求，对异常的交易情况提出报告。

证券交易所根据需要，可以按照业务规则对出现重大异常交易情况的证券账户的投资者限制交易，并及时报告国务院证券监督管理机构。

第一百一十三条　证券交易所应当加强对证券交易的风险监测，出现重大异常波动的，证券交易所可以按照业务规则采取限制交易、强制停牌等处置措施，并向国务院证券监督管理机构报告；严重影响证券市场稳定的，证券交易所可以按照业务规则采取临时停市等处置措施并公告。

证券交易所对其依照本条规定采取措施造成的损失，不承担民事赔偿责任，但存在重大过错的除外。

第一百一十四条　证券交易所应当从其收取的交易费用和会员费、席位费中提取一定比例的金额设立风险基金。风险基金由证券交易所理事会管理。

风险基金提取的具体比例和使用办法，由国务院证券监督管理机构会同国务院财政部门规定。

证券交易所应当将收存的风险基金存入开户银行专门账户，不得擅自使用。

第一百一十五条　证券交易所依照法律、行政法规和国务院证券监督管理机构的规定，制定上市规则、交易规则、会员管理规则和其他有关业务规则，并报国务院证券监督管理机构批准。

在证券交易所从事证券交易，应当遵守证券交易所依法制定的业务规则。违反业务规则的，由证券交易所给予纪律处分或者采取其他自律管理措施。

第一百一十六条　证券交易所的负责人和其他从业人员执行与证券交易有关的职务时，与其本人或者其亲属有利害关系的，应当回避。

第一百一十七条　按照依法制定的交易规则进行的交易，不得改变其交易结果，但本法第一百一十一条第二款规定的除外。对交易中违规交易者应负的民事责任不得免除；在违规交易中所获利益，依照有关规定处理。

第八章　证券公司

第一百一十八条　设立证券公司，应当具备下列条件，并经国务院证券监督管理机构批准：

（一）有符合法律、行政法规规定的公司章程；

（二）主要股东及公司的实际控制人具有良好的财务状况和诚信记录，最近三年无重大违法违规记录；

（三）有符合本法规定的公司注册资本；

（四）董事、监事、高级管理人员、从业人员符合本法规定的条件；

（五）有完善的风险管理与内部控制制度；

（六）有合格的经营场所、业务设施和信息技术系统；

（七）法律、行政法规和经国务院批准的国务院证券监督管理机构规定的其他条件。

未经国务院证券监督管理机构批准，任何单位和个人不得以证券公司名义开展证券业务活动。

第一百一十九条　国务院证券监督管理机构应当自受理证券公司设立申请之日起六个月内，依照法定条件和法定程序并根据审慎监管原则进行审查，作出批准或者不予批准的决定，并通知申请人；不予批准的，应当说明理由。

证券公司设立申请获得批准的，申请人应当在规定的期限内向公司登记机关申请设立登记，领取营业执照。

证券公司应当自领取营业执照之日起十五日内，向国务院证券监督管理机构申请经营证券业务许可证。未取得经营证券业务许可证，证券公司不得经营证券业务。

第一百二十条　经国务院证券监督管理机构核准，取得经营证券业务许可证，证券公司可以经营下列部分或者全部证券业务：

（一）证券经纪；

（二）证券投资咨询；

（三）与证券交易、证券投资活动有关的财务顾问；

（四）证券承销与保荐；

（五）证券融资融券；

（六）证券做市交易；

（七）证券自营；

（八）其他证券业务。

国务院证券监督管理机构应当自受理前款规定事项申请之日起三个月内，依照法定条件和程序进行审查，作出核准或者不予核准的决定，并通知申请人；不予核准的，应当说明理由。

证券公司经营证券资产管理业务的，应当符合《中华人民共和国证券投资基金法》等法律、行政法规的规定。

除证券公司外,任何单位和个人不得从事证券承销、证券保荐、证券经纪和证券融资融券业务。

证券公司从事证券融资融券业务,应当采取措施,严格防范和控制风险,不得违反规定向客户出借资金或者证券。

第一百二十一条 证券公司经营本法第一百二十条第一款第(一)项至第(三)项业务的,注册资本最低限额为人民币五千万元;经营第(四)项至第(八)项业务之一的,注册资本最低限额为人民币一亿元;经营第(四)项至第(八)项业务中两项以上的,注册资本最低限额为人民币五亿元。证券公司的注册资本应当是实缴资本。

国务院证券监督管理机构根据审慎监管原则和各项业务的风险程度,可以调整注册资本最低限额,但不得少于前款规定的限额。

第一百二十二条 证券公司变更证券业务范围,变更主要股东或者公司的实际控制人,合并、分立、停业、解散、破产,应当经国务院证券监督管理机构核准。

第一百二十三条 国务院证券监督管理机构应当对证券公司净资本和其他风险控制指标作出规定。

证券公司除依照规定为其客户提供融资融券外,不得为其股东或者股东的关联人提供融资或者担保。

第一百二十四条 证券公司的董事、监事、高级管理人员,应当正直诚实、品行良好,熟悉证券法律、行政法规,具有履行职责所需的经营管理能力。证券公司任免董事、监事、高级管理人员,应当报国务院证券监督管理机构备案。

有《中华人民共和国公司法》第一百四十六条规定的情形或者下列情形之一的,不得担任证券公司的董事、监事、高级管理人员:

(一)因违法行为或者违纪行为被解除职务的证券交易场所、证券登记结算机构的负责人或者证券公司的董事、监事、高级管理人员,自被解除职务之日起未逾五年;

(二)因违法行为或者违纪行为被吊销执业证书或者被取消资格的律师、注册会计师或者其他证券服务机构的专业人员,自被吊销执业证书或者被取消资格之日起未逾五年。

第一百二十五条 证券公司从事证券业务的人员应当品行良好,具备从事证券业务所需的专业能力。

因违法行为或者违纪行为被开除的证券交易场所、证券公司、证券登记结算机构、证券服务机构的从业人员和被开除的国家机关工作人员，不得招聘为证券公司的从业人员。

国家机关工作人员和法律、行政法规规定的禁止在公司中兼职的其他人员，不得在证券公司中兼任职务。

第一百二十六条 国家设立证券投资者保护基金。证券投资者保护基金由证券公司缴纳的资金及其他依法筹集的资金组成，其规模以及筹集、管理和使用的具体办法由国务院规定。

第一百二十七条 证券公司从每年的业务收入中提取交易风险准备金，用于弥补证券经营的损失，其提取的具体比例由国务院证券监督管理机构会同国务院财政部门规定。

第一百二十八条 证券公司应当建立健全内部控制制度，采取有效隔离措施，防范公司与客户之间、不同客户之间的利益冲突。

证券公司必须将其证券经纪业务、证券承销业务、证券自营业务、证券做市业务和证券资产管理业务分开办理，不得混合操作。

第一百二十九条 证券公司的自营业务必须以自己的名义进行，不得假借他人名义或者以个人名义进行。

证券公司的自营业务必须使用自有资金和依法筹集的资金。

证券公司不得将其自营账户借给他人使用。

第一百三十条 证券公司应当依法审慎经营，勤勉尽责，诚实守信。

证券公司的业务活动，应当与其治理结构、内部控制、合规管理、风险管理以及风险控制指标、从业人员构成等情况相适应，符合审慎监管和保护投资者合法权益的要求。

证券公司依法享有自主经营的权利，其合法经营不受干涉。

第一百三十一条 证券公司客户的交易结算资金应当存放在商业银行，以每个客户的名义单独立户管理。

证券公司不得将客户的交易结算资金和证券归入其自有财产。禁止任何单位或者个人以任何形式挪用客户的交易结算资金和证券。证券公司破产或者清算时，客户的交易结算资金和证券不属于其破产财产或者清算财产。非因客户本身的债务或者法律规定的其他情形，不得查封、冻结、扣划或者强制执行客户的交易结算资金和证券。

第一百三十二条 证券公司办理经纪业务，应当置备统一制定的证券买卖委托书，供委托人使用。采取其他委托方式的，必须作出委托记录。

客户的证券买卖委托，不论是否成交，其委托记录应当按照规定的期限，保存于证券公司。

第一百三十三条 证券公司接受证券买卖的委托，应当根据委托书载明的证券名称、买卖数量、出价方式、价格幅度等，按照交易规则代理买卖证券，如实进行交易记录；买卖成交后，应当按照规定制作买卖成交报告单交付客户。

证券交易中确认交易行为及其交易结果的对账单必须真实，保证账面证券余额与实际持有的证券相一致。

第一百三十四条 证券公司办理经纪业务，不得接受客户的全权委托而决定证券买卖、选择证券种类、决定买卖数量或者买卖价格。

证券公司不得允许他人以证券公司的名义直接参与证券的集中交易。

第一百三十五条 证券公司不得对客户证券买卖的收益或者赔偿证券买卖的损失作出承诺。

第一百三十六条 证券公司的从业人员在证券交易活动中，执行所属的证券公司的指令或者利用职务违反交易规则的，由所属的证券公司承担全部责任。

证券公司的从业人员不得私下接受客户委托买卖证券。

第一百三十七条 证券公司应当建立客户信息查询制度，确保客户能够查询其账户信息、委托记录、交易记录以及其他与接受服务或者购买产品有关的重要信息。

证券公司应当妥善保存客户开户资料、委托记录、交易记录和与内部管理、业务经营有关的各项信息，任何人不得隐匿、伪造、篡改或者毁损。上述信息的保存期限不得少于二十年。

第一百三十八条 证券公司应当按照规定向国务院证券监督管理机构报送业务、财务等经营管理信息和资料。国务院证券监督管理机构有权要求证券公司及其主要股东、实际控制人在指定的期限内提供有关信息、资料。

证券公司及其主要股东、实际控制人向国务院证券监督管理机构报送或者提供的信息、资料，必须真实、准确、完整。

第一百三十九条 国务院证券监督管理机构认为有必要时，可以委托会计师事务所、资产评估机构对证券公司的财务状况、内部控制状况、资产价值进行审计或者评估。具体办法由国务院证券监督管理机构会同有关主管部门制定。

第一百四十条 证券公司的治理结构、合规管理、风险控制指标不符合规定的，国务院证券监督管理机构应当责令其限期改正；逾期未改正，或者其行为严重危及该证券公司的稳健运行、损害客户合法权益的，国务院证券监督管理机构可以区别情形，对其采取下列措施：

（一）限制业务活动，责令暂停部分业务，停止核准新业务；

（二）限制分配红利，限制向董事、监事、高级管理人员支付报酬、提供福利；

（三）限制转让财产或者在财产上设定其他权利；

（四）责令更换董事、监事、高级管理人员或者限制其权利；

（五）撤销有关业务许可；

（六）认定负有责任的董事、监事、高级管理人员为不适当人选；

（七）责令负有责任的股东转让股权，限制负有责任的股东行使股东权利。

证券公司整改后，应当向国务院证券监督管理机构提交报告。国务院证券监督管理机构经验收，治理结构、合规管理、风险控制指标符合规定的，应当自验收完毕之日起三日内解除对其采取的前款规定的有关限制措施。

第一百四十一条 证券公司的股东有虚假出资、抽逃出资行为的，国务院证券监督管理机构应当责令其限期改正，并可责令其转让所持证券公司的股权。

在前款规定的股东按照要求改正违法行为、转让所持证券公司的股权前，国务院证券监督管理机构可以限制其股东权利。

第一百四十二条 证券公司的董事、监事、高级管理人员未能勤勉尽责，致使证券公司存在重大违法违规行为或者重大风险的，国务院证券监督管理机构可以责令证券公司予以更换。

第一百四十三条 证券公司违法经营或者出现重大风险，严重危害证券市场秩序、损害投资者利益的，国务院证券监督管理机构可以对该证券公司采取责令停业整顿、指定其他机构托管、接管或者撤销等监管措施。

第一百四十四条 在证券公司被责令停业整顿、被依法指定托管、接管或者清算期间，或者出现重大风险时，经国务院证券监督管理机构批准，可以对该证券公司直接负责的董事、监事、高级管理人员和其他直接责任人员采取以下措施：

（一）通知出境入境管理机关依法阻止其出境；

（二）申请司法机关禁止其转移、转让或者以其他方式处分财产，或者在财产上设定其他权利。

第九章　证券登记结算机构

第一百四十五条　证券登记结算机构为证券交易提供集中登记、存管与结算服务，不以营利为目的，依法登记，取得法人资格。

设立证券登记结算机构必须经国务院证券监督管理机构批准。

第一百四十六条　设立证券登记结算机构，应当具备下列条件：

（一）自有资金不少于人民币二亿元；

（二）具有证券登记、存管和结算服务所必须的场所和设施；

（三）国务院证券监督管理机构规定的其他条件。

证券登记结算机构的名称中应当标明证券登记结算字样。

第一百四十七条　证券登记结算机构履行下列职能：

（一）证券账户、结算账户的设立；

（二）证券的存管和过户；

（三）证券持有人名册登记；

（四）证券交易的清算和交收；

（五）受发行人的委托派发证券权益；

（六）办理与上述业务有关的查询、信息服务；

（七）国务院证券监督管理机构批准的其他业务。

第一百四十八条　在证券交易所和国务院批准的其他全国性证券交易场所交易的证券的登记结算，应当采取全国集中统一的运营方式。

前款规定以外的证券，其登记、结算可以委托证券登记结算机构或者其他依法从事证券登记、结算业务的机构办理。

第一百四十九条　证券登记结算机构应当依法制定章程和业务规则，并经国务院证券监督管理机构批准。证券登记结算业务参与人应当遵守证券登记结算机构制定的业务规则。

第一百五十条　在证券交易所或者国务院批准的其他全国性证券交易场所交易的证券，应当全部存管在证券登记结算机构。

证券登记结算机构不得挪用客户的证券。

第一百五十一条　证券登记结算机构应当向证券发行人提供证券持有人名册及有关资料。

证券登记结算机构应当根据证券登记结算的结果，确认证券持有人持有证券的事实，提供证券持有人登记资料。

证券登记结算机构应当保证证券持有人名册和登记过户记录真实、准确、完整，不得隐匿、伪造、篡改或者毁损。

第一百五十二条 证券登记结算机构应当采取下列措施保证业务的正常进行：

（一）具有必备的服务设备和完善的数据安全保护措施；

（二）建立完善的业务、财务和安全防范等管理制度；

（三）建立完善的风险管理系统。

第一百五十三条 证券登记结算机构应当妥善保存登记、存管和结算的原始凭证及有关文件和资料。其保存期限不得少于二十年。

第一百五十四条 证券登记结算机构应当设立证券结算风险基金，用于垫付或者弥补因违约交收、技术故障、操作失误、不可抗力造成的证券登记结算机构的损失。

证券结算风险基金从证券登记结算机构的业务收入和收益中提取，并可以由结算参与人按照证券交易业务量的一定比例缴纳。

证券结算风险基金的筹集、管理办法，由国务院证券监督管理机构会同国务院财政部门规定。

第一百五十五条 证券结算风险基金应当存入指定银行的专门账户，实行专项管理。

证券登记结算机构以证券结算风险基金赔偿后，应当向有关责任人追偿。

第一百五十六条 证券登记结算机构申请解散，应当经国务院证券监督管理机构批准。

第一百五十七条 投资者委托证券公司进行证券交易，应当通过证券公司申请在证券登记结算机构开立证券账户。证券登记结算机构应当按照规定为投资者开立证券账户。

投资者申请开立账户，应当持有证明中华人民共和国公民、法人、合伙企业身份的合法证件。国家另有规定的除外。

第一百五十八条 证券登记结算机构作为中央对手方提供证券结算服务的，是结算参与人共同的清算交收对手，进行净额结算，为证券交易提供集中履约保障。

证券登记结算机构为证券交易提供净额结算服务时，应当要求结算参与人按照货银对付的原则，足额交付证券和资金，并提供交收担保。

在交收完成之前，任何人不得动用用于交收的证券、资金和担保物。

结算参与人未按时履行交收义务的，证券登记结算机构有权按照业务规则处理前款所述财产。

第一百五十九条　证券登记结算机构按照业务规则收取的各类结算资金和证券，必须存放于专门的清算交收账户，只能按业务规则用于已成交的证券交易的清算交收，不得被强制执行。

第十章　证券服务机构

第一百六十条　会计师事务所、律师事务所以及从事证券投资咨询、资产评估、资信评级、财务顾问、信息技术系统服务的证券服务机构，应当勤勉尽责、恪尽职守，按照相关业务规则为证券的交易及相关活动提供服务。

从事证券投资咨询服务业务，应当经国务院证券监督管理机构核准；未经核准，不得为证券的交易及相关活动提供服务。从事其他证券服务业务，应当报国务院证券监督管理机构和国务院有关主管部门备案。

第一百六十一条　证券投资咨询机构及其从业人员从事证券服务业务不得有下列行为：

（一）代理委托人从事证券投资；

（二）与委托人约定分享证券投资收益或者分担证券投资损失；

（三）买卖本证券投资咨询机构提供服务的证券；

（四）法律、行政法规禁止的其他行为。

有前款所列行为之一，给投资者造成损失的，应当依法承担赔偿责任。

第一百六十二条　证券服务机构应当妥善保存客户委托文件、核查和验证资料、工作底稿以及与质量控制、内部管理、业务经营有关的信息和资料，任何人不得泄露、隐匿、伪造、篡改或者毁损。上述信息和资料的保存期限不得少于十年，自业务委托结束之日起算。

第一百六十三条　证券服务机构为证券的发行、上市、交易等证券业务活动制作、出具审计报告及其他鉴证报告、资产评估报告、财务顾问报告、资信评级报告或者法律意见书等文件，应当勤勉尽责，对所依据的文件资料内容的真实性、准确性、完整性进行核查和验证。其制作、出具的文件有虚假记载、误导性陈述或者重大遗漏，给他人造成损失的，应当与委托人承担连带赔偿责任，但是能够证明自己没有过错的除外。

第十一章　证券业协会

第一百六十四条　证券业协会是证券业的自律性组织，是社会团体法人。

证券公司应当加入证券业协会。

证券业协会的权力机构为全体会员组成的会员大会。

第一百六十五条　证券业协会章程由会员大会制定，并报国务院证券监督管理机构备案。

第一百六十六条　证券业协会履行下列职责：

（一）教育和组织会员及其从业人员遵守证券法律、行政法规，组织开展证券行业诚信建设，督促证券行业履行社会责任；

（二）依法维护会员的合法权益，向证券监督管理机构反映会员的建议和要求；

（三）督促会员开展投资者教育和保护活动，维护投资者合法权益；

（四）制定和实施证券行业自律规则，监督、检查会员及其从业人员行为，对违反法律、行政法规、自律规则或者协会章程的，按照规定给予纪律处分或者实施其他自律管理措施；

（五）制定证券行业业务规范，组织从业人员的业务培训；

（六）组织会员就证券行业的发展、运作及有关内容进行研究，收集整理、发布证券相关信息，提供会员服务，组织行业交流，引导行业创新发展；

（七）对会员之间、会员与客户之间发生的证券业务纠纷进行调解；

（八）证券业协会章程规定的其他职责。

第一百六十七条　证券业协会设理事会。理事会成员依章程的规定由选举产生。

第十二章　证券监督管理机构

第一百六十八条　国务院证券监督管理机构依法对证券市场实行监督管理，维护证券市场公开、公平、公正，防范系统性风险，维护投资者合法权益，促进证券市场健康发展。

第一百六十九条　国务院证券监督管理机构在对证券市场实施监督管理中

履行下列职责：

（一）依法制定有关证券市场监督管理的规章、规则，并依法进行审批、核准、注册，办理备案；

（二）依法对证券的发行、上市、交易、登记、存管、结算等行为，进行监督管理；

（三）依法对证券发行人、证券公司、证券服务机构、证券交易场所、证券登记结算机构的证券业务活动，进行监督管理；

（四）依法制定从事证券业务人员的行为准则，并监督实施；

（五）依法监督检查证券发行、上市、交易的信息披露；

（六）依法对证券业协会的自律管理活动进行指导和监督；

（七）依法监测并防范、处置证券市场风险；

（八）依法开展投资者教育；

（九）依法对证券违法行为进行查处；

（十）法律、行政法规规定的其他职责。

第一百七十条 国务院证券监督管理机构依法履行职责，有权采取下列措施：

（一）对证券发行人、证券公司、证券服务机构、证券交易场所、证券登记结算机构进行现场检查；

（二）进入涉嫌违法行为发生场所调查取证；

（三）询问当事人和与被调查事件有关的单位和个人，要求其对与被调查事件有关的事项作出说明；或者要求其按照指定的方式报送与被调查事件有关的文件和资料；

（四）查阅、复制与被调查事件有关的财产权登记、通讯记录等文件和资料；

（五）查阅、复制当事人和与被调查事件有关的单位和个人的证券交易记录、登记过户记录、财务会计资料及其他相关文件和资料；对可能被转移、隐匿或者毁损的文件和资料，可以予以封存、扣押；

（六）查询当事人和与被调查事件有关的单位和个人的资金账户、证券账户、银行账户以及其他具有支付、托管、结算等功能的账户信息，可以对有关文件和资料进行复制；对有证据证明已经或者可能转移或者隐匿违法资金、证券等涉案财产或者隐匿、伪造、毁损重要证据的，经国务院证券监督管理机构主要负责人或者其授权的其他负责人批准，可以冻结或者查封，期限为六个月；因特殊原因需要延长的，每次延长期限不得超过三个月，冻结、查封期限最长不得超过二年；

（七）在调查操纵证券市场、内幕交易等重大证券违法行为时，经国务院证券监督管理机构主要负责人或者其授权的其他负责人批准，可以限制被调查的当事人的证券买卖，但限制的期限不得超过三个月；案情复杂的，可以延长三个月；

（八）通知出境入境管理机关依法阻止涉嫌违法人员、涉嫌违法单位的主管人员和其他直接责任人员出境。

为防范证券市场风险，维护市场秩序，国务院证券监督管理机构可以采取责令改正、监管谈话、出具警示函等措施。

第一百七十一条　国务院证券监督管理机构对涉嫌证券违法的单位或者个人进行调查期间，被调查的当事人书面申请，承诺在国务院证券监督管理机构认可的期限内纠正涉嫌违法行为，赔偿有关投资者损失，消除损害或者不良影响的，国务院证券监督管理机构可以决定中止调查。被调查的当事人履行承诺的，国务院证券监督管理机构可以决定终止调查；被调查的当事人未履行承诺或者有国务院规定的其他情形的，应当恢复调查。具体办法由国务院规定。

国务院证券监督管理机构决定中止或者终止调查的，应当按照规定公开相关信息。

第一百七十二条　国务院证券监督管理机构依法履行职责，进行监督检查或者调查，其监督检查、调查的人员不得少于二人，并应当出示合法证件和监督检查、调查通知书或者其他执法文书。监督检查、调查的人员少于二人或者未出示合法证件和监督检查、调查通知书或者其他执法文书的，被检查、调查的单位和个人有权拒绝。

第一百七十三条　国务院证券监督管理机构依法履行职责，被检查、调查的单位和个人应当配合，如实提供有关文件和资料，不得拒绝、阻碍和隐瞒。

第一百七十四条　国务院证券监督管理机构制定的规章、规则和监督管理工作制度应当依法公开。

国务院证券监督管理机构依据调查结果，对证券违法行为作出的处罚决定，应当公开。

第一百七十五条　国务院证券监督管理机构应当与国务院其他金融监督管

理机构建立监督管理信息共享机制。

国务院证券监督管理机构依法履行职责,进行监督检查或者调查时,有关部门应当予以配合。

第一百七十六条 对涉嫌证券违法、违规行为,任何单位和个人有权向国务院证券监督管理机构举报。

对涉嫌重大违法、违规行为的实名举报线索经查证属实的,国务院证券监督管理机构按照规定给予举报人奖励。

国务院证券监督管理机构应当对举报人的身份信息保密。

第一百七十七条 国务院证券监督管理机构可以和其他国家或者地区的证券监督管理机构建立监督管理合作机制,实施跨境监督管理。

境外证券监督管理机构不得在中华人民共和国境内直接进行调查取证等活动。未经国务院证券监督管理机构和国务院有关主管部门同意,任何单位和个人不得擅自向境外提供与证券业务活动有关的文件和资料。

第一百七十八条 国务院证券监督管理机构依法履行职责,发现证券违法行为涉嫌犯罪的,应当依法将案件移送司法机关处理;发现公职人员涉嫌职务违法或者职务犯罪的,应当依法移送监察机关处理。

第一百七十九条 国务院证券监督管理机构工作人员必须忠于职守、依法办事、公正廉洁,不得利用职务便利牟取不正当利益,不得泄露所知悉的有关单位和个人的商业秘密。

国务院证券监督管理机构工作人员在任职期间,或者离职后在《中华人民共和国公务员法》规定的期限内,不得到与原工作业务直接相关的企业或者其他营利性组织任职,不得从事与原工作业务直接相关的营利性活动。

第十三章 法律责任

第一百八十条 违反本法第九条的规定,擅自公开或者变相公开发行证券的,责令停止发行,退还所募资金并加算银行同期存款利息,处以非法所募资金金额百分之五以上百分之五十以下的罚款;对擅自公开或者变相公开发行证券设立的公司,由依法履行监督管理职责的机构或者部门会同县级以上地方人民政府予以取缔。对直接负责的主管人员和其他直接责任人员给予警告,并处以五十万元以上五百万元以下的罚款。

第一百八十一条 发行人在其公告的证券发行文件中隐瞒重要事实或者编

造重大虚假内容，尚未发行证券的，处以二百万元以上二千万元以下的罚款；已经发行证券的，处以非法所募资金金额百分之十以上一倍以下的罚款。对直接负责的主管人员和其他直接责任人员，处以一百万元以上一千万元以下的罚款。

发行人的控股股东、实际控制人组织、指使从事前款违法行为的，没收违法所得，并处以违法所得百分之十以上一倍以下的罚款；没有违法所得或者违法所得不足二千万元的，处以二百万元以上二千万元以下的罚款。对直接负责的主管人员和其他直接责任人员，处以一百万元以上一千万元以下的罚款。

第一百八十二条　保荐人出具有虚假记载、误导性陈述或者重大遗漏的保荐书，或者不履行其他法定职责的，责令改正，给予警告，没收业务收入，并处以业务收入一倍以上十倍以下的罚款；没有业务收入或者业务收入不足一百万元的，处以一百万元以上一千万元以下的罚款；情节严重的，并处暂停或者撤销保荐业务许可。对直接负责的主管人员和其他直接责任人员给予警告，并处以五十万元以上五百万元以下的罚款。

第一百八十三条　证券公司承销或者销售擅自公开发行或者变相公开发行的证券的，责令停止承销或者销售，没收违法所得，并处以违法所得一倍以上十倍以下的罚款；没有违法所得或者违法所得不足一百万元的，处以一百万元以上一千万元以下的罚款；情节严重的，并处暂停或者撤销相关业务许可。给投资者造成损失的，应当与发行人承担连带赔偿责任。对直接负责的主管人员和其他直接责任人员给予警告，并处以五十万元以上五百万元以下的罚款。

第一百八十四条　证券公司承销证券违反本法第二十九条规定的，责令改正，给予警告，没收违法所得，可以并处五十万元以上五百万元以下的罚款；情节严重的，暂停或者撤销相关业务许可。对直接负责的主管人员和其他直接责任人员给予警告，可以并处二十万元以上二百万元以下的罚款；情节严重的，并处以五十万元以上五百万元以下的罚款。

第一百八十五条　发行人违反本法第十四条、第十五条的规定擅自改变公开发行证券所募集资金的用途的，责令改正，处以五十万元以上五百万元以下的罚款；对直接负责的主管人员和其他直接责任人员给予警告，并处以十万元以上一百万元以下的罚款。

发行人的控股股东、实际控制人从事或者组织、指使从事前款违法行为的，给予警告，并处以五十万元以上五百万元以下的罚款；对直接负责的主管人员和其他直接责任人员，处以十万元以上一百万元以下的罚款。

第一百八十六条 违反本法第三十六条的规定，在限制转让期内转让证券，或者转让股票不符合法律、行政法规和国务院证券监督管理机构规定的，责令改正，给予警告，没收违法所得，并处以买卖证券等值以下的罚款。

第一百八十七条 法律、行政法规规定禁止参与股票交易的人员，违反本法第四十条的规定，直接或者以化名、借他人名义持有、买卖股票或者其他具有股权性质的证券的，责令依法处理非法持有的股票、其他具有股权性质的证券，没收违法所得，并处以买卖证券等值以下的罚款；属于国家工作人员的，还应当依法给予处分。

第一百八十八条 证券服务机构及其从业人员，违反本法第四十二条的规定买卖证券的，责令依法处理非法持有的证券，没收违法所得，并处以买卖证券等值以下的罚款。

第一百八十九条 上市公司、股票在国务院批准的其他全国性证券交易场所交易的公司的董事、监事、高级管理人员、持有该公司百分之五以上股份的股东，违反本法第四十四条的规定，买卖该公司股票或者其他具有股权性质的证券的，给予警告，并处以十万元以上一百万元以下的罚款。

第一百九十条 违反本法第四十五条的规定，采取程序化交易影响证券交易所系统安全或者正常交易秩序的，责令改正，并处以五十万元以上五百万元以下的罚款。对直接负责的主管人员和其他直接责任人员给予警告，并处以十万元以上一百万元以下的罚款。

第一百九十一条 证券交易内幕信息的知情人或者非法获取内幕信息的人违反本法第五十三条的规定从事内幕交易的，责令依法处理非法持有的证券，没收违法所得，并处以违法所得一倍以上十倍以下的罚款；没有违法所得或者违法所得不足五十万元的，处以五十万元以上五百万元以下的罚款。单位从事内幕交易的，还应当对直接负责的主管人员和其他直接责任人员给予警告，并处以二十万元以上二百万元以下的罚款。国务院证券监督管理机构工作人员从事内幕交易的，从重处罚。

违反本法第五十四条的规定，利用未公开信息进行交易的，依照前款的规定处罚。

第一百九十二条 违反本法第五十五条的规定，操纵证券市场的，责令依法处理其非法持有的证券，没收违法所得，并处以违法所得一倍以上十倍以下的罚款；没有违法所得或者违法所得不足一百万元的，处以一百万元以上一千万元以下的罚款。单位操纵证券市场的，还应当对直接负责的主管人员和其他直接责任人员给予警告，并处以五十万元以上五百万元以下的罚款。

第一百九十三条 违反本法第五十六条第一款、第三款的规定，编造、传播虚假信息或者误导性信息，扰乱证券市场的，没收违法所得，并处以违法所得一倍以上十倍以下的罚款；没有违法所得或者违法所得不足二十万元的，处以二十万元以上二百万元以下的罚款。

违反本法第五十六条第二款的规定，在证券交易活动中作出虚假陈述或者信息误导的，责令改正，处以二十万元以上二百万元以下的罚款；属于国家工作人员的，还应当依法给予处分。

传播媒介及其从事证券市场信息报道的工作人员违反本法第五十六条第三款的规定，从事与其工作职责发生利益冲突的证券买卖的，没收违法所得，并处以买卖证券等值以下的罚款。

第一百九十四条 证券公司及其从业人员违反本法第五十七条的规定，有损害客户利益的行为的，给予警告，没收违法所得，并处以违法所得一倍以上十倍以下的罚款；没有违法所得或者违法所得不足十万元的，处以十万元以上一百万元以下的罚款；情节严重的，暂停或者撤销相关业务许可。

第一百九十五条 违反本法第五十八条的规定，出借自己的证券账户或者借用他人的证券账户从事证券交易的，责令改正，给予警告，可以处五十万元以下的罚款。

第一百九十六条 收购人未按照本法规定履行上市公司收购的公告、发出收购要约义务的，责令改正，给予警告，并处以五十万元以上五百万元以下的罚款。对直接负责的主管人员和其他直接责任人员给予警告，并处以二十万元以上二百万元以下的罚款。

收购人及其控股股东、实际控制人利用上市公司收购，给被收购公司及其股东造成损失的，应当依法承担赔偿责任。

第一百九十七条 信息披露义务人未按照本法规定报送有关报告或者履行信息披露义务的，责令改正，给予警告，并处以五十万元以上五百万元以下的罚款；对直接负责的主管人员和其他直接责任人员给予警告，并处以二十万元以上二百万元以下的罚款。发行人的控股股东、实际控制人组织、指使从事上述违法行为，或者隐瞒相关事项导致发生上述情形的，处以五十万元以上五百万元以下的罚款；对直接负责的主管人员和其他直接责任人员，处以二十万元以上二百万元以下的罚款。

信息披露义务人报送的报告或者披露的信息有虚假记载、误导性陈述或者重大遗漏的，责令改正，给予警告，并处以一百万元以上一千万元以下的罚款；对直接负责的主管人员和其他直接责任人员给予警告，并处以五十万元以上五百万元以下的罚款。发行人的控股股东、实际控制人组织、指使从事上述违法行为，或者隐瞒相关事项导致发生上述情形的，处以一百万元以上一千万元以下的罚款；对直接负责的主管人员和其他直接责任人员，处以五十万元以上五百万元以下的罚款。

第一百九十八条　证券公司违反本法第八十八条的规定未履行或者未按照规定履行投资者适当性管理义务的，责令改正，给予警告，并处以十万元以上一百万元以下的罚款。对直接负责的主管人员和其他直接责任人员给予警告，并处以二十万元以下的罚款。

第一百九十九条　违反本法第九十条的规定征集股东权利的，责令改正，给予警告，可以处五十万元以下的罚款。

第二百条　非法开设证券交易场所的，由县级以上人民政府予以取缔，没收违法所得，并处以违法所得一倍以上十倍以下的罚款；没有违法所得或者违法所得不足一百万元的，处以一百万元以上一千万元以下的罚款。对直接负责的主管人员和其他直接责任人员给予警告，并处以二十万元以上二百万元以下的罚款。

证券交易所违反本法第一百零五条的规定，允许非会员直接参与股票的集中交易的，责令改正，可以并处五十万元以下的罚款。

第二百零一条　证券公司违反本法第一百零七条第一款的规定，未对投资者开立账户提供的身份信息进行核对的，责令改正，给予警告，并处以五万元以上五十万元以下的罚款。对直接负责的主管人员和其他直接责任人员给予警告，并处以十万元以下的罚款。

证券公司违反本法第一百零七条第二款的规定，将投资者的账户提供给他人使用的，责令改正，给予警告，并处以十万元以上一百万元以下的罚款。对直接负责的主管人员和其他直接责任人员给予警告，并处以二十万元以下的罚款。

第二百零二条　违反本法第一百一十八条、第一百二十条第一款、第四款的规定，擅自设立证券公司、非法经营证券业务或者未经批准以证券公司名义开展证券业务活动的，责令改正，没收违法所得，并处以违法所得一倍以上十倍以下的罚款；没有违法所得或者违法所得不足一百万元的，处以一百万元以上一千万元以下的罚款。对直接负责的主管人员和其他直接责任人员给予警告，并处以二十万元以上二百万元以下的罚款。对擅自设立的证券公司，由国务院证券监督管理机构予以取缔。

证券公司违反本法第一百二十条第五款规定提供证券融资融券服务的，没收违法所得，并处以融资融券等值以下的罚款；情节严重的，禁止其在一定期限内从事证券融资融券业务。对直接负责的主管人员和其他直接责任人员给予警告，并处以二十万元以上二百万元以下的罚款。

第二百零三条 提交虚假证明文件或者采取其他欺诈手段骗取证券公司设立许可、业务许可或者重大事项变更核准的，撤销相关许可，并处以一百万元以上一千万元以下的罚款。对直接负责的主管人员和其他直接责任人员给予警告，并处以二十万元以上二百万元以下的罚款。

第二百零四条 证券公司违反本法第一百二十二条的规定，未经核准变更证券业务范围，变更主要股东或者公司的实际控制人，合并、分立、停业、解散、破产的，责令改正，给予警告，没收违法所得，并处以违法所得一倍以上十倍以下的罚款；没有违法所得或者违法所得不足五十万元的，处以五十万元以上五百万元以下的罚款；情节严重的，并处撤销相关业务许可。对直接负责的主管人员和其他直接责任人员给予警告，并处以二十万元以上二百万元以下的罚款。

第二百零五条 证券公司违反本法第一百二十三条第二款的规定，为其股东或者股东的关联人提供融资或者担保的，责令改正，给予警告，并处以五十万元以上五百万元以下的罚款。对直接负责的主管人员和其他直接责任人员给予警告，并处以十万元以上一百万元以下的罚款。股东有过错的，在按照要求改正前，国务院证券监督管理机构可以限制其股东权利；拒不改正的，可以责令其转让所持证券公司股权。

第二百零六条 证券公司违反本法第一百二十八条的规定，未采取有效隔离措施防范利益冲突，或者未分开办理相关业务、混合操作的，责令改正，给予警告，没收违法所得，并处以违法所得一倍以上十倍以下的罚款；没有违法所得或者违法所得不足五十万元的，处以五十万元以上五百万元以下的罚款；

情节严重的，并处撤销相关业务许可。对直接负责的主管人员和其他直接责任人员给予警告，并处以二十万元以上二百万元以下的罚款。

第二百零七条 证券公司违反本法第一百二十九条的规定从事证券自营业务的，责令改正，给予警告，没收违法所得，并处以违法所得一倍以上十倍以下的罚款；没有违法所得或者违法所得不足五十万元的，处以五十万元以上五百万元以下的罚款；情节严重的，并处撤销相关业务许可或者责令关闭。对直接负责的主管人员和其他直接责任人员给予警告，并处以二十万元以上二百万元以下的罚款。

第二百零八条 违反本法第一百三十一条的规定，将客户的资金和证券归入自有财产，或者挪用客户的资金和证券的，责令改正，给予警告，没收违法所得，并处以违法所得一倍以上十倍以下的罚款；没有违法所得或者违法所得不足一百万元的，处以一百万元以上一千万元以下的罚款；情节严重的，并处撤销相关业务许可或者责令关闭。对直接负责的主管人员和其他直接责任人员给予警告，并处以五十万元以上五百万元以下的罚款。

第二百零九条 证券公司违反本法第一百三十四条第一款的规定接受客户的全权委托买卖证券的，或者违反本法第一百三十五条的规定对客户的收益或者赔偿客户的损失作出承诺的，责令改正，给予警告，没收违法所得，并处以违法所得一倍以上十倍以下的罚款；没有违法所得或者违法所得不足五十万元的，处以五十万元以上五百万元以下的罚款；情节严重的，并处撤销相关业务许可。对直接负责的主管人员和其他直接责任人员给予警告，并处以二十万元以上二百万元以下的罚款。

证券公司违反本法第一百三十四条第二款的规定，允许他人以证券公司的名义直接参与证券的集中交易的，责令改正，可以并处五十万元以下的罚款。

第二百一十条 证券公司的从业人员违反本法第一百三十六条的规定，私下接受客户委托买卖证券的，责令改正，给予警告，没收违法所得，并处以违法所得一倍以上十倍以下的罚款；没有违法所得的，处以五十万元以下的罚款。

第二百一十一条 证券公司及其主要股东、实际控制人违反本法第一百三十八条的规定，未报送、提供信息和资料，或者报送、提供的信息和资料有虚假记载、误导性陈述或者重大遗漏的，责令改正，给予警告，并处以一百万元以下的罚款；情节严重的，并处撤销相关业务许可。对直接负责的主管人员和其他直接责任人员，给予警告，并处以五十万元以下的罚款。

第二百一十二条 违反本法第一百四十五条的规定，擅自设立证券登记结算机构的，由国务院证券监督管理机构予以取缔，没收违法所得，并处以违法所得一倍以上十倍以下的罚款；没有违法所得或者违法所得不足五十万元的，处以五十万元以上五百万元以下的罚款。对直接负责的主管人员和其他直接责任人员给予警告，并处以二十万元以上二百万元以下的罚款。

第二百一十三条 证券投资咨询机构违反本法第一百六十条第二款的规定擅自从事证券服务业务，或者从事证券服务业务有本法第一百六十一条规定行为的，责令改正，没收违法所得，并处以违法所得一倍以上十倍以下的罚款；没有违法所得或者违法所得不足五十万元的，处以五十万元以上五百万元以下的罚款。对直接负责的主管人员和其他直接责任人员，给予警告，并处以二十万元以上二百万元以下的罚款。

会计师事务所、律师事务所以及从事资产评估、资信评级、财务顾问、信息技术系统服务的机构违反本法第一百六十条第二款的规定，从事证券服务业务未报备案的，责令改正，可以处二十万元以下的罚款。

证券服务机构违反本法第一百六十三条的规定，未勤勉尽责，所制作、出具的文件有虚假记载、误导性陈述或者重大遗漏的，责令改正，没收业务收入，并处以业务收入一倍以上十倍以下的罚款，没有业务收入或者业务收入不足五十万元的，处以五十万元以上五百万元以下的罚款；情节严重的，并处暂停或者禁止从事证券服务业务。对直接负责的主管人员和其他直接责任人员给予警告，并处以二十万元以上二百万元以下的罚款。

第二百一十四条 发行人、证券登记结算机构、证券公司、证券服务机构未按照规定保存有关文件和资料的，责令改正，给予警告，并处以十万元以上一百万元以下的罚款；泄露、隐匿、伪造、篡改或者毁损有关文件和资料的，给予警告，并处以二十万元以上二百万元以下的罚款；情节严重的，处以五十万元以上五百万元以下的罚款，并处暂停、撤销相关业务许可或者禁止从事相关业务。对直接负责的主管人员和其他直接责任人员给予警告，并处以十万元以上一百万元以下的罚款。

第二百一十五条 国务院证券监督管理机构依法将有关市场主体遵守本法的情况纳入证券市场诚信档案。

第二百一十六条 国务院证券监督管理机构或者国务院授权的部门有下列情形之一的，对直接负责的主管人员和其他直接责任人员，依法给予处分：

（一）对不符合本法规定的发行证券、设立证券公司等申请予以核准、注册、批准的；

（二）违反本法规定采取现场检查、调查取证、查询、冻结或者查封等措施的；

（三）违反本法规定对有关机构和人员采取监督管理措施的；

（四）违反本法规定对有关机构和人员实施行政处罚的；

（五）其他不依法履行职责的行为。

第二百一十七条　国务院证券监督管理机构或者国务院授权的部门的工作人员，不履行本法规定的职责，滥用职权、玩忽职守，利用职务便利牟取不正当利益，或者泄露所知悉的有关单位和个人的商业秘密的，依法追究法律责任。

第二百一十八条　拒绝、阻碍证券监督管理机构及其工作人员依法行使监督检查、调查职权，由证券监督管理机构责令改正，处以十万元以上一百万元以下的罚款，并由公安机关依法给予治安管理处罚。

第二百一十九条　违反本法规定，构成犯罪的，依法追究刑事责任。

第二百二十条　违反本法规定，应当承担民事赔偿责任和缴纳罚款、罚金、违法所得，违法行为人的财产不足以支付的，优先用于承担民事赔偿责任。

第二百二十一条　违反法律、行政法规或者国务院证券监督管理机构的有关规定，情节严重的，国务院证券监督管理机构可以对有关责任人员采取证券市场禁入的措施。

前款所称证券市场禁入，是指在一定期限内直至终身不得从事证券业务、证券服务业务，不得担任证券发行人的董事、监事、高级管理人员，或者一定期限内不得在证券交易所、国务院批准的其他全国性证券交易场所交易证券的制度。

第二百二十二条　依照本法收缴的罚款和没收的违法所得，全部上缴国库。

第二百二十三条　当事人对证券监督管理机构或者国务院授权的部门的处罚决定不服的，可以依法申请行政复议，或者依法直接向人民法院提起诉讼。

第十四章　附　　则

第二百二十四条　境内企业直接或者间接到境外发行证券或者将其证券在境外上市交易，应当符合国务院的有关规定。

第二百二十五条　境内公司股票以外币认购和交易的，具体办法由国务院另行规定。

第二百二十六条　本法自 2020 年 3 月 1 日起施行。

2. 关于做好地方政府专项债券发行及项目配套融资工作的通知

（2019 年 6 月厅字〔2019〕33 号公布）

为贯彻落实党中央、国务院决策部署，加大逆周期调节力度，更好发挥地方政府专项债券（以下简称专项债券）的重要作用，着力加大对重点领域和薄弱环节的支持力度，增加有效投资、优化经济结构、稳定总需求，保持经济持续健康发展，经中央领导同志同意，现就有关事项通知如下。

一、总体要求和基本原则

（一）总体要求。以习近平新时代中国特色社会主义思想为指导，全面贯彻党的十九大和十九届二中、三中全会精神，认真落实党中央、国务院决策部署，坚决打好防范化解重大风险攻坚战。坚持以供给侧结构性改革为主线不动摇，坚持结构性去杠杆的基本思路，按照坚定、可控、有序、适度要求，进一步健全地方政府举债融资机制，推进专项债券管理改革，在较大幅度增加专项债券规模基础上，加强宏观政策协调配合，保持市场流动性合理充裕，做好专项债券发行及项目配套融资工作，促进经济运行在合理区间。

（二）基本原则

——坚持疏堵结合。坚持用改革的办法解决发展中的矛盾和问题，把"开大前门"和"严堵后门"协调起来，在严控地方政府隐性债务（以下简称隐性债务）、坚决遏制隐性债务增量、坚决不走无序举债搞建设之路的同时，加大逆周期调节力度，厘清政府和市场边界，鼓励依法依规市场化融资，增加有效投资，促进宏观经济良性循环，提升经济社会发展质量和可持续性。

——坚持协同配合。科学实施政策"组合拳"，加强财政、货币、投资等政策协同配合。积极的财政政策要加力提效，充分发挥专项债券作用，支持有一定收益但难以商业化合规融资的重大公益性项目（以下简称重大项目）。稳健的货币政策要松紧适度，配合做好专项债券发行及项目配套融资，引导金融机构加强金融服务，按商业化原则依法合规保障重大项目合理融资需求。

——坚持突出重点。切实选准选好专项债券项目，集中资金支持重大在建工程建设和补短板并带动扩大消费，优先解决必要在建项目后续融资，尽快形成实物工作量，防止形成"半拉子"工程。

——坚持防控风险。始终从长期大势认识当前形势，坚持推动高质量发展，坚持举债要同偿债能力相匹配。专项债券必须用于有一定收益的重大项目，融资规模要保持与项目收益相平衡。地方政府加强专项债券风险防控和项目管理，金融机构按商业化原则独立审批、审慎决策，坚决防控风险。

——坚持稳定预期。既要强化宏观政策逆周期调节，主动预调微调，也要坚持稳中求进工作总基调，精准把握宏观调控的度，稳定和提振市场预期。必须坚持结构性去杠杆的改革方向，坚决不搞"大水漫灌"。对举借隐性债务上新项目、铺新摊子的要坚决问责、终身问责、倒查责任。

二、支持做好专项债券项目融资工作

（一）合理明确金融支持专项债券项目标准。发挥专项债券带动作用和金融机构市场化融资优势，依法合规推进专项债券支持的重大项目建设。对没有收益的重大项目，通过统筹财政预算资金和地方政府一般债券予以支持。对有一定收益且收益全部属于政府性基金收入的重大项目，由地方政府发行专项债券融资；收益兼有政府性基金收入和其他经营性专项收入（以下简称专项收入，包括交通票款收入等），且偿还专项债券本息后仍有剩余专项收入的重大项目，可以由有关企业法人项目单位（以下简称项目单位）根据剩余专项收入情况向金融机构市场化融资。

（二）精准聚焦重点领域和重大项目。鼓励地方政府和金融机构依法合规使用专项债券和其他市场化融资方式，重点支持京津冀协同发展、长江经济带发展、"一带一路"建设、粤港澳大湾区建设、长三角区域一体化发展、推进海南全面深化改革开放等重大战略和乡村振兴战略，以及推进棚户区改造等保障性安居工程、易地扶贫搬迁后续扶持、自然灾害防治体系建设、铁路、收费公路、机场、水利工程、生态环保、医疗健康、水电气热等公用事业、城镇基础设施、农业农村基础设施等领域以及其他纳入"十三五"规划符合条件的重大项目建设。

（三）积极鼓励金融机构提供配套融资支持。对于实行企业化经营管理的项目，鼓励和引导银行机构以项目贷款等方式支持符合标准的专项债券项目。鼓励保险机构为符合标准的中长期限专项债券项目提供融资支持。允许项目单位发行公司信用类债券，支持符合标准的专项债券项目。

（四）允许将专项债券作为符合条件的重大项目资本金。对于专项债券支持、符合中央重大决策部署、具有较大示范带动效应的重大项目，主要是国家重点支持的铁路、国家高速公路和支持推进国家重大战略的地方高速公路、供电、供气项目，在评估项目收益偿还专项债券本息后专项收入具备融资条件的，允许将部分专项债券作为一定比例的项目资本金，但不得超越项目收益实际水平过度融资。地方政府要按照一一对应原则，将专项债券严格落实到实体政府投资项目，不得将专项债券作为政府投资基金、产业投资基金等各类股权基金的资金来源，不得通过设立壳公司、多级子公司等中间环节注资，避免层层嵌套、层层放大杠杆。

（五）确保落实到期债务偿还责任。省级政府对专项债券依法承担全部偿还责任。组合使用专项债券和市场化融资的项目，项目收入实行分账管理。项目对应的政府性基金收入和用于偿还专项债券的专项收入及时足额缴入国库，纳入政府性基金预算管理，确保专项债券还本付息资金安全；项目单位依法对市场化融资承担全部偿还责任，在银行开立监管账户，将市场化融资资金以及项目对应可用于偿还市场化融资的专项收入，及时足额归集至监管账户，保障市场化融资到期偿付。市场化转型尚未完成、存量隐性债务尚未化解完毕的融资平台公司不得作为项目单位。严禁项目单位以任何方式新增隐性债务。

三、进一步完善专项债券管理及配套措施

（一）大力做好专项债券项目推介。地方政府通过印发项目清单、集中公告等方式，加大向金融机构推介符合标准专项债券项目力度。金融管理部门积极配合地方政府工作，组织和协调金融机构参与。金融机构按照商业化原则、自主自愿予以支持，加快专项债券推介项目落地。

（二）保障专项债券项目融资与偿债能力相匹配。地方政府、项目单位和金融机构加强对重大项目融资论证和风险评估，充分论证项目预期收益和融资期限及还本付息的匹配度，合理编制项目预期收益与融资平衡方案，反映项目全生命周期和年度收支平衡情况，使项目预期收益覆盖专项债券及市场化融资本息。需要金融机构市场化融资支持的，地方政府指导项目单位比照开展工作，向金融机构全面真实及时披露审批融资所需信息，准确反映偿还专项债券本息后的专项收入，使项目对应可用于偿还市场化融资的专项收入与市场化融资本息相平衡。金融机构严格按商业化原则审慎做好项目合规性和融资风险审核，在偿还专项债券本息后的专项收入确保市场化融资偿债来源的前提下，对符合条件的重大项目予以支持，自主决策是否提供融资及具体融资数量并自担风险。

（三）强化信用评级和差别定价。推进全国统一的地方政府债务信息公开平台建设，由地方政府定期公开债务限额、余额、债务率、偿债率以及经济财政状况、债券发行、存续期管理等信息，形成地方政府债券统计数据库，支持市场机构独立评级，根据政府债务实际风险水平，合理形成市场化的信用利差。加快建立地方政府信用评级体系，加强地方政府债务风险评估和预警结果在金融监管等方面的应用。

（四）提升地方政府债券发行定价市场化程度。坚持地方政府债券市场化发行，进一步减少行政干预和窗口指导，不得通过财政存款和国库现金管理操作等手段变相干预债券发行定价，促进债券发行利率合理反映地区差异和项目差异。严禁地方政府及其部门通过金融机构排名、财政资金存放、设立信贷目标等方式，直接或间接向金融机构施压。

（五）丰富地方政府债券投资群体。落实完善相关政策，推动地方政府债券通过商业银行柜台在本地区范围内向个人和中小机构投资者发售，扩大对个人投资者发售量，提高商业银行柜台发售比例。鼓励和引导商业银行、保险公司、基金公司、社会保险基金等机构投资者和个人投资者参与投资地方政府债券。合理确定地方政府债券柜台发售的定价机制，增强对个人投资者的吸引力。适时研究储蓄式地方政府债券。指导金融机构积极参与地方政府债券发行认购，鼓励资管产品等非法人投资者增加地方政府债券投资。积极利用证券交易所提高非金融机构和个人投资地方政府债券的便利性。推出地方政府债券交易型开放式指数基金，通过"债券通"等机制吸引更多境外投资者投资。推动登记结算机构等债券市场基础设施互联互通。

（六）合理提高长期专项债券期限比例。专项债券期限原则上与项目期限相匹配，并统筹考虑投资者需求、到期债务分布等因素科学确定，降低期限错配风险，防止资金闲置。逐步提高长期债券发行占比，对于铁路、城际交通、收费公路、水利工程等建设和运营期限较长的重大项目，鼓励发行10年期以上的长期专项债券，更好匹配项目资金需求和期限。组合使用专项债券和市场化融资的项目，专项债券、市场化融资期限与项目期限保持一致。合理确定再融资专项债券期限，原则上与同一项目剩余期限相匹配，避免频繁发债增加成本。完善专项债券本金偿还方式，在到期一次性偿还本金方式基础上，鼓励专项债券发行时采取本金分期偿还方式，既确保分期项目收益用于偿债，又平滑债券存续期内偿债压力。

（七）加快专项债券发行使用进度。地方政府要根据提前下达的部分新增专项债务限额，结合国务院批准下达的后续专项债券额度，抓紧启动新增债券发行。金融机构按市场化原则配合地方政府做好专项债券发行工作。对预算拟安排新增专项债券的项目通过先行调度库款的办法，加快项目建设进度，债券发行后及时回补。各地要均衡专项债券发行时间安排，力争当年9月底前发行完毕，尽早发挥资金使用效益。

四、依法合规推进重大项目融资

（一）支持重大项目市场化融资。对于部分实行企业化经营管理且有经营性收益的基础设施项目，包括已纳入国家和省市县级政府及部门印发的"十三五"规划并按规定权限完成审批或核准程序的项目，以及发展改革部门牵头提出的其他补短板重大项目，金融机构可按照商业化原则自主决策，在不新增隐性债务前提下给予融资支持，保障项目合理资金需求。

（二）合理保障必要在建项目后续融资。在严格依法解除违法违规担保关系基础上，对存量隐性债务中的必要在建项目，允许融资平台公司在不扩大建设规模和防范风险前提下与金融机构协商继续融资。鼓励地方政府合法合规增信，通过补充有效抵质押物或由第三方担保机构（含政府出资的融资担保公司）担保等方式，保障债权人合法权益。

（三）多渠道筹集重大项目资本金。鼓励地方政府通过统筹预算收入、上级转移支付、结转结余资金，以及按规定动用预算稳定调节基金等渠道筹集重大项目资本金。允许各地使用财政建设补助资金、中央预算内投资作为重大项目资本金，鼓励将发行地方政府债券后腾出的财力用于重大项目资本金。

五、加强组织保障

（一）严格落实工作责任。财政部、国家发展改革委和金融管理部门等按职责分工和本通知要求，抓紧组织落实相关工作。省级政府对组合使用专项债券和市场化融资的项目建立事前评审和批准机制，对允许专项债券作为资本金的项目要重点评估论证，加强督促检查。地方各级政府负责组织制定本级专项债券项目预期收益与融资平衡方案，客观评估项目预期收益和资产价值。金融机构按照商业化原则自主决策，在不新增隐性债务前提下给予融资支持。

（二）加强部门监管合作。在地方党委和政府领导下，建立财政、金融管理、发展改革等部门协同配合机制，健全专项债券项目安排协调机制，加强地方财政、发展改革等部门与金融单位之间的沟通衔接，支持做好专项债券发行及项目配套融资工作。财政部门及时向当地发展改革、金融管理部门及金融机构提供有关专项债券项目安排信息、存量隐性债务中的必要在建项目信息等。发展改革部门按职责分工做好建设项目审批或核准工作。金融管理部门指导金融机构做好补短板重大项目和有关专项债券项目配套融资工作。

（三）推进债券项目公开。地方各级政府按照有关规定，加大地方政府债券信息公开力度，依托全国统一的集中信息公开平台，加快推进专项债券项目库公开，全面详细公开专项债券项目信息，对组合使用专项债券和市场化融资的项目以及将专项债券作为资本金的项目要单独公开，支持金融机构开展授信风险评估，让信息"多跑路"、金融机构"少跑腿"。进一步发挥主承销商作用，不断加强专项债券信息公开和持续监管工作。出现更换项目单位等重大事项的，应当第一时间告知债权人。金融机构加强专项债券项目信息应用，按照商业化原则自主决策，及时遴选符合条件的项目予以支持；需要补充信息的，地方政府及其相关部门要给予配合。

（四）建立正向激励机制。研究建立正向激励机制，将做好专项债券发行及项目配套融资工作、加快专项债券发行使用进度与全年专项债券额度分配挂钩，对专项债券发行使用进度较快的地区予以适当倾斜支持。适当提高地方政府债券作为信贷政策支持再贷款担保品的质押率，进一步提高金融机构持有地方政府债券的积极性。

（五）依法合规予以免责。既要强化责任意识，谁举债谁负责、谁融资谁负责，从严整治举债乱象，也要明确政策界限，允许合法合规融资行为，避免各方因担心被问责而不作为。对金融机构依法合规支持专项债券项目配套融资，以及依法合规支持已纳入国家和省市县级政府及部门印发的"十三五"规划并按规定权限完成审批或核准程序的项目，发展改革部门牵头提出的其他补短板重大项目，凡偿债资金来源为经营性收入、不新增隐性债务的，不认定为隐性债务问责情形。对金融机构支持存量隐性债务中的必要在建项目后续融资且不新增隐性债务的，也不认定为隐性债务问责情形。

（六）强化跟踪评估监督。地方各级政府、地方金融监管部门、金融机构动态跟踪政策执行情况，总结经验做法，梳理存在问题，及时研究提出政策建议。国务院有关部门要加强政策解读和宣传培训，按职责加大政策执行情况监督力度，尤其要对将专项债券作为资本金的项目加强跟踪评估，重大事项及时按程序请示报告。

3. 关于试点发展项目收益与融资自求平衡的地方政府专项债券品种的通知

（2017年6月2日财预〔2017〕89号公布）

各省、自治区、直辖市、计划单列市财政厅（局）：

为落实《中华人民共和国预算法》和《国务院关于加强地方政府性债务管理的意见》（国发〔2014〕43号）精神，健全规范的地方政府举债融资机制，经十二届全国人大五次会议审议批准，完善地方政府专项债券（以下简称专项债券）管理，加快按照地方政府性基金收入项目分类发行专项债券步伐，发挥政府规范举债促进经济社会发展的积极作用。现将有关事项通知如下：

一、政策目标

坚持以推进供给侧结构性改革为主线，围绕健全规范的地方政府举债融资机制，依法完善专项债券管理，指导地方按照本地区政府性基金收入项目分类发行专项债券，着力发展实现项目收益与融资自求平衡的专项债券品种，加快建立专项债券与项目资产、收益相对应的制度，打造立足我国国情、从我国实际出发的地方政府"市政项目收益债"，防范化解地方政府专项债务风险，深化财政与金融互动，引导社会资本加大投入，保障重点领域合理融资需求，更好地发挥专项债券对地方稳增长、促改革、调结构、惠民生、防风险的支持作用。

二、主要内容

（一）依法安排专项债券规模。

严格执行法定限额管理，地方政府专项债务余额不得突破专项债务限额。各地试点分类发行专项债券的规模，应当在国务院批准的本地区专项债务限额内统筹安排，包括当年新增专项债务限额、上年末专项债务余额低于限额的部分。

（二）科学制定实施方案。

各省、自治区、直辖市、计划单列市（以下简称省级）财政部门负责制定分类发行专项债券试点工作实施方案，重点明确专项债券对应的项目概况、项目预期收益和融资平衡方案、分年度融资计划、年度拟发行专项债券规模和期限、发行计划安排等事项。分类发行专项债券建设的项目，应当能够产生持续稳定的反映为政府性基金收入或专项收入的现金流收入，且现金流收入应当能够完全覆盖专项债券还本付息的规模。

（三）加强部门协调配合。

省级财政部门负责按照专项债务管理规定，审核确定分类发行专项债券实施方案和管理办法，组织做好信息披露、信用评级、资产评估等工作。行业主管部门、项目单位负责配合做好专项债券发行准备工作，包括制定项目收益和融资平衡方案、提供必需的项目信息等，合理评估分类发行专项债券对应项目风险，切实履行项目管理责任。

（四）明确市县管理责任。

市县级政府确需举借相关专项债务的，依法由省级政府代为分类发行专项债券、转贷市县使用。专项债券可以对应单一项目发行，也可以对应同一地区多个项目集合发行，具体由市县级财政部门会同有关部门提出建议，报省级财政部门确定。市县级政府及其部门负责承担专项债券的发行前期准备、使用管理、还本付息、信息公开等工作。相关专项债券原则上冠以"××年××省、自治区、直辖市（本级或××市、县）××专项债券（××期）——××年××省、自治区、直辖市政府专项债券（××期）"名称。

（五）推进债券信息公开。

分类发行专项债券的地方政府应当及时披露专项债券及其项目信息。财政部门应当在门户网站等及时披露专项债券对应的项目概况、项目预期收益和融资平衡方案、专项债券规模和期限、发行计划安排、还本付息等信息。行业主管部门和项目单位应当及时披露项目进度、专项债券资金使用情况等信息。

（六）强化对应资产管理。

省级财政部门应当按照财政部统一要求同步组织建立专项债券对应资产的统计报告制度。地方各级财政部门应当会同行业主管部门、项目单位等加强专项债券项目对应资产管理，严禁将专项债券对应的资产用于为融资平台公司等企业融资提供任何形式的担保。

（七）严格项目偿债责任。

专项债券对应的项目取得的政府性基金或专项收入，应当按照该项目对应的专项债券余额统筹安排资金，专门用于偿还到期债券本金，不得通过其他项目对应的项目收益偿还到期债券本金。因项目取得的政府性基金或专项收入暂时难以实现，不能偿还到期债券本金时，可在专项债务限额内发行相关专项债券周转偿还，项目收入实现后予以归还。

三、工作安排

（一）选择重点领域先行试点。

2017年优先选择土地储备、政府收费公路2个领域在全国范围内开展试点。鼓励有条件的地方立足本地区实际，围绕省（自治区、直辖市）党委、政府确定的重大战略，积极探索在有一定收益的公益性事业领域分类发行专项债券，以对应的政府性基金或专项收入偿还，项目成熟一个、推进一个。

（二）明确管理程序和时间安排。

各地在国务院批准的专项债务限额内发行土地储备、政府收费公路专项债券的，按照财政部下达的额度及制定的统一办法执行。除土地储备、收费公路额度外，各地利用新增专项债务限额，以及利用上年末专项债务限额大于余额的部分自行选择重点项目试点分类发行专项债券的，由省级政府制定实施方案以及专项债券管理办法，提前报财政部备案后组织实施。为加快支出进度，实施方案应当于每年9月底前提交财政部。

试点发展项目收益与融资自求平衡的地方政府专项债券品种，是专项债务限额内依法开好"前门"、保障重点领域合理融资需求、支持地方经济社会可持续发展的重要管理创新，也有利于遏制违法违规融资担保行为、防范地方政府债务风险，机制新、任务重、工作量大。请你省（自治区、直辖市、计划单列市）高度重视，将其作为贯彻落实党中央、国务院精神，防控政府债务风险的重要工作，加强组织协调，充实人员配备，狠抓贯彻落实，确保工作取得实效。

特此通知。

附件：1. 实施方案参考框架
   2. ××专项债券募集资金管理办法参考框架

财政部

2017年6月2日

附件1：

实施方案参考框架

包括但不限于以下内容：

一、公益性事业领域项目（以下简称项目）主要内容；

二、项目重大经济社会效益分析，尤其是积极践行"创新、协调、绿色、开放、共享"新发展理念，促进地方经济社会可持续发展分析；

三、项目投资额、自有资本金及资本金到位情况、已有融资情况、项目建设计划及现状；

四、项目预期收益涉及的相关收费政策内容、收费政策合法合规依据、覆盖群体分布、预计产生反映为政府性基金收入或专项收入的稳定现金流收益规模分析（应当由独立第三方专业机构进行评估，并出具专项评估意见）；

五、项目预期收益、支出以及融资平衡情况（应当由独立第三方专业机构进行评估，并出具专项评估意见）；

六、项目融资计划，包括项目发行地方政府专项债券募集资金计划、分年专项债券发行规模和期限安排、专项债券投资者保护措施；

七、潜在影响项目收益和融资平衡结果的各种风险评估；

八、其他需要说明的事项。

附件2：

××专项债券募集资金管理办法参考框架

应当根据项目实施方案，参考《地方政府专项债务预算管理办法》（财预〔2016〕155号）、《地方政府土地储备专项债券管理办法（试行）》（财预〔2017〕62号）等制定。主要包括但不限于总则、预算编制、监督管理、职能分工、附则等内容。

4. 地方政府债券公开承销发行业务规程

(财库〔2018〕68号公布 自2018年8月20日起施行)

第一章 总 则

第一条 为规范地方政府债券公开承销发行业务，保障地方政府债券发行工作顺利开展，根据地方政府债券发行管理有关规定，制定本规程。

第二条 本规程所称地方政府债券公开承销，是指各省（自治区、直辖市、计划单列市）财政部门（以下简称地方财政部门）与主承销商协商确定利率（价格）区间后，由簿记管理人组织承销团成员发送申购利率（价格）和数量意愿，按事先确定的定价和配售规则确定最终发行利率（价格）并进行配售的行为。

第三条 公开承销，适用于公开发行规模较小的地方政府债券，包括一般债券、专项债券（含项目收益与融资自求平衡的专项债券）。采用公开承销方式发行地方政府债券，适用本规程。

第四条 地方政府债券公开承销通过财政部政府债券发行系统、财政部上海证券交易所政府债券发行系统、财政部深圳证券交易所政府债券发行系统（以下统称发行系统）开展。

第五条 地方政府债券公开承销应当遵循公开、公平、公正原则，严格遵守地方政府债券发行管理有关规定，严禁恶意影响发行利率、进行不正当利益输送等破坏市场秩序的行为。

第二章 公开承销参与方

第六条 地方政府债券公开承销参与方包括地方财政部门、承销团成员及其他意向投资机构、业务技术支持部门、中介机构等。其中承销团成员包括簿记管理人、除簿记管理人外的主承销商和其他承销团成员。

第七条 地方财政部门可以就地方政府债券公开承销专门组建承销团，也可以沿用公开招标方式下的承销团。专门组建承销团的，可以就单期债券发行组建承销团，也可以就一段时间内债券发行组建承销团，承销团成员原则上不少于4家。地方财政部门组建承销团时应当与承销团成员签署相关协议，明确各方权利义务。

第八条 簿记管理人是受地方财政部门委托，负责地方政府债券公开承销组织操作的主承销商。

第九条 地方财政部门、簿记管理人应当在充分询价的基础上，综合考虑询价情况、筹资成本预期等因素，与其他主承销商协商确定地方政府债券公开承销安排及申购利率（价格）区间。公开承销的申购利率区间下限不得低于申购前1至5个工作日（含第1个和第5个工作日）中国债券信息网公布的中债国债收益率曲线中相同待偿期国债收益率算术平均值，公开承销的申购价格区间上限不得高于申购前1至5个工作日（含第1个和第5个工作日）中国债券信息网公布的中债国债收益率曲线中相同待偿期国债收益率算术平均值计算的、原地方政府债券在缴款日的含息价格。簿记管理人应当履行以下职责：

（一）与地方财政部门协商地方政府债券公开承销时间安排和详细方案；

（二）在向承销团成员充分询价的基础上，组织其他主承销商与地方财政部门协商确定公开承销利率（价格）区间；

（三）记录承销团成员申购地方政府债券的利率（价格）及数量意愿，按照本规程等相关制度规定进行地方政府债券的定价和配售；

（四）组织公开承销工作，维护发行现场秩序，确保公开承销工作顺利进行；

（五）对公开承销过程中各项重要事项的决策过程进行记录和说明，并妥善保存公开承销流程各个环节的相关文件和资料；

（六）协助地方财政部门按照相关规定开展信息披露工作；

（七）开展财政部规定或地方财政部门委托的与公开承销相关的其他工作。

第十条 除簿记管理人外的其他主承销商，应当本着勤勉尽责的原则向除承销团成员外的其他意向投资者进行询价，与地方财政部门协商确定公开承销利率（价格）区间，并参与地方政府债券申购、配售、分销、缴款工作；除主承销商外的其他承销团成员，应当按照公开承销安排和相关协议约定，参与公开承销的询价、申购、配售、分销、缴款工作；除承销团成员外的其他意向投资者，可以委托除簿记管理人外的其他承销团成员代为参与公开承销申购。簿记管理人、主承销商等担任询价工作的承销团成员应当按照市场化原则参与地方政府债券公开承销，严禁通过"串标"等方式进行价格操纵，扰乱市场秩序。

第十一条 承销团成员可以进行自营申购或代意向投资者申购，承销团成员之间不得互相代为申购。

第十二条 簿记管理人原则上不得参与公开承销竞争性申购，地方财政部门可以在承销协议中与簿记管理人约定固定承销额，每期债券的固定承销额不再参与本期债券的公开承销利率（价格）确定。簿记管理人应当根据法律法规和本规程规定，指定本单位地方政府债券公开承销簿记建档业务的具体牵头部门。

第十三条 簿记管理人应当将簿记业务和投资交易业务进行分离，并建立健全内部控制制度，防范利益冲突和潜在风险。

第十四条 地方财政部门应当与承销团成员商定合理的发行手续费标准，可以对簿记管理人和其他承销团成员分别设置不同的手续费标准。

第三章 公开承销流程

第十五条 公开承销前，簿记管理人应当向所有承销团成员询价，并明确记录询价情况。

第十六条 公开承销前，簿记管理人应当督促和协助地方财政部门，不迟于公开承销前5个工作日，在本单位门户网站、中国债券信息网以及相关业务技术支持部门网站披露发行通知、信用评级报告等文件，发行通知应当明确公开承销流程、利率（价格）区间、发行利率（价格）确定原则、配售规则、发行系统等相关安排。地方财政部门应当制定地方政府债券公开承销发行规则，并于首次公开承销前进行披露。

第十七条 除簿记管理人外的其他承销团成员，应当根据本机构及其他意向投资者的申购需求，在规定的竞争性承销时间内，通过发行系统发送申购意向函。

第十八条 公开承销按照低利率或高价格优先的原则对有效申购逐笔募入，直至募满计划发行量或将全部有效申购募完为止。申购标的为利率时，全场最高配售利率为当期债券的票面利率，各获配承销团成员按面值承销；申购标的为价格时，全场最低配售价格为当期债券的票面价格，各获配承销团成员按票面价格承销。最高配售利率（最低配售价格）标位配售数量以各承销团成员在此标位申购量为权重进行分配，最小承销单位为申购量的最小变动幅度，分配后仍有尾数时，按申购时间优先原则分配。

第十九条　公开承销地方政府债券时，可以在承销协议中约定采取包销方式，即在申购截止时间后有效申购额或缴款额不足计划发行额时，不足部分按承销协议约定，由全部或部分承销团成员按票面利率（价格）认购。

第二十条　公开承销地方债券的缴款日为发行日（T日）后第1个工作日（即T+1日），承销团成员不迟于缴款日将发行款缴入发行文件中规定的国家金库××省（自治区、直辖市、计划单列市）分库对应账户。地方债券上市日为发行日后第三个工作日（即T+3日）。

第二十一条　公开承销结束后，簿记管理人应当协助地方财政部门，于公开承销当日向市场公开披露承销结果。缴款截止日后，因未及时、足额缴款等导致发行结果出现变化的，地方财政部门应当在上市日前向市场公开披露公开承销的最终结果。

第二十二条　簿记管理人应当制定公开承销的应急处置预案，做好应急处置相关工作。公开承销开始前，如出现可能对地方政府债券发行产生重大影响的政策调整，或有确定证据表明利率（价格）区间与市场存在严重偏差等情况的，簿记管理人及其他主承销商、地方财政部门经协商一致后可以推迟发行或调整利率（价格）区间，并将推迟发行或调整利率（价格）区间事项及相关理由、证据及时披露，同时向财政部报告。公开承销过程中，如出现人为操作失误、系统故障、缴款违约等情况，导致可能影响正常发行及上市的，地方财政部门及簿记管理人应当按照事先确定的应急预案做好应急处置相关工作，及时披露，同时向财政部报告。

第四章　公开承销现场管理

第二十三条　公开承销现场人员包括发行人员、簿记管理人、监督员、观察员、支持人员等。发行人员由地方财政部门派出；监督员由发债地区审计、监察等非财政部门派出；观察员由财政部国库司或财政部国库司委托发债地区当地财政监察专员办事处派出；支持人员由财政部授权的业务技术支持部门派出。

第二十四条　发行现场人员应当各司其责。簿记管理人应当在发行前发送核对无误的申购要约并负责组织发行现场各项工作。监督员负责监督发行现场相关工作合规有序进行，并督促发行人员和簿记管理人做好发行现场人员身份核实与出入登记、通讯设备存放、信息保密、现场隔离、无线电屏蔽等工作。支持人员负责协助办理发行现场出入登记、存放手机等通讯设备、进行必要的无线电屏蔽等，并保障发行系统及发行现场设备正常运行。

第二十五条 省级财政部门应当按照相关规定，不迟于发行日前2个工作日，将进入发行现场的人员名单提供给业务技术支持部门并抄送财政部。人员名单上未列示人员原则上不得进入发行现场。

第二十六条 发行人员、簿记管理人、监督员、观察员应当于发行开始前在值守区履行登记手续，记录本人姓名和进入时间，并在进入操作区或观摩区时再分别履行登记手续。发行现场人员在1个工作日内参与多场次地方政府债券发行时，在不同场次开始前应当重新履行登记手续。竞争性承销期间，所有进入发行现场的人员原则上不得离开发行现场，如因身体严重不适等特殊原因必须临时离开发行现场的，必须由监督员或观察员中1人全程陪同。业务技术支持部门应在发行过程中安排人员在操作区和观摩区附近值守。

第二十七条 发行人员或簿记管理人于非发行时间操作发行系统，应当履行登记手续，登记姓名、出入时间、所属单位和出入事由，簿记管理人还应当提供省级财政部门出具的授权书。

第二十八条 发行现场应当配备能满足地方政府债券发行需要的专用固定电话、应急申购传真机、专用打印机等设备，其中专用固定电话应当实行通话录音。

第二十九条 发行现场人员不得携带任何有通讯功能的设备进入发行现场。发行开始前，发行现场人员应当将随身携带的手机等有通讯功能的设备存放于值守区的专用保管箱，业务技术支持部门应当登记手机等通讯设备存放情况。发行现场人员在1个工作日内参与多场次地方政府债券发行时，如在不同场次之间取用和存放手机等设备，业务技术支持部门应当登记相关存取情况。

第三十条 公开承销现场人员与外界沟通相关事项应当全部通过簿记场所配置的专用录音电话进行，监督员、观察员应当监督通讯工具的使用，并由簿记管理人做好记录及说明。

第三十一条 发行现场人员不得在地方政府债券发行过程中对外泄露申购量、申购利率等可能影响地方政府债券公平公正发行的信息，不得将簿记相关文档带出发行现场或以影印、复印等形式对外提供。

第三十二条 若申购截止时间后申购总量未达到计划发行额,簿记管理人应当按照承销协议中的相关条款进行处置。如承销协议中设置了包销条款,不足部分直接由承销团成员包销;如协议中未设置包销条款,簿记管理人在与发行人员负责人、观察员、监督员协商一致的前提下,可以将簿记建档发行时间延长不超过一小时或者择期重新发行,并使用专用固定电话或委托业务技术支持部门通知承销团成员相关信息。

第三十三条 地方政府债券发行过程中,如发行系统客户端出现技术问题,承销团成员可以通过发送传真的方式,将应急申购意向函发送至相应的发行室进行应急操作,并及时拨打发行现场专用固定电话向发行人员或簿记管理人报告。

第三十四条 出现应急操作情况时,支持人员应当按规定履行登记手续,同时不得携带任何有通讯功能的设备进入发行现场。支持人员应当如实填写应急申购情况记录表,记录收到应急申购意向函的时间等有关内容,并在密押核验通过后签字确认。簿记管理人应当审核应急申购意向函收到的时间是否在申购截止时间前,投资者是否按规定格式填写,是否字迹清晰、意思明确。应急申购意向函经簿记管理人确认各项要素有效完整,并经簿记管理人和监督员共同签字确认后,由簿记管理人将应急申购信息录入发行系统。对未按规定格式填写、字迹不清晰、意思不明确、密押核对不符或超过截止时间后收到的应急申购意向函,均做无效处理。

第三十五条 发行结果须经簿记管理人、监督员共同签字确认后生效。监督员如发现发行现场出现违规行为并制止无效的,有权拒绝在发行结果上签字。发行现场如发生本规程规定情形之外的其他情况,由发行人员或簿记管理人与监督员、观察员协商一致后进行处理,并在发行结束后及时向财政部进行报告。

第五章 附 则

第三十六条 本规程由财政部负责解释。

第三十七条 本规程自发布之日起施行。

5. 财政部关于做好地方政府专项债券发行工作的意见

(2018年8月14日财库〔2018〕72号公布)

各省、自治区、直辖市、计划单列市财政厅（局），新疆生产建设兵团财政局，中央国债登记结算有限责任公司、中国证券登记结算有限责任公司，上海证券交易所、深圳证券交易所，有关金融机构：

为加快地方政府专项债券（以下简称专项债券）发行和使用进度，更好地发挥专项债券对稳投资、扩内需、补短板的作用，现就做好专项债券发行工作有关事宜通知如下：

一、加快专项债券发行进度。各级财政部门应当会同专项债券对应项目主管部门，加快专项债券发行前期准备工作，项目准备成熟一批发行一批。省级财政部门应当合理把握专项债券发行节奏，科学安排今年后几个月特别是8、9月发行计划，加快发行进度。今年地方政府债券（以下简称地方债券）发行进度不受季度均衡要求限制，各地至9月底累计完成新增专项债券发行比例原则上不得低于80%，剩余的发行额度应当主要放在10月份发行。

二、提升专项债券发行市场化水平。省级财政部门应当根据专项债券发行规模、债券市场情况等因素，选择招标（含弹性招标）、公开承销等方式组织专项债券发行工作。承销机构应当综合考虑同期限国债、政策性金融债利率水平及二级市场地方债券估值等因素决定投标价格，地方财政部门不得以财政存款等对承销机构施加影响人为压价。对于采用非市场化方式干预地方债券发行定价的，一经查实，财政部将予以通报。

三、优化债券发行程序。省级财政部门应当不迟于发行前7个工作日，与发行场所协商地方债券（包括一般债券、专项债券，下同）发行时间，发行场所原则上应当按照"先商先得"的方式给予确认。各发行场所要加强沟通，避免不同省份在同一时段窗口发行地方债券，防止集中扎堆发行；需财政部进行协调的，请及时与财政部联系。本文印发前，省级财政部门已向财政部备案发行时间的，按既定时间发债。各地可在省内集合发行不同市、县相同类型专项债券，提高债券发行效率。财政部不再限制专项债券期限比例结构，各地应当根据项目建设、债券市场需求等合理确定专项债券期限。当债券发行现场不在北京时，财政部授权发债地区省级财政部门不迟于发行前3个工作日，书面通知当地财政监察专员办事处派出发行现场观察员。

四、简化债券信息披露流程。省级财政部门应当及时在本单位门户网站、中国债券信息网等网站披露地方债券发行相关信息，不再向财政部备案需公开的信息披露文件。省级财政部门对信息披露文件的合规性、完整性负责，要严格落实专项债券对应项目主管部门和市县责任，督促其科学制定项目融资与收益自求平衡方案。信息披露情况作为财政部评价各地地方债券发行工作的重要参考。

五、加快专项债券资金拨付使用。各级财政部门应当及时安排使用专项债券收入，加快专项债券资金拨付，防范资金长期滞留国库，尽早发挥专项债券使用效益。有条件的地方在地方债券发行前，可对预算已安排的债券资金项目通过调度库款周转，加快项目建设进度，待债券发行后及时回补库款。

六、加强债券信息报送。为监测地方债券发行情况，请省级财政部门于今年每月底前，向财政部报送下月分旬新增专项债券发行计划，8月发行计划于8月20日前报送；不迟于债券发行前6个工作日报送地方债券发行时间、规模、品种和期限结构等计划安排。

财政部
2018年8月14日

6. 地方政府债券弹性招标发行业务规程

（财库〔2018〕74号公布　自2018年8月24日起施行）

第一条　为进一步完善地方政府债券发行机制，保障地方政府债券发行工作顺利开展，防范地方政府债券发行风险，根据地方政府债券发行管理有关规定，制定本规程。

第二条　地方政府债券弹性招标，是指各省（自治区、直辖市、计划单列市）财政部门（以下简称地方财政部门）预先设定计划发行额区间，依据投标倍数等因素确定最终实际发行量的招标发行方式。

第三条 采用弹性招标方式发行地方政府债券，适用本规程。地方政府一般债券、专项债券（含项目收益与融资自求平衡的专项债券），可采用弹性招标方式发行。

第四条 弹性招标，由地方财政部门通过财政部政府债券发行系统、财政部上海证券交易所政府债券发行系统、财政部深圳证券交易所政府债券发行系统面向地方政府债券承销团（以下简称承销团）成员开展，原则上采用单一价格招标方式，招标标的为利率或价格。

第五条 地方政府债券采用弹性招标方式发行，应当遵循"公开、公平、公正"原则，根据地方政府债券发行管理规定及本规程要求，通过市场化方式开展。

第六条 地方财政部门应当按照地方政府债券发行管理有关规定，在与承销团成员充分沟通的基础上，科学制定地方政府债券弹性招标发行规则等制度办法，合理设定投标比例、承销比例等技术参数，其中，最低投标、承销比例等应当基于计划发行额区间上限进行设定。

第七条 计划发行额区间下限不得低于上限的80%。地方财政部门应当根据地方政府债券发行计划，合理设置单期债券计划发行额区间，并在当期债券发行文件中予以披露。

第八条 弹性招标发行时，实际发行量应当为计划发行额区间上限、下限或有效投标量，以计划发行额区间上限计算投标倍数（以下简称投标倍数）。投标倍数超过1.1倍时，当期债券实际发行量为计划发行额区间上限；投标倍数不足1倍时，当期债券实际发行量按照有效投标量和计划发行额区间下限孰低原则确定；投标倍数在1至1.1倍（含1和1.1倍）之间的，实际发行量确定规则由各地方财政部门自行选择计划发行额区间上限或者下限进行确定，并在招标规则中事先明确。

第九条 确定实际发行量后，按照低利率或高价格优先的原则对有效投标逐笔募入，募满计划发行额区间上限（或下限），或将全部有效标位募完为止。招标标的为利率时，全场最高中标利率为当期债券票面利率，各中标承销团成员按面值承销；标的为价格时，全场最低中标价格为当期债券发行价格，各中标承销团成员按发行价格承销。

第十条 最高中标利率（最低中标价格）标位中标数量以各承销团成员在

此标位投标量为权重进行分配，最小中标单位为最小投标量变动幅度，分配后仍有尾数时，按投标时间优先原则分配。

第十一条　地方财政部门应当不迟于招标发行前5个工作日披露当期政府债券是否采用弹性招标方式，招标发行当日及时披露当期政府债券的实际发行量和发行利率等相关信息。

第十二条　对于采用弹性招标发行的地方政府债券，各地方财政部门应当做好债券资金对应项目的信息披露工作。招标发行前，地方财政部门应分别按照计划发行额区间上下限披露项目信息，明确项目使用资金的顺序，或按照计划发行额区间上限披露项目信息，但实际发行量不是计划发行额区间上限时，各地方财政部门应当在招标发行后及时补充披露计划使用资金的项目信息。对于项目收益与融资自求平衡的专项债券，按计划发行额区间上下限披露的项目信息，都应当符合项目收益和融资自求平衡的要求。

第十三条　招标发行现场管理及应急投标、缴款、债权登记、托管、债券分销、上市等其他相关事宜，按照财政部地方政府债券发行管理有关规定执行。

第十四条　中央国债登记结算有限责任公司、上海证券交易所、深圳证券交易所应当按照本规程在地方政府债券发行系统中增加弹性招标功能，向财政部报备后开展采用弹性招标方式发行地方政府债券相关服务工作。

第十五条　本规程由财政部负责解释。

第十六条　本规程自发布之日起施行。

7. 财政部关于做好地方政府债券发行工作的意见

（2019年4月25日财库〔2019〕23号公布）

各省、自治区、直辖市、计划单列市财政厅（局），新疆生产建设兵团财政局，中央国债登记结算有限责任公司、中国证券登记结算有限责任公司，上海证券交易所、深圳证券交易所，相关金融机构和信用评级机构：

根据《中华人民共和国预算法》、《国务院关于加强地方政府性债务管理的意见》（国发〔2014〕43号）和地方政府债券（以下称地方债）发行管理有关规定，现就做好地方债券发行工作提出如下意见：

一、合理把握地方债券发行节奏，加快发行进度

地方财政部门应当根据资金需求、地方债券到期情况、债券市场状况等因素，统筹资金需求与库款充裕程度，科学设计债券发行计划。各地应当合理把握发行节奏，切实加快债券发行进度，2019年6月底前完成提前下达新增债券额度的发行，争取在9月底前完成全年新增债券发行。

二、进一步提升地方债券发行定价市场化水平

（一）地方财政部门、地方债券承销团成员、信用评级机构及其他相关主体应当进一步强化市场化意识，严格按照市场化、规范化原则做好地方债券发行相关工作。

（二）地方财政部门应当将地方国库现金管理与地方债券发行脱钩，不得在地方国库现金管理招标评分体系中，将2019年及以后年度发行地方债券的认购情况作为评价因素。

（三）地方财政部门应当在加强与承销团成员沟通的基础上，在招标发行规则中合理设定承销团成员最低投标比例、最低承销比例、最高投标比例、债券投标利率区间上下限、单一标位投标量等技术参数要求，其中，单一标位最高投标量不得高于当期债券计划发行量的35%。在承销团中设有主承销商的地区，应当对不同类型承销团成员分别设定投标技术参数要求，合理匹配不同类型承销团成员的权利与义务。

三、科学确定地方债券期限结构

财政部不再限制地方债券期限比例结构，地方财政部门自主确定期限。对于一般债券，地方财政部门应当合理均衡各期限发行规模，满足更多类型投资者的期限偏好。对于专项债券，地方财政部门应当根据项目实际情况，综合考虑项目期限、投资者需求、债务年度分布等因素，科学确定发行期限，逐步提高长期债券发行占比，更好匹配项目资金需求和期限。

四、完善地方债券信息披露

地方财政部门应当严格执行财政部关于地方政府债务信息公开有关规定。地方财政部门应当在每月20日前披露本地区下一月度新增地方政府债券和再融资债券发行安排；在每季度最后一个月20日前披露本地区下季度地方债券发行计划，应包括发行时间（披露到旬）、债券品种（一般债券或专项债券）、用途（新增债券或再融资债券）、期限等。如每季度最后一个月20日前10个工作日各省发行额度尚未下达,地方财政部门应当在额度下达后 10 个工作日内披露季度计划。地方财政部门应当进一步做好专项债券信息披露工作,重点披露本地区及使用债券资金相关地区的政府性基金预算收入、专项债券项目风险等财政经济信息,以及债券规模、利率、期限、具体使用项目、偿债计划等债券信息,并充分披露对应项目详细情况、项目融资来源、项目预期收益情况、收益和融资平衡方案,以及由第三方专业机构出具的评估意见等。地方财政部门要加大债券发行兑付信息披露力度。鼓励地方财政部门结合项目实际情况,不断丰富专项债券信息披露内容。

五、推出地方债券柜台发行

按照积极稳妥、分步推进的原则,由省级财政部门分批实施地方债券商业银行柜台市场发行业务。综合考虑市场需求、债券期限、债券品种、项目收益、发行节奏等因素,重点支持专项债券在本地区范围内面向个人和中小机构投资者发售。

六、加强地方债券资金拨付管理

(一)地方财政部门应当加快地方债券资金拨付,防范资金长期滞留国库,尽早发挥债券资金使用效益。有条件的地方在地方债券发行前,可对预算已安排的债券资金项目通过调度库款支付,加快项目建设进度,待债券发行后及时回补库款。

(二)对于再融资债券,如债券到期时库款比较充裕,在不突破再融资债券发行规模上限且严格保障财政支付需要的前提下,地方财政部门可使用库款支付还本资金,待债券发行后及时回补库款。

七、规范地方债券发行现场管理

地方财政部门以及中央国债登记结算有限责任公司、上海证券交易所、深圳证券交易所等财政部政府债券发行系统业务技术支持部门应当严格按照《地方债券发行现场管理工作规范》有关规定,切实加强地方债券发行现场管理,规范做好发行现场人员出入登记、通讯设备存放、无线电屏蔽、电话录音等工作,保障地方债券发行工作有序开展。发行现场应当邀请非财政部门派出监督员,对发行现场人员、通讯、应急操作等情况进行监督。如遇特殊情况,应当及时向财政部(国库司)报告。

八、及时报送发行情况

(一)地方财政部门应当在各省全年发行额度下达 10 个工作日内,向财政部上报全年债券发行总体安排,2019年全年债券发行总体安排于5月5日前上报。每季度最后一个月15日前,向财政部上报下季度地方债券发行初步安排,如在上报时点各省发行额度尚未下达,应当在额度下达后10个工作日内上报季度发行安排。

(二)地方财政部门应当在全年地方债券发行工作完成后20个工作日内,向财政部及当地监管局报告年度发行情况。地方财政部门、支持部门、登记结算机构等如遇涉及地方债券发行的重大或异常情况,应当及时向财政部报告。

财政部
2019年4月25日

8. 财政部关于加快地方政府专项债券发行使用有关工作的通知

(2020年7月27日财预〔2020〕94号公布)

各省、自治区、直辖市、计划单列市财政厅(局),新疆生产建设兵团财政局:

为贯彻落实国务院常务会议部署,用好地方政府专项债券(以下简称专项债券),加强资金和项目对接、提高资金使用效益,做好"六稳"工作、落实"六保"任务,现就加快地方政府专项债券发行使用有关工作通知如下:

一、合理把握专项债券发行节奏。对近期下达及后续拟下达的新增专项债券,与抗疫特别国债、一般债券统筹把握发行节奏,妥善做好稳投资稳增长和维护债券市场稳定工作,确保专项债券有序稳妥发行,力争在10月底前发行完毕。

二、科学合理确定专项债券期限。专项债券期限原则上与项目期限相匹配,并统筹考虑投资者需求、到期债务分布等因素科学确定,降低期限错配风险,防止资金闲置。既要鼓励发行长期专项债券,支持铁路、城际交通、收费公路、水利工程等建设和运营期限较长的重大项目,更好匹配项目资金需求和期限,又要综合评估分年到期专项债券本息、可偿债财力以及融资成本等情况,合理确定专项债券期限,避免人为将偿债责任后移。

三、优化新增专项债券资金投向。坚持专项债券必须用于有一定收益的公益性项目，融资规模与项目收益相平衡。重点用于国务院常务会议确定的交通基础设施、能源项目、农林水利、生态环保项目、民生服务、冷链物流设施、市政和产业园区基础设施等七大领域。积极支持"两新一重"、公共卫生设施建设中符合条件的项目，可根据需要及时用于加强防灾减灾建设。

四、依法合规调整新增专项债券用途。赋予地方一定的自主权，对因准备不足短期内难以建设实施的项目，允许省级政府及时按程序调整用途，优先用于党中央、国务院明确的"两新一重"、城镇老旧小区改造、公共卫生设施建设等领域符合条件的重大项目。确需调整用途的，原则上应当于9月底前完成，合理简化程序，确保年内形成实物工作量。各地涉及依法合规调整专项债券用途的，应当将省级政府批准同意的相关文件按程序报财政部备案，并在地方政府债务管理信息系统全过程登记。

五、严格新增专项债券使用负面清单。严禁将新增专项债券资金用于置换存量债务，决不允许搞形象工程、面子工程。新增专项债券资金依法不得用于经常性支出，严禁用于发放工资、单位运行经费、发放养老金、支付利息等，严禁用于商业化运作的产业项目、企业补贴等。同时，坚持不安排土地储备项目、不安排产业项目、不安排房地产相关项目。

六、加快新增专项债券资金使用进度。抓紧安排已发行未使用的新增专项债券资金投入使用，做好与近期下达批次的新增专项债券资金使用的衔接。要依托地方政府债务管理信息系统，对专项债券发行使用实行穿透式、全过程监控，动态监测地方财政、相关主管部门以及项目单位等各类参与主体，逐个环节跟踪进展，一级抓一级，层层压实相关主体责任，既要督促加快专项债券资金使用进度，尽快形成实物工作量，也要确保项目质量，提高债券资金使用绩效，决不能乱花钱。

七、依法加大专项债券信息公开力度。发挥按中央要求建立的全国统一的地方政府债务信息公开平台（www.celma.org.cn）作用，全面详细公开发行专项债券对应项目信息，加快推进专项债券项目库公开，对组合使用专项债券和市场化融资的项目以及将专项债券作为资本金的项目要单独公开，发挥市场自律约束作用，以公开促规范、以公开防风险。

八、健全通报约谈机制和监督机制。要健全每月定期通报机制，对资金拨付进度快、安排使用合规有效的市县、相关主管部门和项目单位予以表扬，对资金拨付进度慢、安排使用不合规的市县、相关主管部门和项目单位予以通报或约谈，既要防止债券资金滞留国库，也要避免资金拨付后沉淀在项目单位，提高债券资金使用效益，尽快形成对经济的有效拉动。财政部各地监管局要加强属地监督。

特此通知。

财政部
2020年7月27日

9. 财政部关于进一步做好地方政府债券发行工作的意见

（2020年11月4日财库〔2020〕36号公布）

各省、自治区、直辖市、计划单列市财政厅（局），新疆生产建设兵团财政局，中央国债登记结算有限责任公司、中国证券登记结算有限责任公司，中国外汇交易中心，上海证券交易所、深圳证券交易所，地方政府债券承销团成员，地方政府债券信用评级机构等第三方专业机构：

为贯彻落实党中央、国务院有关决策部署，进一步完善地方政府债券（以下称地方债）发行机制，保障地方债发行工作长期可持续开展，根据《中华人民共和国预算法》、《国务院关于加强地方政府性债务管理的意见》（国发〔2014〕43号）和地方债发行管理有关规定，现就进一步做好地方债发行工作提出以下意见：

一、不断完善地方债发行机制，提升发行市场化水平

（一）地方财政部门、地方债承销团成员、信用评级机构等第三方专业机构应当进一步强化市场化意识，按照市场化、规范化原则做好地方债发行工作，积极推动地方债市场发展。

（二）地方债采用招标或承销方式发行。地方财政部门应当加强与承销团成员的沟通，合理设定承销团成员最低投标比例、最低承销比例、最高投标比例、单一标位投标比例等技术参数。

（三）鼓励具备条件的地区参考地方债收益率曲线合理设定投标区间，不断提升地方债发行市场化水平，杜绝行政干预和窗口指导，促进地方债发行利率合理反映地区差异和项目差异。

二、科学设计地方债发行计划，维护债券市场平稳运行

（一）地方财政部门应当根据发债进度要求、财政支出使用需要、库款水平、债券市场等因素，科学设计地方债发行计划，合理选择发行时间窗口，适度均衡发债节奏，既要保障项目建设需要，又要避免债券资金长期滞留国库。

（二）地方财政部门应当在每季度最后一个月 20 日前，向财政部（国库司）报送下季度地方债发行计划，包括发行时间、发行量、债券种类等。财政部将统筹政府债券发行节奏，对各地发债进度进行必要的组织协调。

（三）地方财政部门应当做好债券发行与库款管理的衔接。对预算拟安排新增债券资金的项目，或拟发行再融资债券偿还的到期地方债，可通过先行调度库款的办法支付项目资金或还本资金，发行地方债后及时回补库款。

三、优化地方债期限结构，合理控制筹资成本

（一）地方财政部门应当统筹考虑地方债收益率曲线建设、项目期限、融资成本、到期债务分布、投资者需求等因素科学设计债券期限。地方债期限为 1 年、2 年、3 年、5 年、7 年、10 年、15 年、20 年、30 年。允许地方结合实际情况，采取到期还本、提前还本、分年还本等不同还本方式。

（二）地方财政部门应当均衡一般债券期限结构。年度新增一般债券平均发行期限应当控制在 10 年以下（含 10 年），10 年以上（不含 10 年）新增一般债券发行规模应当控制在当年新增一般债券发行总额的 30% 以下（含 30%），再融资一般债券期限应当控制在 10 年以下（含 10 年）。

（三）地方财政部门应当保障专项债券期限与项目期限相匹配。新增专项债券到期后原则上由地方政府安排政府性基金收入、专项收入偿还，债券与项目期限不匹配的允许在同一项目周期内接续发行，再融资专项债券期限原则上与同一项目剩余期限相匹配。

四、加强地方债发行项目评估，严防偿付风险

（一）地方财政部门应当严格专项债券项目合规性审核和风险把控，加强对拟发债项目的评估，切实保障项目质量，严格落实收支平衡有关要求。

（二）地方财政部门应当强化专项债券项目的全过程管理，对专项债券项目"借、用、管、还"实行逐笔监控，确保到期偿债、严防偿付风险。

（三）律师事务所、会计师事务所等第三方专业机构应当勤勉尽责，根据项目实际情况出具专项债券法律意见书和财务评估报告，对所依据的文件资料

内容进行核查和验证，并对出具评估意见的准确性负责。

五、完善地方债信息披露和信用评级，促进形成市场化融资约束机制

（一）地方财政部门应当在每月 20 日前披露本地区下月地方债发行计划，在 3 月、6 月、9 月和 12 月 20 日前披露本地区下季度地方债发行计划。

（二）地方财政部门应当进一步加大专项债券信息披露力度，充分披露对应项目详细情况、项目收益和融资平衡方案、第三方评估意见等。地方债存续期内，应当于每年 6 月 30 日前披露对应项目上一年度全年实际收益、项目最新预期收益等信息。如新披露的信息与上一次披露的信息差异较大，应当进行必要的说明。

（三）地方债发行后，确需调整债券资金用途的，地方财政部门应当按程序报批，不迟于省级人民政府或省级人大常委会批准后第 10 个工作日进行信息披露，包括债券名称、调整金额、调整前后项目名称、调整后项目收益与融资平衡方案、跟踪评级报告、第三方评估意见等。

（四）信用评级机构应当规范开展地方债信用评级，不断完善信用评级指标体系，并对外披露。开展专项债券信用评级时，应当充分评估项目质量、收益与融资平衡等情况，促进评级结果合理反映项目差异，提高评级结果有效性。

六、规范承销团组建和管理，合理匹配权利义务

（一）地方财政部门应当按照公开、公平、公正的原则组建承销团，合理设定目标数量，鼓励优先吸纳记账式国债承销团成员加入承销团，鼓励优先吸纳记账式国债承销团甲类成员成为主承销商。采用公开承销方式发行地方债时，也应当按照有关规定组建承销团，不得随意指定部分承销团成员参与公开承销。

（二）地方财政部门应当加强承销团管理，定期开展承销团考评，完善退出机制。地方财政部门应当在承销协议中合理设置承销团成员最低投标额、最低承销额等参数及相应的退团触发条件，并严格执行协议约定。增补承销团时，应当提前公布增补通知，每年最多增补一次。

（三）地方债承销团成员应当按照承销协议约定和有关规定，积极开展地方债承销、分销、做市、交易等工作，定期将有关情况报地方财政部门。

七、加强组织领导，保障地方债平稳顺利发行

（一）地方财政部门应当按照本意见要求，结合实际情况，细化政策措施，保障地方债平稳顺利发行。

（二）地方债市场基础设施应当认真做好发行系统维护、发行现场管理、数据提供等工作，不断提高发行、登记、托管、交易、结算、代理兑付等服务水平，并积极落实降费政策，与地方财政部门合理商定地方债发行兑付服务费用标准，不得高于非政府债券标准。

（三）在地方债相关工作中出现重大违规行为、弄虚作假的承销团成员和第三方专业机构，财政部将向地方财政部门通报。地方财政部门在组建承销团或选择第三方专业机构参与地方债相关工作时，应当予以负面考虑。

本意见自2021年1月1日起实施。2019年4月25日财政部发布的《财政部关于做好地方政府债券发行工作的意见》（财库〔2019〕23号）仍然有效，其中与本意见规定不一致的，按照本意见执行。

财政部
2020年11月4日

10. 地方政府债券发行管理办法

（财库〔2020〕43号公布　自2021年1月1日起施行）

第一章　总　　则

第一条　为规范地方政府债券发行管理，保护投资者合法权益，根据《中华人民共和国预算法》《中共中央　办公厅国务院办公厅关于做好地方政府专项债券发行及项目配套融资工作的通知》和《国务院关于加强地方政府性债务管理的意见》（国发〔2014〕43号）等法律法规和相关规定，制定本办法。

第二条　本办法所称地方政府债券，是指省、自治区、直辖市和经省级人民政府批准自办债券发行的计划单列市人民政府（以下称地方政府）发行的、约定一定期限内还本付息的政府债券。

地方政府债券包括一般债券和专项债券。一般债券是为没有收益的公益性项目发行，主要以一般公共预算收入作为还本付息资金来源的政府债券；专项债券是为有一定收益的公益性项目发行，以公益性项目对应的政府性基金收入或专项收入作为还本付息资金来源的政府债券。

第三条　地方政府依法自行组织本地区地方政府债券发行和还本付息工作。

地方政府债券发行兑付工作由地方政府财政部门（以下称地方财政部门）负责办理。

第四条　地方财政部门应当切实履行偿债责任，及时支付债券本息，维护政府信誉。加强专项债券项目跟踪管理，严格落实项目收益与融资规模相平衡的有关要求，保障债券还本付息，防范专项债券偿付风险。

第五条　地方财政部门、地方政府债券承销团成员、信用评级机构及其他相关主体，应当按照市场化、规范化原则做好地方政府债券发行相关工作。

第二章　债券发行额度和期限

第六条　地方财政部门应当在国务院批准的分地区限额内发行地方政府债券。新增债券、再融资债券、置换债券发行规模不得超过财政部下达的当年本地区对应类别的债券限额或发行规模上限。

第七条　地方财政部门应当根据项目期限、融资成本、到期债务分布、投资者需求、债券市场状况等因素，合理确定债券期限结构。

第八条　地方财政部门可结合实际情况，在按照市场化原则保障债权人合法权益的前提下，采取到期偿还、提前偿还、分期偿还等本金偿还方式。

第九条　地方财政部门应当均衡一般债券期限结构，充分结合项目周期、债券市场需求等合理确定专项债券期限，专项债券期限应当与项目期限相匹配。专项债券期限与项目期限不匹配的，可在同一项目周期内以接续发行的方式进行融资。专项债券可以对应单一项目发行，也可以对应多个项目集合发行。财政部对地方政府债券发行期限进行必要的统筹协调。

第三章　信用评级和信息披露

第十条　地方财政部门应当按照公开、公平、公正原则，从具备中国境内债券市场评级资质的信用评级机构中依法竞争择优选择信用评级机构，并按规定及时披露所选定的信用评级机构。地方财政部门应当与信用评级机构签署信用评级协议，明确双方的权利和义务。

第十一条　信用评级机构应当按照独立、客观、公正和审慎性原则开展信用评级工作，严格遵守信用评级业管理有关办法、地方政府债券信用评级有关规定和行业自律规范，及时发布信用评级报告。

首次评级后，信用评级机构应当在评级结果有效期内每年开展一次跟踪评级，在债券存续期内发生可能影响偿债能力和偿债意愿的重大事项时，及时进行不定期跟踪评级，并公布跟踪评级结果。

第十二条 地方财政部门应当按照地方政府债券信息披露有关规定，及时公开地方政府债券发行安排、债券基本信息、本地区财政经济运行及债务情况、债券信用评级报告等。专项债券还应当全面详细公开项目信息、项目收益与融资平衡方案、债券对应的政府性基金或专项收入情况、由第三方专业机构出具的评估意见以及对投资者做出购买决策有重大影响的其他信息。

第十三条 地方财政部门应当在地方政府债券发行定价结束后，及时披露债券发行结果。

第十四条 地方政府债券到期前，地方财政部门应当按有关规定持续披露经济运行、财政收支、政府债务管理情况、跟踪评级报告以及可能影响债券偿还能力的重大事项等。专项债券还应当披露项目收益、对应的政府性基金或专项收入情况等。债券发行后确需调整债券资金用途的，地方财政部门应当按程序报批，经省级人民政府或省级人大常委会批准后及时披露相关信息。

第十五条 地方财政部门应当及时披露地方政府债券发行相关信息，对披露文件的合规性、完整性负责。

第十六条 信息披露遵循诚实信用原则，不得有虚假记载、误导性陈述或重大遗漏。

第十七条 地方财政部门披露债券发行时间后，因债券市场波动、市场资金面、承销团成员承销意愿、不可抗力等特殊因素需要推迟或取消地方政府债券发行时，应当按规定提前向财政部报告，并向市场披露推迟或取消发行信息。

第四章 债券发行与托管

第十八条 地方财政部门应当统筹债券发行、财政收支和库款管理等，结合资金需求科学安排地方政府债券发行节奏，提高债券资金使用效率。

第十九条 地方财政部门应当合理设置单只债券发行规模，公开发行的地方政府债券鼓励采用续发行方式。

第二十条 地方财政部门应当按照公开、公平、公正的原则组建地方政府债券承销团，根据市场环境和债券发行任务等因素，合理确定承销团成员和主承销商的数量、选择方式、组建流程等。

承销团成员应当是中国境内依法成立的金融机构，经营范围包括债券承销，财务稳健，资本充足率、偿付能力或者净资本状况等指标达到监管标准，具有较强的风险防控能力。除外国银行分行外，其他机构应当具备独立法人资格；外国银行分行参与承销地方政府债券，应当取得其总行对该事项的书面授权。

　　第二十一条　地方财政部门应当按照有关法律法规，在平等自愿基础上与地方政府债券承销团成员签署债券承销协议，明确双方权利和义务。承销团成员可以书面委托其分支机构代理签署并履行债券承销协议。地方财政部门可以在承销团成员中择优选择主承销商，主承销商发挥承销主力作用。

　　第二十二条　地方财政部门应当规范承销团管理，定期开展承销团考评，完善退出和增补机制，实现权利义务相匹配。

　　第二十三条　地方政府债券发行可以采用承销、招标等方式。

　　第二十四条　地方财政部门采用承销方式发行地方政府债券，应当与主承销商协商确定承销规则，明确承销方式和募集原则等。地方财政部门与主承销商协商确定利率（价格）区间，各承销商在规定时间内报送申购利率（价格）和数量意愿，按事先确定的定价和配售规则确定最终发行利率（价格）和各承销商债券承销额。

　　第二十五条　地方财政部门采用招标方式发行地方政府债券，应当科学制定招标规则，明确招标方式和中标原则，合理设定投标比例、承销比例等技术参数。地方财政部门通过财政部规定的电子招标系统，要求各承销商通过该系统在规定时间报送投标利率及投标额，按地方财政部门制定的招标发行规则，确定债券发行利率及各承销商债券中标额。地方财政部门可结合市场情况和自身需要，采用弹性招标方式发行地方政府债券。

　　第二十六条　地方财政部门应当按照财政部有关规定积极通过商业银行柜台市场发行地方政府债券，不断拓宽地方政府债券发行渠道，便利个人和非金融机构投资选择。

　　第二十七条　除财政部另有规定外，地方政府债券应当在中央国债登记结算有限责任公司办理总登记托管，在国家规定的登记托管机构办理分登记托管。地方政府债券在全国银行间债券市场（商业银行柜台市场除外）、证券交易所债券市场均实行一级托管，各类投资者直接在登记托管机构开立债券账户，实行穿透式管理。发行结束后，按有关规定及时上市交易。

　　第二十八条　发行服务机构、登记结算机构、代理还本付息机构等应当与地方财政部门商定合理的发行费用标准，原则上不得高于非政府债券标准。发行服务机构、登记结算机构、代理还本付息机构拟修改或新增收费标准的，应当提前报财政部核准后实施。

第五章 相关机构职责

第二十九条 地方财政部门应当加强地方政府债券发行现场管理，确保在发行定价过程中，不得有违反公平竞争、进行利益输送、谋取不正当利益以及其他破坏市场秩序的行为。

地方财政部门和地方政府债券发行服务机构应当按照地方政府债券发行现场管理有关规定，对发行现场的人员出入登记、通讯设备存放、无线电屏蔽和电话录音等方面进行严格管理。如遇特殊情况，应当及时向财政部报告。

第三十条 地方政府债券发行服务机构应当建立健全债券发行服务制度，优化发行服务工作流程，做好发行系统维护工作，强化内部控制，不断提升发行服务水平。

第三十一条 地方政府债券市场基础设施应当在财政部指导下，积极配合做好地方政府债券收益率曲线编制等工作。

第三十二条 地方政府债券市场基础设施应当加强市场跟踪分析，及时向财政部门报送数据信息及市场分析报告。

第三十三条 地方财政部门应当积极推动扩大地方政府债券投资者范围，鼓励各类机构投资者和个人投资者在符合法律法规等相关规定的前提下投资地方政府债券。

各交易场所和市场服务机构应当不断完善地方政府债券现券交易、回购、质押安排，促进地方政府债券流动性改善。鼓励各类机构在回购交易中更多接受地方政府债券作为质押品。

第六章 监督检查

第三十四条 财政部各地监管局应当加强对地方政府债券的监督检查，规范地方政府债券的发行、资金使用和偿还等行为。

第三十五条 登记结算机构、承销团成员、信用评级机构等第三方专业机构和人员应当勤勉尽责，严格遵守职业规范和相关规则，对弄虚作假、存在违法违规行为的，财政部将向地方财政部门通报。地方财政部门在组建承销团或选择第三方专业机构参与地方政府债券相关工作时，应当予以负面考虑。涉嫌犯罪的，依法移送有关国家机关处理。

第三十六条　地方财政部门应当按规定及时向财政部报送本地区地方政府债券发行计划。地方政府债券发行兑付过程中出现重大事项及时向财政部报告。

第七章　附　　则

第三十七条　本办法自 2021 年 1 月 1 日起施行。

11. 地方政府债券信息公开平台管理办法

（财预〔2021〕5 号　自 2021 年 1 月 14 日起施行）

第一条　为贯彻落实党中央、国务院关于推进地方政府债务信息公开的要求，规范地方政府债券信息公开平台管理，根据《中华人民共和国预算法》及其实施条例、《中华人民共和国政府信息公开条例》《中共中央办公厅　国务院办公厅关于做好地方政府专项债券发行及项目配套融资工作的通知》及《地方政府债务信息公开办法（试行）》（财预〔2018〕209 号，以下简称公开办法）等法律法规和制度规定，制定本办法。

第二条　本办法所称地方政府债券信息公开平台（以下简称公开平台），是指按照党中央、国务院有关文件规定，由财政部组织建设的全国统一的地方政府债务信息公开官方平台，注册网站名称为"中国地方政府债券信息公开平台"，注册网站域名为 www.celma.org.cn。

第三条　各省、自治区、直辖市、计划单列市财政厅（局）和新疆生产建设兵团（以下简称兵团）财政局，应当按照地方政府债务信息公开有关规定，组织本地区各级财政部门通过公开平台公开地方政府债务相关信息。地方政府债务相关信息包括地方政府债务数据和相关文本信息。

第四条　公开平台管理遵循依法合规、公开透明、简便高效、积极稳妥的原则。

第五条　财政部负责公开平台建设和管理，指导地方政府债务信息公开工作。

财政部预算司、国库司具体负责地方政府债务信息公开政策指导工作。财政部政府债务研究和评估中心（以下简称政府债务中心）负责公开平台日常运行管理工作，组织开展地方政府债务信息公开评估。财政部信息网络中心负责公开平台运行维护技术支持，确保平台安全运行。

第六条　地方各级财政部门和兵团财政部门（以下统称地方财政部门）及相关单位按照谁制作、谁公开、谁负责的原则，对地方政府债务相关信息公开的真实性、准确性、完整性、规范性、及时性负责。

第七条　地方财政部门应当按照公开办法等制度规定，在公开平台相应栏目及时公开地方政府债务限额、余额，地方政府债券发行、项目、还本付息、重大事项、存续期管理，以及经济社会发展指标、财政状况等相关信息。

第八条　地方财政部门应当指定专人负责公开平台信息公开工作，及时将地方政府债务相关信息归集、导入公开平台对应栏目，审核确认无误后在公开平台发布。

第九条　地方政府债券发行场所应当在地方政府债券发行结束后，不迟于3个工作日将发行结果传至财政部公开平台，进行数据核对。

第十条　地方政府债务信息一经公开平台发布，不得随意更改。确实有误需要更改的，应当向政府债务中心备案，并按程序重新在公开平台发布。

第十一条　政府债务中心应当建立评估和通报制度，组织开展地方政府债务信息公开情况评估，定期通报评估结果，评估结果作为地方政府债务绩效评价的重要参考。

第十二条　地方财政部门和相关单位应当增强网络安全意识，加强用户信息管理，防止用户信息泄露，工作人员岗位变动应当及时变更或注销相关用户信息。

政府债务中心应当做好开通、变更或注销公开平台用户和权限等工作。

第十三条　本办法自印发之日起施行。

12. 地方政府债券信用评级管理暂行办法

（财库〔2021〕8号公布　自2021年3月1日起施行）

第一条　为进一步规范地方政府债券信用评级工作，促进地方政府债券市场健康发展，依据《中华人民共和国预算法》、《中共中央办公厅　国务院办公厅关于做好地方政府专项债券发行及项目配套融资工作的通知》、《国务院关于加强地方政府性债务管理的意见》（国发〔2014〕43号）和《信用评级业管理暂行办法》（人民银行　发展改革委　财政部　证监会令〔2019〕第5号）等法律法规及地方政府债券发行管理有关规定，制定本办法。

第二条　财政部作为地方政府债券信用评级业务管理部门，按照《信用评级业管理暂行办法》等有关规定，在职责范围内依法对地方政府债券信用评级工作实施监督管理。

第三条　在中华人民共和国境内依法取得信用评级资质的信用评级机构，从事地方政府债券信用评级，适用本办法。

本办法所称地方政府债券，是指省、自治区、直辖市政府（含计划单列市政府）发行的、约定一定期限内还本付息的政府债券。

第四条　信用评级机构对影响地方政府债券的信用风险因素进行分析，就偿债能力和偿债意愿作出综合评价，并通过预先定义的信用等级符号进行表示。

第五条　地方财政部门应当按照党中央、国务院要求，做到公开、公平、公正，依法依规选择信用评级机构，并通过全国统一的地方政府债券信息公开平台、本单位门户网站、中国债券信息网等财政部指定网站及时公开选定的信用评级机构。

第六条　地方财政部门选择信用评级机构时，应当合理设定评级费用占全部选择指标的权重，引导信用评级机构合理设定评级费用标准。信用评级机构不得通过恶意价格竞争、评级级别竞争等方式干扰市场秩序。

第七条　地方财政部门应当与选定的信用评级机构签订评级协议，明确双方权利义务。地方财政部门、信用评级机构应当严格遵守信用评级协议约定。

第八条　信用评级机构应当制定信用评级工作程序，并据此开展地方政府债券信用评级。信用评级工作程序包括项目立项与准备、尽职调查、信用分析和初评、等级评定、结果反馈（及可能发生的复评）、评级结果发布、跟踪评级、终止评级等环节。

信用评级机构对开展信用评级所依据的文件资料内容进行必要的核查和验证，并对出具的信用评级报告的真实性、准确性、完整性负责。

信用评级机构应当将地方政府债券信用评级方法、工作程序、指标体系等向财政部报备，并在本机构网站上进行披露。

第九条　信用评级机构应当结合一般债券、专项债券的特点，客观公正出具评级意见。

开展一般债券信用评级，应当重点关注本地区经济、财政、债务等情况。

开展专项债券信用评级，在关注本地区经济、财政、债务等情况的基础上，应当重点关注项目基本情况、项目收益与融资平衡方案、对应的政府性基金或专项收入等情况，促进评级结果合理反映项目差异。

第十条　信用评级机构首次评级后，债券存续期内应当每年开展一次跟踪评级，同时关注可能影响偿债能力和偿债意愿的重大事项（如调整债券资金用途等），进行不定期跟踪评级，并及时公布评级结果。

第十一条　信用评级机构发生影响或者可能影响本机构地方政府债券信用评级开展的重大事件时，应当立即向财政部报告，说明事件的起因、目前的状态和可能产生的后果。

第十二条　地方政府债券信用评级机构应当遵守地方政府债券信用评级行业自律规范，积极接受自律管理。

第十三条　在地方政府债券信用评级工作中严重违反有关监管和自律规定、弄虚作假的信用评级机构，财政部将通报人民银行、发展改革委、证监会等部门，健全守信联合激励和失信联合惩戒机制，推动协同监管。

信用评级有关监管部门和行业自律组织对信用评级机构作出处罚的，财政部将通知地方财政部门，在开展地方政府债券信用评级工作时予以负面考虑。

第十四条　本办法自2021年3月1日起施行。

13. 地方政府专项债券项目资金绩效管理办法

（财预〔2021〕61号公布　自2021年6月10日起施行）

第一章　总　　则

第一条　为加强地方政府专项债券项目资金绩效管理，提高专项债券资金使用效益，有效防范政府债务风险，根据《中华人民共和国预算法》《中华人民共和国预算法实施条例》《中共中央　国务院关于全面实施预算绩效管理的意见》《国务院关于进一步深化预算管理制度改革的意见》《项目支出绩效评价管理办法》等法律法规及有关规定，制定本办法。

第二条　本办法所称地方政府专项债券（以下简称专项债券）指省级政府为有一定收益的公益性项目发行的、以公益性项目对应的政府性基金收入或专项收入作为还本付息资金来源的政府债券，包括新增专项债券和再融资专项债券等。

第三条　本办法所称绩效管理，是指财政部门、项目主管部门和项目单位以专项债券支持项目为对象，通过事前绩效评估、绩效目标管理、绩效运行监控、绩效评价管理、评价结果应用等环节，推动提升债券资金配置效率和使用效益的过程。

第四条　绩效管理应当遵循以下原则：

（一）科学规范。专项债券项目资金绩效实行全生命周期管理。坚持"举债必问效、无效必问责"，遵循项目支出绩效管理的基本要求，注重融资收益平衡与偿债风险。建立规范的工作流程和指标体系，推动绩效管理工作有序开展。

（二）协同配合。各级财政部门牵头组织专项债券项目资金绩效管理工作，督促指导项目主管部门和项目单位具体实施各项管理工作。上级财政部门加强工作指导和检查。

（三）公开透明。绩效信息是专项债券项目信息的重要组成部分，应当依法依规公开，自觉接受社会监督，通过公开推动提高专项债券资金使用绩效。

（四）强化运用。突出绩效管理结果的激励约束作用，将专项债券项目资金绩效管理结果作为专项债券额度分配的重要测算因素，并与有关管理措施和政策试点等挂钩。

第二章　事前绩效评估

第五条　申请专项债券资金前，项目单位或项目主管部门要开展事前绩效评估，并将评估情况纳入专项债券项目实施方案。事前绩效评估主要判断项目申请专项债券资金支持的必要性和可行性，重点论证以下方面：

（一）项目实施的必要性、公益性、收益性；

（二）项目建设投资合规性与项目成熟度；

（三）项目资金来源和到位可行性；

（四）项目收入、成本、收益预测合理性；

（五）债券资金需求合理性；

（六）项目偿债计划可行性和偿债风险点；

（七）绩效目标合理性；

（八）其他需要纳入事前绩效评估的事项。

第六条 地方财政部门指导项目主管部门和项目单位做好事前绩效评估，将事前绩效评估作为项目进入专项债券项目库的必备条件。必要时财政部门可组织第三方机构独立开展绩效评估，并将评估结果作为是否获得专项债券资金支持的重要参考依据。

第三章 绩效目标管理

第七条 绩效目标应当重点反映专项债券项目的产出数量、质量、时效、成本，还包括经济效益、社会效益、生态效益、可持续影响、服务对象满意度等绩效指标。

第八条 项目单位在申请专项债券项目资金需求时，要同步设定绩效目标，经项目主管部门审核后，报同级财政部门审定。绩效目标要尽可能细化量化，能有效反映项目的预期产出、融资成本、偿债风险等。

第九条 地方财政部门要将绩效目标设置作为安排专项债券资金的前置条件，加强绩效目标审核，将审核后的绩效目标与专项债券资金同步批复下达。

第十条 绩效目标原则上执行中不作调整。确因项目建设运营环境发生重大变化等原因需要调整的，按照新设项目的工作流程办理。

第四章 绩效运行监控

第十一条 绩效运行监控是指在专项债券资金使用过程中，对专项债券资金预算执行进度和绩效目标实现情况进行"双监控"，查找资金使用和项目实施中的薄弱环节，及时纠正偏差。

第十二条 项目主管部门和项目单位应当建立专项债券项目资金绩效跟踪监测机制，对绩效目标实现程度进行动态监控，发现问题及时纠正并告知同级财政部门，提高专项债券资金使用效益，确保绩效目标如期实现。

第十三条 地方财政部门应当跟踪专项债券项目绩效目标实现程度，对严重偏离绩效目标的项目要暂缓或停止拨款，督促及时整改。项目无法实施或存在严重问题的要及时追回专项债券资金并按程序调整用途。

第十四条　财政部门利用信息化手段探索对专项债券项目实行穿透式监管，根据工作需要组织对专项债券项目建设运营等情况开展现场检查，及时纠偏纠错。

第五章　绩效评价管理

第十五条　地方财政部门负责组织本地区专项债券项目资金绩效评价工作。年度预算执行终了，项目单位要自主开展绩效自评，评价结果报送主管部门和本级财政部门。项目主管部门和本级财政部门选择部分重点项目开展绩效评价。

第十六条　省级财政部门根据工作需要，每年选取部分重大项目开展重点绩效评价。选取项目对应的资金规模原则上不低于本地区上年新增专项债务限额的5%，并逐步提高比例。鼓励引入第三方机构，对重大项目开展重点绩效评价。必要时财政部可直接组织开展绩效评价。

第十七条　项目主管部门和财政部门绩效评价要反映项目决策、管理、产出和效益。绩效评价指标框架和绩效评价提纲由省级财政部门结合实际情况自主制定，参考《项目支出绩效评价管理办法》有关范例，并突出专项债券项目资金绩效评价特点。包括但不限于以下内容：

（一）决策方面。项目立项批复情况；项目完成勘察、设计、用地、环评、开工许可等前期工作情况；项目符合专项债券支持领域和方向情况；项目绩效目标设定情况；项目申请专项债券额度与实际需要匹配情况等。

（二）管理方面。专项债券收支、还本付息及专项收入纳入政府性基金预算管理情况；债券资金按规定用途使用情况；资金拨付和支出进度与项目建设进度匹配情况；项目竣工后资产备案和产权登记情况；专项债券本息偿还计划执行情况；项目收入、成本及预期收益的合理性；项目年度收支平衡或项目全生命周期预期收益与专项债券规模匹配情况；专项债券期限与项目期限匹配情况等；专项债券项目信息公开情况；外部监督发现问题整改情况；信息系统管理使用情况；其他财务、采购和管理情况。

（三）产出方面。项目形成资产情况；项目建设质量达标情况；项目建设进度情况；项目建设成本情况；考虑闲置因素后债券资金实际成本情况；项目建成后提供公共产品和服务情况；项目运营成本情况等。

（四）效益方面。项目综合效益实现情况；项目带动社会有效投资情况；

项目支持国家重大区域发展战略情况；项目直接服务对象满意程度等。

第十八条 专项债券项目建立全生命周期跟踪问效机制，项目建设期绩效评价侧重项目决策、管理和产出等，运营期绩效评价侧重项目产出和效益等。

第十九条 地方各级财政部门负责组织实施本地区绩效评价结果公开工作，指导项目主管部门和项目单位每年6月底前公开上年度专项债券项目资金绩效评价结果。绩效评价结果要在全国统一的地方政府债务信息公开平台上公开。

第六章　评价结果应用

第二十条 绩效评价结果量化为百分制综合评分，并按照综合评分进行分级。综合评分为90分（含）以上的为"优"，80分（含）至90分的为"良"，60分（含）至80分的为"中"，60分以下的为"差"。

第二十一条 项目主管部门和项目单位要根据绩效评价结果及时整改问题。省级财政部门也要及时将重点绩效评价结果反馈项目主管部门和项目单位，并提出整改意见。项目主管部门和项目单位应根据评价结果和整改意见，提出明确整改措施，认真组织开展整改工作。

第二十二条 上级财政部门对下级财政部门绩效管理工作定期开展抽查，指导和督促提高绩效管理水平。财政部组织各地监管局定期抽查各地区绩效管理工作情况、省级财政部门重点绩效评价开展情况等，抽查情况书面报告财政部。

第二十三条 按照评价与结果应用主体相统一的原则，财政部在分配新增地方政府专项债务限额时，将财政部绩效评价结果及各地监管局抽查结果等作为分配调整因素。省级财政部门在分配专项债务限额时，将抽查情况及开展的重点绩效评价结果等作为分配调整因素。地方财政部门将绩效评价结果作为项目建设期专项债券额度以及运营期财政补助资金分配的调整因素。

第二十四条 各级财政部门、项目主管部门和项目单位及个人，违反专项债券项目资金绩效管理规定致使财政资金使用严重低效无效并造成重大损失的，以及有其他滥用职权、玩忽职守、徇私舞弊等违法违规行为的，依法责令改正；对负有直接责任的主管人员和其他直接责任人员依法给予处分；涉嫌犯罪的，依法移送有关机关处理。

第七章　附　　则

第二十五条　省级财政部门制定本地区专项债券项目资金绩效管理办法，报财政部备案，并抄送财政部相关监管局。

第二十六条　本办法自印发之日起施行。2022年及以后年度新增专项债券到期后按规定发行的再融资专项债券参照本办法执行。

14. 地方政府专项债券用途调整操作指引

（财预〔2021〕110号公布　自2021年9月8日起施行）

第一章　总　　则

第一条　为规范和加强地方政府专项债券（以下简称专项债券）管理，提高专项债券资金使用绩效，防范地方政府债务风险，根据《中华人民共和国预算法》及其实施条例、《国务院关于加强地方政府性债务管理的意见》（国发〔2014〕43号）、《中共中央办公厅　国务院办公厅关于做好地方政府专项债券发行及项目配套融资工作的通知》、《财政部关于印发〈地方政府专项债务预算管理办法〉的通知》（财预〔2016〕155号）、《财政部关于加快地方政府专项债券发行使用有关工作的通知》（财预〔2020〕94号）、《财政部关于印发〈财政总预算会计制度〉的通知》（财库〔2015〕192号）等法律法规和制度规定，制定本指引。

第二条　专项债券用途调整，属于财政预算管理范畴，主要是对新增专项债券资金已安排的项目，因债券项目实施条件变化等原因导致专项债券资金无法及时有效使用，需要调整至其他项目产生的专项债券资金用途变动。

第三条　专项债券资金使用，坚持以不调整为常态、调整为例外。专项债券一经发行，应当严格按照发行信息公开文件约定的项目用途使用债券资金，各地确因特殊情况需要调整的，应当严格履行规定程序，严禁擅自随意调整专项债券用途，严禁先挪用、后调整等行为。

第四条　专项债券用途调整，由省级政府统筹安排，省级财政部门组织省以下各级财政部门具体实施。

第二章 项目调整条件

第五条 专项债券资金已安排的项目，可以申请调整的具体情形包括：

（一）项目实施过程中发生重大变化，确无专项债券资金需求或需求少于预期的；

（二）项目竣工后，专项债券资金发生结余的；

（三）财政、审计等发现专项债券使用存在违规问题，按照监督检查意见或审计等意见确需调整的；

（四）其他需要调整的。

第六条 专项债券用途调整，应符合以下原则：

（一）调整安排的项目必须经审核把关具备发行和使用条件。项目属于有一定收益的公益性项目，且预期收益与融资规模自求平衡。项目前期准备充分、可尽早形成实物工作量。项目周期应当与申请调整的债券剩余期限相匹配。

（二）调整安排的专项债券资金，优先支持党中央、国务院明确的重点领域符合条件的重大项目。

（三）调整安排的专项债券资金，优先选择与原已安排的项目属于相同类型和领域的项目。确需改变项目类型的，应当进行必要的解释说明。

（四）调整安排的专项债券资金，严禁用于置换存量债务，严禁用于楼堂馆所、形象工程和政绩工程以及非公益性资本支出项目，依法不得用于经常性支出。

第七条 调整安排的专项债券资金，优先用于本级政府符合条件的项目，确无符合条件项目的，省级财政部门可以收回专项债券资金和对应的专项债务限额统筹安排。

第三章 项目调整程序

第八条 省级财政部门原则上每年9月底前可集中组织实施1到2次项目调整工作。地方各级财政部门会同有关部门组织梳理本级政府专项债券项目实施情况，确需调整专项债券用途的，要客观评估拟调整项目预期收益和资产价值，编制拟调整项目融资平衡方案、财务评估报告书、法律意见书，经同级政府同意后，及时报送省级财政部门。

拟调整项目融资平衡方案应当准确反映项目基本情况、前期手续、投融资规模、收益来源、建设周期、分年度投资计划、原债券期限内预期收益与融资平衡情况、原已安排的项目调整原因、潜在风险评估、主管部门责任、调整后债券本息偿还安排等。

第九条 省级财政部门负责汇总各地调整申请，统筹研究提出包括专项债务限额和专项债券项目在内的调整方案，于10月底前按程序报省级政府批准后，报财政部备案。

第四章 项目调整执行管理

第十条 按照预算法等法律法规规定，规范专项债券项目调整涉及的预算调整和调剂管理。省级政府批准后，对专项债券用途调整涉及增加或减少预算总支出、调减预算安排的专项债券重点支出数额、增加举借债务数额的，地方财政部门应当编制预算调整方案按程序提请同级人大常委会审议；其他预算调剂事项，地方财政部门应当按程序办理。

第十一条 按照《财政总预算会计制度》规定，规范专项债券项目调整涉及的预算执行管理。对专项债券用途调整，地方各级财政部门应按有关规定及时对原项目对应的预算科目收入、支出进行调减，对调整安排的项目对应的预算科目收入、支出进行调增。原项目调减的金额应等于调整安排的项目调增的金额。涉及跨地区专项债券调整的，要对专项债券的债务（转贷）收入、债务（转贷）支出等预算科目进行相应调整。涉及跨年度专项债券调整的，要按照收付实现制核算要求，在当年预算收支中对相关预算科目进行调整。

第十二条 省级财政部门在地区间调整债券资金用途时，应与相关地区重新签署转贷协议或通过预算指标文件明确调整事宜。

第五章 信息公开

第十三条 专项债券用途调整，省级财政部门要按以下原则及时进行信息公开：

（一）专项债券用途调整，不改变原专项债券注册信息，包括债券发行量、期限、代码、名称、利率、兑付安排等。

（二）专项债券用途调整，要发布调整公告，重点说明调整事项已经省级政府批准，一并公开本地区经济社会发展指标、地方政府性基金预算情况、专项债务情况等。

（三）专项债券用途调整，要公布项目调整信息，包括调整前原已安排的项目名称、调整金额，以及调整后项目概况、分年度投资计划、项目资金来源、预期收益和融资平衡方案、潜在风险评估、主管部门责任、第三方评估信息（包括财务评估报告书、法律意见书、信用评级报告等）等。

（四）其他按规定需要公开的信息。

第十四条　省级财政部门应当于省级政府批准后（涉及预算调整的按程序报省级人大或其常委会批准后）的10个工作日内，在全国统一的地方政府债务信息公开平台（www.celma.org.cn），以及省级政府或财政部门门户网站、发行登记托管机构门户网站等公开相关预算调整和项目调整信息。

市县级财政部门应当在省级政府、市县人大或其常委会批准后的10个工作日内，在本级政府或财政部门门户网站公开本地区专项债券用途调整相关信息。

第六章　监督管理

第十五条　地方各级财政部门应当按照预算管理一体化要求，通过信息管理系统全过程登记专项债券用途调整情况，督促相关部门和项目单位及时规范使用债券资金，提高使用绩效。

第十六条　财政部各地监管局依法对专项债券用途调整实施监督，确保发挥债券资金使用效益。

第十七条　专项债券资金已安排的项目调整规模大、频次多的地区或部门，省级财政部门可适当扣减下一年度新增专项债券额度，引导各地区、各部门提升专项债券项目储备和安排的精准性、规范性。

第十八条　各地不得违规调整专项债券用途，严禁假借专项债券用途名义挪用、套取专项债券资金。对违反法律法规和政策规定的，依法依规追究相关责任单位和责任人的责任。

第七章　附　　则

第十九条　本指引自印发之日起施行。

15. 财政部办公厅、国家发展改革委办公厅关于梳理2021年新增专项债券项目资金需求的通知

（财办预〔2021〕29号）

各省自治区直辖市、计划单列市财政厅（局）、发展改革委、新疆生产建设兵团财政局、发展改革委：为贯彻中央经济工作会议精神，落实"积极的财政政策要提质增效、更可持续"要求，用好地方政府专项债券，加强资金和项目对接，提高券资金使用绩效，促进经济运行保持在合理区间，请各地理新增专项债项目资金需求现将有关事项通知如下：

一、专项债券资金投向

新增专项债券必须用于建设项目，不得用于偿还债务。2021年新增专项债券重点用于交通基础设施，能源项目、农林水利、生态环保项目、社会事业、城乡冷链物流设施，市政和产业园区基础设施，国家重大战略项目，保障性安居工程等领域，详见附件1。此次梳理的专项债券项目，不安排用于租赁住房建设以外的土地储备项目，不安排一般房地产项目，不安排产业项目。

二、明确项目应当具备的重要条件

必须符合专项债券风险管理要求和发行条件，必须是经济社会效益比较明显，群众期盼、早晚要干的政府投资项目，必须是有一定收益的基础设施和公共服务项目，优先安排在建项目，优先安排纳入相关规划的国家重大战略任务项目，要按照项目建设工期和年度建设任务合理提出资金需求。

三、保持专项债券作为重大项目资本金的比例不变

对2021年新增专项债券，各地在符合政策规定和防控风险的基础上，以省份为单位，专项债券资金用于项目资本的规模占该省份专项债券规模的比例上限保持25%不变，具体根据项目实际确定。政策范围为国务院确定的铁路、收费公路、干线机场、内河航电枢纽和港口，城市停车场，天然气管网和储气设施，城乡电网，水利，城镇污水垃圾处理、供水10个领域。

四、相关工作要求

（一）加强协调配合，严格落实地方属地管理责任。坚持地方负责，省负总责，省级财政、发展改革部门要充分沟通协商专项债券项目，报省级政府同意后上报。省级发展改革部门要充分发挥在制定建设规划，熟悉建设项目等方面的作用，会同行业部门等抓紧梳理提出项目清单；省级财政部门要充分发挥在新增限额分配，项目融资收益平衡、专项债券发行和风险管理等方面的作用，会同相关部门对项目清单审核提出专项债券项目资金额度需求，两部门协商一致报省级政府同意后，由省级政府办公厅报财政部、国家发展改革委。

（二）坚持合规审核。专项债券必须用于有一定收益的重大项目，融资规模要保持与项目收益相平衡，要做好项目前期准备，履行各项审批程序，决不能一哄而上、片面追求投资规模不顾项目合规管理。

（三）坚持风险防范。省级层面要负总责，妥善处理好恢复经济和防范风险的关系，既要考虑地方项目资金需求，对国家重大战略项目多的地区适当倾斜，也要提高风险预见预判能力，充分考虑各地财力债务风险水平，避免单个地区债务规模过度增加风险水平急剧上升，避免高风险地区持续累积风险。

（四）及时报送材料。省级财政，发展改革部门要于2月21日前分别按要求通过地方政府债务信息系统，国家重大项目库报送财政部，国家发展改革委，并确保相关项目填报信息准确无误相互衔接（表样见附件2）。

国家发展改革委对地方确定的项目就投向领域等进行把关后形成准备项目清单，转送财政部纳入政府债项目库，各地方在分地区专项债务限额内优先予以发行安排。

特此通知。

附件：1. 2021年新增专项债券资金投向领域
2. 2021年新增专项债券需求表（略）

附件1：

2021年新增专项债券资金投向领域

一、交通基础设施

（一）铁路

（二）收费公路

（三）机场（不含通用机场）

（四）水运

（五）城市轨道交通

（六）城市停车场

二、能源

（一）天然气管网和储气设施

（二）城乡电网（农村电网改造升级和城市配电网）

三、农林水利

（一）农业

（二）水利

（三）林业

四、生态环保

（一）城镇污水垃圾处理

五、社会事业

（一）卫生健康（含应急医疗救治设施，公共卫生设施）

（二）教育（学前教育和职业教育）

（三）养老

（四）文化旅游

（五）其他社会事业

六、城乡冷链物流基础设施

七、市政和产业园区基础设施

（一）市政基础设施

1. 供水

2. 供热

3. 供气

4. 地下管

（二）产业园区基础设施

八、国家重大战略项目

主要包括：

（一）京津冀协同发展

（二）长江经济带发展

（三）"一带一路"建设

（四）粤港澳大湾区建设

（五）长三角一体化发展

（六）推进海南全面深化改革开放

（七）黄河流域生态保护和高质量发展

九、保障性安居工程

（一）城镇老旧小区改造

（二）保障性租赁住房

（三）棚户区改造主要支持在建收尾项目，适度支持新开工项目

16. 财政部办公厅、国家发展改革委办公厅关于申报2022年新增专项债券项目资金需求的通知

（2021年9月30日财办预〔2021〕209号公布）

各省、自治区、直辖市、计划单列市财政厅（局）、发展改革委，新疆生产建设兵团财政局、发展改革委：

为认真贯彻党中央、国务院决策部署，进一步做好跨周期政策调节，提升积极财政政策效能，着力发挥地方政府专项债券带动扩大有效投资，保持经济平稳运行的重要作用，现就做好2022年新增专项债券（以下简称专项债券）项目资金需求申报工作通知如下：

一、严格按投向领域申报需求

为保持政策延续性和稳定性，2022年专项债券资金继续重点用于交通基础设施、能源、农林水利、生态环保、社会事业、城乡冷链等物流基础设施（含粮食仓储物流设施），市政和产业园区基础设施、国家重大战略项目、保障性安居工程等领域，详见附件。

同时，为进一步严肃财经纪律，促进专项债券资金安全高效使用，请严格遵照《财政部 发展改革委关于印发〈地方政府专项债券资金投向领域禁止类

项目清单〉的通知》（财预〔2021〕115号），做好专项债券项目储备和需求申报工作。

二、继续允许用作符合条件的重大项目资本金

在符合政策规定和防控风险的基础上，2022年各地区可继续将专项债券用作重大项目资本金，政策范围仍为国务院确定的铁路、收费公路、干线机场、内河航电枢纽和港口，城市停车场、天然气管网和储气设施、城乡电网、水利、城镇污水垃圾处理、供水10个领域，以省份为单位，专项债券资金用于项目资本金的规模占该省份专项债券规模的比例上限保持25%不变，具体根据项目实际确定。

三、进一步提升项目储备质量

一是储备项目应当属于经济社会效益明显、群众期盼、早晚要干的实体政府投资项目。优先支持纳入国家和地方"十四五"规划的项目，优先支持纳入国家重大区域发展战略以及省、市级重点项目，积极发挥专项债券对重大规划和战略的支撑作用。二是储备项目必须成熟可行。各地区要认真开展事前绩效评估，优先支持在建项目，新开工项目必须已取得立项批复、2022年内具备开工条件且能够形成实物工作量和拉动有效投资。三是储备项目必须满足专项债券风险管理要求，应当有一定收益且融资收益能够实现平衡。各地区要按照项目建设工期和年度建设任务等合理提出分年度资金需求。

四、补充报送2021年专项债券项目

各地区可围绕国家和地方"十四五"规划，补充报送一批能在今年底明年初形成实物工作量的重点项目，符合条件的可在各地区2021年新增专项债务限额内发行使用。项目应当前置审批手续完备齐全，已开工或具备开工条件，确保专项债券发行后能够迅速投入使用。

五、相关工作要求

（一）加强协调配合。坚持地方负责、省负总责，健全专项债券项目安排协调机制，省级财政和发展改革部门要充分沟通协商。发展改革部门要充分发挥在制定建设规划、熟悉建设项目、推进项目前期工作等方面的作用，会同行业部门等抓紧提出项目清单；财政部门要充分发挥在新增限额分配、项目融资收益平衡、专项债券发行和风险管理等方面的作用，会同相关部门对项目清单审核提出专项债券项目资金额度需求。两部门协商一致报省级政府同意后，由省级政府办公厅报财政部、国家发展改革委。

（二）强化审核把关。严格落实属地管理责任，结合审计督查和日常核查发现问题，强化储备项目合规性、成熟度和融资方案的审核把关，做好高质量项目储备工作，重点支持党中央、国务院确定的重点投向领域内的重大项目，严格落实专项债券投向领域禁止类项目清单。进一步指导地方强化项目前期工作，深化项目可行性研究，加快履行项目审批程序，严禁包装项目，包括虚增或夸大项目收入收益、虚列已通过审批事项等，决不片面追求项目数量、忽视项目质量，从源头解决"钱等项目"问题。

（三）切实防范风险。处理好稳增长和防风险的关系，促进专项债券安全高效使用。项目储备向省市级倾斜，聚焦重大战略和重点项目，不撒"胡椒面"，提高资金使用效益。提高风险预见预判能力，项目储备要充分考虑各地区财力和债务风险水平，加强对高风险地区项目审核把关，避免高风险地区持续累积风险。

（四）及时报送材料。对2021年增补的项目资金需求和2022年新增专项债券项目资金需求，经省级人民政府同意后，省级财政、发展改革部门要分别于10月15日、11月20日前按要求通过地方政府债务信息系统、国家重大建设项目库报送财政部、国家发展改革委，并确保信息填报准确无误、相互衔接。2021年项目信息填报参考年初表样，2022年填报表样将通过地方政府债务信息系统、国家重大建设项目库下发。

国家发展改革委对地方确定的项目就投向领域等进行把关后形成准备项目清单，转送财政部纳入政府债券项目库，各地方在分地区专项债务限额内区分轻重缓急予以发行安排。

特此通知。
附件：2022年新增专项债券资金投向领域

财政部办公厅
国家发展改革委办公厅
2021年9月30日

附件：

2022年新增专项债券资金投向领域

一、交通基础设施

（一）铁路。

（二）收费公路。

（三）机场（不含通用机场）。

（四）水运。

（五）城市轨道交通。

（六）城市停车场。

二、能源

（一）天然气管线和储气设施。

（二）城乡电网（农村电网改造升级和城市配电网）。

三、农林水利

（一）农业。

（二）水利。

（三）林业。

四、生态环保

城镇污水垃圾处理。

五、社会事业

（一）卫生健康（含应急医疗救治设施、公共卫生设施）。

（二）教育（学前教育和职业教育）。

（三）养老。

（四）文化旅游。

（五）其他社会事业。

六、城乡冷链等物流基础设施（含粮食仓储物流设施）

七、市政和产业园区基础设施

（一）市政基础设施。

1. 供水。

2. 供热。

3. 供气。

4. 地下管廊。

（二）产业园区基础设施。

八、国家重大战略项目

主要包括：

（一）京津冀协同发展。

（二）长江经济带发展。

（三）"一带一路"建设。

（四）粤港澳大湾区建设。

（五）长三角一体化发展。

（六）推进海南全面深化改革开放。

（七）黄河流域生态保护和高质量发展。

九、保障性安居工程

（一）城镇老旧小区改造。

（二）保障性租赁住房。

（三）棚户区改造。主要支持在建收尾项目，适度支持新开工项目。

五、金融机构参与

1. 中国人民银行、财政部、中国银行保险监督管理委员会关于在全国银行间债券市场开展地方政府债券柜台业务的通知

（银发〔2018〕283号公布　自2018年11月10日起施行）

为拓宽地方政府债券（以下简称地方债）发售渠道，丰富全国银行间债券市场柜台业务（以下简称柜台业务）品种，现就开展地方债柜台业务有关事宜通知如下：

一、柜台业务的开办机构（以下简称开办机构）可开办经发行人认可的已发行地方债以及发行对象包括柜台业务投资者的新发行地方债的柜台业务。其中，在开办机构柜台发售地方债时，应遵守财政部的有关规定。

二、开办机构应当优先向地方债发行人所在地的投资者开展该地方债柜台业务。

三、开办机构开展定向承销方式发行的地方债柜台业务时，可与该债券的定向投资人在全国银行间债券市场买卖该债券。

四、地方债发行人应当按照《全国银行间债券市场柜台业务管理办法》（中国人民银行公告〔2016〕第2号公布）和地方债发行管理有关规定做好信息披露工作。开办机构要与发行人、全国银行间同业拆借中心、中央国债登记结算有限责任公司加强沟通，将地方债相关披露信息及时、完整、准确、有效地通过网点柜台或者电子渠道向投资者传递，并特别提示本息兑付条款以及税收政策等与还本付息有关的重要信息。

五、全国银行间同业拆借中心、中央国债登记结算有限责任公司应当配合开办机构，做好开展地方债柜台业务的相关工作。

本通知未尽事宜，按照《全国银行间债券市场柜台业务管理办法》以及地方债发行管理的有关规定执行。

请中国人民银行上海总部、各分行、营业管理部、省会（首府）城市中心

支行、副省级城市中心支行,各省、自治区、直辖市、计划单列市财政厅(局)、新疆生产建设兵团财政局,各银监局、各保监局将本通知联合转发至辖区内相关金融机构。

中国人民银行

财政部

银保监会

2018 年 11 月 10 日

2. 财政部关于开展通过商业银行柜台市场发行地方政府债券工作的通知

(财库〔2019〕11 号公布 自 2019 年 2 月 27 日起施行)

各省、自治区、直辖市、计划单列市财政厅(局),新疆生产建设兵团财政局,中央国债登记结算有限责任公司、中国证券登记结算有限责任公司,全国银行间同业拆借中心,上海证券交易所、深圳证券交易所,柜台业务开办机构:

为拓宽地方政府债券(以下简称地方债券)发行渠道,满足个人和中小机构投资者需求,丰富全国银行间债券市场柜台(以下简称商业银行柜台市场)业务品种,根据地方债券管理和商业银行柜台市场管理有关规定,现就开展通过商业银行柜台市场发行地方债券工作有关事宜通知如下:

一、地方政府公开发行的一般债券和专项债券,可通过商业银行柜台市场在本地区范围内(计划单列市政府债券在本省范围内)发行,并在发行通知中明确柜台最大发行额度、发行方式和分销期安排等。

地方政府应当通过商业银行柜台市场重点发行专项债券,更好发挥专项债券对稳投资、扩内需、补短板的作用,增强投资者对本地经济社会发展的参与度和获得感。

二、按照积极稳妥、分步推进的原则,由省级财政部门分批实施地方债券商业银行柜台市场发行业务。财政部综合考虑市场需求、债券期限、债券品种、项目收益、发行节奏等情况加强政策指导。

三、通过商业银行柜台市场发行的地方债券,发行利率(或价格)按照首场公开发行利率（或价格）确定，发行额度面向柜台业务开办机构通过数量招标方式确定。

四、通过商业银行柜台市场发行的地方债券，分销期一般为招标日次日起3个工作日。分销结束后，未售出的发行额由柜台开办机构包销。

五、通过商业银行柜台市场发行的地方债券，缴款日和起息日为招标日（T日）后第四个工作日（即T+4日）（续发行地方债券的起息日与之前发行的同期地方债券相同），债权登记日为招标日后第五个工作日（即T+5日），上市日为招标日后第六个工作日（即T+6日）。

六、地方财政部门应当与柜台业务开办机构签订分销协议，明确双方权利和义务。

七、地方财政部门原则上按照柜台业务开办机构柜台中标额度的千分之四向其支付分销费用。

八、柜台业务开办机构开展地方债券商业银行柜台市场发行业务前，应当告知中央国债登记结算有限责任公司、全国银行间同业拆借中心等配合开办业务。

九、中央国债登记结算有限责任公司、全国银行间同业拆借中心应当定期向财政部门提交地方债券柜台业务统计分析报告。

十、地方财政部门、柜台业务开办机构、中央国债登记结算有限责任公司、全国银行间同业拆借中心等应当加大宣传力度，增强社会认知，促进地方债券柜台业务平稳有序开展。

十一、本通知自印发之日起施行。

财政部
2019年2月27日

3. 财政部关于进一步做好地方政府债券柜台发行工作的通知

（2020年12月31日财库〔2020〕49号公布）

各省、自治区、直辖市、计划单列市财政厅（局），新疆生产建设兵团财政局，中央国债登记结算有限责任公司，中国证券登记结算有限责任公司，全国银行间同业拆借中心，上海证券交易所，深圳证券交易所，柜台业务开办机构：

为进一步拓宽地方政府债券（以下称地方债）发行渠道，更好满足个人和中小机构投资者需求，根据《中华人民共和国预算法》、《地方政府债券发行管理办法》（财库〔2020〕43号）和《财政部关于开展通过商业银行柜台市场发行地方政府债券工作的通知》（财库〔2019〕11号）等有关规定，现就进一步做好通过全国银行间债券市场柜台（以下称柜台）发行地方债工作有关事宜通知如下。

一、充分认识地方债柜台发行工作的重要意义

地方债柜台发行是地方债发行渠道的重要组成部分，是加强地方债发行管理，丰富投资者结构，实现可持续发展的重要举措。自2019年试点以来，柜台发行工作取得了积极成效，进一步拓宽了地方债发行渠道，有效激发了社会投资活力，吸引了广大人民群众参与地方建设和共享改革发展成果，满足了人民群众投资理财需求。当前国内经济面临复杂严峻形势，国际环境发生深刻变化，进一步全面推进地方债柜台发行对于做好"六保"工作，落实"六稳"任务，促进以国内大循环为主体，国内国际双循环相互促进的新发展格局具有重要意义。各级财政部门要高度重视地方债柜台发行工作，不断培育柜台发行市场，加强人员业务培训，做好市场调研和机构沟通，积极推进地方债柜台发行工作。

二、合理确定地方债柜台发行的品种、期限、频次和规模

（一）地方财政部门应当结合地方债项目收益、个人和中小机构投资特点、柜台市场需求等，科学合理确定地方债柜台发行的品种、期限、频次和规模。

（二）通过柜台发行的地方债以中短期为主，地方财政部门应当结合实际情况，优先选择具有本地区特点、项目收益较高的债券，期限方面优先考虑安排5年期以下（含5年期）债券。

（三）地方财政部门应当积极推进地方债柜台发行工作，原则上已开展过的地区2021年安排柜台发行应不少于两次，确保已建立起来的发行渠道持续畅通，未开展过的地区应至少安排一次。

（四）地方财政部门应当加强与柜台业务开办机构的联系，充分了解投资者需求，合理确定地方债柜台发行规模。

三、及时报送和披露相关信息

（一）地方财政部门应当于债券额度下达后及时向财政部报送地方债柜台发行计划，每季度最后一个月20日前报送下季度发行计划（具体到月份），包

括债券类型、债券期限、当期柜台计划发行量、当期债券总量、发行时间等（见附件）。财政部将结合债券市场情况，按照"先备案先安排"的原则，统筹协调各地区分批开展，并及时将安排情况反馈地方财政部门。

（二）地方财政部门应当在月度和季度地方债发行计划中披露柜台发行安排，并按规定及时公开债券发行相关信息，为投资者购买柜台地方债和市场宣传筹备等预留充足的时间。

（三）地方财政部门应当在每期柜台发行结束15个工作日内向财政部提交相关发行情况。

四、择优选取柜台业务承办机构

（一）地方债柜台发行前，地方财政部门应当在本地区已取得柜台业务开办资质的地方债承销团成员范围内，按照"公开、自愿、择优"的原则，结合柜台业务开办机构报送的柜台地方债分销意愿、以前年度政府债券和政策性金融债分销数量、宣传推广途径、营业网点数量、电子银行（包括网上银行、手机银行）开通情况等，选取柜台业务承办机构。

（二）地方债柜台发行前，地方财政部门应当与柜台业务承办机构签署分销协议，明确地方债的柜台分销时间、分销方式、分销限额及未分销部分处理方式、对柜台业务承办机构实际分销比例的考核，以及双方权利义务等有关要求。地方财政部门可结合实际情况与承办机构确定分销协议的有效期。

（三）年度中，地方财政部门可以结合实际需要增加本地区地方债柜台业务承办机构，增补程序应当符合相关规定。

五、加强地方债柜台发行宣传

（一）地方财政部门应当加强地方债柜台发行宣传，柜台业务开办机构、中央国债登记结算有限责任公司、符合条件的发行场所等，要创新宣传渠道和方式，积极配合做好宣传工作。

（二）地方财政部门应当统一对外宣传口径，发行前向媒体和柜台业务承办机构等提供地方债柜台业务问题解读材料，督促配合宣传的相关机构在发行前、分销期等关键节点进行多渠道、多类型的广泛宣传。

（三）柜台业务承办机构应当统筹各方资源力量，抓好宣传营销、人员培训等关键环节，发行前应当充分开展市场调研，梳理摸排潜在客户，做好柜台地方债的客户资源储备。

六、加强协调配合，及时提供数据信息

柜台业务开办机构、中央国债登记结算有限责任公司、发行场所等应当密切关注市场动态，及时收集市场信息和意见建议，加强协调配合，保障地方债柜台发行工作顺畅，如遇涉及地方债柜台发行的重大或异常情况，应当及时向财政部门报告。中央国债登记结算有限责任公司应当加强地方债柜台报价监测，及时统计汇总柜台发行数据并报财政部门。

七、强化柜台业务开办机构相关职责

（一）柜台业务开办机构开展地方债柜台发行前，应当提前告知发行场所、中央国债登记结算有限责任公司、全国银行间同业拆借中心等配合开办业务。

（二）柜台业务开办机构应当不断提高营业网点柜台发售地方债的服务水平，研究完善便捷投资者通过柜台购买地方债的途径和流程。加强投资者教育，充分挖掘地方债价值属性，突出地方债安全系数高、投资起点低、交易灵活、收益稳健等特点，并结合柜台地方债可交易属性，提示投资者理性看待债券价格波动。

（三）发行结束后，柜台业务开办机构应当根据全国银行间债券市场柜台业务管理相关规定，为投资者提供报价交易等服务，提高柜台市场流动性。

（四）柜台业务开办机构通过其营业网点或电子渠道销售地方债，应当遵循诚实守信原则，与地方债柜台发行相关的披露信息应当及时、完整、准确、有效地向投资者传递，保护投资者合法权益，不得利用非公开信息谋取不正当利益。

八、其他

地方债柜台发行的区域范围、定价方式、分销期安排、手续费率等相关事宜，按照《财政部关于开展通过商业银行柜台市场发行地方政府债券工作的通知》（财库〔2019〕11号）规定执行。

附件：地方政府债券柜台发行计划表（略）

财政部

2020年12月31日

六、行业领域

1. 国务院办公厅关于全面推进城镇老旧小区改造工作的指导意见

（2020年7月10日国办发〔2020〕23号公布）

各省、自治区、直辖市人民政府，国务院各部委、各直属机构：

城镇老旧小区改造是重大民生工程和发展工程，对满足人民群众美好生活需要、推动惠民生扩内需、推进城市更新和开发建设方式转型、促进经济高质量发展具有十分重要的意义。为全面推进城镇老旧小区改造工作，经国务院同意，现提出以下意见：

一、总体要求

（一）指导思想。以习近平新时代中国特色社会主义思想为指导，全面贯彻党的十九大和十九届二中、三中、四中全会精神，按照党中央、国务院决策部署，坚持以人民为中心的发展思想，坚持新发展理念，按照高质量发展要求，大力改造提升城镇老旧小区，改善居民居住条件，推动构建"纵向到底、横向到边、共建共治共享"的社区治理体系，让人民群众生活更方便、更舒心、更美好。

（二）基本原则。

——坚持以人为本，把握改造重点。从人民群众最关心最直接最现实的利益问题出发，征求居民意见并合理确定改造内容，重点改造完善小区配套和市政基础设施，提升社区养老、托育、医疗等公共服务水平，推动建设安全健康、设施完善、管理有序的完整居住社区。

——坚持因地制宜，做到精准施策。科学确定改造目标，既尽力而为又量力而行，不搞"一刀切"、不层层下指标；合理制定改造方案，体现小区特点，杜绝政绩工程、形象工程。

——坚持居民自愿，调动各方参与。广泛开展"美好环境与幸福生活共同缔造"活动，激发居民参与改造的主动性、积极性，充分调动小区关联单位和社会力量支持、参与改造，实现决策共谋、发展共建、建设共管、效果共评、成果共享。

——坚持保护优先，注重历史传承。兼顾完善功能和传承历史，落实历史建筑保护修缮要求，保护历史文化街区，在改善居住条件、提高环境品质的同时，展现城市特色，延续历史文脉。

——坚持建管并重，加强长效管理。以加强基层党建为引领，将社区治理能力建设融入改造过程，促进小区治理模式创新，推动社会治理和服务重心向基层下移，完善小区长效管理机制。

（三）工作目标。2020年新开工改造城镇老旧小区3.9万个，涉及居民近700万户；到2022年，基本形成城镇老旧小区改造制度框架、政策体系和工作机制；到"十四五"期末，结合各地实际，力争基本完成2000年年底前建成的需改造城镇老旧小区改造任务。

二、明确改造任务

（一）明确改造对象范围。城镇老旧小区是指城市或县城（城关镇）建成年代较早、失养失修失管、市政配套设施不完善、社区服务设施不健全、居民改造意愿强烈的住宅小区（含单栋住宅楼）。各地要结合实际，合理界定本地区改造对象范围，重点改造2000年年底前建成的老旧小区。

（二）合理确定改造内容。城镇老旧小区改造内容可分为基础类、完善类、提升类3类。

1. 基础类。为满足居民安全需要和基本生活需求的内容，主要是市政配套基础设施改造提升以及小区内建筑物屋面、外墙、楼梯等公共部位维修等。其中，改造提升市政配套基础设施包括改造提升小区内部及与小区联系的供水、排水、供电、弱电、道路、供气、供热、消防、安防、生活垃圾分类、移动通信等基础设施，以及光纤入户、架空线规整（入地）等。

2. 完善类。为满足居民生活便利需要和改善型生活需求的内容，主要是环境及配套设施改造建设、小区内建筑节能改造、有条件的楼栋加装电梯等。其中，改造建设环境及配套设施包括拆除违法建设，整治小区及周边绿化、照明等环境，改造或建设小区及周边适老设施、无障碍设施、停车库（场）、电动自行车及汽车充电设施、智能快件箱、智能信包箱、文化休闲设施、体育健身设施、物业用房等配套设施。

3. 提升类。为丰富社区服务供给、提升居民生活品质、立足小区及周边实际条件积极推进的内容，主要是公共服务设施配套建设及其智慧化改造，包括改造或建设小区及周边的社区综合服务设施、卫生服务站等公共卫生设施、幼儿园等教育设施、周界防护等智能感知设施，以及养老、托育、助餐、家政保洁、便民市场、便利店、邮政快递末端综合服务站等社区专项服务设施。

各地可因地制宜确定改造内容清单、标准和支持政策。

（三）编制专项改造规划和计划。各地要进一步摸清既有城镇老旧小区底数，建立项目储备库。区分轻重缓急，切实评估财政承受能力，科学编制城镇老旧小区改造规划和年度改造计划，不得盲目举债铺摊子。建立激励机制，优先对居民改造意愿强、参与积极性高的小区（包括移交政府安置的军队离退休干部住宅小区）实施改造。养老、文化、教育、卫生、托育、体育、邮政快递、社会治安等有关方面涉及城镇老旧小区的各类设施增设或改造计划，以及电力、通信、供水、排水、供气、供热等专业经营单位的相关管线改造计划，应主动与城镇老旧小区改造规划和计划有效对接，同步推进实施。国有企事业单位、军队所属城镇老旧小区按属地原则纳入地方改造规划和计划统一组织实施。

三、建立健全组织实施机制

（一）建立统筹协调机制。各地要建立健全政府统筹、条块协作、各部门齐抓共管的专门工作机制，明确各有关部门、单位和街道（镇）、社区职责分工，制定工作规则、责任清单和议事规程，形成工作合力，共同破解难题，统筹推进城镇老旧小区改造工作。

（二）健全动员居民参与机制。城镇老旧小区改造要与加强基层党组织建设、居民自治机制建设、社区服务体系建设有机结合。建立和完善党建引领城市基层治理机制，充分发挥社区党组织的领导作用，统筹协调社区居民委员会、业主委员会、产权单位、物业服务企业等共同推进改造。搭建沟通议事平台，利用"互联网+共建共治共享"等线上线下手段，开展小区党组织引领的多种形式基层协商，主动了解居民诉求，促进居民形成共识，发动居民积极参与改造方案制定、配合施工、参与监督和后续管理、评价和反馈小区改造效果等。组织引导社区内机关、企事业单位积极参与改造。

（三）建立改造项目推进机制。区县人民政府要明确项目实施主体，健全项目管理机制，推进项目有序实施。积极推动设计师、工程师进社区，辅导居民有效参与改造。为专业经营单位的工程实施提供支持便利，禁止收取不合理费用。鼓励选用经济适用、绿色环保的技术、工艺、材料、产品。改造项目涉及历史文化街区、历史建筑的，应严格落实相关保护修缮要求。落实施工安全和工程质量责任，组织做好工程验收移交，杜绝安全隐患。充分发挥社会监督作用，畅通投诉举报渠道。结合城镇老旧小区改造，同步开展绿色社区创建。

（四）完善小区长效管理机制。结合改造工作同步建立健全基层党组织领导，社区居民委员会配合，业主委员会、物业服务企业等参与的联席会议机制，引导居民协商确定改造后小区的管理模式、管理规约及业主议事规则，共同维护改造成果。建立健全城镇老旧小区住宅专项维修资金归集、使用、续筹机制，促进小区改造后维护更新进入良性轨道。

四、建立改造资金政府与居民、社会力量合理共担机制

（一）合理落实居民出资责任。按照谁受益、谁出资原则，积极推动居民出资参与改造，可通过直接出资、使用（补建、续筹）住宅专项维修资金、让渡小区公共收益等方式落实。研究住宅专项维修资金用于城镇老旧小区改造的办法。支持小区居民提取住房公积金，用于加装电梯等自住住房改造。鼓励居民通过捐资捐物、投工投劳等支持改造。鼓励有需要的居民结合小区改造进行户内改造或装饰装修、家电更新。

（二）加大政府支持力度。将城镇老旧小区改造纳入保障性安居工程，中央给予资金补助，按照"保基本"的原则，重点支持基础类改造内容。中央财政资金重点支持改造2000年年底前建成的老旧小区，可以适当支持2000年年后建成的老旧小区，但需要限定年限和比例。省级人民政府要相应做好资金支持。市县人民政府对城镇老旧小区改造给予资金支持，可以纳入国有住房出售收入存量资金使用范围；要统筹涉及住宅小区的各类资金用于城镇老旧小区改造，提高资金使用效率。支持各地通过发行地方政府专项债券筹措改造资金。

（三）持续提升金融服务力度和质效。支持城镇老旧小区改造规模化实施运营主体采取市场化方式，运用公司信用类债券、项目收益票据等进行债券融资，但不得承担政府融资职能，杜绝新增地方政府隐性债务。国家开发银行、农业发展银行结合各自职能定位和业务范围，按照市场化、法治化原则，依法合规加大对城镇老旧小区改造的信贷支持力度。商业银行加大产品和服务创新力度，在风险可控、商业可持续前提下，依法合规对实施城镇老旧小区改造的企业和项目提供信贷支持。

（四）推动社会力量参与。鼓励原产权单位对已移交地方的原职工住宅小区改造给予资金等支持。公房产权单位应出资参与改造。引导专业经营单位履行社会责任，出资参与小区改造中相关管线设施设备的改造提升；改造后专营设施设备的产权可依照法定程序移交给专业经营单位，由其负责后续维护管理。通过政府采购、新增设施有偿使用、落实资产权益等方式，吸引各类专业机构等社会力量投资参与各类需改造设施的设计、改造、运营。支持规范各类企业以政府和社会资本合作模式参与改造。支持以"平台＋创业单元"方式发展养老、托育、家政等社区服务新业态。

（五）落实税费减免政策。专业经营单位参与政府统一组织的城镇老旧小区改造，对其取得所有权的设施设备等配套资产改造所发生的费用，可以作为该设施设备的计税基础，按规定计提折旧并在企业所得税前扣除；所发生的维护管理费用，可按规定计入企业当期费用税前扣除。在城镇老旧小区改造中，为社区提供养老、托育、家政等服务的机构，提供养老、托育、家政服务取得的收入免征增值税，并减按90%计入所得税应纳税所得额；用于提供社区养老、托育、家政服务的房产、土地，可按现行规定免征契税、房产税、城镇土地使用税和城市基础设施配套费、不动产登记费等。

五、完善配套政策

（一）加快改造项目审批。各地要结合审批制度改革，精简城镇老旧小区改造工程审批事项和环节，构建快速审批流程，积极推行网上审批，提高项目审批效率。可由市县人民政府组织有关部门联合审查改造方案，认可后由相关部门直接办理立项、用地、规划审批。不涉及土地权属变化的项目，可用已有用地手续等材料作为土地证明文件，无需再办理用地手续。探索将工程建设许可和施工许可合并为一个阶段，简化相关审批手续。不涉及建筑主体结构变动的低风险项目，实行项目建设单位告知承诺制的，可不进行施工图审查。鼓励相关各方进行联合验收。

（二）完善适应改造需要的标准体系。各地要抓紧制定本地区城镇老旧小区改造技术规范，明确智能安防建设要求，鼓励综合运用物防、技防、人防等措施满足安全需要。及时推广应用新技术、新产品、新方法。因改造利用公共空间新建、改建各类设施涉及影响日照间距、占用绿化空间的，可在广泛征求居民意见基础上一事一议予以解决。

（三）建立存量资源整合利用机制。各地要合理拓展改造实施单元，推进相邻小区及周边地区联动改造，加强服务设施、公共空间共建共享。加强既有用地集约混合利用，在不违反规划且征得居民等同意的前提下，允许利用小区及周边存量土地建设各类环境及配套设施和公共服务设施。其中，对利用小区内空地、荒地、绿地及拆除违法建设腾空土地等加装电梯和建设各类设施的，可不增收土地价款。整合社区服务投入和资源，通过统筹利用公有住房、社区居民委员会办公用房和社区综合服务设施、闲置锅炉房等存量房屋资源，增设各类服务设施，有条件的地方可通过租赁住宅楼底层商业用房等其他符合条件的房屋发展社区服务。

（四）明确土地支持政策。城镇老旧小区改造涉及利用闲置用房等存量房屋建设各类公共服务设施的，可在一定年期内暂不办理变更用地主体和土地使用性质的手续。增设服务设施需要办理不动产登记的，不动产登记机构应依法积极予以办理。

六、强化组织保障

（一）明确部门职责。住房城乡建设部要切实担负城镇老旧小区改造工作的组织协调和督促指导责任。各有关部门要加强政策协调、工作衔接、调研督导，及时发现新情况新问题，完善相关政策措施。研究对城镇老旧小区改造工作成效显著的地区给予有关激励政策。

（二）落实地方责任。省级人民政府对本地区城镇老旧小区改造工作负总责，要加强统筹指导，明确市县人民政府责任，确保工作有序推进。市县人民政府要落实主体责任，主要负责同志亲自抓，把推进城镇老旧小区改造摆上重要议事日程，以人民群众满意度和受益程度、改造质量和财政资金使用效率为衡量标准，调动各方面资源抓好组织实施，健全工作机制，落实好各项配套支持政策。

（三）做好宣传引导。加大对优秀项目、典型案例的宣传力度，提高社会各界对城镇老旧小区改造的认识，着力引导群众转变观念，变"要我改"为"我要改"，形成社会各界支持、群众积极参与的浓厚氛围。要准确解读城镇老旧小区改造政策措施，及时回应社会关切。

国务院办公厅
2020 年 7 月 10 日

2. 地方政府土地储备专项债券管理办法（试行）

（财预〔2017〕62 号公布　自 2017 年 5 月 16 日起施行）

第一章　总　　则

第一条　为完善地方政府专项债券管理，规范土地储备融资行为，建立土地储备专项债券与项目资产、收益对应的制度，促进土地储备事业持续健康发展，根据《中华人民共和国预算法》和《国务院关于加强地方政府性债务管理的意见》（国发〔2014〕43 号）等有关规定，制订本办法。

第二条　本办法所称土地储备，是指地方政府为调控土地市场、促进土地资源合理利用，依法取得土地，进行前期开发、储存以备供应土地的行为。

土地储备由纳入国土资源部名录管理的土地储备机构负责实施。

第三条　本办法所称地方政府土地储备专项债券（以下简称土地储备专项债券）是地方政府专项债券的一个品种，是指地方政府为土地储备发行，以项目对应并纳入政府性基金预算管理的国有土地使用权出让收入或国有土地收益基金收入（以下统称土地出让收入）偿还的地方政府专项债券。

第四条　地方政府为土地储备举借、使用、偿还债务适用本办法。

第五条　地方政府为土地储备举借债务采取发行土地储备专项债券方式。省、自治区、直辖市政府（以下简称省级政府）为土地储备专项债券的发行主体。设区的市、自治州，县、自治县、不设区的市、市辖区级政府（以下简称市县级政府）确需发行土地储备专项债券的，由省级政府统一发行并转贷给市县级政府。经省级政府批准，计划单列市政府可以自办发行土地储备专项债券。

第六条　发行土地储备专项债券的土地储备项目应当有稳定的预期偿债资金来源，对应的政府性基金收入应当能够保障偿还债券本金和利息，实现项目收益和融资自求平衡。

第七条　土地储备专项债券纳入地方政府专项债务限额管理。土地储备专项债券收入、支出、还本、付息、发行费用等纳入政府性基金预算管理。

第八条　土地储备专项债券资金由财政部门纳入政府性基金预算管理，并由纳入国土资源部名录管理的土地储备机构专项用于土地储备，任何单位和个人不得截留、挤占和挪用，不得用于经常性支出。

第二章　额度管理

第九条　财政部在国务院批准的年度地方政府专项债务限额内，根据土地储备融资需求、土地出让收入状况等因素，确定年度全国土地储备专项债券总额度。

第十条　各省、自治区、直辖市年度土地储备专项债券额度应当在国务院批准的分地区专项债务限额内安排，由财政部下达各省级财政部门，抄送国土资源部。

第十一条　省、自治区、直辖市年度土地储备专项债券额度不足或者不需使用的部分，由省级财政部门会同国土资源部门于每年8月底前向财政部提出申请。财政部可以在国务院批准的该地区专项债务限额内统筹调剂额度并予批复，抄送国土资源部。

第三章　预算编制

第十二条　县级以上地方各级土地储备机构应当根据土地市场情况和下一年度土地储备计划，编制下一年度土地储备项目收支计划，提出下一年度土地储备资金需求，报本级国土资源部门审核、财政部门复核。市县级财政部门将复核后的下一年度土地储备资金需求，经本级政府批准后于每年9月底前报省级财政部门，抄送省级国土资源部门。

第十三条　省级财政部门会同本级国土资源部门汇总审核本地区下一年度土地储备专项债券需求，随同增加举借专项债务和安排公益性资本支出项目的建议，经省级政府批准后于每年10月底前报送财政部。

第十四条　省级财政部门在财政部下达的本地区土地储备专项债券额度内，根据市县近三年土地出让收入情况、市县申报的土地储备项目融资需求、专项债务风险、项目期限、项目收益和融资平衡情况等因素，提出本地区年度土地储备专项债券额度分配方案，报省级政府批准后将分配市县的额度下达各市县级财政部门，并抄送省级国土资源部门。

第十五条　市县级财政部门应当在省级财政部门下达的土地储备专项债券额度内，会同本级国土资源部门提出具体项目安排建议，连同年度土地储备专项债券发行建议报省级财政部门备案，抄送省级国土资源部门。

第十六条　增加举借的土地储备专项债券收入应当列入政府性基金预算调整方案。包括：

（一）省级政府在财政部下达的年度土地储备专项债券额度内发行专项债券收入；

（二）市县级政府收到的上级政府转贷土地储备专项债券收入。

第十七条　增加举借土地储备专项债券安排的支出应当列入预算调整方案，包括本级支出和转贷下级支出。土地储备专项债券支出应当明确到具体项目，在地方政府债务管理系统中统计，纳入财政支出预算项目库管理。

地方各级国土资源部门应当建立土地储备项目库，项目信息应当包括项目名称、地块区位、储备期限、项目投资计划、收益和融资平衡方案、预期土地出让收入等情况，并做好与地方政府债务管理系统的衔接。

第十八条　土地储备专项债券还本支出应当根据当年到期土地储备专项债券规模、土地出让收入等因素合理预计、妥善安排，列入年度政府性基金预算草案。

第十九条　土地储备专项债券利息和发行费用应当根据土地储备专项债券规模、利率、费率等情况合理预计，列入政府性基金预算支出统筹安排。

第二十条　土地储备专项债券收入、支出、还本付息、发行费用应当按照《地方政府专项债务预算管理办法》（财预〔2016〕155号）规定列入相关预算科目。

第四章　预算执行和决算

第二十一条　省级财政部门应当根据本级人大常委会批准的预算调整方案，结合市县级财政部门会同本级国土资源部门提出的年度土地储备专项债券发行建议，审核确定年度土地储备专项债券发行方案，明确债券发行时间、批次、规模、期限等事项。

市县级财政部门应当会同本级国土资源部门、土地储备机构做好土地储备专项债券发行准备工作。

第二十二条　地方各级国土资源部门、土地储备机构应当配合做好本地区土地储备专项债券发行准备工作，及时准确提供相关材料，配合做好信息披露、信用评级、土地资产评估等工作。

第二十三条　土地储备专项债券应当遵循公开、公平、公正原则采取市场化方式发行，在银行间债券市场、证券交易所市场等交易场所发行和流通。

第二十四条　土地储备专项债券应当统一命名格式，冠以"××年××省、自治区、直辖市（本级或××市、县）土地储备专项债券（××期）——××年××省、自治区、直辖市政府专项债券（××期）"名称，具体由省级财政部门商省级国土资源部门确定。

第二十五条　土地储备专项债券的发行和使用应当严格对应到项目。根据土地储备项目区位特点、实施期限等因素，土地储备专项债券可以对应单一项目发行，也可以对应同一地区多个项目集合发行，具体由市县级财政部门会同本级国土资源部门、土地储备机构提出建议，报省级财政部门确定。

第二十六条　土地储备专项债券期限应当与土地储备项目期限相适应，原则上不超过5年，具体由市县级财政部门会同本级国土资源部门、土地储备机构根据项目周期、债务管理要求等因素提出建议，报省级财政部门确定。

土地储备专项债券发行时，可以约定根据土地出让收入情况提前偿还债券本金的条款。鼓励地方政府通过结构化创新合理设计债券期限结构。

第二十七条　省级财政部门应当按照合同约定，及时偿还土地储备专项债券到期本金、利息以及支付发行费用。市县级财政部门应当及时向省级财政部门缴纳本地区或本级应当承担的还本付息、发行费用等资金。

第二十八条　土地储备项目取得的土地出让收入，应当按照该项目对应的土地储备专项债券余额统筹安排资金，专门用于偿还到期债券本金，不得通过其他项目对应的土地出让收入偿还到期债券本金。

因储备土地未能按计划出让、土地出让收入暂时难以实现，不能偿还到期债券本金时，可在专项债务限额内发行土地储备专项债券周转偿还，项目收入实现后予以归还。

第二十九条　年度终了，县级以上地方各级财政部门应当会同本级国土资源部门、土地储备机构编制土地储备专项债券收支决算，在政府性基金预算决算报告中全面、准确反映土地储备专项债券收入、安排的支出、还本付息和发行费用等情况。

第五章　监督管理

第三十条　地方各级财政部门应当会同本级国土资源部门建立和完善相关制度，加强对本地区土地储备专项债券发行、使用、偿还的管理和监督。

第三十一条　地方各级国土资源部门应当加强对土地储备项目的管理和监

督，保障储备土地按期上市供应，确保项目收益和融资平衡。

第三十二条 地方各级政府不得以土地储备名义为非土地储备机构举借政府债务，不得通过地方政府债券以外的任何方式举借土地储备债务，不得以储备土地为任何单位和个人的债务以任何方式提供担保。

第三十三条 地方各级土地储备机构应当严格储备土地管理，切实厘清土地产权，按照有关规定完成土地登记，及时评估储备土地资产价值。县级以上地方各级国土资源部门应当履行国有资产运营维护责任。

第三十四条 地方各级土地储备机构应当加强储备土地的动态监管和日常统计，及时在土地储备监测监管系统中填报相关信息，获得相应电子监管号，反映土地储备专项债券运行情况。

第三十五条 地方各级土地储备机构应当及时在土地储备监测监管系统填报相关信息，反映土地储备专项债券使用情况。

第三十六条 财政部驻各地财政监察专员办事处对土地储备专项债券额度、发行、使用、偿还等进行监督，发现违反法律法规和财政管理、土地储备资金管理等政策规定的行为，及时报告财政部，抄送国土资源部。

第三十七条 违反本办法规定情节严重的，财政部可以暂停其地方政府专项债券发行资格。违反法律、行政法规的，依法追究有关人员责任；涉嫌犯罪的，移送司法机关依法处理。

第六章　职责分工

第三十八条 财政部负责牵头制定和完善土地储备专项债券管理制度，下达分地区土地储备专项债券额度，对地方土地储备专项债券管理实施监督。

国土资源部配合财政部加强土地储备专项债券管理，指导和监督地方国土资源部门做好土地储备专项债券管理相关工作。

第三十九条 省级财政部门负责本地区土地储备专项债券额度管理和预算管理、组织做好债券发行、还本付息等工作，并按照专项债务风险防控要求审核项目资金需求。

省级国土资源部门负责审核本地区土地储备规模和资金需求（含成本测算等），组织做好土地储备项目库与地方政府债务管理系统的衔接，配合做好本地区土地储备专项债券发行准备工作。

第四十条 市县级财政部门负责按照政府债务管理要求并根据本级国土资

源部门建议以及专项债务风险、土地出让收入等因素，复核本地区土地储备资金需求，做好土地储备专项债券额度管理、预算管理、发行准备、资金监管等工作。

市县级国土资源部门负责按照土地储备管理要求并根据土地储备规模、成本等因素，审核本地区土地储备资金需求，做好土地储备项目库与政府债务管理系统的衔接，配合做好土地储备专项债券发行各项准备工作，监督本地区土地储备机构规范使用土地储备专项债券资金，合理控制土地出让节奏并做好与对应的专项债券还本付息的衔接，加强对项目实施情况的监控。

第四十一条　土地储备机构负责测算提出土地储备资金需求，配合提供土地储备专项债券发行相关材料，规范使用土地储备专项债券资金，提高资金使用效益。

第七章　附　则

第四十二条　省、自治区、直辖市财政部门可以根据本办法规定，结合本地区实际制定实施细则。

第四十三条　本办法由财政部会同国土资源部负责解释。

第四十四条　本办法自印发之日起实施。

3. 地方政府收费公路专项债券管理办法（试行）

（财预〔2017〕97号公布　自2017年6月26日起施行）

第一章　总　则

第一条　为完善地方政府专项债券管理，规范政府收费公路融资行为，建立收费公路专项债券与项目资产、收益对应的制度，促进政府收费公路事业持续健康发展，根据《中华人民共和国预算法》《中华人民共和国公路法》和《国务院关于加强地方政府性债务管理的意见》（国发〔2014〕43号）等有关规定，制订本办法。

第二条　本办法所称的政府收费公路，是指根据相关法律法规，采取政府收取车辆通行费等方式偿还债务而建设的收费公路，主要包括国家高速公路、地方高速公路及收费一级公路等。

第三条 本办法所称地方政府收费公路专项债券（以下简称收费公路专项债券）是地方政府专项债券的一个品种，是指地方政府为发展政府收费公路举借，以项目对应并纳入政府性基金预算管理的车辆通行费收入、专项收入偿还的地方政府专项债券。

前款所称专项收入包括政府收费公路项目对应的广告收入、服务设施收入、收费公路权益转让收入等。

第四条 地方政府为政府收费公路发展举借、使用、偿还债务适用本办法。

第五条 地方政府为政府收费公路发展举借债务采取发行收费公路专项债券方式。省、自治区、直辖市政府（以下简称省级政府）为收费公路专项债券的发行主体。设区的市、自治州，县、自治县、不设区的市、市辖区级政府（以下简称市县级政府）确需发行收费公路专项债券的，由省级政府统一发行并转贷给市县级政府。经省级政府批准，计划单列市政府可以自办发行收费公路专项债券。

第六条 发行收费公路专项债券的政府收费公路项目应当有稳定的预期偿债资金来源，对应的政府性基金收入应当能够保障偿还债券本金和利息，实现项目收益和融资自求平衡。

第七条 收费公路专项债券纳入地方政府专项债务限额管理。收费公路专项债券收入、支出、还本、付息、发行费用等纳入政府性基金预算管理。

第八条 收费公路专项债券资金应当专项用于政府收费公路项目建设，优先用于国家高速公路项目建设，重点支持"一带一路"、京津冀协同发展、长江经济带三大战略规划的政府收费公路项目建设，不得用于非收费公路项目建设，不得用于经常性支出和公路养护支出。任何单位和个人不得截留、挤占和挪用收费公路专项债券资金。

第二章 额度管理

第九条 财政部在国务院批准的年度地方政府专项债务限额内，根据政府收费公路建设融资需求、纳入政府性基金预算管理的车辆通行费收入和专项收入状况等因素，确定年度全国收费公路专项债券总额度。

第十条 各省、自治区、直辖市年度收费公路专项债券额度应当在国务院批准的分地区专项债务限额内安排，由财政部下达各省级财政部门，抄送交通运输部。

第十一条 省、自治区、直辖市年度收费公路专项债券额度不足或者不需使用的部分，由省级财政部门会同交通运输部门于每年 7 月底前向财政部提出申请。财政部可以在国务院批准的该地区专项债务限额内统筹调剂额度并予批复，抄送交通运输部。

第十二条 省级财政部门应当加强对本地区收费公路专项债券额度使用情况的监控。

第三章 预算编制

第十三条 省级交通运输部门应当根据本地区政府收费公路发展规划、中央和地方财政资金投入、未来经营收支预测等，组织编制下一年度政府收费公路收支计划，结合纳入政府性基金预算管理的车辆通行费收入和专项收入、项目收益和融资平衡情况等因素，测算提出下一年度收费公路专项债券需求，于每年 9 月底前报送省级财政部门。

市县级交通运输部门确需使用收费公路专项债券资金的，应当及时测算提出本地区下一年度收费公路专项债券需求，提交同级财政部门审核，经同级政府批准后报送省级交通运输部门。

第十四条 省级财政部门汇总审核本地区下一年度收费公路专项债券需求，随同增加举借专项债务和安排公益性资本支出项目的建议，报经省级政府批准后于每年 10 月底前报送财政部、交通运输部。

第十五条 交通运输部结合国家公路发展规划、各地公路发展实际和完善路网的现实需求、车辆购置税专项资金投资政策等，对各地区下一年度收费公路专项债券项目和额度提出建议，报财政部。

第十六条 省级财政部门应当在财政部下达的本地区收费公路专项债券额度内，根据省级和市县级政府纳入政府性基金预算管理的车辆通行费收入和专项收入情况、政府收费公路建设融资需求、专项债务风险、项目期限结构及收益平衡情况等因素，提出本地区年度收费公路专项债券额度分配方案，报省级政府批准后，将分配市县的额度下达各市县级财政部门，并抄送省级交通运输部门。

省级交通运输部门应当及时向本级财政部门提供政府收费公路建设项目的相关信息，便于财政部门科学合理分配收费公路专项债券额度。

第十七条 县级以上地方各级财政部门应当在上级下达的收费公路专项债

券额度内，会同本级交通运输部门提出具体项目安排建议。

第十八条 增加举借的收费公路专项债券收入应当列入政府性基金预算调整方案。包括：

（一）省级政府在财政部下达的年度收费公路专项债券额度内发行专项债券收入；

（二）市县级政府收到的上级政府转贷收费公路专项债券收入。

第十九条 增加举借收费公路专项债券安排的支出应当列入预算调整方案，包括本级支出和转贷下级支出。收费公路专项债券支出应当明确到具体项目，在地方政府债务管理系统中统计，纳入财政支出预算项目库管理。

地方各级交通运输部门应当建立政府收费公路项目库，项目信息应当包括项目名称、立项依据、通车里程、建设期限、项目投资计划、收益和融资平衡方案、车辆购置税等一般公共预算收入安排的补助、车辆通行费征收标准及期限、预期专项收入等情况，并做好与地方政府债务管理系统的衔接。

第二十条 收费公路专项债券还本支出应当根据当年到期收费公路专项债务规模、车辆通行费收入、对应专项收入等因素合理预计、妥善安排，列入年度政府性基金预算草案。

第二十一条 收费公路专项债券利息和发行费用应当根据收费公路专项债券规模、利率、费率等情况合理预计，列入政府性基金预算支出统筹安排。

第二十二条 收费公路专项债券对应项目形成的广告收入、服务设施收入等专项收入，应当全部纳入政府性基金预算收入，除根据省级财政部门规定支付必需的日常运转经费外，专门用于偿还收费公路专项债券本息。

第二十三条 收费公路专项债券收入、支出、还本付息、发行费用应当按照《地方政府专项债务预算管理办法》（财预〔2016〕155号）规定列入相关预算科目。按照本办法第二十二条规定纳入政府性基金预算收入的专项收入，应当列入"专项债券项目对应的专项收入"下的"政府收费公路专项债券对应的专项收入"科目，在政府性基金预算收入合计线上反映。

第四章 预算执行和决算

第二十四条 省级财政部门应当根据本级人大常委会批准的预算调整方案，结合省级交通运输部门提出的年度收费公路专项债券发行建议，审核确定年度收费公路专项债券发行方案，明确债券发行时间、批次、规模、期限等事项。

市县级财政部门应当会同本级交通运输部门做好收费公路专项债券发行准备工作。

第二十五条　地方各级交通运输部门应当配合做好本地区政府收费公路专项债券发行准备工作，及时准确提供相关材料，配合做好信息披露、信用评级、资产评估等工作。

第二十六条　收费公路专项债券应当遵循公开、公平、公正原则采取市场化方式发行，在银行间债券市场、证券交易所市场等场所发行和流通。

第二十七条　收费公路专项债券应当统一命名格式，冠以"××年××省、自治区、直辖市（本级或××市、县）收费公路专项债券（××期）——××年××省、自治区、直辖市政府专项债券（××期）"名称，具体由省级财政部门商省级交通运输部门确定。

第二十八条　收费公路专项债券的发行和使用应当严格对应到项目。根据政府收费公路相关性、收费期限等因素，收费公路专项债券可以对应单一项目发行，也可以对应一个地区的多个项目集合发行，具体由省级财政部门会同省级交通运输部门确定。

第二十九条　收费公路专项债券期限应当与政府收费公路收费期限相适应，原则上单次发行不超过 15 年，具体由省级财政部门会同省级交通运输部门根据项目建设、运营、回收周期和债券市场状况等因素综合确定。

收费公路专项债券发行时，可以约定根据车辆通行费收入情况提前或延迟偿还债券本金的条款。鼓励地方政府通过结构化创新合理设计债券期限结构。

第三十条　省级财政部门应当会同交通运输部门及时向社会披露收费公路专项债券相关信息，包括收费公路专项债券规模、期限、利率、偿债计划及资金来源、项目名称、收益和融资平衡方案、建设期限、车辆通行费征收标准及期限等。省级交通运输部门应当积极配合提供相关材料。

省级交通运输部门应当于每年 6 月底前披露截至上一年度末收费公路专项债券对应项目的实施进度、债券资金使用等情况。

第三十一条　政府收费公路项目形成的专项收入，应当全部上缴国库。县级以上地方各级交通运输部门应当履行项目运营管理责任，加强成本控制，确保车辆通行费收入和项目形成的专项收入应收尽收，并按规定及时足额缴入国库。

第三十二条　省级财政部门应当按照合同约定，及时偿还收费公路专项债券到期本金、利息以及支付发行费用。市县级财政部门应当及时向省级财政部门缴纳本地区或本级应当承担的还本付息、发行费用等资金。

第三十三条 年度终了，县级以上地方各级财政部门应当会同本级交通运输部门编制收费公路专项债券收支决算，在政府性基金预算决算报告中全面、准确反映收费公路专项债券收入、安排的支出、还本付息和发行费用等情况。

第五章 监督管理

第三十四条 地方各级财政部门应当会同本级交通运输部门建立和完善相关制度，加强对本地区收费公路专项债券发行、使用、偿还的管理和监督。

第三十五条 地方各级交通运输部门应当加强收费公路专项债券对应项目的管理和监督，确保项目收益和融资平衡。

第三十六条 地方各级财政部门、交通运输部门不得通过企事业单位举借债务，不得通过地方政府债券以外的任何方式举借债务，不得为任何单位和个人的债务以任何方式提供担保。

第三十七条 地方各级财政部门应当会同本级交通运输部门，将收费公路专项债券对应项目形成的基础设施资产纳入国有资产管理。建立收费公路专项债券对应项目形成的资产登记和统计报告制度，加强资产日常统计和动态监控。县级以上地方各级交通运输部门及相关机构应当认真履行资产运营维护责任，并做好资产的会计核算管理工作。收费公路专项债券对应项目形成的基础设施资产和收费公路权益，应当严格按照债券发行时约定的用途使用，不得用于抵质押。

第三十八条 财政部驻各地财政监察专员办事处对收费公路专项债券额度、发行、使用、偿还等进行监督，发现违反法律法规和财政管理、收费公路等政策规定的行为，及时报告财政部，抄送交通运输部。

第三十九条 违反本办法规定情节严重的，财政部可以暂停其发行地方政府专项债券。违反法律、行政法规的，依法依规追究有关人员责任；涉嫌犯罪的，移送司法机关依法处理。

第四十条 各级财政部门、交通运输部门在地方政府收费公路专项债券监督和管理工作中，存在滥用职权、玩忽职守、徇私舞弊等违法违纪行为的，按照《中华人民共和国预算法》《公务员法》《行政监察法》《财政违法行为处罚处分条例》等国家有关规定追究相应责任；涉嫌犯罪的，移送司法机关处理。

第六章　职责分工

第四十一条　财政部负责牵头制定和完善收费公路专项债券管理制度，下达分地区收费公路专项债券额度，对地方收费公路专项债券管理实施监督。

交通运输部配合财政部加强收费公路专项债券管理，指导和监督地方交通运输部门做好收费公路专项债券管理相关工作。

第四十二条　省级财政部门负责本地区收费公路专项债券额度管理和预算管理，组织做好债券发行、还本付息等工作，并按照专项债务风险防控要求审核项目资金需求。

省级交通运输部门负责审核汇总本地区国家公路网规划、省级公路网规划建设的政府收费公路资金需求，组织做好政府收费公路项目库与地方政府债务管理系统的衔接，配合做好本地区收费公路专项债券各项发行准备工作，规范使用收费公路专项债券资金，组织有关单位及时足额缴纳车辆通行费收入、相关专项收入等。

第四十三条　市县级政府规划建设政府收费公路确需发行专项债券的，市县级财政部门、交通运输部门应当参照省级相关部门职责分工，做好收费公路专项债券以及对应项目管理相关工作。

第七章　附　　则

第四十四条　省、自治区、直辖市财政部门可以根据本办法规定，结合本地区实际制定实施细则。

第四十五条　本办法由财政部会同交通运输部负责解释。

第四十六条　本办法自印发之日起实施。

4. 试点发行地方政府棚户区改造专项债券管理办法

（财预〔2018〕28号公布　自2018年3月1日起施行）

第一章　总　　则

第一条　为完善地方政府专项债券管理，规范棚户区改造融资行为，坚决遏制地方政府隐性债务增量，有序推进试点发行地方政府棚户区改造专项债券工作，探索建立棚户区改造专项债券与项目资产、收益相对应的制度，发挥政府规范适度举债改善群众住房条件的积极作用，根据《中华人民共和国预算法》、《国务院关于加强地方政府性债务管理的意见》（国发〔2014〕43号）等有关规定，制订本办法。

第二条 本办法所称棚户区改造，是指纳入国家棚户区改造计划，依法实施棚户区征收拆迁、居民补偿安置以及相应的腾空土地开发利用等的系统性工程，包括城镇棚户区（含城中村、城市危房）、国有工矿（含煤矿）棚户区、国有林区（场）棚户区和危旧房、国有垦区危房改造项目等。

第三条 本办法所称地方政府棚户区改造专项债券（以下简称棚改专项债券）是地方政府专项债券的一个品种，是指遵循自愿原则、纳入试点的地方政府为推进棚户区改造发行，以项目对应并纳入政府性基金预算管理的国有土地使用权出让收入、专项收入偿还的地方政府专项债券。

前款所称专项收入包括属于政府的棚改项目配套商业设施销售、租赁收入以及其他收入。

第四条 试点期间地方政府为棚户区改造举借、使用、偿还专项债务适用本办法。

第五条 省、自治区、直辖市政府（以下简称省级政府）为棚改专项债券的发行主体。试点期间设区的市、自治州，县、自治县、不设区的市、市辖区级政府（以下简称市县级政府）确需棚改专项债券的，由其省级政府统一发行并转贷给市县级政府。

经省政府批准，计划单列市政府可以自办发行棚改专项债券。

第六条 试点发行棚改专项债券的棚户区改造项目应当有稳定的预期偿债资金来源，对应的纳入政府性基金的国有土地使用权出让收入、专项收入应当能够保障偿还债券本金和利息，实现项目收益和融资自求平衡。

第七条 棚改专项债券纳入地方政府专项债务限额管理。棚改专项债券收入、支出、还本、付息、发行费用等纳入政府性基金预算管理。

第八条 棚改专项债券资金由财政部门纳入政府性基金预算管理，并由本级棚改主管部门专项用于棚户区改造，严禁用于棚户区改造以外的项目，任何单位和个人不得截留、挤占和挪用，不得用于经常性支出。

本级棚改主管部门是指各级住房城乡建设部门以及市县级政府确定的棚改主管部门。

第二章 额度管理

第九条 财政部在国务院批准的年度地方政府专项债务限额内,根据地方棚户区改造融资需求及纳入政府性基金预算管理的国有土地使用权出让收入、专项收入状况等因素,确定年度全国棚改专项债券总额度。

第十条 各省、自治区、直辖市年度棚改专项债券额度应当在国务院批准的本地区专项债务限额内安排,由财政部下达各省级财政部门,并抄送住房城乡建设部。

第十一条 预算执行中,各省、自治区、直辖市年度棚改专项债券额度不足或者不需使用的部分,由省级财政部门会同住房城乡建设部门于每年8月31日前向财政部提出申请。财政部可以在国务院批准的该地区专项债务限额内统筹调剂额度并予批复,同时抄送住房城乡建设部。

第十二条 省级财政部门应当加强对本地区棚改专项债券额度使用情况的监督管理。

第三章 预算编制

第十三条 县级以上地方各级棚改主管部门应当根据本地区棚户区改造规划和分年改造任务等,结合项目收益与融资平衡情况等因素,测算提出下一年度棚改专项债券资金需求,报本级财政部门复核。市县级财政部门将复核后的下一年度棚改专项债券资金需求,经本级政府批准后,由市县政府于每年9月底前报省级财政部门和省级住房城乡建设部门。

第十四条 省级财政部门会同本级住房城乡建设部门汇总审核本地区下一年度棚改专项债券需求,随同增加举借专项债务和安排公益性资本支出项目的建议,经省级政府批准后于每年10月31日前报送财政部。

第十五条 省级财政部门在财政部下达的本地区棚改专项债券额度内,根据市县近三年纳入政府性基金预算管理的国有土地使用权出让收入和专项收入情况、申报的棚改项目融资需求、专项债务风险、项目期限、项目收益和融资平衡情况等因素,提出本地区年度棚改专项债券分配方案,报省级政府批准后下达各市县级财政部门,并抄送省级住房城乡建设部门。

第十六条　市县级财政部门应当在省级财政部门下达的棚改专项债券额度内,会同本级棚改主管部门提出具体项目安排建议,连同年度棚改专项债券发行建议报省级财政部门备案,抄送省级住房城乡建设部门。

第十七条　增加举借的棚改专项债券收入应当列入政府性基金预算调整方案。包括:

(一)省级政府在财政部下达的年度棚改专项债券额度内发行专项债券收入。

(二)市县级政府使用的上级政府转贷棚改专项债券收入。

第十八条　增加举借棚改专项债券安排的支出应当列入预算调整方案,包括本级支出和转贷下级支出。棚改专项债券支出应当明确到具体项目,在地方政府债务管理系统中统计,纳入财政支出预算项目库管理。

地方各级棚改主管部门应当建立试点发行地方政府棚户区改造专项债券项目库,项目库信息应当包括项目名称、棚改范围、规模(户数或面积)、标准、建设期限、投资计划、预算安排、预期收益和融资平衡方案等情况,并做好与地方政府债务管理系统的衔接。

第十九条　棚改专项债券还本支出应当根据当年到期棚改专项债券规模、棚户区改造项目收益等因素合理预计、妥善安排,列入年度政府性基金预算草案。

第二十条　棚改专项债券利息和发行费用应当根据棚改专项债券规模、利率、费率等情况合理预计,列入政府性基金预算支出统筹安排。

第二十一条　棚改专项债券收入、支出、还本付息、发行费用应当按照《地方政府专项债务预算管理办法》(财预〔2016〕155号)规定列入相关预算科目。

第四章　预算执行和决算

第二十二条　省级财政部门应当根据本级人大常委会批准的预算调整方案,结合市县级财政部门会同本级棚改主管部门提出的年度棚改专项债券发行建议,审核确定年度棚改专项债券发行方案,明确债券发行时间、批次、规模、期限等事项。

市县级财政部门应当会同本级棚改主管部门做好棚改专项债券发行准备

工作。

第二十三条　地方各级棚改主管部门应当配合做好本地区棚改专项债券试点发行准备工作，及时准确提供相关材料，配合做好项目规划、信息披露、信用评级、资产评估等工作。

第二十四条　发行棚改专项债券应当披露项目概况、项目预期收益和融资平衡方案、第三方评估信息、专项债券规模和期限、分年投资计划、本金利息偿还安排等信息。项目实施过程中，棚改主管部门应当根据实际情况及时披露项目进度、专项债券资金使用情况等信息。

第二十五条　棚改专项债券应当遵循公开、公平、公正原则采取市场化方式发行，在银行间债券市场、证券交易所市场等交易场所发行和流通。

第二十六条　棚改专项债券应当统一命名格式，冠以"××年××省、自治区、直辖市（本级或××市、县）棚改专项债券（××期）——××年××省、自治区、直辖市政府专项债券（××期）"名称，具体由省级财政部门商省级住房城乡建设部门确定。

第二十七条　棚改专项债券的发行和使用应当严格对应到项目。根据项目地理位置、征拆户数、实施期限等因素，棚改专项债券可以对应单一项目发行，也可以对应同一地区多个项目集合发行，具体由市县级财政部门会同本级棚改主管部门提出建议，报省级财政部门确定。

第二十八条　棚改专项债券期限应当与棚户区改造项目的征迁和土地收储、出让期限相适应，原则上不超过15年，可根据项目实际适当延长，避免期限错配风险。具体由市县级财政部门会同本级棚改主管部门根据项目实施周期、债务管理要求等因素提出建议，报省级财政部门确定。

棚改专项债券发行时，可以约定根据项目收入情况提前偿还债券本金的条款。鼓励地方政府通过结构化设计合理确定债券期限。

第二十九条　棚户区改造项目征迁后腾空土地的国有土地使用权出让收入、专项收入，应当结合该项目对应的棚改专项债券余额统筹安排资金，专门用于偿还到期债券本金，不得通过其他项目对应的国有土地使用权出让收入、专项收入偿还到期债券本金。因项目对应的专项收入暂时难以实现，不能偿还到期债券本金时，可在专项债务限额内发行棚改专项债券周转偿还，项目收入实现后予以归还。

第三十条　省级财政部门应当按照合同约定，及时偿还棚改专项债券到期本金、利息以及支付发行费用。市县级财政部门应当及时向省级财政部门缴纳本地区或本级应当承担的还本付息、发行费用等资金。

第三十一条 年度终了，县级以上地方各级财政部门应当会同本级棚改主管部门编制棚改专项债券收支决算，在政府性基金预算决算报告中全面、准确反映当年棚改专项债券收入、安排的支出、还本付息和发行费用等情况。

第五章 监督管理

第三十二条 地方各级财政部门应当会同本级棚改主管部门建立和完善相关制度，加强对本地区棚改专项债券发行、使用、偿还的管理和监督。

第三十三条 地方各级棚改主管部门应当加强对使用棚改专项债券项目的管理和监督，确保项目收益和融资自求平衡。

地方各级棚改主管部门应当会同有关部门严格按照政策实施棚户区改造项目范围内的征迁工作，腾空的土地及时交由国土资源部门按照有关规定统一出让。

第三十四条 地方各级政府及其部门不得通过发行地方政府债券以外的任何方式举借债务，除法律另有规定外不得为任何单位和个人的债务以任何方式提供担保。

第三十五条 地方各级财政部门应当会同本级棚改主管部门等，将棚改专项债券对应项目形成的国有资产，纳入本级国有资产管理，建立相应的资产登记和统计报告制度，加强资产日常统计和动态监控。县级以上各级棚改主管部门应当认真履行资产运营维护责任，并做好资产的会计核算管理工作。棚改专项债券对应项目形成的国有资产，应当严格按照棚改专项债券发行时约定的用途使用，不得用于抵押、质押。

第三十六条 财政部驻各地财政监察专员办事处对棚改专项债券额度、发行、使用、偿还等进行监督，发现违反法律法规和财政管理、棚户区改造资金管理等政策规定的行为，及时报告财政部，并抄送住房城乡建设部。

第三十七条 违反本办法规定情节严重的，财政部可以暂停其发行棚改专项债券。违反法律、行政法规的，依法追究有关人员责任；涉嫌犯罪的，移送司法机关依法处理。

第三十八条 地方各级财政部门、棚改主管部门在地方政府棚改专项债券监督和管理工作中，存在滥用职权、玩忽职守、徇私舞弊等违法违纪行为的，按照《中华人民共和国预算法》《公务员法》《行政监察法》《财政违法行为处罚处分条例》等国家有关规定追究相应责任；涉嫌犯罪的，移送司法机关处理。

第六章 职责分工

第三十九条 财政部负责牵头制定和完善试点发行棚改专项债券管理办法，下达分地区棚改专项债券额度，对地方棚改专项债券管理实施监督。

第四十条 住房城乡建设部配合财政部指导和监督地方棚改主管部门做好试点发行棚改专项债券管理相关工作。

第四十一条 省级财政部门负责本地区棚改专项债券额度管理和预算管理、组织做好债券发行、还本付息等工作，并按照专项债务风险防控要求审核项目资金需求。

第四十二条 省级住房城乡建设部门负责审核本地区棚改专项债券项目和资金需求，组织做好试点发行棚户区改造专项债券项目库与地方政府债务管理系统的衔接，配合做好本地区棚改专项债券发行准备工作。

第四十三条 市县级财政部门负责按照政府债务管理要求并根据本级试点发行棚改专项债券项目，以及本级专项债务风险、政府性基金收入等因素，复核本地区试点发行棚改专项债券需求，做好棚改专项债券额度管理、预算管理、发行准备、资金使用监管等工作。

市县级棚改主管部门负责按照棚户区改造工作要求并根据棚户区改造任务、成本等因素，建立本地区试点发行棚户区改造专项债券项目库，做好入库棚改项目的规划期限、投资计划、收益和融资平衡方案、预期收入等测算，做好试点发行棚户区改造专项债券年度项目库与政府债务管理系统的衔接，配合做好棚改专项债券发行各项准备工作，加强对项目实施情况的监控，并统筹协调相关部门保障项目建设进度，如期实现专项收入。

第七章 附 则

第四十四条 省、自治区、直辖市财政部门可以根据本办法规定，结合本地区实际制定实施细则。

第四十五条 本办法由财政部会同住房城乡建设部负责解释。

第四十六条 本办法自2018年3月1日起实施。

5. 土地储备项目预算管理办法（试行）

（财预〔2019〕89号公布　自2019年5月20日起施行）

第一章　总　　则

第一条　为规范土地储备项目预算管理，根据《中华人民共和国预算法》《中华人民共和国土地管理法》和《国务院关于加强地方政府性债务管理的意见》（国发〔2014〕43号）、《国务院办公厅关于规范国有土地使用权出让收支管理的通知》（国办发〔2006〕100号）等法律和制度规定，制定本办法。

第二条　本办法所称土地储备是指县级（含）以上自然资源主管部门为调控土地市场、促进土地资源合理利用，依法取得土地，组织前期开发、储存以备供应的行为。

所称土地储备项目是指有关主管部门根据国民经济与社会发展规划、国土空间规划等，将拟收储或入库土地按照宗地、区域、工作时序、资金平衡等条件适当划分并纳入土地储备三年滚动计划和年度土地储备计划后形成的管理基本单元。土地储备项目可以包含一宗地或多宗地；包含多宗地的，应当符合地域相近、整体推进的要求。

第三条　本办法适用于地方各级财政部门、自然资源主管部门、土地储备机构开展土地储备项目预算管理。

棚户区改造项目可以根据主管部门有关规定，参照本办法执行。

第四条　土地储备项目从拟收储到供应涉及的收入、支出必须全部纳入财政预算。

土地储备项目预算按规定纳入地方政府性基金预算管理，年度预算执行中遵循以收定支、先收后支的原则。

第五条　土地储备项目应当实现总体收支平衡和年度收支平衡。

（一）总体收支平衡，是指项目全生命周期内，项目预期土地出让收入能够覆盖债务本息等成本。

（二）年度收支平衡，是指项目年度资金来源覆盖年度支出。

第六条　土地储备机构是土地储备项目预算的编制主体，通过土地储备机构专用报表编制土地储备项目预算。

土地储备机构专用报表是指由土地储备机构编制，专门反映土地储备资产评估价值、政府为其举借的债务、财政预算拨款、土地储备成本支出等信息的辅助报表。

第七条 财政部门会同自然资源主管部门组织和监督土地储备项目收支平衡、风险管控和资产评估。

财政部门负责将土地储备项目收支纳入政府性基金预算管理，组织做好相关预算编制、调整、执行、决算以及政府债务举借和还本付息等工作；负责管理已纳入预算和拟纳入预算的土地储备项目库，并按要求向自然资源部门提供相关信息。

自然资源主管部门负责审核和汇总土地储备机构上报的项目收支平衡方案和年度收支预决算草案，编制本地区土地储备项目收支平衡方案和年度收支预决算草案；组织和监督土地储备项目设立、实施，负责管理土地储备项目库；按要求向财政部门反馈预算执行情况。

土地储备机构负责提出项目设立建议，具体实施项目并落实项目全生命周期预算管理，按项目编制土地储备项目收支平衡方案和年度收支预决算草案。

第二章 项目库管理

第八条 土地储备项目实行项目库管理，反映项目名称、地块区位、储备期限等基本信息，以及预期土地出让收入、项目成本、收益和融资平衡方案、政府净收益等信息，按项目统一配号、统一监管。

土地储备项目库应当与土地储备三年滚动计划、年度计划同步编制或更新，与土地储备信息系统、地方政府债务管理信息系统互联互通。

第九条 土地储备项目设立前，市、县自然资源主管部门应当组织土地储备机构开展前期研究，合理评估项目预期土地出让收入、土地储备成本，作为编制项目收支平衡方案的依据。

（一）预期土地出让收入。土地储备机构应当会同同级财政部门委托第三方评估机构根据土地区位、用途等规划条件以及基准地价，评估土地资产价值，合理测算预期土地出让收入。

（二）土地储备成本。土地储备机构应当根据当地征地和拆迁补偿标准、土地前期开发涉及的工程建设标准等合理测算土地储备成本。

第十条 土地储备机构应当根据项目收支评估结果，编制总体收支平衡方案和分年度收支平衡方案，反映项目全生命周期预期土地出让收入、土地储备成本、土地储备资金来源等平衡及各年度情况，相应填制总体收支平衡表（见附1）和分年度收支平衡表（见附2），确保项目全生命周期收支平衡。

第十一条 土地储备机构根据土地储备项目收支平衡情况，分类提出资金安排建议。其中，专项债券发行规模不得超过项目预期土地出让收入的70%。

（一）对预期土地出让收入大于或等于土地储备成本，能够"收大于支"或"盈亏平衡"的项目，可按规定发行专项债券融资，债券发行规模不得超过土地储备成本；

（二）对预期土地出让收入小于土地储备成本、"收不抵支"项目，应当统筹安排财政资金、专项债券予以保障。其中，债券发行规模不得超过预期土地出让收入；

（三）对没有预期土地出让收入的项目，确需实施的，应当安排财政资金保障。

第十二条 市、县自然资源主管部门会同财政部门组织审核论证土地储备机构提出的项目收支平衡方案以及资金安排建议，通过审核论证的土地储备项目纳入项目库管理。

项目库区分自然资源主管部门负责管理的项目库、财政部门负责管理的项目库。自然资源主管部门负责管理的项目库包括全部土地储备项目，财政部门负责管理的项目库包括已纳入预算项目和拟纳入预算的备选项目。未纳入项目库的项目不得安排预算资金。

第三章 预算编制和批复

第十三条 土地储备项目按照全生命周期管理的要求，分别编入地方政府中期财政规划和年度收支预算。

第十四条 财政部门根据负责管理的土地储备项目库中已纳入预算项目和拟纳入预算项目情况，结合项目收支平衡方案，将分年度收支编入地方政府中期财政规划，全面反映规划期内土地储备项目收支安排。中期财政规划约束和指引地方政府年度预算，并根据上一年度预算执行情况滚动调整。

第十五条 土地储备机构应当根据市、县政府及自然资源主管部门有关安排，综合考虑当期国民经济和社会发展规划、国土空间规划、重大项目资金需求等因素，重点评估成本收入分析后项目效益情况，每年第四季度从自然资源主管部门管理的土地储备项目库中选择年度拟申请安排预算的项目。土地储备机构应当将拟申请安排预算的项目纳入年度土地储备计划，根据项目分年度收支平衡方案编制土地储备项目年度收支预算草案，反映年度收储成本、前期开发成本等支出，提出财政预算安排、专项债券等需求，报自然资源主管部门审核。

自然资源主管部门审核汇总本地区所有土地储备项目年度收支预算草案，形成本地区年度土地储备收支预算草案，随本部门预算草案一并报同级财政部门。

财政部门应当依据有关法律法规审核土地储备年度收支预算草案，将年度预算安排用于还本付息的资金编入地方政府预算草案，将举借土地储备专项债券收入以及对应安排的土地储备支出编入预算或预算调整方案。

第十六条 财政预算经法定程序批准后，财政部门应当在法定时限内批复自然资源主管部门的部门预算，一并批复土地储备项目年度收支预算。

批复土地储备项目预算时，财政部门和自然资源主管部门应当明确区分专项债券资金和其他预算资金。

第四章　预算执行与调整

第十七条 财政部门应当根据土地储备项目年度收支预算，以及项目实施进度和相关部门用款申请，及时拨付财政预算资金或发行专项债券，有效保障土地储备项目的资金需求。

自然资源主管部门和土地储备机构应当按照预算和规定用途使用财政资金，不得挪用或擅自改变用途。依法供应土地后，自然资源主管部门和财政部门应当督促土地使用者将应缴的土地出让收入及时足额缴入国库。

允许有条件的地方在土地储备专项债券发行完成前，对预算已安排专项债券资金的土地储备项目通过先行调度库款的做法，加快项目建设进度，债券发行后及时归垫。

第十八条 土地储备机构应当依据当地征地补偿标准、工程建设等标准，合理控制土地储备项目收储成本和前期开发成本。

因市场波动导致项目预期成本支出超出年度收支预算保障能力的，土地储备机构应当报经同级自然资源主管部门同意后，按程序向同级财政部门申请调剂预算；成本变动导致项目收支难以平衡的，应当相应调整项目收支平衡方案。

第十九条 土地储备项目实施和预算执行过程中，确实无法执行需要调整地块的，由土地储备机构提出申请并重新提出项目收支平衡方案后，按照经国务院同意印发的《财政部关于支持做好地方政府专项债券发行使用管理工作的通知》（财预〔2018〕161号）规定实施。

第二十条 土地储备项目实施后，土地储备机构应当每年对土地储备项目资产开展自评估。对资产价值重大变化导致项目总体收支预算不平衡的，应当按程序调整该项目收支平衡方案，重新报同级自然资源主管部门和财政部门审核。

财政部门应当委托第三方评估机构对土地储备机构年度自评估结果进行再评估，再评估结果作为调整相应中期财政规划和核定专项债务限额、土地储备专项债券额度的依据。

第五章 决算和审计

第二十一条 土地储备机构应当按照预算管理制度规定对每个土地储备项目编制年度收支决算草案，并按程序报批。

本办法第六条所述土地储备机构专用报表（见附3、附4），应当作为附表纳入本条第一款所述决算草案。

第二十二条 项目实施过程中，土地储备机构可根据项目管理需要，委托有资质的中介机构对项目实施进行跟踪审计；项目实施有关单位应配合做好项目决算有关工作。项目实施完毕后，财政部门应当委托有资质的中介机构，对土地储备项目总体收支情况等进行审计。

第六章 其他事项

第二十三条 土地储备项目实施应当设定绩效目标，作为实施绩效运行监控、开展绩效评价的基础。项目实施完毕、预算执行结束后，财政部门和自然资源主管部门应当对土地储备项目开展绩效评价，评价结果作为以后年度预算安排的重要参考依据。

第二十四条 市、县自然资源主管部门和土地储备机构应当建立对土地储备项目风险的动态监测机制，配合做好绩效评价，对发现的问题及时进行整改。财政部门依据国家法律法规和管理制度，对土地储备项目预算管理实施监督，及时发现和纠正预算执行中出现的问题。

第二十五条 自然资源主管部门受市、县人民政府委托代持土地储备资产，并交由土地储备机构具体管理。土地储备机构应当于每年四季度对所有土地储备项目对应的土地资产（包括正在实施的土地和已入库储备的土地）、负债进行统计，编制年末土地储备项目专用资产负债平衡表（见附5）。

第二十六条 建立土地储备机构专用报表制度。财政部门应当指导土地储备机构做好专用报表填列工作：

（一）在土地储备机构专用报表的"资产"方填列土地储备资产评估价值；

（二）在土地储备机构专用报表的"负债"方填列同级财政部门拨付的土地储备专项债券资金。

第二十七条 财政部门应当通过"21215土地储备专项债券收入安排的支出"科目，将土地储备专项债券资金拨付土地储备机构，并在拨款凭证上列示科目名称。

第二十八条 土地储备机构所需的日常经费，应当与土地储备项目预算及资金实行分账核算，不得相互混用。

土地储备资金财务管理和会计核算，按《土地储备资金财务管理办法》《土地储备资金会计核算办法（试行）》执行。

第七章 附 则

第二十九条 省、自治区、直辖市可以根据本办法制定实施细则。

第三十条 开展土地储备项目预算管理试点地区的政府债务风险评估和预警办法另行研究确定。

第三十一条 本办法由财政部、自然资源部负责解释。

第三十二条 本办法自印发之日起施行。

附：1. ××土地储备项目××年总体收支平衡表（略）

2. ××土地储备项目××年分年度收支平衡表（略）

3. ××土地储备项目××年度预算表（土地储备机构编制）（略）

4. ××市、县土地储备项目××年度预算表（财政部门汇总编制）（略）

5. 土地储备项目专用资产负债平衡表（略）

6. 水利部关于进一步用好地方政府专项债券推进水利工程补短板工作的通知

(2019年9月10日水规计〔2019〕259号公布)

各省、自治区、直辖市水利(水务)厅(局),各计划单列市水利(水务)局,新疆生产建设兵团水利局:

今年以来,各地按照《水利部关于用好地方政府专项债券加快推进水利建设的通知》要求,采取多种措施,积极申请地方政府专项债券用于水利建设,并取得一定成效。但从实际落实情况看,目前已落实专项债券的省份和债券规模不多,与水利建设需求相比差距较大。9月4日,国务院常务会议确定加快地方政府专项债券发行使用的措施,带动有效投资支持补短板扩内需。为贯彻落实国务院常务会议精神,积极践行"水利工程补短板、水利行业强监管"水利改革发展总基调,进一步用好地方政府专项债券,加快补齐水利工程短板,现将有关事项通知如下:

一、进一步提高水利使用地方政府专项债券的认识。今年地方政府专项债券总规模2.15万亿元,据统计,截至7月底仅18个省份落实180亿元专项债券用于水利建设,占已发行专项债券总规模不足2%。有的地方申请专项债券意识不强、认识不深,还存在不敢用、不会用的现象。当前和今后一个时期,水利补短板建设任务十分繁重,投资不足仍是制约工程建设的主要因素。今年5月,中共中央办公厅、国务院办公厅印发《中共中央办公厅 国务院办公厅关于做好地方政府专项债券发行及项目配套融资工作的通知》,明确地方政府专项债券重点支持水利工程等领域,对建设和运营期限较长的重大水利工程等项目,鼓励发行10年期以上的长期专项债券。国务院常务会议多次研究部署地方政府专项债券发行和使用工作,将水利基础设施作为专项债券重点投向的领域之一。各级水行政主管部门要提高认识,准确把握专项债券相关文件和会议精神,抓住政策机遇,加大工作力度,积极争取更多专项债券用于水利建设,加快补齐补强水利基础设施短板。

二、学习借鉴好的经验做法。在利用专项债券推进水利工程建设方面,部分地区积累了一些好的经验做法,值得各地学习借鉴。一是在地方政府专项债限额内单独发行重大水利工程专项债券。广东省在专项债券额度内，分不同期限专门发行珠江三角洲水资源配置工程专项债券，目前已落实21亿元，促进了工程顺利实施。二是将水利项目与其他领域项目打包融资。福建、四川等省份部分市县，对具有一定收益的各领域小型项目打包申请专项债券，通过政府性基金和专项收入统一还款。三是积极探索拓宽专项债券还款渠道。一些地区水利项目利用政府专项债券，采取多种形式还款渠道，不限于项目直接产生的收益，还包括间接带来的土地升值效益间接收入，解决了公益性水利项目融资难问题。四是出台水利建设申请地方政府专项债券管理办法。陕西省水利厅、财政厅联合印发《水利建设专项债券募集资金管理办法》，建立水利建设专项债券与项目资产、收益相对应的制度，积极支持水利项目使用专项债券。五是加强对市县水利部门的培训指导。陕西省水利厅组织对市县水利部门有关人员，就专项债券的申请条件、方式、流程、还款方式等内容进行培训指导，编制《地方政府专项债券发行实务操作建议》，邀请财政部门专家对相关政策进行讲解，取得了较好效果。各地要相互借鉴，拓宽思路，积极拓展利用地方政府专项债券推进水利工程建设方面的方式和途径。

三、采取有效措施全力争取后续地方政府专项债券。国务院要求，今年限额内地方政府专项债券要确保9月底前全部发行完毕，10月底前全部拨付到项目上，同时根据地方重大项目建设需要，按规定提前下达明年专项债部分新增额度，确保明年初即可使用见效。对于今年地方政府专项债券尚未全部发行完毕的地区，相关省级水行政主管部门要加强与财政等部门沟通，抓紧对接需要申请专项债券的水利项目，积极落实债券资金。对于拟提前下达的明年政府专项债券，各级水行政主管部门要及早做好准备，抓紧梳理和加快推进一批项目前期工作，及时向政府及其财政部门反映需求，优先保障重大水利工程等资金需求。同时，各地要立足当前、着眼长远，优选一批效益比较明显、群众期盼、迟早要干的水利项目，加强项目储备，着力建立"申报一批、落实一批、建设一批、储备一批"的良性滚动机制。

省级水行政主管部门要及时掌握本地区水利项目使用地方政府专项债券的情况，分别于10月31日、12月31日前将落实规模、具体项目、经验做法、存在的问题和有关建议，报送水利部规划计划司。

水利部
2019年9月10日

7. 文化和旅游部办公厅关于用好地方政府专项债券的通知

（自 2020 年 5 月 1 日起施行）

各省、自治区、直辖市文化和旅游厅（局），新疆生产建设兵团文化体育广电和旅游局，各计划单列市文化和旅游局：

3 月 31 日，国务院常务会议决定要进一步增加地方政府专项债规模，扩大有效投资补短板。在前期已下达一部分今年专项债限额的基础上，抓紧按程序再提前下达一定规模的地方政府专项债，对重点项目多、风险水平低、有效投资拉动作用大的地区给予倾斜，加快重大项目和重大民生工程建设。4 月 14 日，国务院常务会议又作出了在已提前下达地方政府专项债额度 1.29 万亿元基础上，抓紧按程序再提前下达一定规模的地方政府专项债的部署。为加快推进各地文化和旅游领域重大项目落地实施，稳定行业投资，坚定行业信心，助力复工复产，现将有关事项通知如下：

一、各地文化和旅游行政部门要主动与所在地财政、发展改革等部门沟通对接，争取将文化和旅游行业纳入各地地方政府专项债券（以下简称专项债券）重点支持范围。要紧紧抓住当前项目集中受理和申报的"窗口期"，做好符合条件的文化和旅游领域重大项目的申报和储备工作，积极争取专项债券支持。

二、各地在项目申报过程中要注意科学施策，因地制宜，严格按照专项债券支持项目标准和重点领域要求，将拟申报项目定位于具备一定收益性的（包括企业运营的）重大项目，并根据项目特点确定所属领域。目前，文化和旅游领域重大项目既可以从文化旅游等已经明确的重点领域进行申报，也可以根据项目特点，从生态环保、农林水利、市政和产业园区基础设施等与文化和旅游相关联的领域进行申报。

三、各地要充分利用好专项债券的优势，推动文化和旅游领域重大项目落地实施。积极协调金融机构为专项债券支持项目提供配套融资支持。要做好项目推介工作，加快项目落地。

四、各地要高度重视此项工作，及时将工作进展及遇到的问题与困难反馈我部。我部将结合各地反馈情况，联合有关部门和单位适时开展专项债券发行和使用的专题培训工作。

特此通知。

联系方式：（略）

文化和旅游部办公厅

2020年5月1日

8. 文化和旅游部办公厅关于进一步用好地方政府专项债券推进文化和旅游领域重大项目建设的通知

（2021年2月9日办产业发〔2021〕23号公布）

各省、自治区、直辖市文化和旅游厅（局），新疆生产建设兵团文化体育广电和旅游局，各计划单列市文化和旅游行政部门：

为贯彻落实党中央、国务院系列决策部署，进一步在文化和旅游领域用好地方政府专项债券（以下简称专项债券），加快推进文化和旅游领域重大项目落地实施，扩大有效投资，推动行业高质量发展，现将有关事项通知如下：

一、各级文化和旅游行政部门要进一步提高认识，充分认识专项债券是当前统筹财政收支和优化政府投资的有效措施。近日，财政部办公厅、国家发展改革委办公厅专门印发有关通知，布置开展梳理新增专项债券项目资金需求工作，并明确将文化旅游领域作为新增专项债券的重点投向。各地要积极抢抓新增专项债券集中申报机遇，争取更多专项债券用于文化和旅游领域重大项目建设。

二、各级文化和旅游行政部门要发挥好各级文化和旅游重点项目库的积极作用，提前做好项目谋划和储备工作，按照"资金跟着项目走"的原则，建立"实施一批、申报一批、储备一批、谋划一批"的梯次格局。要顺应产业发展趋势，结合专项债券重点支持领域，谋划布局"十四五"时期拟实施的重点项目。有条件的地区可建立文化和旅游专项债券储备项目库。

三、各级文化和旅游行政部门要准确把握专项债券有关工作要求和程序，做好前期准备和申报工作。根据有关要求，专项债券必须用于有一定收益的基础设施和公共服务项目。要重点关注服务国家重大区域发展战略有关项目、国家文化公园建设相关项目及产业集聚区建设、旅游公共服务保障设施建设、重点景区基础设施建设、博物馆建设等项目。优先安排在建项目。专项债券发行和使用要严格对应项目，既可以对应单一项目发行，也可以对应同一地区多个项目集合发行；要科学设计项目收益与融资的平衡。

四、各级文化和旅游行政部门要加强与所在地财政、发展改革等部门沟通，抓紧对接需要申请专项债券的文化和旅游项目。积极协调金融机构为符合标准的项目提供配套融资支持。各地要相互借鉴，拓宽思路，积极拓展利用专项债券推进文化和旅游领域重大项目建设的方式和途径。

各省级文化和旅游行政部门要及时掌握本地区文化和旅游项目使用专项债券的情况，及时将发行规模、经验做法、存在的问题和有关建议报送文化和旅游部产业发展司。

特此通知。

文化和旅游部办公厅
2021 年 2 月 9 日

七、监督与风险处置

1. 地方政府性债务风险应急处置预案

(国办函〔2016〕88号公布 自2016年10月27日起施行)

1 总 则

1.1 目的

建立健全地方政府性债务风险应急处置工作机制,坚持快速响应、分类施策、各司其职、协同联动、稳妥处置,牢牢守住不发生区域性系统性风险的底线,切实防范和化解财政金融风险,维护经济安全和社会稳定。

1.2 工作原则

1.2.1 分级负责

省级政府对本地区政府性债务风险应急处置负总责,省以下地方各级政府按照属地原则各负其责。国务院有关部门在国务院统一领导下加强对地方政府性债务风险应急处置的指导。跨省(区、市)政府性债务风险应急处置由相关地区协商办理。

1.2.2 及时应对

地方各级政府应当坚持预防为主、预防和应急处置相结合,加强对政府性债务风险的监控,及时排查风险隐患,妥善处置风险事件。

1.2.3 依法处置

地方政府性债务风险事件应急处置应当依法合规,尊重市场化原则,充分考虑并维护好各方合法权益。

1.3 编制依据

《中华人民共和国预算法》、《中华人民共和国突发事件应对法》、《国务院关于加强地方政府性债务管理的意见》(国发〔2014〕43号)、《国务院办公厅关于印发突发事件应急预案管理办法的通知》(国办发〔2013〕101号)等。

1.4 适用范围

本预案所称地方政府性债务风险事件,是指地方政府已经或者可能无法按期支付政府债务本息,或者无力履行或有债务法定代偿责任,容易引发财政金融风险，需要采取应急处置措施予以应对的事件。

本预案所称存量债务，是指清理甄别认定的2014年年末地方政府性债务，包括存量政府债务和存量或有债务。

1.4.1 政府债务风险事件

（1）政府债券风险事件：指地方政府发行的一般债券、专项债券还本付息出现违约。

（2）其他政府债务风险事件：指除地方政府债券外的其他存量政府债务还本付息出现违约。

1.4.2 或有债务风险事件

（1）政府提供担保的债务风险事件：指由企事业单位举借、地方政府及有关部门提供担保的存量或有债务出现风险，政府需要依法履行担保责任或相应民事责任却无力承担。

（2）政府承担救助责任的债务风险事件：指企事业单位因公益性项目举借、由非财政性资金偿还，地方政府在法律上不承担偿债或担保责任的存量或有债务出现风险，政府为维护经济安全或社会稳定需要承担一定救助责任却无力救助。

2 组织指挥体系及职责

2.1 应急组织机构

县级以上地方各级政府设立政府性债务管理领导小组（以下简称债务管理领导小组），作为非常设机构，负责领导本地区政府性债务日常管理。当本地区出现政府性债务风险事件时，根据需要转为政府性债务风险事件应急领导小组（以下简称债务应急领导小组），负责组织、协调、指挥风险事件应对工作。

债务管理领导小组（债务应急领导小组）由本级政府主要负责人任组长，成员单位包括财政、发展改革、审计、国资、地方金融监管等部门、单位以及人民银行分支机构、当地银监部门，根据工作需要可以适时调整成员单位。

2.2 部门职责

2.2.1 财政部门是政府性债务的归口管理部门，承担本级债务管理领导小组（债务应急领导小组）办公室职能，负责债务风险日常监控和定期报告，组织提出债务风险应急措施方案。

2.2.2 债务单位行业主管部门是政府性债务风险应急处置的责任主体，负责定期梳理本行业政府性债务风险情况，督促举借债务或使用债务资金的有关单位制定本单位债务风险应急预案；当出现债务风险事件时，落实债务还款资金安排，及时向债务应急领导小组报告。

2.2.3 发展改革部门负责评估本地区投资计划和项目，根据应急需要调整投资计划，牵头做好企业债券风险的应急处置工作。

2.2.4 审计部门负责对政府性债务风险事件开展审计，明确有关单位和人员的责任。

2.2.5 地方金融监管部门负责按照职能分工协调所监管的地方金融机构配合开展政府性债务风险处置工作。

2.2.6 人民银行分支机构负责开展金融风险监测与评估，牵头做好区域性系统性金融风险防范和化解工作，维护金融稳定。

2.2.7 当地银监部门负责指导银行业金融机构等做好风险防控，协调银行业金融机构配合开展风险处置工作，牵头做好银行贷款、信托、非法集资等风险处置工作。

2.2.8 其他部门（单位）负责本部门（单位）债务风险管理和防范工作，落实政府性债务偿还化解责任。

3 预警和预防机制

3.1 预警监测

财政部建立地方政府性债务风险评估和预警机制，定期评估各地区政府性债务风险情况并作出预警，风险评估和预警结果应当及时通报有关部门和省级政府。省级财政部门应当按照财政部相关规定做好本地区政府性债务风险评估和预警工作，及时实施风险评估和预警，做到风险早发现、早报告、早处置。

此外，地方各级政府及其财政部门应当将政府及其部门与其他主体签署协议承诺用以后年度财政资金支付的事项，纳入监测范围，防范财政风险。

地方各级政府应当定期排查风险隐患，防患于未然。

3.2 信息报告

地方各级政府应当建立地方政府性债务风险事件报告制度，发现问题及时报告，不得瞒报、迟报、漏报、谎报。

3.2.1 政府债务风险事件报告

设区的市级、县级政府（以下统称市县政府）预计无法按期足额支付到期政府债务本息的，应当提前2个月以上向上级或省级政府报告，并抄送上级或省级财政部门。发生突发或重大情况，县级政府可以直接向省级政府报告，并抄送省级财政部门。省级财政部门接报后应当立即将相关情况通报债务应急领导小组各成员单位，并抄送财政部驻本地区财政监察专员办事处。

3.2.2 或有债务风险事件报告

地方政府或有债务的债务人预计无法按期足额支付或有债务本息的，应当提前1个月以上向本级主管部门和财政部门报告，经财政部门会同主管部门确认无力履行法定代偿责任或必要救助责任后，由本级政府向上级或省级政府报告，并抄送上级或省级财政部门。遇突发或重大事件，县级政府可以直接向省级政府报告，并抄送省级财政部门。省级财政部门接报后应当立即将相关情况通报债务应急领导小组各成员单位，并抄送财政部驻本地区财政监察专员办事处。

3.2.3 报告内容

包括预计发生违约的地方政府性债务类别、债务人、债权人、期限、本息、原定偿还安排等基本信息，风险发生原因，事态发展趋势，可能造成的损失，已采取及拟采取的应对措施等。

3.2.4 报告方式

一般采取书面报告形式。紧急情况下可采取先电话报告、后书面报告的方式。

3.3 分类处置

3.3.1 地方政府债券

对地方政府债券，地方政府依法承担全部偿还责任。

3.3.2 非政府债券形式的存量政府债务

对非政府债券形式的存量政府债务，经地方政府、债权人、企事业单位等债务人协商一致，可以按照《中华人民共和国合同法》第八十四条等有关规定分类处理：

（1）债权人同意在规定期限内置换为政府债券的，地方政府不得拒绝相关偿还义务转移，并应承担全部偿还责任。地方政府应当通过预算安排、资产处置等方式积极筹措资金，偿还到期政府债务本息。

（2）债权人不同意在规定期限内置换为政府债券的，仍由原债务人依法承担偿债责任，对应的地方政府债务限额由中央统一收回。地方政府作为出资人，在出资范围内承担有限责任。

3.3.3 存量或有债务

（1）存量担保债务。存量担保债务不属于政府债务。按照《中华人民共和国担保法》及其司法解释规定，除外国政府和国际经济组织贷款外，地方政府及其部门出具的担保合同无效，地方政府及其部门对其不承担偿债责任，仅依法承担适当民事赔偿责任，但最多不应超过债务人不能清偿部分的二分之一；担保额小于债务人不能清偿部分二分之一的，以担保额为限。

具体金额由地方政府、债权人、债务人参照政府承诺担保金额、财政承受能力等协商确定。

（2）存量救助债务。存量救助债务不属于政府债务。对政府可能承担一定救助责任的存量或有债务，地方政府可以根据具体情况实施救助，但保留对债务人的追偿权。

3.3.4　新发生的违法违规担保债务

对2014年修订的《中华人民共和国预算法》施行以后地方政府违法违规提供担保承诺的债务，参照3.3.3第（1）项依法处理。

3.3.5　其他事项

地方政府性债务风险分类处置的具体办法由财政部另行制定，作为本预案的配套文件，经国务院同意后实施。

3.4　债务风险事件级别

按照政府性债务风险事件的性质、影响范围和危害程度等情况，划分为Ⅰ级（特大）、Ⅱ级（重大）、Ⅲ级（较大）、Ⅳ级（一般）四个等级。当政府性债务风险事件等级指标有交叉、难以判定级别时，按照较高一级处置，防止风险扩散；当政府性债务风险事件等级随时间推移有所上升时，按照升级后的级别处置。

政府性债务风险事件监测主体为省级、设区的市级、县级政府。经济开发区管委会等县级以上政府派出机构的政府性债务风险事件按照行政隶属关系由所属政府负责监测。

3.4.1　Ⅰ级（特大）债务风险事件，是指出现下列情形之一：

（1）省级政府发行的地方政府债券到期本息兑付出现违约；

（2）省级或全省（区、市）15%以上的市县政府无法偿还地方政府债务本息，或者因偿还政府债务本息导致无法保障必要的基本民生支出和政府有效运转支出；

（3）省级或全省（区、市）15%以上的市县政府无法履行或有债务的法定代偿责任或必要救助责任，或者因履行上述责任导致无法保障必要的基本民生支出和政府有效运转支出；

（4）全省（区、市）地方政府债务本金违约金额占同期本地区政府债务应偿本金 10% 以上，或者利息违约金额占同期应付利息 10% 以上；

（5）省级政府需要认定为Ⅰ级债务风险事件的其他情形。

3.4.2 Ⅱ级（重大）债务风险事件，是指出现下列情形之一：

（1）省级政府连续 3 次以上出现地方政府债券发行流标现象；

（2）全省（区、市）或设区的市级政府辖区内 10% 以上（未达到 15%）的市级或县级政府无法支付地方政府债务本息，或者因兑付政府债务本息导致无法保障必要的基本民生支出和政府有效运转支出；

（3）全省（区、市）或设区的市级政府辖区内 10% 以上（未达到 15%）的市级或县级政府无法履行或有债务的法定代偿责任或必要救助责任，或者因履行上述责任导致无法保障必要的基本民生支出和政府有效运转支出；

（4）县级以上地方政府债务本金违约金额占同期本地区政府债务应偿本金 5% 以上（未达到 10%），或者利息违约金额占同期应付利息 5% 以上（未达到 10%）；

（5）因到期政府债务违约，或者因政府无法履行或有债务的法定代偿责任或必要救助责任，造成重大群体性事件，影响极为恶劣；

（6）县级以上地方政府需要认定为Ⅱ级债务风险事件的其他情形。

3.4.3 Ⅲ级（较大）债务风险事件，是指出现下列情形之一：

（1）全省（区、市）或设区的市级政府辖区内 2 个以上但未达到 10% 的市级或县级政府无法支付地方政府债务本息，或者因兑付政府债务本息导致无法保障必要的基本民生支出和政府有效运转支出；

（2）全省（区、市）或设区的市级政府辖区内 2 个以上但未达到 10% 的市级或县级政府无法履行或有债务的法定代偿责任或必要救助责任，或者因履行上述责任导致无法保障必要的基本民生支出和政府有效运转支出；

（3）县级以上地方政府债务本金违约金额占同期本地区政府债务应偿本金 1% 以上（未达到 5%），或者利息违约金额占同期应付利息 1% 以上（未达到 5%）；

（4）因到期政府债务违约，或者因政府无法履行或有债务的法定代偿责任或必要救助责任，造成较大群体性事件；

（5）县级以上地方政府需要认定为Ⅲ级债务风险事件的其他情形。

3.4.4 Ⅳ级（一般）债务风险事件，是指出现下列情形之一：

（1）单个市县政府本级偿还政府债务本息实质性违约，或因兑付政府债务本息导致无法保障必要的基本民生支出和政府有效运转支出；

（2）单个市县政府本级无法履行或有债务的法定代偿责任或必要救助责任，或因履行上述责任导致无法保障必要的基本民生支出和政府有效运转支出；

（3）因到期政府债务违约，或者因政府无法履行或有债务的法定代偿责任或必要救助责任，造成群体性事件；

（4）县级以上地方政府需要认定为Ⅳ级债务风险事件的其他情形。

4 应急响应

4.1 分级响应和应急处置

地方政府对其举借的债务负有偿还责任，中央实行不救助原则。地方政府要加强日常风险管理，按照财政部《地方政府性债务风险分类处置指南》，妥善处理政府性债务偿还问题。同时，要加强财政资金流动性管理，避免出现因流动性管理不善导致政府性债务违约。对因无力偿还政府债务本息或无力承担法定代偿责任等引发风险事件的，根据债务风险等级，相应及时实行分级响应和应急处置。

4.1.1 Ⅳ级债务风险事件应急响应

（1）相关市县债务管理领导小组应当转为债务应急领导小组，对风险事件进行研判，查找原因，明确责任，立足自身化解债务风险。

①以一般公共预算收入作为偿债来源的一般债务违约的，在保障必要的基本民生支出和政府有效运转支出前提下，可以采取调减投资计划、统筹各类结余结转资金、调入政府性基金或国有资本经营预算收入、动用预算稳定调节基金或预备费等方式筹措资金偿还，必要时可以处置政府资产。对政府提供担保或承担必要救助责任的或有债务，政府无力承担相应责任时，也按照上述原则处理。

②以政府性基金收入作为偿债来源的专项债务，因政府性基金收入不足造成债务违约的，在保障部门基本运转和履职需要的前提下，应当通过调入项目运营收入、调减债务单位行业主管部门投资计划、处置部门和债务单位可变现资产、调整部门预算支出结构、扣减部门经费等方式筹集资金偿还债务。对部门提供担保形成的或有债务，政府无力承担相应责任时，也按照上述原则处理。

③因债权人不同意变更债权债务关系或不同意置换，导致存量政府债务无

法在规定期限内依法转换成政府债券的，原有债权债务关系不变，由债务单位通过安排单位自有资金、处置资产等方式自筹资金偿还。若债务单位无力自筹资金偿还，可按市场化原则与债权人协商进行债务重组或依法破产，政府在出资范围内承担有限责任。对政府或有债务，也按照上述原则处理。

④市县政府出现债务风险事件后，在恢复正常偿债能力前，除国务院确定的重点项目外，原则上不得新上政府投资项目。在建政府投资项目能够缓建的，可以暂停建设，腾出资金依法用于偿债。

（2）市县债务管理领导小组或债务应急领导小组认为确有必要时，可以启动财政重整计划。市县政府年度一般债务付息支出超过当年一般公共预算支出10%的，或者专项债务付息支出超过当年政府性基金预算支出10%的，债务管理领导小组或债务应急领导小组必须启动财政重整计划。

（3）市县政府应当将债务风险应急处置情况向省级政府报备。

4.1.2　Ⅲ级债务风险事件应急响应

除采取Ⅳ级债务风险事件应对措施外，还应当采取以下升级应对措施：

（1）相关地区债务管理领导小组应当转为债务应急领导小组，将债务风险情况和应急处置方案专题向上级债务管理领导小组报告。

（2）上级债务管理领导小组应当密切关注事态变化，加强政策指导，及时组织召开专题会议通报风险处置情况，必要时可以成立工作组进驻风险地区，指导支持债务风险处置工作。

（3）市县政府偿还省级政府代发的到期地方政府债券（包括一般债券和专项债券）有困难的，可以申请由上级财政先行代垫偿还，事后扣回。

（4）市县政府应当将债务风险应急处置进展情况和处置结果上报省级政府，并抄送省级财政部门。

4.1.3　Ⅱ级债务风险事件应急响应

除采取Ⅳ级、Ⅲ级债务风险事件应对措施外，还应当采取以下升级应对措施：

（1）省级债务管理领导小组应当转为债务应急领导小组，汇总有关情况向省级政府报告，动态监控风险事件进展，指导和支持市县政府化解债务风险。

（2）市县政府统筹本级财力仍无法解决到期债务偿债缺口并且影响政府正常运转或经济社会稳定的，可以向省级债务应急领导小组申请救助，申请内容主要包括债务风险情况说明、本级政府应急方案及已采取的应急措施、需上级政府帮助解决的事项等。

（3）省级债务应急领导小组对市县政府救助申请提出审核意见，报省级政府批准后实施，并立即启动责任追究程序。

（4）省级政府适当扣减Ⅱ级债务风险事件涉及市县新增地方政府债券规模。

（5）省级债务应急领导小组督促市县政府落实债务风险应急处置措施，跟踪债务风险化解情况。必要时，省级政府可以成立工作组进驻风险地区，帮助或者接管风险地区财政管理，帮助制订或者组织实施风险地区财政重整计划。

4.1.4　Ⅰ级债务风险事件应急响应

除采取Ⅳ级、Ⅲ级、Ⅱ级债务风险事件应对措施外，还应当采取以下升级应对措施：

（1）省级债务应急领导小组应当及时将债务风险情况和应急处置方案向财政部报告，必要时由财政部向国务院报告。

（2）省级政府偿还到期地方政府债券本息有困难的，国务院可以对其提前调度部分国库资金周转，事后扣回。必要时国务院可以成立工作组进驻风险地区，予以指导和组织协调。

（3）市县政府建立债务风险处置信息定期向省级债务应急领导小组报告的机制，重大事项必须立即报告。

（4）省级债务应急领导小组报请省级政府通报Ⅰ级债务风险事件涉及市县名单，启动债务风险责任追究机制。

（5）省级政府暂停Ⅰ级债务风险事件涉及市县新增地方政府债券的资格。

4.2　地方政府财政重整计划

实施地方政府财政重整计划必须依法履行相关程序，保障必要的基本民生支出和政府有效运转支出，要注重与金融政策协调，加强与金融机构的沟通，不得因为偿还债务本息影响政府基本公共服务的提供。财政重整计划包括但不限于以下内容：

（1）拓宽财源渠道。依法加强税收征管，加大清缴欠税欠费力度，确保应收尽收。落实国有资源有偿使用制度，增加政府资源性收入。除法律、行政法规和国务院规定的财税优惠政策之外，可以暂停其他财税优惠政策，待风险解除后再行恢复。

（2）优化支出结构。财政重整期内，除必要的基本民生支出和政府有效运转支出外，视债务风险事件等级，本级政府其他财政支出应当保持"零增长"或者大力压减。一是压缩基本建设支出。不得新批政府投资计划，不得新上政府投资项目；不得设立各类需要政府出资的投资基金等，已设立的应当制订分年退出计划并严格落实。二是压缩政府公用经费。实行公务出国（境）、培训、公务接待等项目"零支出"，大力压缩政府咨询、差旅、劳务等各项支出。三是控制人员福利开支。机关事业单位暂停新增人员，必要时采取核减机构编制、人员等措施；暂停地方自行出台的机关事业单位各项补贴政策，压减直至取消编制外聘用人员支出。四是清理各类对企事业单位的补助补贴。暂停或取消地方出台的各类奖励、对企业的政策性补贴和贴息、非基本民生类补贴等。五是调整过高支出标准，优先保障国家出台的教育、社保、医疗、卫生等重大支出政策，地方支出政策标准不得超过国家统一标准。六是暂停土地出让收入各项政策性计提。土地出让收入扣除成本性支出后应全部用于偿还债务。

（3）处置政府资产。指定机构统一接管政府及其部门拥有的各类经营性资产、行政事业单位资产、国有股权等，结合市场情况予以变现，多渠道筹集资金偿还债务。

（4）申请省级救助。采取上述措施后，风险地区财政收支仍难以平衡的，可以向省级政府申请临时救助，包括但不限于：代偿部分政府债务，加大财政转移支付力度，减免部分专项转移支付配套资金。待财政重整计划实施结束后，由省级政府自行决定是否收回相关资金。

（5）加强预算审查。实施财政重整计划以后，相关市县政府涉及财政总预算、部门预算、重点支出和重大投资项目、政府债务等事项，在依法报本级人民代表大会或其常委会审查批准的同时，必须报上级政府备案。上级政府对下级政府报送备案的预算调整方案要加强审核评估，认为有不适当之处需要撤销批准预算的决议的，应当依法按程序提请本级人民代表大会常委会审议决定。

（6）改进财政管理。相关市县政府应当实施中期财政规划管理，妥善安排财政收支预算，严格做好与化解政府性债务风险政策措施的衔接。

4.3 舆论引导

根据处置债务风险事件的需要，启动应急响应的地方政府或其债务风险应急领导小组应当及时跟踪和研判舆情，健全新闻发布制度，指定专门的新闻发言人，统一对外发布信息，正确引导舆论。

4.4 应急终止

地方政府性债务风险得到缓解、控制，地方政府实现财政重整目标，经上级政府债务管理领导小组或债务应急领导小组同意，终止应急措施。

5 后期处置

5.1 债务风险事件应急处置记录及总结

在债务风险事件应急处置过程中，相关地方政府应当详尽、具体、准确地做好工作记录，及时汇总、妥善保管有关文件资料。应急处置结束后，要及时形成书面总结，向本级人民代表大会常委会和上级政府报告。

5.2 评估分析

债务风险事件应急处置结束后，有关地方政府及其财政部门要对债务风险事件应急处置情况进行评估。评估内容主要包括：债务风险事件形成原因、应急响应过程、应急处置措施、应急处置效果以及对今后债务管理的持续影响等。相关地区应当根据评估结果，及时总结经验教训，改进完善应急处置预案。

6 保障措施

6.1 通信保障

启动应急响应的地方政府应当保持应急指挥联络畅通，有关部门应当指定联络员，提供单位地址、办公电话、手机、传真、电子邮箱等多种联系方式。

6.2 人力保障

各地要加强地方政府性债务管理队伍建设，提高相关人员政策理论、日常管理、风险监测、应急处置、舆情应对等业务能力。启动应急响应的地方政府应当部署各有关部门安排人员具体落实相关工作。

6.3 资源保障

发生地方政府性债务风险事件的地方政府要统筹本级财政资金、政府及其部门资产、政府债权等可偿债资源，为偿还债务提供必要保障。

6.4 安全保障

应急处置过程中，对可能影响公共安全和社会稳定的事件，要提前防范、及时控制、妥善处理；遵守保密规定，对涉密信息要加强管理，严格控制知悉范围。

6.5 技术储备与保障

债务应急领导小组可以根据需要，建立咨询机制，抽调有关专业人员组成债务风险事件应急专家组，参加应急处置工作，提供技术、法律等方面支持。

6.6 责任追究

6.6.1 违法违规责任范围

(1) 违反《中华人民共和国预算法》《中华人民共和国银行业监督管理法》等法律规定的下列行为:

政府债务余额超过经批准的本地区地方政府债务限额;

政府及其部门通过发行地方政府债券以外的方式举借政府债务,包括但不限于通过企事业单位举借政府债务;

举借政府债务没有明确的偿还计划和稳定的偿还资金来源;

政府或其部门违反法律规定,为单位和个人的债务提供担保;

银行业金融机构违反法律、行政法规以及国家有关银行业监督管理规定的;

政府债务资金没有依法用于公益性资本支出;

增加举借政府债务未列入预算调整方案报本级人民代表大会常委会批准;

未按规定对举借政府债务的情况和事项作出说明、未在法定期限内向社会公开;

其他违反法律规定的行为。

(2) 违反《国务院关于加强地方政府性债务管理的意见》(国发〔2014〕43号)等有关政策规定的下列行为:

政府及其部门在预算之外违法违规举借债务;

金融机构违法违规向地方政府提供融资,要求地方政府违法违规提供担保;

政府及其部门挪用债务资金或违规改变债务资金用途;

政府及其部门恶意逃废债务;

债务风险发生后,隐瞒、迟报或授意他人隐瞒、谎报有关情况;

其他违反财政部等部门制度规定的行为。

6.6.2 追究机制响应

发生Ⅳ级以上地方政府性债务风险事件后,应当适时启动债务风险责任追究机制,地方政府应依法对相关责任人员进行行政问责;银监部门应对银行业金融机构相关责任人员依法追责。

6.6.3 责任追究程序

(1) 省级债务管理领导小组组织有关部门,对发生地方政府性债务风险的市县政府开展专项调查或专项审计,核实认定债务风险责任,提出处理意见,形成调查或审计报告,报省级政府审定。

(2) 有关任免机关、监察机关、银监部门根据有关责任认定情况，依纪依法对相关责任单位和人员进行责任追究；对涉嫌犯罪的，移交司法机关进行处理。

(3) 省级政府应当将地方政府性债务风险处置纳入政绩考核范围。对实施财政重整的市县政府，视债务风险事件形成原因和时间等情况，追究有关人员的责任。属于在本届政府任期内举借债务形成风险事件的，在终止应急措施之前，政府主要领导同志不得重用或提拔；属于已经离任的政府领导责任的，应当依纪依法追究其责任。

7 附 则

7.1 预案管理

本预案由财政部制订，报国务院批准后实施。本预案实施后，财政部应会同有关部门组织宣传、培训，加强业务指导，并根据实施情况适时进行评估和修订。县级以上地方各级人民政府要结合实际制定当地债务风险应急处置预案。

7.2 预案解释

本预案由财政部负责解释。

7.3 预案实施时间

本预案自印发之日起实施。

2. 地方政府性债务风险分类处置指南

（财预〔2016〕152 号　自 2016 年 11 月 3 日起施行）

地方政府性债务风险处置，应当坚持法治化、市场化原则，按照《中华人民共和国预算法》《中华人民共和国担保法》《中华人民共和国合同法》及其司法解释等法律规定，依据不同债务类型特点，分类提出处置措施，明确地方政府偿债责任，实现债权人、债务人依法分担债务风险。

分类处置的基本原则：（一）对地方政府债券，地方政府依法承担全部偿还责任。（二）对非政府债券形式的存量政府债务，债权人同意在规定期限内置换为政府债券的，政府承担全部偿还责任；债权人不同意在规定期限内置换为政府债券的，仍由原债务人依法承担偿债责任，对应的地方政府债务限额由中央统一收回。(三)对清理甄别认定的存量或有债务,不属于政府债务,政府不承担偿债责任。属于政府出具无效担保合同的,政府仅依法承担适当民事赔偿责任,但最多不应超过债务人不能清偿部分的二分之一;属于政府可能承担救助责任的,地方政府可以根据具体情况实施一定救助,但保留对债务人的追偿权。此外,对2014年修订的预算法施行以后地方政府违法违规提供担保承诺的债务,参照(三)依法处理。

1. 地方政府债券

1.1 债务范围

是指2009年以来发行的地方政府债券,包括截至2014年年底地方政府性债务存量中的地方政府债券、2015年以来发行的地方政府一般债券和专项债券。

1.2 偿债责任界定

地方政府债券由地方政府依法承担全部偿还责任。

1.3 偿债责任履行

地方政府应当统筹安排预算资金妥善偿还到期地方政府债券。其中,一般债券主要以一般公共预算收入偿还,专项债券以对应的政府性基金或专项收入偿还。

2. 银行贷款

2.1 存量政府债务中的银行贷款

2.1.1 债务范围

2.1.1.1 政府存量债务中的银行贷款:是指清理甄别认定的截至2014年年末地方政府性债务中,已经纳入政府债务范围的银行贷款。

2.1.2 偿债责任界定

2.1.2.1 债务单位:融资平台公司等债务单位举借的银行贷款,由签订借款合同的债务人(贷款借款人)依法承担偿债责任。

2.1.2.2 偿债责任转移:对清理甄别认定为政府负有偿还责任债务的银行贷款,经地方政府、债权人、债务人协商一致,可以按照合同法第八十四条等有关规定分类处置:

凡债权人同意按照国家有关存量地方政府债务依法转化为政府债券的要求,在规定期限内将相关债务置换为政府债券的,地方政府不得拒绝相关偿还义务转移。相关偿还义务转移给地方政府的，债务人应当将政府前期注入支持债务人举债的补贴收入、资产或资产变现收入等返还给地方政府。

因债权人不同意在规定期限内将相关债务依法置换成政府债券，导致合同义务无法转移的，仍由债务人依法承担偿债责任，相关债务对应的地方政府债务限额由中央统一收回。

2.1.3 偿债责任履行

2.1.3.1 对合同义务仍由融资平台公司等原债务人承担的银行贷款，债务人要加强财务管理、拓宽偿债资金渠道、统筹安排偿债资金。债务人无法偿还到期银行贷款的，债务人与债权人可以平等协商通过债务展期等方式进行债务重组，也可以依法通过企业破产等市场化方式处置。政府作为出资人，在出资范围内承担有限责任。

2.1.3.2 对按照 2.1.2.2 将相关偿还义务由原债务人转移给地方政府的银行贷款，地方政府应当通过预算安排、资产处置等多种方式积极筹措资金，偿还到期本金和利息。

2.1.3.3 经省级政府部门或市县级政府申请，省级政府在债券置换政策期限内，发行地方政府债券置换 2.1.3.2 所列尚未偿还的银行贷款。如因政府债券未如期发行原因，导致银行贷款未能在规定期限内置换的，地方政府继续在今后年度承担偿还责任；如因债权人违约，导致银行贷款未能在规定期限内置换的，由原债务人承担偿还责任。

2.1.3.4 对 2.1.3.2 所列银行贷款本金，如在置换债券资金到位前到期，在保障支付需要的前提下，地方政府可以通过库款垫付，或与债权人协商将银行贷款适当延期至置换债券资金到位之时。

2.1.3.5 对 2.1.3.2 所列银行贷款利息，在保证必要的基本民生支出和政府有效运转支出的基础上，如预算确实不足以安排的，地方政府应当与债权人平等协商，依法按照市场化原则处置，经债权人同意后可以采取降低利率水平、利息挂账等方式处置。

2.2 存量政府或有债务中的银行贷款

2.2.1 存量担保债务中的银行贷款

2.2.1.1 债务范围

2.2.1.1.1 存量担保债务中的银行贷款：是指清理甄别认定的截至 2014 年年末地方政府性债务中，已经纳入政府担保债务范围的银行贷款。其中，政府担保债务，是指由政府提供担保，当被担保人无力偿还债务时，政府需承担担保责任或相应民事赔偿责任的债务，下同。

2.2.1.2　偿债责任界定

2.2.1.2.1　债务单位：融资平台公司等银行贷款的债务人依法承担银行贷款的偿债责任。

2.2.1.2.2　地方政府：按照《最高人民法院关于适用〈中华人民共和国担保法〉若干问题的解释》（以下简称担保法司法解释）第三条"国家机关和以公益为目的的事业单位、社会团体违反法律规定提供担保的，担保合同无效"规定，除外国政府和国际经济组织贷款外，政府对银行贷款的担保无效。按照第七条"主合同有效而担保合同无效……债权人、担保人有过错的，担保人承担民事责任的部分，不应超过债务人不能清偿部分的二分之一"，由于政府不具有除外债转贷之外的担保人资格，债权人接受政府担保存在过错。因此，除外国政府和国际经济组织贷款外，政府对银行贷款的担保过错承担适当民事赔偿责任，但最多不应超过债务人不能清偿部分的二分之一。政府担保额小于债务人不能清偿部分的二分之一，以担保额为限。

对于地方政府负有担保责任的外国政府和国际经济组织贷款，地方政府依法承担相关担保责任。

2.2.1.3　偿债责任履行

2.2.1.3.1　融资平台公司等银行贷款的债务人要加强财务管理、拓宽偿债资金渠道、统筹安排偿债资金。

2.2.1.3.2　按照担保法司法解释第一百三十一条，债务人将存款、现金、有价证券、交通工具等可以执行的动产和其他方便执行的财产偿还债务后剩余不能清偿的部分（下同），地方政府除对外国政府和国际经济组织贷款应当依法承担相关担保责任之外，最多在不超过债务人不能清偿部分二分之一金额内承担民事赔偿责任。具体金额由地方政府、债权人、债务人参照政府承诺担保金额、地方财政承受能力等协商确定。

2.2.1.3.3　地方政府赔偿可以依法定程序直接安排财政资金，也可以与债权人、债务人协商后采取用政府前期注入融资平台公司等债务人的资产抵扣等方式。地方政府履行民事赔偿责任后，保留对债务人的追偿权。

2.2.1.3.4　对债务人偿还债务、地方履行民事赔偿责任等确有困难的银行贷款，债务人与债权人可以平等协商通过债务展期等方式进行债务重组，也可以依法通过企业破产等市场化方式处置。涉及公立学校、公立医院等公益事业单位以及水电气热等公用事业企业资产处置的，要坚持"严格依法、保障民生"的原则，不得影响提供必要的公共服务（下同）。债务处置确实形成的损失，由各方协商处理或依法相应承担。

2.2.2 存量救助债务中的银行贷款

2.2.2.1 债务范围

2.2.2.1.1 存量救助债务中的银行贷款：是指清理甄别认定的截至2014年年末地方政府性债务中，已经纳入政府救助债务范围的银行贷款。其中，政府救助债务，是指政府不负有法定偿还责任，但当债务人出现偿债困难时，政府可能需给予一定救助的债务，下同。

2.2.2.2 偿债责任界定

2.2.2.2.1 债务单位：融资平台公司等银行贷款的债务人依法承担银行贷款的偿债责任。

2.2.2.2.2 地方政府：地方政府在法律上不承担救助债务的偿债责任，可以根据具体情况实施一定救助，但保留对债务人的追偿权。

2.2.2.3 偿债责任履行

2.2.2.3.1 债务人要加强财务管理、拓宽偿债资金渠道、统筹安排偿债资金。

2.2.2.3.2 对公立学校、公立医院等公益事业单位以及水电气热等公用事业企业不能清偿的银行贷款本息，地方政府可以给予一定救助。具体救助金额由地方政府根据财政承受能力等确定。对其他企事业单位原则上不予救助。

2.2.2.3.3 地方政府救助可以依法定程序直接安排财政资金，也可以与债权人、债务人协商后采取政府前期注入债务人的资产抵扣等方式。地方政府救助后，保留对债务人的追偿权。

2.2.2.3.4 对债务人偿还债务、地方政府救助等确有困难的银行贷款，债务人与债权人应当依法按照市场化原则处理，可以平等协商通过债务展期等方式实施债务重组，也可以通过企业破产等方式处置。债务处置确实形成的损失，由各方协商处理或依法相应承担。

3. 建设—移交（BT）类债务

3.1 存量政府债务中的BT类债务

3.1.1 债务范围

3.1.1.1 存量政府债务中的 BT 类债务：是指清理甄别认定的截至 2014 年年末地方政府性债务中，已经纳入政府债务范围的 BT 债务、拖欠工程款等应付工程款类债务。

3.1.1.2 存量政府债务中的 BT 类债务余额：清理甄别认定截至 2014 年年末地方政府性债务时，BT 项目已经竣工决算的，按清理甄别认定的债务余额确定政府债务余额；尚未办理竣工决算的，按决算认定的项目回购金额确定政府债务余额，但不得超过清理甄别已经认定的债务余额。

3.1.2 偿债责任界定

3.1.2.1 债务单位：融资平台公司等债务单位举借的 BT 类债务，由签订合同的债务人依法承担偿债责任。

3.1.2.2 地方政府：地方政府或其部门举借 BT 类债务的，由地方政府依法承担偿债责任。

3.1.2.3 偿债责任转移：对清理甄别认定为政府负有偿还责任债务的由 3.1.2.1 所列债务单位举借的 BT 类债务，经地方政府、债权人、债务人协商一致，可以按照合同法第八十四条等有关规定分类处置：

凡债权人同意按照国家有关存量地方政府债务依法转化为政府债券的要求，在规定期限内将相关债务置换为政府债券的，地方政府不得拒绝相关偿还义务转移。相关偿还义务转移给地方政府的，债务人应将政府前期注入支持债务人举债的补贴收入、资产或资产变现收入等返还给地方政府。

因债权人不同意在规定期限内将相关债务依法置换成政府债券，导致合同义务无法转移的，仍由债务人依法承担偿债责任，相关债务对应的地方政府债务限额由中央统一收回。

3.1.3 偿债责任履行

3.1.3.1 对合同义务仍由融资平台公司等原债务人承担的 BT 类债务，原债务人要加强财务管理、拓宽偿债资金渠道、统筹安排偿债资金。债务人无法偿还到期 BT 类债务的，债务人与债权人可以平等协商通过债务展期等方式进行债务重组，也可以依法通过企业破产等市场化方式处置。政府作为出资人，在出资范围内承担有限责任。

3.1.3.2 对合同义务由地方政府及其部门承担的 BT 类债务，以及按照 3.1.2.3 将相关偿还义务由原债务人转移给地方政府的 BT 类债务，地方政府应当督促债务人将地方政府前期注入支持债务人举债的补贴收入或资产变现收入等偿债，尚有不足的，通过预算安排、资产处置等多种方式积极筹措资金偿还。

3.1.3.3 地方政府偿还3.1.3.2所列BT类债务，应当按照"边规范、边偿还"的原则组织重新审核，对BT回购款明显高于BT项目成本和合理利润的，要与债权人协商修订合同，相应核减政府债务余额。

3.1.3.4 经省级政府部门或市县级政府申请，省级政府在债券置换政策期限内，发行地方政府债券置换3.1.3.2所列尚未偿还的BT类债务。如因政府债券未如期发行原因，导致BT类债务未能在规定期限内置换的，地方政府继续在今后年度承担偿还责任；如因债权人违约，导致BT类债务未能在规定期限内置换的，由原债务人承担偿还责任。

3.1.3.5 对3.1.3.4所列BT类债务本金，如在置换债券资金到位前到期，在保证支付需要的前提下，地方政府可以通过库款垫付，或者与债权人协商对BT类债务适当延期至置换债券资金到位之时。

3.1.3.6 地方政府若偿还3.1.3.2所列BT类债务本金或利息可能影响必要的基本民生支出和政府有效运转支出的，经与债权人协商，在保证必要的基本民生支出和政府有效运转支出及保障债权人合法权益的基础上，可以对尚未竣工项目暂停建设、终止合同，确需建设的通过其他低成本资金安排。

3.2 存量或有债务中的BT类债务

3.2.1 存量担保债务中的BT类债务

3.2.1.1 债务范围

3.2.1.1.1 存量担保债务中的BT类债务包括：清理甄别认定的截至2014年年末地方政府性债务中，已经纳入政府担保债务范围的BT类债务。

3.2.1.2 偿债责任界定

3.2.1.2.1 债务单位：融资平台公司等BT类债务的债务人依法承担BT类债务的偿债责任。

3.2.1.2.2 地方政府：按照担保法、担保法司法解释有关规定，政府对BT类债务的担保无效。政府对BT类债务的担保过错依法承担民事赔偿责任，但最多不应超过债务人不能清偿部分的二分之一。政府担保额小于债务人不能清偿部分二分之一的，以担保额为限。

3.2.1.3 偿债责任履行

3.2.1.3.1 融资平台公司等BT类债务的债务人要加强财务管理、拓宽偿债资金渠道、统筹安排偿债资金。

3.2.1.3.2　对债务人 BT 类债务不能清偿的部分，地方政府可以在最多不超过债务人不能清偿部分二分之一金额内承担民事赔偿责任。具体金额由地方政府、债权人、债务人参照政府承诺担保金额、地方财政承受能力等协商确定。

3.2.1.3.3　地方政府赔偿可以依法定程序直接安排财政资金，可以与债权人、债务人协商后采取用政府前期注入融资平台公司等债务人的资产抵扣等方式。地方政府履行民事赔偿责任后，保留对债务人的追偿权。

3.2.1.3.4　对债务人偿还债务、地方政府履行民事赔偿责任等确有困难的 BT 类债务，债务人与债权人可以平等协商通过债务展期等方式进行债务重组，也可以依法通过企业破产等市场化方式处置。债务处置确实形成的损失，由各方协商处理或依法相应承担。

3.2.2　存量救助债务中的 BT 类债务

3.2.2.1　债务范围

3.2.2.1.1　存量救助债务中的 BT 类债务：是指清理甄别认定的截至 2014 年年末地方政府性债务中，已经纳入政府救助债务范围的 BT 类债务。

3.2.2.2　偿债责任界定

3.2.2.2.1　债务单位：融资平台公司等 BT 类债务的债务人依法承担 BT 类债务的偿债责任。

3.2.2.2.2　地方政府：地方政府在法律上不承担救助债务的偿债责任，可以根据具体情况实施一定救助，但保留对债务人的追偿权。

3.2.2.3　偿债责任履行

3.2.2.3.1　债务人要加强财务管理、拓宽偿债资金渠道、统筹安排偿债资金。

3.2.2.3.2　对公立学校、公立医院等公益事业单位以及水电气热等公用事业企业不能清偿的 BT 类债务本息，地方政府可以给予一定救助。具体救助金额由地方政府根据财政承受能力等确定。对其他企事业单位原则上不予救助。

3.2.2.3.3　地方政府救助可以依法定程序直接安排财政资金，也可以与债权人、债务人协商后采取政府前期注入债务人的资产抵扣等方式。地方政府救助后，保留对债务人的追偿权。

3.2.2.3.4　对债务人偿还债务、地方救助等确有困难的 BT 类债务，债务人与债权人应当依法按照市场化原则处理，可以平等协商通过债务展期等方式实施债务重组,也可以通过企业破产等方式处置。债务处置确实形成的损失,由各方协商处理或依法相应承担。

4. 企业债券类债务

4.1 存量政府债务中的企业债券类债务

4.1.1 债务范围

4.1.1.1 存量政府债务中的企业债券类债务:是指清理甄别认定的截至2014年年末地方政府性债务中,已经纳入政府债务范围的企业债券、中期票据、短期融资券等企业发行的各类债券。

4.1.2 偿债责任界定

4.1.2.1 债务单位:融资平台公司等债务单位举借的企业债券类债务,由债务人(发行人)依法承担偿债责任。

4.1.2.2 偿债责任转移:对清理甄别认定为政府负有偿还责任债务的企业债券类债务,经地方政府、债权人、债务人协商一致,可以按照合同法第八十四条等有关规定分类处置:

经地方政府同意,债务人可以通过召开债权人会议等方式,向债权人发出在规定期限内将企业债券类债务置换为地方政府债券、相应转移相关偿还义务的要约公告。凡债权人响应要约,同意按照国家有关存量地方政府债务依法转化为政府债券的要求,在规定期限内将相关债务置换为地方政府债券的,地方政府不得拒绝相关偿还义务转移。相关偿还义务转移给地方政府的,债务人应将政府前期注入支持债务人举债的补贴收入、资产或资产变现收入等返还给地方政府。

因债权人不同意在规定期限内将相关债务依法置换成政府债券,导致合同义务无法转移的,仍由债务人依法承担偿债责任,相关债务对应的地方政府债务限额由中央统一收回。

4.1.3 偿债责任履行

4.1.3.1 对合同义务仍由融资平台公司等原债务人承担的企业债券类债务,原债务人要加强财务管理、拓宽偿债资金渠道、统筹安排偿债资金。

4.1.3.2 债务人无法偿还到期企业债券类债务的,按照市场化原则处理,也可以依法进行企业破产等。政府在对债务人的出资范围内承担有限责任。

4.1.3.3 对按照4.1.2.2将相关偿还义务由原债务人转移给地方政府的企业债券类债务,地方政府应当督促债务人将地方政府前期注入支持债务人发债的补贴收入或资产变现收入等偿债，尚有不足的，通过预算安排、资产处置等多种方式积极筹措资金偿还。

4.1.3.4 经省级政府部门或市县级政府申请，省级政府在债券置换政策期限内，发行地方政府债券置换 4.1.3.3 所列尚未偿还的企业债券类债务。如因政府债券未如期发行原因，导致企业债券类债务未能在规定期限内置换的，地方政府继续在今后年度承担偿还责任；如因企业债券类债务管理政策变化，导致企业债券类债务未能在规定期限内置换的，由原债务人承担偿还责任。

4.1.3.5 对 4.1.3.4 所列企业债券类债务本金，如在置换债券资金到位前到期，在保证支付需要的前提下，地方政府可以通过库款垫付。

4.1.3.6 对 4.1.3.3 所列企业债券类债务利息，地方政府在保证必要的基本民生支出和政府有效运转支出的基础上，如预算确实不足安排的，依法按照市场化原则处置，经债权人会议同意可以协商采取降低利率水平、利息挂账等方式处置。

4.2 存量或有债务中的企业债券类债务

4.2.1 存量担保债务中的企业债券类债务

4.2.1.1 债务范围

4.2.1.1.1 政府担保债务存量中的企业债券类债务：是指清理甄别认定的截至 2014 年年末地方政府性债务中，已经纳入政府担保债务范围的企业债券类债务。

4.2.1.2 偿债责任界定

4.2.1.2.1 债务单位：融资平台公司等企业债券类债务的债务人依法承担企业债券类债务的偿债责任。

4.2.1.2.2 地方政府：按照担保法、担保法司法解释有关规定，政府对企业债券类债务的担保无效。政府对企业债券类债务的担保过错依法承担民事赔偿责任，但最多不应超过债务人不能清偿部分的二分之一。政府担保额小于债务人不能清偿部分二分之一的，以担保额为限。

4.2.1.2.3 依法界定政府责任后，应当及时告知债务人，由债务人向市场做好信息披露工作。

4.2.1.3 偿债责任履行

4.2.1.3.1 融资平台公司等企业债券类债务的债务人要加强财务管理、拓宽偿债资金渠道、统筹安排偿债资金。

4.2.1.3.2 对企业债券类债务不能清偿的部分，地方政府可以在最多不超过债务人不能清偿部分二分之一金额内承担民事赔偿责任。具体金额由地方政府、债权人、债务人等参照政府承诺担保金额、地方财政承受能力等协商确定。

4.2.1.3.3 地方政府赔偿可以依法定程序直接安排财政资金，也可以与债权人、债务人协商后采取用政府前期注入融资平台公司等债务人的资产抵扣等方式。地方政府履行民事赔偿责任后，保留对债务人的追偿权。

4.2.1.3.4 对债务人偿还债务、地方政府履行民事赔偿责任等确有困难的企业债券类债务，鼓励债务人按照企业债券类债务有关管理政策进行债务重组，也可以依法通过企业破产等市场化方式处置。债务处置确实形成的损失，由相关各方协商处理或依法相应承担。

4.2.2 存量救助债务中的企业债券类债务

4.2.2.1 债务范围

4.2.2.1.1 存量救助债务中的企业债券类债务：是指清理甄别认定的截至2014年末地方政府性债务中，已经纳入政府救助债务范围的企业债券类债务。

4.2.2.2 偿债责任界定

4.2.2.2.1 债务单位：融资平台公司等企业债券类债务的债务人依法承担企业债券类债务的偿债责任。

4.2.2.2.2 地方政府：地方政府在法律上不承担救助债务的偿债责任，可以根据具体情况实施一定救助，但保留对债务人的追偿权。

4.2.2.3 偿债责任履行

4.2.2.3.1 债务人要加强财务管理、拓宽偿债资金渠道、统筹安排偿债资金。

4.2.2.3.2 对水电气热等公用事业企业不能清偿的企业债券类债务本息，地方政府可以给予一定救助。具体救助金额由地方政府根据财政承受能力等确定。对其他企业原则上不予救助。

4.2.2.3.3 地方政府救助可以依法定程序直接安排财政资金，也可以与债权人、债务人协商后采取政府前期注入债务人的资产抵扣等方式。地方政府救助后，保留对债务人的追偿权。

4.2.2.3.4 对债务人偿还债务、地方政府救助等确有困难的企业债券类债务，鼓励债务人按照企业债券类债务有关管理政策进行债务重组，也可以依法通过企业破产等市场化方式处置。债务处置确实形成的损失，由相关各方协商处理或依法相应承担。

5. 信托类债务

5.1 存量政府债务中的信托类债务

5.1.1 债务范围

5.1.1.1 存量政府债务中的信托类债务：是指清理甄别认定的截至2014年年末地方政府性债务中，已经纳入政府存量债务范围的信托类债务。

5.1.2 偿债责任界定

5.1.2.1 债务单位：融资平台公司等债务单位举借的信托类债务，由债务人依法承担偿债责任。

5.1.2.2 地方政府：地方政府或其部门举借的信托类债务，由地方政府依法承担偿债责任。

5.1.2.3 偿债责任转移：对清理甄别认定为政府负有偿还责任债务的由5.1.2.1所列债务单位举借的信托类债务，经地方政府、债权人、债务人协商一致，可以按照合同法第八十四条等有关规定分类处置：

经地方政府同意，债务人可以向债权人发出在规定期限内将信托类债务置换为地方政府债券、相应转移相关偿还义务的要约公告。凡债权人响应要约，同意按照国家有关地方政府债务存量依法置换为政府债券的要求，在规定期限内将相关债务置换为政府债券的，地方政府不得拒绝相关偿还义务转移。相关偿还义务转移给地方政府的，债务人应将政府前期注入支持债务人举债的补贴收入、资产或资产变现收入等返还给地方政府。

因债权人不同意在规定期限内将相关债务依法置换成政府债券，导致合同义务无法转移的，仍由债务人依法承担偿债责任，相关债务对应的地方政府债务限额由中央统一收回。

5.1.2.4 对按信托法第十一条等规定认定为自始无效的信托，由信托公司、投资者、债务人等各方按照信托法、合同法等依法承担相应责任。

5.1.3 偿债责任履行

5.1.3.1 对合同义务仍由融资平台公司等原债务人承担的信托类债务，原债务人要加强财务管理、拓宽偿债资金渠道、统筹安排偿债资金。债务人无法偿还到期信托类债务的，债务人与债权人可以平等协商通过债务展期等方式进行债务重组，也可以依法通过企业破产等市场化方式处置。政府作为出资人，在出资范围内承担有限责任。

5.1.3.2 对合同义务由地方政府及其部门承担的信托类债务,以及按照5.1.2.3将相关偿还义务由原债务人转移给地方政府的信托类债务,地方政府应当督促债务人将地方政府前期注入支持债务人举债的补贴收入或资产变现收入等偿债,尚有不足的,通过预算安排、资产处置等多种方式积极筹措资金偿还。

5.1.3.3 地方政府偿还5.1.3.2所列信托类债务,应当按照"边规范、边偿还"的原则组织重新审核,对利息或承诺回报水平过高的,要与债权人协商修订合同。

5.1.3.4 经省级政府部门或市县级政府申请,省级政府在债券置换政策期限内,发行地方政府债券置换5.1.3.2所列尚未偿还的信托类债务。如因政府债券未如期发行原因,导致信托类债务未能在规定期限内置换的,地方政府继续在今后年度承担偿还责任;如因债权人违约,导致信托类债务未能在规定期限内置换的,由原债务人承担偿还责任。

5.1.3.5 对5.1.3.4所列信托类债务本金,如在置换债券资金到位前到期,在保证支付需要的前提下,地方政府可以通过库款垫付;或与信托委托人、受托人协商适当延期至置换债券资金到位之时。

5.1.3.6 地方政府若偿还5.1.3.2所列信托类债务本金或利息可能影响必要的基本民生支出和政府有效运转支出的,经与债权人协商,在保证必要的基本民生支出和政府有效运转支出及保障债权人合法权益的基础上,可以协商修订合同降低利息或承诺回报水平,或者终止合同。

5.2 存量或有债务中的信托类债务

5.2.1 存量担保债务中的信托类债务

5.2.1.1 债务范围

5.2.1.1.1 政府存量担保债务中的信托类债务:是指清理甄别认定的截至2014年末地方政府性债务中,已经纳入政府担保债务范围的信托类债务。

5.2.1.2 偿债责任界定

5.2.1.2.1 债务单位:融资平台公司等信托类债务的债务人依法承担信托类债务的偿债责任。

5.2.1.2.2 地方政府:按照担保法、担保法司法解释有关规定,政府对信托类债务的担保无效。政府对信托的担保过错依法承担民事赔偿责任,但最多不应超过债务人不能清偿部分的二分之一。政府担保额小于债务人不能清偿部分二分之一的，以担保额为限。

5.2.1.3 偿债责任履行

5.2.1.3.1 融资平台公司等信托类债务的债务人要加强财务管理、拓宽偿债资金渠道、统筹安排偿债资金。

5.2.1.3.2 对债务人信托类债务不能清偿的部分，地方政府可以在最多不超过债务人不能清偿部分二分之一金额内承担民事赔偿责任。具体金额由地方政府、债权人、债务人、受托人等参照政府承诺担保金额、地方财政承受能力等协商确定。

5.2.1.3.3 地方政府赔偿可以依法定程序直接安排财政资金，也可以与债权人、债务人协商后采取用政府前期注入融资平台公司等债务人的资产抵扣等方式。地方政府履行民事赔偿责任后，保留对债务人的追偿权。

5.2.1.3.4 对债务人偿还债务、地方政府履行民事赔偿责任等确有困难的信托类债务，通过按照《信托公司管理办法》第四十九条设立的信托赔偿准备金垫付，其中，对债务人延迟兑付本息的，融资平台公司筹措资金后参照有关罚息规定给投资者予以补偿；或依法通过企业破产等市场化方式处置。债务处置确实形成的损失，由各方协商处理或依法相应承担。

5.2.2 存量救助债务中的信托类债务

5.2.2.1 债务范围

5.2.2.1.1 存量救助债务中的信托类债务：是指清理甄别认定的截至2014年年末地方政府性债务中，已经纳入政府救助债务范围的信托类债务。

5.2.2.2 偿债责任界定

5.2.2.2.1 债务单位：融资平台公司等信托类债务的债务人依法承担信托类债务的偿债责任。

5.2.2.2.2 地方政府：地方政府在法律上不承担救助债务的偿债责任，可以根据具体情况实施一定救助，但保留对债务人的追偿权。

5.2.2.3 偿债责任履行

5.2.2.3.1 债务人要加强财务管理、拓宽偿债资金渠道、统筹安排偿债资金。

5.2.2.3.2 对公立学校、公立医院等公益事业单位以及水电气热等公用事业企业不能清偿的信托类债务本息，地方政府可以给予一定救助。具体救助金额由地方政府根据财政承受能力等确定。对其他企事业单位原则上不予救助。

5.2.2.3.3 地方政府救助可以依法定程序直接安排财政资金,也可以与债权人、债务人协商后采取政府前期注入债务人的资产抵扣等方式。地方政府救助后,保留对债务人的追偿权。

5.2.2.3.4 对债务人偿还债务、地方政府救助等确有困难的信托类债务,债务人与债权人应当依法按照市场化原则处理,可以平等协商通过债务展期等方式实施债务重组,也可以通过企业破产等方式处置。债务处置确实形成的损失,由各方协商处理或依法相应承担。

6. 个人借款类债务

6.1 存量政府债务中的个人借款类债务

6.1.1 债务范围

6.1.1.1 存量政府债务中的个人借款类债务:是指清理甄别认定的截至2014年年末地方政府性债务中,已经纳入政府债务范围的面向个人的集资、借款类债务。

6.1.2 偿债责任界定

6.1.2.1 债务单位:融资平台公司等债务单位举借的个人借款类债务,由债务人依法承担偿债责任。

6.1.2.2 地方政府:地方政府或其部门举借个人借款类债务的,由地方政府依法承担偿债责任。

6.1.2.3 偿债责任转移:对清理甄别认定为政府负有偿还责任债务的由6.1.2.1所列债务单位举借的个人借款类债务,经地方政府、债权人、债务人协商一致,可以按照合同法第八十四条等有关规定分类处置:

凡债权人同意按照国家有关地方政府债务存量依法转化为政府债券的要求,在规定期限内将相关债务置换为政府债券的,地方政府不得拒绝相关偿还义务转移。相关偿还义务转移给地方政府的,债务人应当将政府前期注入支持债务人举债的补贴收入、资产或资产变现收入等返还给地方政府。

因债权人不同意在规定期限内将相关债务依法置换成政府债券,导致合同义务无法转移的,仍由债务人依法承担偿债责任,相关债务对应的地方政府债务限额由中央统一收回。

6.1.3 偿债责任履行

6.1.3.1 对合同义务仍由融资平台公司等原债务人承担的个人借款类债

务，原债务人要加强财务管理、拓宽偿债资金渠道、统筹安排偿债资金。其中，对存在违法违规集资情况的，原债务人应当及时退还尚未使用的集资所得资金。

6.1.3.2 债务人无法偿还到期个人借款类债务的，由债务人与债权人平等协商通过债务展期等方式进行债务重组，也可以依法通过企业破产等市场化方式处置。政府作为出资人，在出资范围内承担有限责任。

6.1.3.3 对合同义务由地方政府及其部门承担的个人借款类债务，以及按照6.1.2.3将相关偿还义务由原债务人转移给地方政府的个人借款类债务，地方政府应当督促债务人将地方政府前期注入支持债务人举债的补贴收入或资产变现收入等偿债，尚有不足的，通过预算安排、资产处置等多种方式积极筹措资金偿还。

6.1.3.4 经省级政府部门或市县级政府申请，省级政府在债券置换政策期限内，发行地方政府债券置换6.1.3.3所列尚未偿还的个人借款类债务。如因政府债券未如期发行原因，导致个人借款类债务未能在规定期限内置换的，地方政府继续在今后年度承担偿还责任；如因债权人违约，导致个人借款类债务未能在规定期限内置换的，由原债务人承担偿还责任。

6.1.3.5 对6.1.3.4所列个人借款类债务本金，如在置换债券资金到位前到期，在保证支付需要的前提下，地方政府可以通过库款垫付，或者与债权人协商将个人借款类债务适当延期至置换债券资金到位之时。

6.1.3.6 地方政府若偿还6.1.3.3所列个人借款类债务本金或利息可能影响必要的基本民生支出和政府有效运转支出的，经与债权人协商，在保证必要的基本民生支出和政府有效运转支出及保障债权人合法权益的基础上，可以协商修订合同降低利率或承诺回报水平，对尚未竣工项目暂停建设、终止合同，确需建设的通过其他低成本资金安排。

6.1.3.7 对个人借款类债务中还未支出使用的资金，要与债权人进行协商及时偿还。对债务利息高于国家规定的银行同类贷款年利率上限（36%）的，超出部分的利息不受法律保护，政府不承担偿付责任。涉及非法集资的，地方政府要果断采取措施，依法妥善处置，维护人民群众的合法权益，防止引发群体性事件。

6.2 存量或有债务中的个人借款类债务

6.2.1 存量担保债务中的个人借款类债务

6.2.1.1 债务范围

6.2.1.1.1　存量担保债务中的个人借款类债务：是指清理甄别认定的截至2014年年末地方政府性债务中，已经纳入政府担保债务范围的个人借款类债务。

6.2.1.2　偿债责任界定

6.2.1.2.1　债务单位：融资平台公司等个人借款类债务的债务人依法承担个人借款类债务的偿债责任。

6.2.1.2.2　地方政府：按照担保法、担保法司法解释有关规定，政府对个人借款类债务的担保无效。政府对个人借款类债务的担保过错依法承担民事赔偿责任，但最多不应超过债务人不能清偿部分的二分之一。

6.2.1.3　偿债责任履行

6.2.1.3.1　融资平台公司等个人借款类债务的债务人要加强财务管理、拓宽偿债资金渠道、统筹安排偿债资金。其中，对存在违法违规集资情况的，应当及时退还尚未使用的集资所得资金。

6.2.1.3.2　对债务人个人借款类债务不能清偿的部分，地方政府可以在最多不超过债务人不能清偿部分二分之一金额内承担民事赔偿责任。具体金额由地方政府、债权人、债务人参照政府承诺担保金额、地方财政承受能力等协商确定。

6.2.1.3.3　地方政府赔偿可以依法定程序直接安排财政资金，也可以与债权人、债务人协商后采取用政府前期注入融资平台公司等债务人的资产抵扣等方式。地方政府履行民事赔偿责任后，保留对债务人的追偿权。

6.2.1.3.4　对债务人偿还债务、地方政府履行民事赔偿责任等确有困难的个人借款类债务，债务人与债权人可以平等协商通过债务展期等方式进行债务重组，也可以依法通过企业破产等市场化方式处置。债务处置确实形成的损失，由各方协商处理或依法相应承担。

6.2.2　存量救助债务中的个人借款类债务

6.2.2.1　债务范围

6.2.2.1.1　存量救助债务中的个人借款类债务：是指清理甄别认定的截至2014年年末地方政府性债务中，已经纳入政府救助债务范围的个人借款类债务。

6.2.2.2　偿债责任界定

6.2.2.2.1　债务单位：融资平台公司等个人借款类债务的债务人依法承担个人借款类债务的偿债责任。

6.2.2.2.2　地方政府：地方政府在法律上不承担救助债务的偿债责任，可以根据具体情况实施一定救助，但保留对债务人的追偿权。

6.2.2.3 偿债责任履行

6.2.2.3.1 债务人要加强财务管理、拓宽偿债资金渠道、统筹安排偿债资金。

6.2.2.3.2 对公立学校、公立医院等公益事业单位以及水电气热等公用事业企业不能清偿的个人借款类债务本息，地方政府可以给予一定救助。具体救助金额由地方政府根据财政承受能力等确定。对其他企事业单位原则上不予救助。

6.2.2.3.3 对于债权人是不特定社会公众的个人集资债务，为避免造成较大的社会不良影响，政府可以实行临时应急救助。地方财政安排垫资偿还的，应当由企业、事业单位等债务人事后通过经营收益、资产处置收入等归还。

6.2.2.3.4 地方政府救助可以依法定程序直接安排财政资金，也可以与债权人、债务人协商后采取政府前期注入债务人的资产抵扣等方式。地方政府救助后，保留对债务人的追偿权。

6.2.2.3.5 对债务人偿还债务、地方政府救助等确有困难的个人借款类债务，债务人与债权人应当依法按照市场化原则处理，可以平等协商通过债务展期等方式实施债务重组，也可以通过企业破产等方式处置。债务处置确实形成的损失，由各方协商处理或依法相应承担。

3. 财政部驻各地财政监察专员办事处实施地方政府债务监督暂行办法

（财预〔2016〕175号公布　自2016年11月24日起施行）

第一章　总　　则

第一条　为加强财政部对地方政府债务的监督，充分发挥财政部驻各地财政监察专员办事处（以下简称专员办）的作用，明确专员办监督责任和权力，规范监督行为，根据《中华人民共和国预算法》、《财政违法行为处罚处分条例》、《国务院关于加强地方政府性债务管理的意见》（国发〔2014〕43号）、《国务院办公厅关于印发地方政府性债务风险应急处置预案的通知》（国办函

〔2016〕88号）等规定，制定本办法。

第二条 省、自治区、直辖市政府财政部门（以下简称省级财政部门）负责统一管理本地区政府债务。专员办根据财政部有关规定和要求对所在地政府债务实施日常监督。

第三条 专员办监督内容包括地方政府债务限额管理、预算管理、风险预警、应急处置，以及地方政府和融资平台公司融资行为。

第四条 专员办应当综合运用调研、核查、检查等手段，建立常态化的地方政府债务监督机制，必要时可延伸至相关政府部门、事业单位、融资平台公司、金融机构等单位。

专员办应当建立信息共享机制。专员办发现跨地区的违法违规线索，应当向相关地区专员办及时反馈。

第五条 专员办应当重点加强对政府债务高风险地区的监督，定期评估风险。专员办开展地方政府债务专项检查，应当遵循国务院"双随机、一公开"有关要求。

第六条 地方财政部门应当配合专员办工作，及时提供有关情况、资料和数据，并对其真实性、准确性和完整性负责。专员办延伸检查时，相关政府部门、事业单位、融资平台公司、金融机构等单位应当积极配合，及时提供融资合同、担保凭证、财务报表等相关资料。

省级财政部门下达省本级和市县政府的地方政府债务限额、新增限额，以及编制地方政府债务月报、年报和风险事件报告，应当抄送专员办。

第二章　地方政府债务预算管理和风险应急处置监督

第七条 专员办对地方政府债务限额管理情况进行监督，主要包括：

（一）新增地方政府债务限额情况。全省、自治区、直辖市每年新增一般债务余额、新增专项债务余额应当分别控制在财政部下达的新增一般债务限额、新增专项债务限额之内。

（二）地方政府债务年末余额情况。全省、自治区、直辖市年末一般债务余额、专项债务余额应当分别控制在财政部下达的一般债务限额、专项债务限额之内；地方政府负有偿还责任的国际金融组织和外国政府贷款转贷债务（以下简称外债转贷）应当控制在财政部下达的外债转贷额度之内。

（三）地方政府债务余额的增减变化情况。安排财政预算资金偿还存量政府债务、通过政府和社会资本合作方式化解存量政府债务等应当符合制度规定，严禁弄虚作假化解存量政府债务行为；存量或有债务转化为政府债务，应当符合《财政部关于对地方政府债务实行限额管理的实施意见》（财预〔2015〕225号）规定并报省级政府批准，及时置换成地方政府债券。

第八条　专员办对地方政府债务预算编制进行监督，主要包括：

（一）地方政府一般债券、地方政府负有偿还责任的外债转贷应当纳入一般公共预算管理，地方政府专项债券应当纳入政府性基金预算管理；

（二）存量政府债务应当按照规定纳入预算管理；

（三）地方政府债务还本付息支出、置换债券发行费用支出应当列入年度预算，并按财政部规定的政府收支分类科目列报；

（四）存量或有债务按照规定转化为政府债务后，其还本付息支出应当纳入预算管理。

第九条　专员办对地方政府债务预算调整进行监督，主要包括：

（一）新增政府债务应当列入预算调整方案；

（二）新增政府债务应当有明确对应的公益性资本支出项目、偿还计划和稳定的偿债资金来源，利息和发行费用安排应当符合规定。

第十条　专员办对地方政府债务预算执行进行监督，主要包括：

（一）新增政府债务应当用于预算批复的公益性资本支出项目，确需改变用途的应当按照规定程序办理；

（二）新增专项债务资金应当按照对应的政府性基金预算科目列报，调入的专项收入应当用于偿还对应的专项债务本息；

（三）地方政府债券置换存量债务应当履行规定程序，置换债券资金应当用于偿还清理甄别认定的截至 2014 年年底的存量政府债务，以及按规定转化为政府债务的存量或有债务；

（四）地方政府一般债务利息支出应当按照规定通过一般公共预算收入支付，不得通过一般债券资金支付；

（五）地方政府专项债务利息支出应当按照规定通过政府性基金预算收入及调入专项收入等支付，不得通过专项债券资金支付；

（六）地方政府债券发行应当遵守发行制度规定、履行规定的程序，及时、准确、如实、完整披露债券发行信息等；

（七）地方政府债务举借、使用、偿还等情况，应当依法依规向社会公开。

第十一条 专员办对地方政府债务风险化解和应急处置进行监督，主要包括：

（一）地方各级政府应当建立地方政府债务风险管理与应急处置制度；

（二）列入风险提示或预警范围的高风险地区，应当制定并落实各项风险化解措施；

（三）发生地方政府债务风险事件的地区，应当按照国办函〔2016〕88号文件规定采取相应级别的应急响应措施；按照规定实施财政重整的地区，应当执行拓宽财源渠道、优化支出结构、处置政府资产等措施。

第三章 地方政府和融资平台公司融资行为监督

第十二条 专员办对地方政府融资行为进行监督，主要包括：

（一）除发行地方政府债券、外债转贷外，地方政府及其所属部门不得以任何方式举借债务，不得为任何单位和个人的债务以任何方式提供担保；

（二）地方政府及其所属部门参与社会资本合作项目，以及参与设立创业投资引导基金、产业投资引导基金等各类基金时，不得承诺回购其他出资人的投资本金，承担其他出资人投资本金的损失，或者向其他出资人承诺最低收益；

（三）地方政府及其所属部门、事业单位、社会团体，不得以机关事业单位及社会团体的国有资产为其他单位或企业融资进行抵押或质押；

（四）学校、幼儿园、医院等以公益为目的的事业单位、社会团体，不得以教育设施、医疗卫生设施和其他社会公益设施进行抵押融资；

（五）地方政府及其所属部门不得以政府债务对应的资产重复融资。

第十三条 专员办对融资平台公司融资行为进行监督，主要包括：

（一）地方政府及其所属部门将土地注入融资平台公司应当履行法定的出让或划拨程序，不得将公益性资产作为资本注入融资平台公司，不得将储备土地作为资产注入融资平台公司，不得承诺将储备土地预期出让收入作为融资平台公司偿债资金来源；

（二）只承担公益性项目建设或运营任务、主要依靠财政性资金偿还债务的融资平台公司，不得以财政性资金、国有资产抵（质）押或作为偿债来源进行融资（包括银行贷款、企业债券、公司债券、信托产品、中期票据、短期融资券等各种形式）；

（三）融资平台公司举借债务应当由企业决策机构决定，政府及其所属部门不得以文件、会议纪要、领导批示等任何形式要求或决定企业为政府举债或变相为政府举债；

（四）地方政府及其所属部门、公益目的事业单位和人民团体不得违反法律法规等规定，以出具担保函、承诺函、安慰函等任何形式为融资平台公司融资提供担保。

第十四条　专员办应当坚持"发现一起、查处一起、曝光一起"，及时制止地方政府和融资平台公司违法违规融资行为。

第四章　监督处理

第十五条　专员办开展地方政府债务日常监督发现违法违规线索，以及收到财政部、审计署等部门移交或反映的线索，应当于5个工作日内启动核查或检查工作。

第十六条　专员办查实地方政府债务违法违规问题，应当依据《中华人民共和国预算法》《财政违法行为处罚处分条例》等法律法规和国家财政管理有关规定作出处理；其中属于依法应当追究有关政府及部门、单位人员责任的，专员办应当依法提出处理意见报财政部。

第五章　附　　则

第十七条　财政部要求专员办参加全国性地方政府债务专项检查，应当纳入年度检查计划。

第十八条　专员办实施地方政府债务监督纳入专员办财政预算监管业务工作考核范围。

第十九条　专员办应当按季度向财政部报送地方政府债务监督情况的书面报告，发现重要情况及时报告。

第二十条　本办法自印发之日起执行。

第二部分　地方相关法规

一、北京市

1. 北京市政府债券招标发行规则

（京财国库〔2021〕85号公布　自2021年1月20日起施行）

第一条　北京市政府债券（包括一般债券和专项债券）通过财政部政府债券发行系统（以下简称招标系统），面向北京市政府债券承销团成员（以下简称承销团成员）招标发行，采用单一价格招标方式，招标标的为利率。全场最高中标利率为当期北京市政府债券票面利率，各中标承销团成员按面值承销。

第二条　投标限定

（一）投标标位限定。投标标位变动幅度为0.01%。每一承销团成员最高、最低标位差为30个标位，无需连续投标。投标标位区间为招标日前1至5个工作日（含第1和第5个工作日）中国债券信息网公布的中债银行间固定利率国债收益率曲线中，待偿期相同的国债收益率算数平均值上浮0~20%（四舍五入计算到0.01%）之间。

（二）投标量限定。主承销商最低、最高投标限额分别为每期债券发行量的10%、30%；其他承销团成员最低、最高投标限额分别为每期债券发行量的2%、30%。单一标位最低投标限额为0.1亿元，且投标量必须为0.1亿元的整数倍。

（三）最低承销额限定。主承销商最低承销额为每期债券发行量的3%；其他承销团成员最低承销额为每期债券发行量的1%。

上述比例均计算至0.1亿元，0.1亿元以下四舍五入。

第三条　中标原则

（一）中标募入顺序。全场有效投标量大于当期招标量时，按照低利率优先的原则对有效投标逐笔募入，直到募满招标额为止。全场投标量小于或等于招标量时，所有投标全额募入。

（二）最高中标利率标位中标分配顺序。以各承销团成员在最高中标利率标位投标量为权数平均分配，最小中标单位为 0.1 亿元，分配后仍有尾数时，按投标时间优先原则分配。

第四条 债权登记与托管

（一）在招标工作结束后 15 分钟内，各中标承销团成员应通过招标系统填制债权托管申请书，在中央国债登记结算有限责任公司（以下简称国债登记公司）和中国证券登记结算有限责任公司（以下简称证券登记公司）上海、深圳分公司选择托管。逾期未填制的，系统默认全部在国债登记公司托管。

（二）债券注册和承销额度注册。国债登记公司，证券登记公司上海、深圳分公司根据招标结果办理券种注册，根据各中标承销团成员选择的债券托管数据为各中标机构办理承销额度注册。

（三）北京市政府债券的债权确立实行见款付券方式。承销团成员不迟于缴款日（招标日后第 1 个工作日，柜台发行业务缴款日按相关规定执行）将发行款缴入国家金库北京市分库。北京市财政局于债权登记日（即缴款日后第 1 个工作日）中午 12：00 前，将发行款入库情况通知国债登记公司办理债权登记和托管，并委托国债登记公司对涉及证券登记公司上海、深圳分公司分托管的部分，于债权登记日通知证券登记公司上海、深圳分公司。

如北京市财政局在发行款缴款截止日期前未足额收到中标承销团成员应缴发行款，将于债权登记日 15：00 前通知国债登记公司。国债登记公司办理债权登记和托管时，对北京市财政局未收到发行款的相应债权暂不办理债权登记和托管；对涉及证券登记公司上海、深圳分公司分托管的部分，国债登记公司应于债权登记日 16：00 前书面通知证券登记公司上海、深圳分公司，后者办理债权登记和托管时对北京市财政局未收到发行款的相应债权暂不办理债权登记和托管。对于未办理债权确认的部分，北京市财政局将根据发行款收到情况另行通知国债登记公司处理。

第五条 应急处理

如招标系统客户端出现技术问题，承销团成员可以在规定时间内，将内容齐全的《地方政府债券发行应急投标书》（以下简称应急投标书，格式见附件）或《地方政府债券发行债权托管应急申请书》（以下简称债权托管应急申请书，格式见附件）传真至国债登记公司，委托国债登记公司代为投标或托管债权。

（一）承销团成员如需进行应急投标（或债权托管），应及时通过拨打招标室电话向北京市财政局招标人员报告。

（二）应急时间以国债登记公司收到应急投标书（或债权托管应急申请书）的时间为准。应急投标截止时间为当期北京市政府债券投标截止时间，债权托管应急申请截止时间为当期北京市政府债券债权托管截止时间。

（三）应急投标书（或债权托管应急申请书）录入招标系统后，申请应急的承销团成员将无法通过招标系统投标（或托管债权）。应急投标书（或债权托管应急申请书）录入招标系统前，该承销团成员仍可通过招标系统投标（或托管债权）。

（四）如承销团成员既通过招标系统投标（或托管债权），又进行应急投标（或债权托管），或进行多次应急投标（或债权托管），以最后一次有效投标（或债权托管）为准；如承销团成员应急投标（或债权托管）内容与通过招标系统投标（或托管债权）的内容一致，不做应急处理。

（五）除北京市财政局通知延长应急投标时间外，晚于投标截止时间的应急投标为无效投标。

（六）国债登记公司确认招标时间内其负责维护的招标系统或通讯主干线运行出现问题时，北京市财政局将通过中债发行业务短信平台（010-88170678），通知经报备的承销团成员常规联系人、投标操作人，延长招标应急投标时间至投标截止时间后半小时。通知内容为"［招标室通知］×月×日北京市政府债券招标应急投标时间延长半小时"。

第六条　分销

北京市政府债券分销，是指在规定的分销期内，中标承销团成员将中标的全部或部分北京市政府债券债权额度转让给非承销团成员的行为。

（一）分销方式。北京市政府债券采取场内挂牌、场外签订分销合同等方式分销。具体分销方式以当期发行文件规定为准。

（二）分销对象。北京市政府券承销团成员间不得分销。非承销团成员通过分销获得的北京市政府债券债权额度，在分销期内不得转让。

（三）分销价格。承销团成员根据市场情况自定价格分销。

第七条　其他

（一）承销商成员承销北京市政府债券情况，将作为以后组建北京市政府债券承销团、选取主承销商的重要参考依据。

（二）为加强发债定价现场管理，确保发债的监督员由中国人民银行营业管理部等相关部门派员担任，发行人员由北京市财政局派员担任。

（三）执行中如有变动，以当期北京市政府债券发行文件为准。

（四）本规则自公布之日起施行。

附件：1. 地方政府债券发行应急投标书（略）

2. 地方政府债券发行债权托管应急申请书（略）

2. 北京市政府债券招标发行兑付办法

（京财国库〔2021〕86号公布　自2021年1月20日起施行）

第一章　总　　则

第一条　为规范北京市政府债券发行兑付管理，根据《财政部关于印发〈地方政府债券发行管理办法〉的通知》（财库〔2020〕43号）、《财政部关于进一步做好地方政府债券发行工作的意见》（财库〔2020〕36号），以及有关法律法规规定，制定本办法。

第二条　本办法适用于以北京市人民政府作为发行和偿还主体，由北京市财政局具体办理债券公开招标发行和还本付息的北京市政府债券的发行和兑付管理。不包括采用定向承销方式发行的北京市政府债券。

第三条　北京市政府债券分为一般债券和专项债券，均采用记账式固定利率附息形式。债券期限为1年期、2年期、3年期、5年期、7年期、10年期、15年期、20年期和30年期。10年期（不含10年期）以下债券利息按年支付，10年期（含10年期）及以上债券利息按半年支付。债券发行后可按规定在全国银行间债券市场和证券交易所债券市场（以下简称交易场所）上市流通。

第四条　采取公开招标方式发行的北京市政府债券，每期发行数额，发行时间、期限结构等要素由北京市财政局确定。

第二章　发行与上市

第五条　北京市财政局按照公开、公平、公正原则，采取公开招标形式组建北京市政府债券承销团（以下简称承销团），负责北京市政府债券的承销工作。

第六条　北京市财政局与承销团成员签订债券承销协议，明确双方权利和义务。承销团成员可以书面委托其在北京市的分支机构代理签署并履行债券承销协议。

第七条 北京市财政局按照公开、公平、公正原则，从具备中国境内债券市场评级资质的信用评级机构中依法竞争择优选择信用评级机构，负责北京市政府债券信用评级，并在债券存续期内每年开展跟踪评级。

第八条 北京市财政局不迟于每次北京市政府债券发行前5个工作日（含第5个工作日），通过中国债券信息网、北京市财政局门户网站等渠道（以下简称指定网站）披露当期债券基本信息、债券信用评级报告和跟踪评级安排；不迟于全年首次发行前5个工作日，通过指定网站披露北京市政府债券发行兑付相关制度办法、本地区中长期经济规划、地方政府债务管理情况等信息，并按规定披露北京市经济、财政和债务有关数据。专项债券全面详细公开项目信息、项目收益与融资平衡方案、债券对应的政府性基金或专项收入情况、由第三方专业机构出具的评估意见以及对投资者做出购买决策有重大影响的其他信息。

北京市政府债券存续期内，北京市财政局通过指定网站，按规定持续披露经济运行、财政收支、政府债务管理情况、跟踪评级报告和可能影响债券偿还能力的重大事项等，并按照财政部规定格式披露季度经济、财政有关数据。

第九条 北京市政府债券发行采用市场化招标方式。参与投标机构为北京市政府债券承销团成员。北京市财政局于招标日通过财政部政府债券发行系统组织招投标工作，并邀请相关部门派出监督员现场监督招投标过程。

第十条 招投标结束当日，北京市财政局通过指定网站向社会公布中标结果。

第十一条 招投标结束后至缴款日（招标日后第1个工作日）为北京市政府债券发行分销期。柜台发行的分销期按照相关规定执行。中标的承销团成员可于分销期内在交易场所采取场内挂牌和场外签订分销合同的方式向符合规定的投资者分销。

第十二条 北京市政府债券的债权确立实行见款付券方式。承销团成员不晚于缴款日将发行款缴入国家金库北京市分库。北京市财政局于债权登记日（即缴款日后第1个工作日）中午12:00前，将发行款入库情况通知中央国债登记结算有限责任公司（以下简称国债登记公司）办理债权登记和托管，并委托国债登记公司将涉及中国证券登记结算有限责任公司（以下简称证券登记公司）上海、深圳分公司分托管的部分，于债权登记日通知证券登记公司上海、深圳分公司。

如北京市财政局在发行款缴款截止日期前未足额收到中标承销团成员应缴发行款，将于债权登记日 15：00 前通知国债登记公司。国债登记公司办理债权登记和托管时对北京市财政局未收到发行款的相应债权暂不办理债权登记和托管；对涉及证券登记公司上海、深圳分公司分托管的部分，国债登记公司应于债权登记日 16：00 前书面通知证券登记公司上海、深圳分公司，后者办理债权登记和托管时对北京市财政局未收到发行款的相应债权暂不办理债权登记和托管。对于未办理债权确认的部分，北京市财政局根据发行款收到情况另行通知国债登记公司处理。

第十三条　北京市财政局按北京市政府债券发行面值的一定比例向承销团成员支付发行费，发行费标准参考国债发行费标准设定，按照北京市政府债券发行通知规定执行。

第十四条　在确认足额收到债券发行款后，北京市财政局不迟于缴款日后 5 个工作日（含）内办理发行费拨付。

第十五条　北京市政府债券于上市日（缴款日后第 2 个工作日）起，按规定在交易场所上市流通。

第三章　还本付息

第十六条　北京市财政局不迟于地方债还本付息日前 5 个工作日通过指定网站公布还本付息事项，并按有关规定办理北京市政府债券还本付息。

第十七条　国债登记公司应当不迟于还本付息日前 11 个工作日将还本付息信息通知北京市财政局。

第十八条　北京市财政局应当不迟于还本付息日前 2 个工作日，将证券登记公司托管的债券还本付息资金划至国债登记公司账户；不迟于还本付息日前 1 个工作日，将国债登记公司托管的债券还本付息资金划至国债登记公司账户。国债登记公司应当于还本付息日前第 2 个工作日日终前将证券交易所市场债券还本付息资金划至证券登记公司账户。国债登记公司、证券登记公司应按时拨付还本付息资金，确保还本付息资金于还本付息日足额划至各债券持有人账户。

第四章　法律责任和罚则

第十九条　承销团成员违反本办法第十二条规定，未按时足额缴付北京市政府债券发行款的，按逾期支付额和逾期天数，以当期债券票面利率的两倍折成日息向北京市财政局支付违约金。违约金计算公式为：

违约金＝逾期支付额×（票面利率×2÷当前计息年度实际天数）×逾期天数

其中，当前计息年度实际天数指自起息日起对月对日算一年所包括的实际天数，下同。

第二十条 北京市财政局违反本办法第十四条、第十八条规定，未按时足额向承销团成员支付发行费，或未按时足额向相关机构支付应付本息等资金的，按逾期支付额和逾期天数，以当期债券票面利率的两倍折成日息向承销团成员支付违约金，或向债券持有人支付罚息。计算公式为：

违约金或者罚息＝逾期支付额×（票面利率×2÷当前计息年度实际天数）×逾期天数

第二十一条 国债登记公司、证券登记公司等机构，因管理不善或操作不当，给其他方造成经济损失的，应当承担赔偿责任，并追究相关责任人法律责任。

第五章 附　则

第二十二条 本办法下列用语的含义：

（一）招标日，是指北京市政府债券发行文件规定的北京市财政局组织发行招投标的日期。

（二）缴款日，是指北京市政府债券发行文件规定的承销团成员将认购北京市政府债券资金缴入国家金库北京市分库的日期。

（三）上市日，是指北京市政府债券按有关规定开始在交易场所上市流通的日期。

（四）还本付息日，是指北京市政府债券发行文件规定的投资者应当收到本金或利息的日期。

第二十三条 本办法未作规定的，或者规定的内容与当期北京市政府债券发行文件不一致的，以当期北京市政府债券发行文件为准。

第二十四条 本办法由北京市财政局负责解释。

第二十五条 本办法自公布之日起施行。

二、上海市

1. 上海市预算审查监督条例

(2021年9月28日上海市第十五届人民代表大会常务委员会第三十五次会议通过 自2021年9月28日起施行)

第一章 总 则

第一条 为了加强预算的审查监督，规范政府收支行为，强化预算约束，发挥预算在促进国民经济和社会发展中的作用，根据《中华人民共和国预算法》《中华人民共和国各级人民代表大会常务委员会监督法》等有关法律、行政法规，结合本市实际，制定本条例。

第二条 市、区人民代表大会及其常务委员会，以及乡、镇人民代表大会审查和批准预算、预算调整方案、决算，监督预算执行及相关活动，适用本条例。

预算包括一般公共预算、政府性基金预算、国有资本经营预算、社会保险基金预算。

第三条 预算审查监督应当坚持依法实施、公开透明、全面规范、注重实效的原则。

第四条 市、区人民代表大会审查本级总预算草案及本级总预算执行情况的报告；批准本级预算和本级预算执行情况的报告；改变或者撤销本级人民代表大会常务委员会（以下简称人大常委会）关于预算、决算的不适当的决议；撤销本级政府关于预算、决算的不适当的决定和命令。

市、区人大常委会监督本级总预算的执行；审查和批准本级预算的调整方案；审查和批准本级决算；撤销本级政府和下一级人民代表大会及其常委会关于预算、决算的不适当的决定、命令和决议。

乡、镇人民代表大会审查和批准本级预算和本级预算执行情况的报告；监督本级预算的执行；审查和批准本级预算的调整方案；审查和批准本级决算；撤销本级政府关于预算、决算的不适当的决定和命令。经市政府批准由区政府代编的乡、镇本级预算草案、预算调整方案、决算草案，应当报乡、镇人民代表大会审查和批准。

第五条　市、区人民代表大会财政经济委员会（以下简称人大财经委）在本级人民代表大会及其常委会领导下，负责对本级预算草案初步方案及上一年预算执行情况、本级预算调整初步方案、本级决算草案进行初步审查，提出初步审查意见。

第六条　市、区人大常委会预算工作委员会（以下简称人大常委会预算工委），协助人大财经委承担本级人民代表大会及其常委会审查预算、决算、预算调整方案和监督预算执行方面的具体工作；承担国有资产管理情况监督、审计查出突出问题整改情况跟踪监督方面的具体工作；承担预算联网监督方面的具体工作；承办人大常委会、主任会议交办以及人大财经委需要协助办理的其他有关财政预算的具体事项。

人大常委会预算工委经主任会议同意，可以要求政府有关部门和单位提供预算情况，并获取相关信息资料及说明。经主任会议批准，可以对各部门、各预算单位、重大投资项目的预算资金使用和专项资金使用进行调查，政府有关部门和单位应当积极协助、配合。

第七条　乡、镇人民代表大会主席团（以下简称乡、镇人大主席团）对本级预算草案初步方案、预算执行情况、本级预算调整初步方案、本级决算草案等进行初步审查，提出初步审查意见。

第二章　预算审查监督的重点和方式

第八条　审查监督财政政策的重点包括下列内容：

（一）财政政策贯彻落实国家及本市方针政策和决策部署的情况；

（二）与经济社会发展目标和宏观调控总体要求相衔接的情况；

（三）加强中期财政规划管理工作，对国家重大战略任务保障的情况；

（四）财政政策制定过程中充分听取人大代表与社会各界意见和建议的情况；

（五）财政政策的合理性、可行性、可持续性等情况。

第九条　审查监督一般公共预算应当重点围绕支出总量和结构、重点支出与重大投资项目、部门预算、转移支付、预算收入等内容。

审查监督支出总量和结构的重点包括下列内容：

（一）支出总量和结构贯彻落实国家及本市方针政策和决策部署的情况；

（二）支出总量及其增减的情况；

（三）调整优化支出结构，提高财政资金配置效率和使用绩效等情况。

审查监督重点支出与重大投资项目的重点包括下列内容：

（一）重点支出预算和支出政策相衔接的情况；

（二）重点支出规模变化和结构优化的情况；

（三）重点支出决策论证、政策目标和绩效的情况；

（四）重大投资项目与国民经济和社会发展规划相衔接的情况；

（五）重大投资项目决策论证、投资安排和实施进度、实施效果等情况。

审查监督部门预算的重点包括下列内容：

（一）部门各项收支全部纳入预算的情况；

（二）部门预算与支出政策、部门职责衔接匹配的情况；

（三）项目库建设、部门重点项目预算安排和绩效的情况；

（四）新增资产配置的情况；

（五）结转资金使用的情况；

（六）审计查出问题整改落实等情况。

审查监督转移支付的重点包括下列内容：

（一）各类转移支付保障各级财政承担的财政事权和支出责任匹配的情况；

（二）促进本市各区、区内各乡镇间财力均衡及增强基层公共服务保障能力的情况；

（三）健全规范转移支付制度、优化转移支付结构的情况；

（四）专项转移支付定期评估和退出的情况；

（五）转移支付预算下达、使用及绩效等情况。

审查监督预算收入的重点包括下列内容：

（一）预算收入安排与经济社会发展目标、国家宏观调控总体要求相适应的情况；

（二）各项税收收入与对应税基相协调的情况；

（三）预算收入依法依规征收、真实完整的情况；

（四）预算收入结构优化、质量提高的情况；

（五）依法规范非税收入管理等情况。

第十条 审查监督政府性基金预算的重点包括下列内容：

（一）基金项目征收、使用和期限符合法律、法规规定的情况；

（二）收支政策和预算安排的合理性、可行性、可持续性的情况；

（三）政府性基金支出使用的情况；

（四）政府性基金项目绩效和评估调整等情况。

第十一条　审查监督国有资本经营预算的重点包括下列内容：

（一）预算范围完整、制度规范的情况；

（二）国有资本足额上缴收益和产权转让等收入的情况；

（三）支出使用方向和项目符合法律、法规和政策的情况；

（四）国有资本经营预算调入一般公共预算的情况；

（五）政府投资基金管理的情况；

（六）预算绩效管理的情况；

（七）优化国有资本布局、增强国有企业运行稳定性和风险防范、与国资国企改革相衔接等情况。

第十二条　审查监督社会保险基金预算的重点包括下列内容：

（一）各项基金收支安排、财政补助和预算平衡的情况；

（二）预算安排贯彻落实社会保障政策的情况；

（三）执行基本养老保险全国统筹政策的情况；

（四）基金绩效和运营投资的情况；

（五）中长期收支预测及可持续运行等情况。

第十三条　审查监督地方政府债务的重点包括下列内容：

（一）地方政府债务纳入预算管理的情况；

（二）地方政府新增一般债务限额和专项债务限额的合理性情况；

（三）新增债务规模合理性情况；

（四）地方政府一般债务项目合规性情况、专项债务项目科学性情况；

（五）地方政府债券项目储备情况，包括项目类型、投资金额、年度资金需求等；

（六）债券发行和使用情况、举债项目的执行和资金管理情况、重大政策措施的落实落地情况；

（七）地方政府专项债务偿还、项目绩效情况；

（八）积极稳妥化解地方政府债务风险等情况。

第十四条　市、区政府应当加强对财政政策的管理，在其制定的地方重大财政政策发布前，应当向本级人大常委会报告；地方重大财政政策发布后，应当及时报本级人大常委会备案。

市、区政府财政部门制定的重大财政收支政策文件应当在发布后的十五日内送本级人大财经委、人大常委会预算工委。

第十五条 市和区人民代表大会、人大常委会应当加强对重大投资项目的预算审查，推动政府完善重大投资项目预算编报工作，加强对重大投资项目的预算执行监督，跟踪监督重大投资项目实施和绩效管理情况。

市、区政府在向市、区人大常委会报告国民经济和社会发展计划执行情况、预算执行情况时，应当同时报告重大投资项目计划和预算的执行情况。市、区政府相关部门在预算执行中对重大投资项目资金安排进行调整的，应当及时向本级人大财经委、人大常委会预算工委报告。

第十六条 市、区人大常委会和乡、镇人民代表大会应当监督本级政府及其部门依法及时公开预算信息。

市、区和乡、镇政府及其各部门、各单位的预算信息应当依法向社会公开，接受社会监督。

除涉及国家秘密外，经本级人民代表大会或者本级人大常委会批准的预算、预算调整、决算、预算执行情况的报告及报表，应当在批准后的二十日内由本级政府财政部门向社会公开；经本级政府财政部门批复的部门预算、决算及报表，应当在批复后的二十日内由各部门向社会公开；经本级预算主管部门批复的单位预算、决算及报表，应当在批复后的二十日内由各单位向社会公开。预算、决算支出应当按功能分类公开到项，一般公共预算基本支出按经济性质分类公开到款。

各级政府应当公开一般性转移支付和专项转移支付情况，对下专项转移支付预算、决算全部按具体项目公开；公开经批准的本地区债务限额、债务余额和债务发行、使用、偿还等情况。各级政府应当公开各类财税制度，逐步公开重大投资项目资金安排及使用情况、政府综合财务报告等。

各部门、各单位公开的内容应当包括本部门、本单位的职责、机构设置、预算收支情况、机关运行经费情况。各部门、各单位应当公开审计查出问题及其整改情况，公开政府采购信息、预算绩效信息和国有资产占有使用信息。

预算信息公开应当统一规范、便于公众查询。预算信息公开应当以政府或者部门、单位门户网站为主要平台向社会公开，各门户网站应当设立预算公开专栏，集中公开信息。

第十七条　市、区人大常委会和乡、镇人民代表大会应当监督本级政府及其部门的预算绩效管理情况，加强对重点支出和重大项目绩效目标、绩效评价结果的审查监督。

各级政府、各部门、各单位应当实施全面预算绩效管理，强化事前绩效评估，严格绩效目标管理，完善预算绩效指标体系，加强绩效评价结果运用，促进绩效评价结果与完善政策、安排预算和改进管理相结合，将重要绩效评价结果与决算草案同步报送本级人民代表大会或者人大常委会审查。

第十八条　市、区人大常委会可以采取听取和审议政府专项工作报告、执法检查、询问、质询、特定问题调查等方式，对本级和下级预算、决算进行监督。

乡、镇人大主席团可以通过安排人大代表听取和讨论政府工作情况汇报或者专项工作报告，开展视察、专题调研、执法检查等方式，对本级预算、决算进行监督。

第十九条　市、区人大常委会应当建立预算审查前听取人大代表与社会各界意见和建议的机制。

市和区人大财经委、人大常委会预算工委在开展初步审查监督工作时，应当广泛听取本级人大代表与有关方面的意见和建议，应当组织本级人大代表参加相关座谈会、通报会和预算初步审查会议等。市和区人大财经委、人大常委会预算工委，可以组织建立预算审查专业代表小组，组织本级人大代表参与预算审查监督工作；可以建立预算审查专家顾问制度，聘请预算审查监督顾问或者邀请相关专家协助开展预算审查监督工作。

市和区人大财经委、人大常委会预算工委以及各级政府相关部门应当为本级人大代表审查和批准预算提供咨询及服务。

区和乡、镇人民代表大会举行会议审查预算草案前，应当采取多种方式，组织本级人大代表，听取选民与社会各界的意见和建议。

各级政府财政等部门应当在编制预算、制定政策和推进改革过程中，通过座谈会、通报会、专题调研、办理议案建议和邀请人大代表视察等方式，听取人大代表的意见和建议。

第二十条　市和区人大财经委、人大常委会预算工委与人大各专门委员会、人大常委会有关工作机构应当合力开展人大预算审查监督工作，建立健全协同工作机制，发挥人大各委员会的专业特点和优势。

市和区人大各专门委员会、人大常委会有关工作机构应当将立法、监督等重点工作与预算审查监督工作相结合，将相关部门财政资金的使用管理及绩效情况作为监督政府有关工作推进和政策落实情况的重要内容和依据。

市和区人大各专门委员会、人大常委会有关工作机构可以对联系部门重点支出、重大项目和重要政策的资金安排与使用情况开展专项审查等工作，提出专项审查意见等，作为本级人大财经委对预算、决算提出初步审查意见和审查结果报告的重要参考。市、区人大常委会预算工委应当做好相关服务配合工作。

第二十一条 市、区人大常委会与本级政府共同推进预算联网监督工作，实现预算审查监督信息化和网络化。

市、区人大常委会应当按照全口径审查、全过程监督的要求建设预算联网监督系统，完善系统功能，运用预算联网监督系统，加强对支出预算和政策的审查监督，增强预算审查监督工作的针对性和有效性。

本市建立财政预算、部门预算在线、实时、动态预警及在线协同处理工作机制。市政府财政和预算部门通过预算联网监督系统接收、处理、反馈预警问题。市人大各专门委员会、人大常委会预算工委在系统内跟踪预警问题处理全过程。

本市建立审计查出突出问题整改情况在线协同监督工作机制。市政府审计部门在线提供问题及整改清单信息，被审计单位上传整改情况。市人大各专门委员会、人大常委会预算工委在线跟踪整改进度，实时监督审计查出突出问题整改情况。

市、区政府相关部门应当通过预算联网监督系统向本级人大常委会提供财政预算、国有资产管理、宏观经济、金融、审计、税务、统计、社会保障等方面数据、资料，建立健全数据共享工作机制。

市、区人大常委会与本级政府相关部门应当按照国家和本市有关规定保障信息安全，加强涉密数据信息管理，确保数据安全。

第三章 预算的审查和批准

第二十二条 各级人民代表大会、人大常委会对本级政府的收入和支出是否全部纳入预算进行审查监督。

各级政府、各部门、各单位应当依法将所有政府收入、支出全部列入预算，不得隐瞒、少列。政府性基金预算、国有资本经营预算与一般公共预算应当按照国家有关规定实行统筹。

第二十三条 各级人民代表大会、人大常委会审查监督本级政府是否遵循统筹兼顾、勤俭节约、量力而行、讲求绩效和收支平衡的原则编制预算。

预算草案应当符合下列要求：

（一）一般公共预算草案应当列示预算收支情况表、转移支付预算表、基本建设支出表、政府债务情况表等，说明收支预算安排及转移支付绩效目标情况；

（二）政府性基金预算草案应当按基金项目分别编列、分别说明。政府性基金支出编列到资金使用的具体项目，说明结转结余和绩效目标情况；

（三）国有资本经营预算草案收入编列到行业或者企业，说明纳入预算的企业单位的上一年总体经营财务状况。支出编列到使用方向和用途，说明项目安排的依据和绩效目标；

（四）社会保险基金预算草案应当按保险项目编制，说明社会保险基金可持续运行情况；

（五）预算草案应当说明地方政府债务限额、余额情况，债务收入、安排的支出、还本付息、发行费用等情况。

各级政府应当建立健全预算基本支出定额标准体系、项目支出标准体系、预算绩效评价体系。

各级政府应当建立跨年度预算平衡机制。财政部门应当会同各部门编制政府中期财政规划；各部门编制部门中期财政规划。

第二十四条 市、区政府财政部门应当向本级人大财经委、人大常委会预算工委通报预算编制情况，征求意见。

市和区人大财经委、人大常委会预算工委应当在预算编制阶段，了解本级预算草案和部门预算草案编制情况，通过座谈会、论证会、听证会等方式，听取有关方面对预算安排的意见，并反馈给本级政府财政部门。

第二十五条 市、区政府财政部门应当在本级人民代表大会会议举行的三十日前，将本级预算草案的初步方案提交本级人大财经委进行初步审查。市和区人大财经委、人大常委会预算工委进行初步审查时，政府财政等相关部门负责人应当到会说明情况，听取审议意见。

市、区人大财经委在人民代表大会会议举行的十五日前，提出初步审查意见，反馈给本级政府财政部门办理。政府财政部门应当在人民代表大会会议举行的五日前书面反馈办理情况。初步审查意见及其办理情况的报告，在人民代表大会会议期间，印发本级人大代表。

乡、镇政府财政部门应当在人民代表大会会议举行的十五日前，将本级预算草案初步方案及上一年预算执行情况，提交乡、镇人大主席团初步审查。

第二十六条　提交预算草案的初步方案，同时依法提交下列相关材料及有关说明：

（一）一般公共预算收支表、政府性基金预算收支表、国有资本经营预算收支表、社会保险基金预算收支表；

（二）部门预算表；

（三）对下级转移支付明细表；

（四）预算草案中政府确定的重点支出的类别表和重大投资项目的项目表；

（五）政府债务余额和限额情况表、政府债券发行及还本付息情况表；

（六）一般公共预算的专项资金支出表；

（七）政府采购预算情况；

（八）国有资产管理情况；

（九）预算编制的有关说明；

（十）其他材料及有关说明。

第二十七条　对预算草案初步方案及上一年预算执行情况的初步审查，重点审查下列内容：

（一）上一年预算执行情况是否符合本级人民代表大会的预算决议的要求；

（二）预算安排是否合法，是否贯彻国民经济和社会发展的方针政策，收支政策是否切实可行；

（三）政府确定的重点支出和重大投资项目的预算安排是否合理、可行；

（四）预算草案编制是否完整，按功能分类的一般公共预算支出是否编列到项，按经济性质分类的一般公共预算基本支出是否编列到款；政府性基金预算、国有资本经营预算、社会保险基金预算支出，按其功能分类的，是否编列到项；

（五）对下级政府的转移性支出预算是否规范、适当；

（六）预算安排举借的债务是否合法、合理，是否有可行的偿还计划和稳定、可靠的偿还资金来源；

（七）上一年预算执行情况和本年度预算草案说明是否全面、清楚；

（八）与预算有关重要事项的说明是否清晰。

第二十八条　市和区人大财经委、人大常委会预算工委应当在本级人民代表大会会议举行前，组织本级政府财政、国有资产管理、人力资源和社会保障、医疗保障等部门为本级人大代表解读预算草案。

第二十九条　市、区人大常委会或者主任会议在本级人民代表大会会议举行前，听取本级人大财经委、人大常委会预算工委对预算草案的初步审查情况和意见。

第三十条　各级政府一般应当在本级人民代表大会会议举行的五日前，向本级人大常委会或者乡、镇人大主席团提交预算草案及其报告的正式文本。

第三十一条　市、区人民代表大会会议期间，市、区人大财经委应当根据本级人大代表的审议意见，结合初步审查意见，提出关于总预算草案及上一年总预算执行情况的审查结果报告。审查结果报告应当包括：对上一年预算执行、本级人民代表大会预算决议落实情况及对本年度预算草案安排作出评价；对本级人民代表大会批准预算草案和预算报告提出建议；对执行年度预算、改进预算管理、提高预算绩效、加强预算监督等提出意见和建议。审查结果报告经大会主席团通过后，印发全体人大代表。

每届市、区人民代表大会第一次会议设立国民经济和社会发展计划、预算审查委员会，根据本级人大代表的审议意见，结合初步审查意见，向大会主席团提出关于总预算草案和上一年总预算执行情况的审查结果报告。

乡、镇人民代表大会会议设立财政预算审查委员会，对预算草案提出审查意见。

各级人民代表大会会议期间，人大代表审议预算草案和上一年预算执行情况报告时，本级政府财政等相关部门应当到会听取意见，回答人大代表询问。对人大代表提出的意见，应当及时予以反馈。

第三十二条　市、区人民代表大会批准本级预算后，本级政府财政部门应当将批复本级各部门预算和下达下级政府的转移支付预算的情况，抄送本级人大财经委、人大常委会预算工委。

市、区政府应当及时汇总下一级政府的预算，报上一级政府和本级人大常委会备案。市、区政府对下一级政府报送备案的预算，认为有同法律、行政法规相抵触或者有其他不适当之处，需要撤销批准预算的决议的，应当提请本级人大常委会审议决定。

第四章 预算执行的监督

第三十三条 市、区人大常委会和乡、镇人大主席团应当加强对预算执行的监督,各级政府、各部门、各单位应当自觉接受监督,全面、真实反映预算执行情况并提供必要的材料。

第三十四条 预算执行情况监督的主要内容:

(一)执行本级人民代表大会及其常委会决议、决定的情况;

(二)组织预算收入的情况;

(三)预算批复和支出拨付的情况;

(四)各预算部门、预算单位的预算制度、预算安排和预算执行等情况;

(五)政府确定的重点支出和重大投资项目的安排和资金到位以及执行情况;

(六)超收收入的管理情况,短收及其处理情况;

(七)预备费、预算周转金、预算稳定调节基金、结转资金的使用情况;

(八)政府采购预算执行情况,政府购买服务预算管理情况;

(九)向下级财政转移支付情况;

(十)政府债务管理情况;

(十一)在预算执行中,各部门、各单位不同预算科目间的预算资金确需调剂使用的,是否按政府财政部门的规定办理;

(十二)预算执行中发生的其他重大事项和特定问题。

第三十五条 市、区人大常委会和乡、镇人民代表大会每年六月至九月期间听取和审议本级政府关于本年度上一阶段预算执行情况的报告。

市、区政府财政部门应当在本级人大常委会举行会议听取和审议本年度上一阶段预算执行情况报告的三十日前,向本级人大财经委、人大常委会预算工委提交本年度上一阶段预算执行情况的报告。乡、镇政府财政部门应当在乡、镇人民代表大会举行会议听取和审议本年度上一阶段预算执行情况报告的十日前,向乡、镇人大主席团提交本年度上一阶段预算执行情况的报告。

第三十六条 市、区人大常委会组成人员对预算执行情况报告的审议意见交由本级政府研究处理。市、区政府应当将研究处理情况向本级人大常委会提出书面报告。

预算执行情况报告、人大常委会的审议意见以及本级政府对审议意见的研究处理情况或者执行决议情况的报告,应当向本级人大代表通报并向社会公布。

第三十七条　市、区人大常委会听取和审议本级政府关于本年度上一阶段预算执行情况报告前,人大常委会预算工委应当听取本级政府有关部门关于预算执行、管理情况的汇报,并将有关情况反馈至本级政府财政部门,政府财政部门应当在三十日内提出研究处理情况的书面报告。

第三十八条　各级政府财政部门应当按照国家有关规定,按年度编制以权责发生制为基础的政府综合财务报告,报告政府整体财务状况、运行情况和财政中长期可持续性情况,报本级人大常委会和乡、镇人大主席团备案。

第五章　预算调整的审查和批准

第三十九条　经各级人民代表大会批准的一般公共预算、政府性基金预算、国有资本经营预算、社会保险基金预算,在预算执行中依照《中华人民共和国预算法》的规定必须调整的,各级政府应当编制预算调整方案,市、区政府报本级人大常委会审查和批准,乡、镇政府报本级人民代表大会审查和批准。

第四十条　市、区政府财政部门应当及时向本级人大财经委、人大常委会预算工委通报预算调整初步方案的有关情况。市、区人大常委会举行会议审查和批准预算调整方案的三十日前,政府财政部门应当将预算调整的初步方案提交本级人大财经委进行初步审查。

乡、镇政府财政部门应当在乡、镇人民代表大会举行会议审查和批准预算调整方案的十五日前,将本级预算调整的初步方案提交乡、镇人大主席团初步审查。

第四十一条　市、区人大常委会和乡、镇人民代表大会对本级预算调整方案,重点审查下列内容:

(一)调整的理由和依据;

(二)调整的项目和数额;

(三)收支平衡情况;

(四)与预算调整有关重要事项的说明是否清楚。

第四十二条　市、区人大财经委向本级人大常委会提出关于本级预算调整方案的审查结果报告。

审查结果报告应当包括下列内容:

(一)对预算调整方案是否符合《中华人民共和国预算法》作出评价;

（二）预算调整收入和支出的基本情况；

（三）对调整的项目和资金安排等事项是否合理作出评价；

（四）对本级人大常委会批准预算调整方案提出建议；

（五）对执行调整后的预算提出意见和建议。

第四十三条 各级政府未经法定程序作出的预算调整决定，本级人民代表大会、本级人大常委会或者上级政府应当责令其改变或者撤销。

第四十四条 严格控制预算调剂，各部门、各单位的预算支出应当按照预算执行，因重大事项确需调剂的，严格按照规定程序办理。

预算执行中出台重要的增加财政收入、支出的政策措施，或者预算收支结构发生重要变化的情况，市、区政府财政部门应当及时向本级人大常委会预算工委通报。市、区人大常委会预算工委应当及时将有关情况向本级人大财经委通报，必要时向本级人大常委会报告。

第六章 决算的审查和批准

第四十五条 市、区政府财政部门编制本级决算草案，经本级政府审计部门审计后，报本级政府审定，由本级政府提请本级人大常委会审查和批准并作关于本级决算的报告。乡、镇政府编制本级决算草案，提请本级人民代表大会审查和批准。

决算草案应当按照本级人民代表大会批准的预算所列科目编制，按预算数、调整预算数以及决算数分别列出，对重要变化应当作出说明。一般公共预算支出按其功能分类应当编列到项；按其经济性质分类，基本支出应当编列到款。政府性基金预算支出、国有资本经营预算支出、社会保险基金预算支出，按其功能分类应当编列到项。

决算报告应当重点说明本级人民代表大会批准的上一年预算执行情况、重点支出和重大投资项目资金的使用及绩效情况，未实现预算的主要原因及存在的主要问题。市、区政府应当按照国务院规定的实行权责发生制的特定事项，向本级人大常委会报告。

第四十六条 市、区政府财政部门应当在本级人大常委会举行会议审查和批准本级决算草案的三十日前，将上一年本级决算草案送交本级人大财经委进行初步审查。

乡、镇政府财政部门应当在乡、镇人民代表大会举行会议审查和批准本级决算草案的十日前，将上一年本级决算草案送交乡、镇人民代表大会主席团进行初步审查。

第四十七条　市、区人大常委会和乡、镇人民代表大会对本级决算草案，重点审查下列内容：

（一）预算收入情况；

（二）支出政策实施情况和重点支出、重大投资项目资金的使用及绩效情况；

（三）结转资金的使用情况；

（四）资金结余情况；

（五）本级预算调整及执行情况；

（六）财政转移支付安排执行情况；

（七）经批准举借债务的规模、结构、使用、偿还等情况；

（八）本级预算周转金规模和使用情况；

（九）本级预备费使用情况；

（十）超收收入安排情况，预算稳定调节基金的规模和使用情况；

（十一）本级人民代表大会批准的预算决议落实情况；

（十二）其他与决算有关的重要情况。

第四十八条　市、区人大财经委向本级人大常委会提出关于本级决算草案的审查结果报告。

审查结果报告应当包括下列内容：

（一）本级决算收入和支出的基本情况；

（二）对本级决算的总体评价；

（三）对本级人大常委会批准决算提出建议；

（四）对本级决算中存在的问题提出改进意见和建议。

第四十九条　市、区人大常委会批准本级决算后，政府财政部门应当在二十日内向本级各部门批复决算，同时将批复的部门决算送本级人大财经委、人大常委会预算工委。

市、区政府应当及时汇总下一级政府的决算，报上一级政府和本级人大常委会备案。上级政府对报送备案的决算认为同法律、行政法规相抵触或者不适当，需要撤销批准该项决算的决议的，应当提请本级人大常委会审议决定。

第七章　地方政府债务审查监督

第五十条　市和区人民代表大会、人大常委会应当围绕本级政府预算草案、预算调整方案、决算草案的审查和批准以及预算执行监督，规范工作程序，完善工作机制，综合运用监督方式方法，加强对地方政府债务的审查监督。

市、区人大财经委等有关专门委员会在对本级政府预算草案初步方案、预算调整初步方案、决算草案进行初步审查或者对政府债务开展专题审议时，政府相关部门负责人应当按有关规定到会听取意见、回答询问。市、区人大常委会预算工委应当加强对本级政府债务的调查研究，提出有针对性的建议。

市、区政府财政部门应当每季度或者每半年向本级人大财经委、人大常委会预算工委提供政府债券发行、资金下达使用和政府债务还本付息等情况。

市、区政府财政部门应当每半年向本级人大财经委、人大常委会预算工委书面报告政府债务管理情况，说明政府债券的发行使用、资金管理、项目库建设和债务风险等情况。

第五十一条　市和区人民代表大会、人大常委会推动各级政府完善预算草案、预算调整方案、决算草案编报有关债务的内容：

（一）在上一年度政府债务执行和决算情况表中，应当反映一般债务和专项债务的限额和余额、债务年限、还本付息等情况；

（二）在本年度政府债务预算收支安排情况表中，应当反映政府债务限额和预计余额情况，年度新增债务安排等情况；

（三）在政府债务指标情况表中，应当反映债务率等债务风险评估指标情况；

（四）在专项债务表中，应当反映上一年度本级政府专项债券收入、支出、还本付息等情况；

（五）政府因举借债务而提请人大常委会审查和批准的预算调整方案，应当反映政府债务限额和余额、新增债务规模和限额分配等情况。

第五十二条　市和区人民代表大会、人大常委会推动各级政府细化预算报告、预算调整方案报告、决算报告中有关债务的内容：

（一）预算报告应当包括上一年度政府债券发行、资金使用和偿还、债务风险情况，本年度举借债务的主要用途、偿债计划等情况；

（二）预算调整方案内容应当包括本级政府举借债务的必要性和合法性，

本地区及本级政府债务总体规模、结构和风险情况，本级政府债务资金主要使用方向、项目安排等情况；

（三）决算报告应当包括本级政府债务规模、结构、使用、偿还、项目实施绩效情况，重大建设项目资金到位等情况。

第五十三条 市和区人民代表大会、人大常委会应当加强对本级政府债务风险管控的监督，推进政府债务信息公开透明，加强对本级政府及其部门、地方国有企业融资行为的监督。市、区政府应当建立债务信息公开机制、债务风险评估和预警机制、应急处置机制以及责任追究制度。

第八章　预算的审计监督

第五十四条 市、区人大常委会预算工委应当加强与本级政府审计部门的信息沟通和工作协同。审计部门应当聚焦审计重点，加大对支出预算和政策执行的审计监督力度，加强绩效审计，在研究提出下一年度审计监督重点内容和重点项目时，应当与人大常委会相关重点监督工作相衔接，形成监督合力。

市、区人大常委会监督预算执行时，可以就特定事项要求本级政府进行专项审计或者审计调查，并向人大常委会报告审计结果。

第五十五条 市、区政府审计部门应当按照真实、合法和效益的要求，对本级预算执行和其他财政收支情况以及决算草案进行审计监督，为本级人大常委会开展预算执行、决算审查监督提供支持服务。

市、区政府审计部门应当在本级人大常委会举行会议审查和批准本级决算草案前，向本级人大财经委、人大常委会预算工委汇报本级预算执行和其他财政收支的审计情况。

第五十六条 市、区人大常委会应当听取和审议本级政府提出的上一年预算执行和其他财政收支的审计工作报告。

审计工作报告应当重点报告下列内容：

（一）本级预算执行和决算草案、重要政策实施和财政资金绩效，以及其他财政收支审计的基本情况；

（二）审计查出的问题及问题清单；

（三）审计查出问题的原因分析及审计意见和建议；

（四）其他需要报告的重要情况。

第五十七条 市、区人大常委会应当听取和审议本级政府关于审计查出问题整改情况的报告,可以对审计查出的突出问题整改情况进行专题询问。市、区人大常委会在听取整改情况报告时,可以对审计查出问题整改情况进行满意度测评。

审计查出问题整改情况报告,应当与审计工作报告相对应,重点反映审计查出突出问题的整改情况,并提供审计查出突出问题的单项整改结果和部门预算执行审计查出问题整改情况清单;重点反映未整改问题的原因和下一步举措,对未完成整改问题加强闭环管理等内容。

第五十八条 市、区人大常委会应当对审计查出问题的整改情况进行跟踪监督,可以综合运用听取和审议政府专项工作报告、执法检查、询问、质询、特定问题调查等方式,加大监督力度,督促问题整改,推动健全整改长效机制及责任追究机制。

市、区人大常委会预算工委应当根据本级人大常委会有关决议和审议意见的要求,结合审计查出问题性质、资金规模和以往整改情况等,确定跟踪监督的突出问题和责任部门,组织开展跟踪监督,并向本级人大常委会提出调研报告。

本市应当建立健全人大预算审查监督与纪检监察监督、审计监督、出资人监督等各类监督的贯通协调机制,加强信息共享,推动审计查出问题整改。

第五十九条 市、区人大常委会组成人员对审计工作报告的审议意见交由本级政府研究处理。市、区政府应当将研究处理情况向本级人大常委会提出书面报告。

市、区人大常委会听取的审计工作报告、整改情况报告及其审议意见,本级政府对审议意见研究处理情况或者执行决议情况的报告,应当向本级人大代表通报并向社会公布。

市、区人大常委会认为必要时,可以对审计工作报告、整改情况报告作出决议。市、区政府应当在决议规定的期限内,将执行决议的情况向本级人大常委会报告。

第六十条 市、区政府财政等部门结合审计查出突出问题及其整改情况,完善相关政策,健全预算管理制度,优化年度预算安排,把审计结果及整改情况作为优化财政资源配置和完善支出政策的重要参考。市、区政府财政部门对突出问题屡审屡犯、未整改或者整改不力的部门、单位,在安排下一年度预算时,依据其整改情况,予以重点审核。

第九章　法律责任

第六十一条　违反本条例规定的行为，法律、行政法规有处理规定的，依照其规定处理。

第六十二条　对各级政府及有关部门违反本条例的，责令改正；对负有直接责任的主管人员和其他直接责任人员依法追究行政责任。

第六十三条　对违反本条例规定的行为，公民、法人或者其他组织可以依法向有关国家机关进行检举、控告。被检举、控告单位或者个人对检举、控告者进行压制和打击报复的，由上级主管部门或者所在单位依法给予处分；构成犯罪的，依法追究刑事责任。

第十章　附　　则

第六十四条　区人大常委会和乡、镇人民代表大会可以根据本条例的规定，结合本行政区域实际情况，制定预算审查监督具体办法。

市人大常委会加强对区人大常委会预算审查监督工作的指导，上下联动，共同做好人大预算审查监督工作。

第六十五条　本条例自2021年9月28日起施行。2017年6月23日上海市第十四届人民代表大会常务委员会第三十八次会议通过的《上海市预算审查监督条例》同时废止。

2. 上海市政府债券招标发行规则

（沪财库〔2021〕18号公布　自2021年4月19日起施行）

第一条　招标方式

上海市政府债券通过"财政部政府债券发行系统"或"财政部上海证券交易所政府债券发行系统"（以下简称招标系统），面向上海市政府债券承销团成员（以下简称承销团成员）招标发行，采用单一价格招标方式，招标标的为利率。全场最高中标利率为当期上海市政府债券票面利率，各中标承销团成员按面值承销。

地方债柜台发行的上海市政府债券，发行利率按照首场公开发行利率确定，发行额度面向上海市财政局择优选取的柜台业务承办机构通过数量招标方式确定。

第二条 投标限定

（一）投标标位限定。

投标标位变动幅度为 0.01%。每一承销团成员最高、最低标位差为 30 个标位，无需连续投标。投标标位区间为招标日前 1 至 5 个工作日（含第 1 和第 5 个工作日）中国债券信息网公布的中债国债收益率曲线中，相同待偿期国债收益率算数平均值与该平均值上浮 15%（四舍五入计算到 0.01%）之间。

（二）投标量和承销额限定。

投标量。主承销商最低、最高投标限额分别为每期债券发行量的 12%、30%；承销团一般成员最低、最高投标限额分别为每期债券发行量的 0.6%、30%。单一标位最低投标限额为 0.1 亿元，最高投标限额为每期债券发行量的 30%。投标量变动幅度为 0.1 亿元的整数倍。地方债柜台发行的第二场数量招标中，柜台业务承办机构的最低投标限额为 0.1 亿元，最高投标限额为柜台发行最大额度的 30%，投标量变动幅度为 0.1 亿元的整数倍。

最低承销额。主承销商最低承销额为每期债券发行量的 8.5%。

上述比例计算均四舍五入精确到 0.1 亿元。

第三条 中标原则

（一）中标募入顺序。

按照低利率优先的原则对有效投标逐笔募入，直到募满招标额或将全部投标募完为止。

地方债柜台发行的第二场数量招标中，按照各柜台业务承办机构的投标量为权数平均分配，最小中标单位为 0.1 亿元，分配后仍有尾数时，按投标时间优先原则分配。

（二）最高中标利率标位中标分配顺序。

以各承销团成员在最高中标利率标位投标量为权数平均分配，最小中标单位为 0.1 亿元，分配后仍有尾数时，按投标时间优先原则分配。

第四条 债权登记和托管

（一）在招标结束后 15 分钟内，各中标承销团成员应通过招标系统填制《债权托管申请书》，在中央国债登记结算有限责任公司（以下简称国债登记公司），中国证券登记结算有限责任公司（以下简称证券登记公司）上海、深圳分公司选择托管。逾期未填制的，系统默认全部在国债登记公司托管。

（二）券种注册和承销额度注册。国债登记公司，证券登记公司上海、深圳分公司根据招标结果办理券种注册，根据各中标承销团成员选择的债券托管数据为各中标机构办理承销额度注册。

（三）上海市政府债券的债权确立实行见款付券方式。承销团成员不迟于缴款日将发行款缴入国家金库上海市分库。上海市财政局不迟于债权登记日（即缴款日后一个工作日）15：00，将发行款入库情况书面通知国债登记公司办理债权登记和托管，并委托国债登记公司将涉及证券登记公司上海、深圳分公司分托管的部分，于债权登记日16：00前通知证券登记公司上海、深圳分公司。

如上海市财政局在缴款日前未足额收到中标承销团成员应缴发行款，上海市财政局将不迟于债权登记日15：00通知国债登记公司。国债登记公司办理债权登记和托管时，对上海市财政局未收到发行款的相应债权暂不办理债权登记和托管。对涉及证券登记公司上海、深圳分公司分托管的部分，国债登记公司应不迟于债权登记日16：00书面通知证券登记公司上海、深圳分公司，后者办理债权登记和托管时，对上海市财政局未收到发行款的相应债权暂不办理债权登记和托管。对于未办理债权确认的部分，上海市财政局根据发行款收到情况另行通知国债登记公司处理。国债登记公司如在债权登记日15：00前未收到上海市财政局关于不办理全部或部分债权登记的通知，证券登记公司上海、深圳分公司在债权登记日16：00前未收到国债登记公司关于不办理全部或部分分托管债权的通知，即办理全部债权登记和托管手续。

第五条 应急处理

（一）招标系统客户端出现技术问题，承销团成员可以在规定时间内将内容齐全的《地方政府债券发行应急投标书》（以下简称应急投标书）或《地方政府债券债权托管应急申请书》（以下简称债权托管应急申请书）（格式见附件）传真至发行现场进行应急操作，并应当及时拨打发行现场专用固定电话向上海市财政局发行人员报告。

（二）在应急操作方式下，国债登记公司、上海证券交易所（以下简称支持部门）应当如实填写应急投标情况记录表，记录收到应急投标书（或债权托管应急申请书）的时间等有关内容，核对密押后签字确认。

（三）上海市财政局发行人员应当审核应急投标书收到的时间是否在投标截止时间前、债权托管应急申请书收到的时间是否在债权托管截止时间前，是否按规定格式填写，是否字迹清晰、意思明确。对未按规定格式填写、字迹不清晰、意思不明确、密押核对不符、超过截止时间后收到的应急投标书（或债权托管应急申请书），均做无效处理。

（四）应急投标书（或债权托管应急申请书）经上海市财政局发行人员确认各项要素有效完整，并经发行人员和监督员共同签字确认后，由发行人员或发行人员委托支持部门人员将应急投标信息录入招标系统，并进行核对。

（五）应急时间以发行现场收到应急投标书（或债权托管应急申请书）的时间为准。应急投标截止时间为当期上海市政府债券投标截止时间，债权托管应急申请截止时间为当期上海市政府债券债权托管截止时间。

（六）应急投标书（或债权托管应急申请书）录入招标系统后，申请应急的承销团成员将无法通过招标系统投标（或托管债权）。

（七）如承销团成员既通过招标系统投标（或托管债权），又进行应急投标（或债权托管），或进行多次应急投标（或债权托管），以最后一次有效投标（或债权托管）为准；如承销团成员应急投标（或债权托管）内容与通过招标系统投标（或托管债权）的内容一致，不做应急处理。

（八）当支持部门确认招标时间内招标系统或通讯主干线运行出现问题时，上海市财政局发行人员将使用专用固定电话或委托支持部门通知经备案的承销团成员联系人，延长招标时间半小时用于应急投标。

第六条　分销

上海市政府债券分销，是指在规定的分销期内，中标承销团成员将中标的全部或部分上海市政府债券债权额度转让给非承销团成员的行为。

（一）上海市政府债券采取场内挂牌、场外签订分销合同的方式分销。地方债柜台发行的上海市政府债券，由柜台业务承办机构通过营业网点或电子渠道，于分销期内在上海市范围内向个人、中小机构等柜台业务投资者分销。柜台业务承办机构应向投资者公布债券分销价格。

（二）上海市政府债券承销团成员间不得分销。非承销团成员通过分销获得的上海市政府债券债权额度，在分销期内不得转让。

（三）承销团成员根据市场情况自定价格分销。

第七条 其他

（一）承销团成员在上海市政府债券发行招标中的投标量和承销额等情况，将作为每年开展承销团考评的依据，以及以后组建上海市政府债券承销团的重要参考。

（二）为加强发债定价现场管理，确保发债定价过程公平、规范、有序进行，招标发行现场的发行人员由上海市财政局派员担任，监督员由上海市审计局等非财政部门派员担任。

（三）执行中若遇国家政策等发生变化，以当期上海市政府债券发行文件为准。

（四）本规则自发布之日起施行。

附件：1. 地方政府债券发行应急投标书（略）
　　　2. 地方政府债券债权托管应急申请书（略）

3. 上海市地方政府专项债券项目资金绩效管理办法

（沪财绩〔2021〕27号公布　自2021年12月17日起施行）

第一章　总　　则

第一条　为加强本市地方政府专项债券项目资金绩效管理，提高专项债券资金使用效益，有效防范政府债务风险，根据《地方政府专项债券项目资金绩效管理办法》（财预〔2021〕61号）、《上海市财政项目支出预算绩效管理办法（试行）》（沪财绩〔2020〕6号）等有关规定，结合本市实际情况，制定本办法。

第二条　本办法所称地方政府专项债券（以下简称专项债券）是指本市为有一定收益的公益性项目发行的、以公益性项目对应的政府性基金收入或专项收入作为还本付息资金来源的政府债券，包括新增专项债券和再融资专项债券等。

第三条　本办法所称绩效管理，是指本市各级财政部门、项目主管部门和项目单位以专项债券支持项目为对象，通过事前绩效评估、绩效目标管理、绩效运行监控、绩效评价管理、评价结果应用等环节，推动提升专项债券资金配置效率和使用效益的过程。

第四条　绩效管理应当遵循以下原则：

（一）科学规范。专项债券项目资金绩效实行全生命周期管理。坚持"举债必问效、无效必问责"，遵循项目支出绩效管理的基本要求，注重融资收益平衡与偿债风险。建立规范的工作流程和指标体系，推动绩效管理工作有序开展。

（二）协同配合。财政部门牵头组织实施专项债券项目资金绩效管理工作，督促指导项目主管部门和项目单位具体实施各项管理工作。市级财政部门加强对区级财政部门的工作指导和检查。

（三）公开透明。绩效信息是专项债券项目信息的重要组成部分，应当依法依规公开，自觉接受社会监督，通过公开推动提高专项债券资金使用绩效。

（四）强化运用。突出绩效管理结果的激励约束作用，将专项债券项目资金绩效管理结果作为专项债券额度分配的重要测算因素，并与有关管理措施和政策试点等挂钩。

第二章　事前绩效评估

第五条　申请专项债券资金前，项目单位或项目主管部门要开展事前绩效评估，并将评估情况纳入专项债券项目实施方案。事前绩效评估主要判断项目申请专项债券资金支持的必要性和可行性，重点论证以下方面：

（一）项目实施的必要性、公益性、收益性；

（二）项目建设投资合规性与项目成熟度（包括项目立项批复情况，是否具备按时开工的条件，是否能按时形成实物工作量和拉动有效投资等）；

（三）项目资金来源和到位可行性；

（四）项目收入、成本、收益预测合理性；

（五）债券资金需求合理性；

（六）项目偿债计划可行性以及潜在影响项目收益和融资平衡结果的风险评估；

（七）绩效目标合理性；

（八）其他需要纳入事前绩效评估的事项。

第六条　财政部门指导项目主管部门和项目单位结合项目立项审批、制定专项债券项目实施方案等工作做好事前绩效评估，将事前绩效评估作为项目进入专项债券项目库的必备条件。必要时财政部门可组织第三方机构独立开展绩效评估，并将评估结果作为项目是否获得专项债券资金支持的重要参考依据；管理使用专项债券项目资金的其他相关部门要将评估结果作为提出专项债券项目清单的重要参考。

第三章　绩效目标管理

第七条　绩效目标应当重点反映专项债券项目的产出数量、质量、时效、成本，还包括经济效益、社会效益、生态效益、可持续发展、服务对象满意度等绩效指标。

第八条　项目单位在申请专项债券项目资金需求时，要同步设定绩效目标，经项目主管部门审核后，报同级财政部门审定。绩效目标要尽可能细化量化，能有效反映项目的预期产出、融资成本、偿债风险等。

第九条　财政部门要将绩效目标设置作为安排专项债券资金的前置条件，加强绩效目标审核，将审核后的绩效目标与专项债券资金同步批复下达。

第十条　绩效目标原则上执行中不作调整。确因项目建设运营环境发生重大变化等原因需要调整的，按照新设项目的工作流程调整绩效目标。

第四章　绩效运行监控

第十一条　绩效运行监控是指在专项债券资金使用过程中，对项目资金预算执行进度和绩效目标实现情况进行"双监控"，查找资金使用和项目实施中的薄弱环节，及时纠正偏差。

第十二条　项目主管部门和项目单位应当建立专项债券项目资金绩效跟踪监测机制，对项目资金预算执行进度和绩效目标实现程度进行动态监控，发现问题及时纠正并告知同级财政部门，提高专项债券资金使用效益，确保绩效目标如期实现。

第十三条　财政部门应当跟踪专项债券项目绩效目标实现程度，对严重偏离绩效目标的项目，应督促项目主管部门和项目单位及时整改，并根据项目的整改落实情况，采取暂缓或停止拨款、追回专项债券资金并按程序调整用途等措施。

第十四条　财政部门利用信息化手段探索对专项债券项目进行穿透式监管，

根据工作需要组织对专项债券项目建设运营等情况开展现场检查，及时纠偏纠错。

第五章 绩效评价管理

第十五条 财政部门负责组织本级专项债券项目资金绩效评价工作。年度预算执行终了，项目单位要自主开展绩效自评，评价结果报送项目主管部门和本级财政部门。

项目主管部门和财政部门根据工作需要，选择部分重点项目开展绩效评价。其中市级财政部门每年选取开展绩效评价的项目，对应资金规模原则上应不低于本市上年新增专项债务限额的5%，并逐步提高比例。可以引入第三方机构，对重大项目开展重点绩效评价。

第十六条 项目主管部门和财政部门绩效评价要反映项目决策、管理、产出和效益，以绩效评价指标体系框架和绩效评价提纲为基础和参考（详见附件），运用科学、合理的绩效评价指标、评价标准和方法，对项目支出的经济性、效率性、效益性和公平性进行绩效评价，并要突出专项债券项目资金绩效评价特点。包括但不限于以下内容：

（一）决策方面。项目立项批复情况；项目完成勘察、设计、用地、环评、开工许可等前期工作情况；项目符合专项债券支持领域和方向情况；项目绩效目标设定情况；项目申请专项债券额度与实际需要匹配情况等。

（二）管理方面。专项债券收支、还本付息及专项收入纳入政府性基金预算管理情况；债券资金按规定用途使用情况；考虑闲置因素后债券资金实际成本情况；资金拨付和支出进度与项目建设进度匹配情况；项目竣工后资产备案和产权登记情况；专项债券本息偿还计划执行情况；项目收入、成本及预期收益的合理性；项目年度收支平衡或项目全生命周期预期收益与专项债券规模匹配情况；专项债券期限与项目期限匹配情况等；专项债券项目信息公开情况；外部监督发现问题整改情况；信息系统管理使用情况；其他财务、采购和管理情况；

（三）产出方面。项目形成资产情况；项目建设质量达标情况；项目建设进度情况；项目建设成本情况；项目建成后提供公共产品和服务情况；项目运营成本情况等。

（四）效益方面。项目综合效益实现情况；项目带动社会有效投资情况；

项目支持国家及本市重大区域发展战略情况；项目直接服务对象满意程度等。

第十七条　专项债券项目建立全生命周期跟踪问效机制，项目建设期绩效评价侧重项目决策、管理和产出等，运营期绩效评价侧重项目产出和效益等。

第十八条　财政部门负责组织实施本地区绩效评价结果公开工作，指导项目主管部门和项目单位在每年6月底前，按照政府信息公开的有关规定公开上年度专项债券项目资金绩效评价结果。绩效评价结果要在全国统一的地方政府债务信息公开平台上公开。

第六章　评价结果应用

第十九条　绩效评价结果量化为百分制综合评分，并按照综合评分进行分级。综合评分为90分（含）以上的为"优"，80分（含）至90分的为"良"，60分（含）至80分的为"中"，60分以下的为"差"。

第二十条　项目主管部门和项目单位要根据绩效评价结果和整改意见，提出明确整改措施，认真组织开展整改工作。对整改落实不到位的，财政部门要采取暂缓拨款、停止拨款、追回专项债券资金并按程序重新调整用途等措施；管理使用专项债券项目资金的其他相关部门要进一步加大项目建设协调推进力度，提升专项债券项目储备质量。

第二十一条　市级财政部门对区级财政部门绩效管理工作定期开展抽查，指导和督促提高绩效管理水平。

第二十二条　按照评价与结果应用主体相统一的原则，市级财政部门在分配专项债务限额时，将抽查情况及开展的重点绩效评价结果等作为分配调整因素。各级财政部门将绩效评价结果作为项目建设期专项债券额度以及运营期财政补助资金分配的调整因素，加强债务风险的防范。

第二十三条　财政部门、项目主管部门和项目单位及个人，违反专项债券项目资金绩效管理规定致使财政资金使用严重低效无效并造成重大损失的，以及有其他滥用职权、玩忽职守、徇私舞弊等违法违规行为的，依法责令改正；对负有直接责任的主管人员和其他直接责任人员依法给予处分；涉嫌犯罪的，依法移送有关机关处理。

第七章　附　　则

第二十四条　本办法自印发之日起施行。2022年及以后年度新增专项债券到期后按规定发行的再融资专项债券参照本办法执行。

附件：1. 地方政府专项债券项目资金绩效评价指标体系框架（参考）（略）

2. 地方政府专项债券项目资金绩效评价报告提纲（参考）

附件2：

地方政府专项债券项目资金绩效评价报告提纲（参考）

一、基本情况

（一）项目概况。包括项目背景、主要内容及组织实施情况、专项债券资金投入和使用情况等。

（二）项目绩效目标。包括总体目标和阶段性目标。

二、绩效评价工作开展情况

（一）绩效评价目的、对象和范围。

（二）绩效评价原则、评价指标体系（附表说明）、评价方法、评价标准等。

（三）绩效评价工作过程。

三、综合评价情况及评价结论（附相关评分表）

四、绩效评价指标分析

（一）项目决策情况。

（二）项目管理情况。

（三）项目产出情况。

（四）项目效益情况。

五、主要经验及做法、存在的问题及原因分析

六、有关建议

七、其他需要说明的问题

4. 上海市政府债券招标发行兑付办法

(沪财库〔2021〕17号公布 自2021年4月19日起施行)

第一章 总 则

第一条 为规范上海市政府债券招标发行兑付管理，根据《财政部关于印发〈地方政府债券发行管理办法〉的通知》（财库〔2020〕43号），以及有关法律法规和相关规定，制定本办法。

第二条 本办法适用于以上海市人民政府作为发行和偿还主体，由上海市财政局具体办理债券招标发行和还本付息的上海市政府债券的发行和兑付管理。

第三条 上海市政府债券分为一般债券和专项债券，采用记账式固定利率附息形式，其中10年期以下债券利息按年支付，10年期及10年期以上债券利息按半年支付。债券发行后可按规定在全国银行间债券市场和证券交易所债券市场（以下简称交易场所）上市流通。

第四条 上海市政府债券采取公开招标方式发行。每期发行数额、发行时间、期限结构等要素由上海市财政局确定。

第二章 发行与上市

第五条 上海市财政局按照公开、公平、公正的原则组建上海市政府债券承销团，承销团每三年组建一次，定期开展承销团考评。上海市政府债券面向上海市政府债券承销团招标发行。

第六条 上海市财政局按照公开、自愿、择优的原则，在已取得柜台业务开办资质的上海市政府债券承销团成员范围内，选取柜台业务承办机构。地方债柜台发行的上海市政府债券，面向选取的柜台业务承办机构招标发行。

第七条 上海市财政局按照公开、公平、公正的原则，从具备中国境内债券市场评级资质的信用评级机构中依法竞争择优选择信用评级机构，委托信用评级机构开展上海市政府债券信用评级，并在债券存续期内每年度开展跟踪评级。

第八条 上海市财政局不迟于全年首次发行前5个工作日，通过上海财政网站、中国债券信息网等渠道（以下简称指定网站）披露上海市政府债券发行兑付相关制度办法、上海市中长期经济规划、地方政府债务管理情况等信息，并按照财政部规定格式披露上海市经济、财政和债务有关数据。不迟于每次上海市政府债券发行前5个工作日，通过指定网站披露当期债券基本信息、债券信用评级报告和跟踪评级安排；对于专项债券，重点披露上海市及使用债券资金相关各区的政府性基金预算收入、专项债券项目风险等财政经济信息，以及债券规模、期限、具体使用项目、偿债计划等债券信息，并充分披露对应项目详细情况、项目融资来源、项目预期收益情况、收益和融资平衡方案，以及由第三方专业机构出具的评估意见等。

上海市政府债券存续期内，上海市财政局通过指定网站按规定披露财政预决算和收支执行情况、地方政府债务管理情况、跟踪评级报告和影响偿债能力的重大事项等信息，并按照财政部规定格式披露季度经济、财政有关数据。

第九条 上海市财政局于招标日通过"财政部政府债券发行系统"或"财政部上海证券交易所政府债券发行系统"组织招投标工作，并邀请上海市审计局等非财政部门派出监督员现场监督招投标过程。

第十条 招投标结束后，上海市财政局于招标日终前通过指定网站按照财政部规定格式披露发行利率等发行结果信息。

第十一条 中标的承销团成员可于分销期内在交易场所采取场内挂牌和场外签订分销合同的方式，向符合规定的投资者分销，分销期为招投标结束至缴款日。

地方债柜台发行的上海市政府债券，由柜台业务承办机构通过营业网点或电子渠道，于分销期内在上海市范围内向个人、中小机构等柜台业务投资者分销，分销期为招标日次日起3个工作日。柜台业务承办机构应向投资者公布债券分销价格。

第十二条 上海市政府债券的债权确立实行见款付券方式。承销团成员不迟于缴款日将发行款缴入国家金库上海市分库。上海市财政局不迟于债权登记日（即缴款日后1个工作日）15：00，将发行款入库情况书面通知中央国债登记结算有限责任公司（以下简称国债登记公司）办理债权登记和托管，并委托国债登记公司将涉及中国证券登记结算有限责任公司（以下简称证券登记公司）上海、深圳分公司分托管的部分，于债权登记日16：00前通知证券登记公司上海、深圳分公司。

如上海市财政局在缴款日前未足额收到中标承销团成员应缴发行款，上海市财政局将不迟于债权登记日15：00通知国债登记公司。国债登记公司办理债权登记和托管时，对上海市财政局未收到发行款的相应债权暂不办理债权登记和托管。对涉及证券登记公司上海、深圳分公司分托管的部分，国债登记公司应不迟于债权登记日16：00书面通知证券登记公司上海、深圳分公司，后者办理债权登记和托管时，对上海市财政局未收到发行款的相应债权暂不办理债权登记和托管。对于未办理债权确认的部分，上海市财政局根据发行款收到情况另行通知国债登记公司处理。国债登记公司如在债权登记日15：00前未收到上海市财政局关于不办理全部或部分债权登记的通知，证券登记公司上海、深圳分公司在债权登记日16：00前未收到国债登记公司关于不办理全部或部分分托管债权的通知，即办理全部债权登记和托管手续。

第十三条　上海市财政局按照上海市政府债券发行面值的一定比例向承销团成员支付发行费，发行费标准参考记账式国债的发行费标准设定。

地方债柜台发行的上海市政府债券，上海市财政局按照财政部规定的柜台业务中标额度分销费率，向柜台业务承办机构支付分销费用。

上海市政府债券的具体发行费标准或分销费率，按照每期债券的发行文件规定执行。

第十四条　若承销团成员已足额缴纳发行款，上海市财政局不迟于缴款日后5个工作日办理发行费或分销费用拨付；若承销团成员未按时、足额缴纳发行款，上海市财政局不迟于收到该承销团成员发行款和逾期违约金后5个工作日办理发行费或分销费用拨付。

第十五条　上海市政府债券于上市日起，按规定在交易场所上市流通。

第三章　还本付息

第十六条　上海市财政局不迟于还本付息日前5个工作日，通过指定网站按照财政部规定格式披露还本付息相关信息，并按照有关规定办理上海市政府债券还本付息。

第十七条　上海市财政局应当不迟于还本付息日前2个工作日15：00，将还本付息资金划至国债登记公司账户。国债登记公司应当于还本付息日前第2个工作日日终前将证券交易所市场债券还本付息资金划至证券登记公司账户。国债登记公司、证券登记公司应按时拨付还本付息资金，确保还本付息资金于还本付息日足额划至各债券持有人账户。

第四章　法律责任

第十八条　承销团成员违反本办法第十二条规定，未按时足额缴纳上海市政府债券发行款的，按逾期支付额和逾期天数，以当期债券票面利率的两倍折成日息向上海市财政局支付违约金。违约金计算公式为：

违约金＝逾期支付额×（票面利率×2÷当前计息年度实际天数）×逾期天数

其中，当前计息年度实际天数指自起息日起对月对日算一年所包括的实际天数，下同。

第十九条　上海市财政局违反本办法第十四条、第十七条规定，未按时足额向承销团成员支付发行费或分销费用，或者未按时足额向相关机构支付应付本息等资金的，按逾期支付额和逾期天数，以当期债券票面利率的两倍折成日息向承销团成员支付违约金，或者向债券持有人支付罚息。计算公式为：

违约金或者罚息＝逾期支付额×（票面利率×2÷当前计息年度实际天数）×逾期天数

第五章　附　　则

第二十条　本办法下列用语的含义：

（一）招标日（T日），是指上海市政府债券发行文件规定的上海市财政局组织发行招投标的日期。

（二）缴款日（T＋1日，地方债柜台发行的债券为T＋4日），是指上海市政府债券发行文件规定的承销团成员将认购上海市政府债券资金缴入国家金库上海市分库的日期。

（三）上市日（T＋3日，地方债柜台发行的债券为T＋6日），是指上海市政府债券按有关规定开始在交易场所上市流通的日期。

（四）还本付息日，是指上海市政府债券发行文件规定的投资者应当收到本金或利息的日期。

第二十一条　采取提前偿还、分期偿还等本金偿还方式的债券，相关条款以当期上海市政府债券发行文件为准。

第二十二条　本办法自发布之日起施行。

三、天津市

1. 天津市发展改革委、天津市财政局关于加快地方政府专项债券项目实施进度提高资金使用效率的通知

(2019年8月6日津发改投资〔2019〕506号公布)

各区人民政府，市教委、市公安局、市规划和自然资源局、市生态环境局、市住房城乡建设委、市城市管理委、市交通运输委、市水务局、市农业农村委、市文化和旅游局、市卫生健康委、市国资委、市体育局：

根据《中共中央办公厅 国务院办公厅关于做好地方政府专项债券发行及项目配套融资工作的通知》（厅字〔2019〕33号）和《国务院办公厅关于保持基础设施领域补短板力度的指导意见》（国办发〔2018〕101号）等文件相关要求，为充分发挥地方政府专项债券资金在促投资、稳增长、补短板、调结构、惠民生等方面的作用，现就加快地方政府专项债券项目实施进度、提高资金使用效率有关工作通知如下。

一、加强专项债券项目储备

加强重大项目储备是稳定有效投资、增强发展后劲的重要手段，也是做好专项债券项目安排的重要基础。请各有关单位依据京津冀协同发展、"一带一路"建设等国家重大战略部署、天津市国民经济和社会发展规划纲要，充分考虑财政承受能力和政府投资能力，对接经济发展和民生需要，加强对符合条件、有利于补短板、强弱项、优化结构、促进转型升级，且符合专项债券支持范围的重大项目储备和谋划（涉密项目、房地产项目除外）。精准聚焦京津冀协同发展、推进乡村振兴战略、铁路、收费公路、机场、水利工程、生态环保、教育、医疗健康、水电气热等公用事业、城镇农村基础设施等重点领域，形成专项债券项目"储备一批、开工一批、建设一批、竣工一批"不断接续的良性循环。

二、加快专项债券项目实施进度

专项债券发行后，各有关单位要加强与同级财政部门的横向沟通，推动专

项债券资金及时、足额拨付到位。要督促项目单位推动新开工项目及时开工建设，续建项目按建设工期加快实施，尽快形成实物工作量，避免出现资金沉淀和闲置，确保专项债券资金及时发挥效益。要按项目建设进度和有关施工合同约定，及时支付专项债券资金，不得由施工单位垫资建设，不得拖欠工程款和农民工工资。对预算拟安排新增专项债券的项目可通过先行调度库款的办法，加快项目建设进度，债券发行后及时回补。

三、强化专项债券项目监管

专项债券资金落实后，各有关单位要督促落实项目单位的建设管理主体责任和日常监管直接责任单位的日常监管责任，会同有关方面按照职责分工对项目实施和资金使用情况开展监督检查，并按有关要求开展绩效管理。要充分发挥区、街镇基层部门就近就便监管优势，及时发现和解决问题，保证专项债券资金的合理使用和建设项目顺利实施。要督促项目单位按照有关标准和项目批复要求，严格控制项目建设标准和投资规模，不得随意扩大规模。严禁擅自增加建设内容、扩大建设规模、提高建设标准、改变设计方案。严格控制项目工期，不得随意停建缓建或消极拖延。对因管理不善、故意漏项、报小建大、拖延工期等造成超概算的单位和责任人员要严肃追责。

各有关单位要高度重视专项债券资金项目实施和资金使用各项工作，周密安排、加强调度，切实抓好贯彻落实，确保专项债券资金及时发挥效益。

天津市发展改革委
天津市财政局
2019 年 8 月 6 日

2. 天津市财政局关于进一步规范地方政府专项债券项目管理的通知

（2021 年 12 月 10 日津财债务〔2021〕64 号公布）

各区人民政府、市级相关部门：

为确保我市政府专项债券资金合规使用，充分发挥专项债券带动扩大有效投资、保持经济平稳运行的重要作用，防范政府债务风险，近期我们对中央文件规定的禁止类事项进行了梳理，更新了专项债券管理使用负面清单，现发给你们，请遵照执行。同时结合近期工作中发现的一些问题，就进一步规范政府专项债券项目管理提出如下要求，请各区各部门切实负起属地属事责任，一并抓好落实。

一、严把投向领域

严格按照国家发展改革委和财政部规定的投向领域使用专项债券，不得用于租赁住房建设以外的土地储备类项目，不得用于偿还债务，不得用于一般性房地产项目，不得用于产业化项目，不得用于专项债券资金投向领域禁止类项目。

二、做实前期工作

拟申报专项债券的项目必须为已取得立项批复的政府投资项目，且已开展事前绩效评估并制定项目实施方案。专项债券发行前项目应当完成可研、环评、稳评、办理"四证"等前期工作，确保债券发行后资金可以立即投入使用。

三、严禁过度包装

要做实项目收益来源，多元化、多渠道筹集偿债资金，除棚改项目外，不得完全依靠土地出让收入平衡，一般项目收益中土地出让收入占比不得超过70%。项目平衡方案应当依规合理、切实可行，严禁编造、虚增、夸大项目收益，收益测算必须有依据，严禁使用与项目无关收益进行平衡。

四、提升项目质量

合理安排项目建设资金，专项债券资金不得超过项目总投的80%。项目开竣工时间应实事求是，项目建设期、运营期应与债券期限相匹配。专项债券资金不得投向已完工项目，确保形成实物工作量。

五、加强资金监管

债券资金到位后应按规定拨付使用，避免闲置浪费，严禁滞留挪用。项目对应的专项收入、政府性基金收入应及时归集，专项用于债券还本付息。

附件：专项债券管理使用负面清单（2021年版）

2021年12月10日

附件：

专项债券管理使用负面清单（2021年版）

一、项目申报和投向方面

1. 不得超越项目收益实际水平过度融资。（厅字〔2018〕33号）

2. 将专项债券严格落实到实体政府投资项目，不得将专项债券作为政府投资基金、产业投资基金等各类股权基金的资金来源，不得通过设立壳公司、多级子公司等中间环节注资，避免层层嵌套、层层放大杠杆。（厅字〔2019〕33号）

3. 市场化转型尚未完成、存量隐性债务尚未化解完毕的融资平台公司不得作为项目单位。（厅字〔2019〕33号）

4. 严禁新增专项债券资金用于可完全商业化运作的产业项目。（财预〔2020〕4号）

5. 不得将专项债券作为政府投资基金、产业投资基金等各类股权基金的资金来源。（厅字〔2018〕33号）

6. 严禁举债搞形象工程、面子工程、"政绩工程"。（财办预〔2019〕238号，财预〔2020〕94、95号）

7. 坚持不安排土地储备项目、不安排房地产相关项目、不安排产业项目。（财办预〔2020〕18号、财预〔2020〕94号）

8. 不得违规用作项目资本金。财金〔2018〕54号（专项债券资金可用于资本金的是：铁路、收费公路、干线机场、内河航电枢纽和港口、城市停车场、天然气管网和储气设施、城乡电网、水利、城镇污水垃圾处理、供水10个领域。厅字〔2018〕33号）

9. 不得安排融资平衡方案不合理不科学的专项债项目。（财预便〔2021〕8号）

10. 不得安排申报不实、打捆申报无法对应到具体项目的专项债项目。（财预便〔2021〕8号）

11. 严禁跨地区申报项目。（财预便〔2021〕8号）

12. 已纳入城镇棚户区改造计划、拟通过拆除新建（改建、扩建、翻建）

实施改造的棚户区（居民住房），以及居民自建住房为主的区域和城中村等，不属于老旧小区范畴。（建办城函〔2019〕243号）

13. 高风险地区（上年度债务风险等级评定为红色的省本级、市本级和县区）禁止类项目：一是城市轨道交通项目；二是除卫生健康（含应急医疗救治设施、公共卫生设施）、教育（学前教育和职业教育）、养老以外的其他社会事业项目；三是除供水、供热、供气以外的其他市政基础设施项目；四是棚户区改造新开工项目。（财预〔2021〕115号）

二、资金使用和管理方面

14. 地方政府及其所属部门不得在预算之外违法违规举借债务，不得以支持公益性事业发展名义举借债务用于经常性支出或楼堂馆所建设，不得挪用债务资金或改变既定资金用途。（国发〔2014〕43号）

15. 严禁将新增专项债券资金用于置换存量债务。（财预〔2020〕87号、94号）

16. 新增债券资金不得用于偿还债务。（财预〔2020〕87号、94号）

17. 新增专项债券资金依法不得用于经常性支出，严禁用于发放工资、社保缴费等人员支出、公用支出，单位运行经费、发放养老金、支付利息、发行服务费等等。（财预〔2020〕4号、77号、87号、94号）

18. 不得采取定期存款、协定存款、通知存款、购买理财产品等方式存放债券资金。（财库〔2017〕76号）

19. 严禁将债券资金滞留国库或沉淀在部门单位，同时严禁"一拨了之""以拨作支"。（财预〔2020〕87号）

20. 严禁违规用于归垫除国库垫款以外的前期支出。（财预便〔2021〕8号）

21. 严禁违规用于支付贷款利息。（财预便〔2021〕8号）

22. 严禁违规用于支付各类保证金、诚意金等。（财预便〔2021〕8号）

23. 严禁违规用于回购收购已竣工或拖欠工程款的项目。（财预便〔2021〕8号）

24. 棚改专项债券资金只能用于棚改项目建设，不得用于偿还棚改债务，不得用于货币化安置，不得用于政策性补贴。（财办预〔2020〕46号）

三、偿还本息方面

25. 专项债券利息必须通过地方政府性基金收入和专项收入支付，禁止借债付息，避免债务"滚雪球"式膨胀。（财预〔2018〕161号）

26. 专项债券对应的项目取得的政府性基金或专项收入，应当按照该项目对应的专项债券余额统筹安排资金，专门用于偿还到期债券本金，不得通过其他项目对应的项目收益偿还到期债券本金。（财预〔2017〕89号）

四、其他方面

27. 严禁将专项债券对应的资产用于为融资平台公司等企业融资提供任何形式的担保。（财预〔2017〕89号）

28. 年度预算中，未足额保障"三保"、债务付息等必保支出的，不得安排资金新设基金。（财预〔2020〕7号）

3. 天津市地方政府专项债券项目资金绩效管理暂行办法

（津财债务〔2022〕15号公布　自2022年3月2日起施行）

第一章　总　则

第一条　为加强我市地方政府专项债券项目资金绩效管理，提高专项债券资金使用效益，有效防范政府债务风险，根据《地方政府专项债券项目资金绩效管理办法》（财预〔2021〕61号）、《全面推进预算绩效管理工作落实方案》（津财绩效〔2020〕10号）等有关规定，制定本办法。

第二条　本办法所称地方政府专项债券（以下简称专项债券）指市人民政府为有一定收益的公益性项目发行的、以公益性项目对应的政府性基金收入或专项收入作为还本付息资金来源的政府债券，包括新增专项债券和再融资专项债券等。

第三条　本办法所称专项债券项目资金绩效管理，是指本市各级财政部门、项目主管部门和项目单位以专项债券支持项目为对象，通过事前绩效评估、绩效目标管理、绩效运行监控、绩效评价管理、评价结果应用等环节，推动提升债券资金配置效率和使用效益的过程。

第四条　绩效管理应当遵循以下原则：

（一）科学规范。专项债券项目资金绩效实行全生命周期管理。坚持"举债必问效、无效必问责"，遵循项目支出绩效管理的基本要求，注重融资收益平衡与偿债风险。建立规范的工作流程和指标体系，推动绩效管理工作有序开展。

（二）协同配合。各级财政部门牵头组织专项债券项目资金绩效管理工作，督促指导项目主管部门和项目单位具体实施各项管理工作。上级财政部门加强工作指导和检查。

（三）公开透明。绩效信息是专项债券项目信息的重要组成部分，应当依法依规公开，自觉接受社会监督，通过公开推动提高专项债券资金使用绩效。

（四）强化运用。突出绩效管理结果的激励约束作用，将专项债券项目资金绩效管理结果作为专项债券额度分配的重要测算因素，并与有关管理措施和政策调整等挂钩。

第二章　事前绩效评估

第五条　申请专项债券资金前，项目主管部门要组织项目单位开展事前绩效评估，并将评估情况纳入专项债券项目实施方案。事前绩效评估主要判断项目申请专项债券资金支持的必要性和可行性，重点论证以下方面：

（一）项目实施的必要性、公益性、收益性；

（二）项目建设投资合规性与项目成熟度；

（三）项目资金来源和到位可行性；

（四）项目收入、成本、收益预测合理性；

（五）债券资金需求合理性；

（六）项目偿债计划可行性和偿债风险点；

（七）绩效目标合理性；

（八）其他需要纳入事前绩效评估的事项。

第六条　财政部门指导项目主管部门和项目单位做好事前绩效评估，将事前绩效评估作为项目进入专项债券项目库的必备条件。必要时财政部门组织第三方机构独立开展绩效评估，并将评估结果作为是否获得专项债券资金支持的重要参考依据；管理使用专项债券项目资金的其他相关部门要将评估结果作为提出专项债券项目清单的重要参考。

第七条　项目单位及其主管部门应制定事前绩效评估指标体系，并进行量化评估，出具评估报告。指标体系和评估报告可以参考附件1、附件2，同时应立足本单位、本项目实际情况，合理参考执行。

第三章 绩效目标管理

第八条 绩效目标应当重点反映专项债券项目的产出数量、质量、时效、成本，还包括经济效益、社会效益、生态效益、可持续影响、服务对象满意度等绩效指标。

第九条 按照"谁申请资金，谁设置目标"的原则，项目单位在申请专项债券项目资金需求时，要同步设定绩效目标，经项目主管部门审核后，报同级财政部门审定。绩效目标要细化量化，能有效反映项目的预期产出、偿债资金来源、融资成本、偿债风险等。项目单位可以参考附件3，同时结合本单位、本项目实际情况合理设置绩效目标。

第十条 财政部门要将绩效目标设置作为安排专项债券资金的前置条件，加强绩效目标审核，将审核后的绩效目标与专项债券资金同步批复下达。

第十一条 绩效目标原则上执行中不作调整。确因项目建设运营环境发生重大变化等原因需要调整的，按照新设项目的工作流程办理。

第四章 绩效运行监控

第十二条 绩效运行监控是指在专项债券资金使用过程中，对专项债券资金预算执行进度和绩效目标实现情况进行"双监控"，查找资金使用和项目实施中的薄弱环节，及时纠正偏差。

第十三条 项目主管部门和项目单位应当建立专项债券项目资金绩效跟踪监测机制，对项目资金预算执行进度和绩效目标实现程度进行动态监控，发现问题及时纠正并告知同级财政部门，提高专项债券资金使用效益，确保绩效目标如期实现。

第十四条 财政部门应当跟踪专项债券项目绩效目标实现程度，对严重偏离绩效目标的项目要暂缓或停止拨款，督促及时整改。项目无法实施或存在严重问题的要及时追回专项债券资金，并按程序调整用途。项目主管部门要加强对项目单位整改的督促，及时向财政部门反馈整改情况，提出下一步债券资金使用建议。

第十五条 财政部门利用信息化手段探索对专项债券项目实行穿透式监管，根据工作需要组织相关部门对专项债券项目建设、运营等方面开展现场检查，及时纠偏纠错。

第五章　绩效评价管理

第十六条　财政部门负责组织本地区专项债券项目资金绩效评价工作。年度预算执行终了，项目单位要自主开展绩效自评，评价结果报送主管部门审核，同时将审核结果报送同级财政部门。项目主管部门和本级财政部门选取部分重点项目开展绩效评价。

第十七条　市级财政部门根据工作需要，每年选取部分重大项目开展重点绩效评价。选取项目对应的资金规模，按照本市上年新增专项债务限额的一定比例确定。原则上不低于全市上年新增专项债务限额的5%，并逐步提高比例。鼓励引入第三方机构，对重大专项债券项目开展重点绩效评价。

第十八条　项目主管部门和财政部门绩效评价要反映项目决策、管理、产出和效益。绩效评价指标框架和绩效评价提纲参考附件4、附件5，结合财政部《项目支出绩效评价管理办法》有关要求，并突出专项债券项目资金绩效评价特点。包括但不限于以下内容：

（一）决策方面。项目立项批复情况；项目完成勘察、设计、用地、环评、开工许可等前期工作情况；项目符合专项债券支持领域和方向情况；项目绩效目标设定情况；项目申请专项债券额度与实际需要匹配情况等。

（二）管理方面。专项债券收支、还本付息及专项收入纳入政府性基金预算管理情况；债券资金按规定用途使用情况；资金拨付和支出进度与项目建设进度匹配情况；项目竣工后资产备案和产权登记情况；专项债券本息偿还计划执行情况，偿债备付金制度落实情况；项目收入、成本及预期收益的合理性；项目年度收支平衡或项目全生命周期预期收益与专项债券规模匹配情况；专项债券期限与项目期限匹配情况等；专项债券项目信息公开情况；外部监督发现问题整改情况；信息系统管理使用情况；其他财务、采购和管理情况。

（三）产出方面。项目形成资产情况；项目建设质量达标情况；项目建设进度情况；项目建设成本情况；考虑闲置因素后债券资金实际成本情况；项目建成后提供公共产品和服务情况；项目运营成本情况等。

（四）效益方面。项目综合效益实现情况；项目带动社会有效投资情况；项目支持国家重大区域发展战略情况；项目直接服务对象满意程度等。

第十九条　专项债券项目建立全生命周期跟踪问效机制，项目建设期绩效评价侧重项目决策、管理和产出等，运营期绩效评价侧重项目产出和效益等。

第二十条 财政部门负责组织实施本地区绩效评价结果公开工作,指导项目主管部门和项目单位每年 6 月底前公开上年度专项债券项目资金绩效评价结果。绩效评价结果要在全国统一的地方政府债务信息公开平台上公开。

第六章 评价结果应用

第二十一条 绩效评价结果量化为百分制综合评分,并按照综合评分进行分级。综合评分为 90 分(含)以上的为"优",80 分(含)至 90 分的为"良",60 分(含)至 80 分的为"中",60 分以下的为"差"。

第二十二条 项目主管部门和项目单位要根据评价结果和整改意见,提出明确整改措施,认真组织开展整改工作,并按要求将整改情况反馈财政部门。

第二十三条 市级财政部门对区级财政部门绩效管理工作定期开展抽查,指导和督促提高绩效管理水平。各级财政部门要配合审计、监管部门做好检查、抽查绩效管理工作。

第二十四条 按照评价与结果应用主体相统一的原则,市级财政部门在分配专项债务限额时,将检查、抽查情况及开展的重点绩效评价结果等作为分配调整因素。各级财政部门要将绩效评价结果作为项目建设期专项债券额度以及运营期财政补助资金分配的调整因素。

第二十五条 各级财政部门、项目主管部门和项目单位及个人,违反专项债券项目资金绩效管理规定致使财政资金使用严重低效无效并造成重大损失的,以及有其他滥用职权、玩忽职守、徇私舞弊等违法违规行为的,依法责令改正;对负有直接责任的主管人员和其他直接责任人员依法给予处分;涉嫌犯罪的,依法移送有关机关处理。

第七章 附 则

第二十六条 本办法自印发之日起施行。2022 年及以后年度新增专项债券到期后按规定发行的再融资专项债券参照本办法执行。

附件:1. 地方政府专项债券项目事前绩效评估指标体系(参考模板)(略)
 2. 地方政府专项债券项目事前绩效评估报告(参考模板)(略)
 3. 地方政府专项债券项目绩效目标表(参考模板)(略)
 4. 地方政府专项债券项目资金绩效评价指标体系框架(参考模板)(略)
 5. 地方政府专项债券项目资金绩效评价报告提纲(参考模板)(略)

四、重庆市

1. 重庆市政府债券公开招标发行兑付办法

（渝财债〔2021〕4号公布　自2021年1月7日起施行）

第一章　总　　则

第一条　为规范重庆市政府债券公开招标发行与兑付管理，根据财政部《关于印发〈地方政府债券发行管理办法〉的通知》（财库〔2020〕43号）、《关于进一步做好地方政府债券发行工作的意见》（财库〔2020〕36号）等规定，制定本办法。

第二条　本办法适用于重庆市人民政府作为发行和偿还主体，授权重庆市财政局在中国境内公开招标发行并负责还本付息的重庆市政府债券的发行与兑付管理。

第三条　重庆市政府债券分为一般债券和专项债券，采用记账式固定利率附息形式。一般债券是为没有收益的公益性项目发行，主要以一般公共预算收入作为还本付息资金来源的政府债券；专项债券是为有一定收益的公益性项目发行，以公益性项目对应的政府性基金收入或专项收入作为还本付息资金来源的政府债券。

10年期以下（不包含10年期）利息按年支付，10年期以上（包含10年期）利息按半年支付。

第四条　重庆市政府债券发行品种、期限，以及发行数额、时间等，由重庆市财政局确定。

第五条　重庆市政府债券公开招标发行后，可按规定在全国银行间债券市场和证券交易所债券市场（以下简称交易场所）上市流通。

第二章　发行与上市

第六条　重庆市财政局按照公开、公平、公正原则，组建重庆市政府债券承销团，负责重庆市以公开招标方式发行的政府债券承销工作。承销团成员应具有债券承销业务资格，资本充足率、偿付能力和净资本状况等指标达到监管标准。重庆市财政局与重庆市政府债券承销团成员签署债券承销协议，明确双方权利和义务。承销团成员可以签署授权委托书，委托其在重庆市的分支机构代理签署并履行债券承销协议。

第七条 重庆市财政局按照规定程序，依法选择信用评级机构，对重庆市政府债券进行信用评级，及时发布信用评级报告，并在债券存续期内持续开展年度跟踪评级。

第八条 重庆市财政局不迟于每次发行前5个工作日（含第5个工作日），通过中国债券信息网和重庆市财政局门户网（以下简称指定网站）披露当期债券基本信息、本地区财政经济运行及债务情况、债券信用评级报告等；专项债券还需全面详细公开项目信息、项目收益与融资平衡方案、债券对应的政府性基金或专项收入情况、由第三方专业机构出具的评估意见以及对投资者做出购买决策有重大影响的其他信息。不迟于全年首次发行前5个工作日，披露债券发行兑付相关制度办法、本地区中长期经济规划等信息。重庆市政府债券存续期内，重庆市财政局通过指定网站，按规定持续披露经济运行、财政收支、政府债务管理情况、跟踪评级报告以及可能影响债券偿还能力的重大事项等；专项债券还需披露项目收益、对应的政府性基金或专项收入情况等。

第九条 重庆市财政局通过"财政部政府债券发行系统""财政部上海证券交易所政府债券发行系统""财政部深圳证券交易所政府债券发行系统"，面向重庆市政府债券承销团成员招标发行。重庆市财政局于招标日组织承销团成员进行投标，并按规定邀请相关部门派出监督员现场监督招投标过程。

第十条 招投标结束后，重庆市财政局于招标当日内，及时通过指定网站公告当期债券的实际发行规模、利率等中标结果信息。

第十一条 招投标结束至缴款日（招标日后第1个工作日），为重庆市政府债券发行分销期。中标的承销团成员可于分销期内在交易场所采取场内挂牌和场外签订分销合同的方式，向符合规定的投资者分销。执行中如有变动，以当期重庆市政府债券发行文件为准。

第十二条 重庆市政府债券的债权确立实行见款付券方式。承销团成员不迟于缴款日将发行款缴入国家金库重庆市分库。重庆市财政局于债权登记日（招标日后第2个工作日）15:00前，将发行款入库情况通知中央国债登记结算有限责任公司（以下简称国债登记公司）办理债权登记和托管，并委托国债登记公司对涉及中国证券登记结算有限责任公司（以下简称证券登记公司）上海、深圳分公司分托管的部分,于债权登记日 16:00 前通知证券登记公司上海、深圳分公司。

重庆市财政局在发行款缴款截止日期前未足额收到中标承销团成员应缴发行款时,将于债权登记日 15:00 前通知国债登记公司。国债登记公司办理债权登记和托管时,对重庆市财政局未收到发行款的相应债权暂不办理债权登记和托管。对涉及证券登记公司上海、深圳分公司分托管的部分,国债登记公司应于债权登记日 16:00 前书面通知证券登记公司上海、深圳分公司,后者办理债权登记和托管时对重庆市财政局未收到发行款的相应债权暂不办理登记和托管。对于未办理债权确认的部分,重庆市财政局根据发行款到账情况,另行通知国债登记公司办理。

第十三条 重庆市财政局按以下标准向承销团成员支付发行费:3 年期及以下政府债券为发行面值的 0.05%,5 年期及以上政府债券为发行面值的 0.1%。执行中如有变动,以当期重庆市政府债券发行文件为准。

第十四条 在确认足额收到债券发行款后,重庆市财政局于缴款日后 5 个工作日内(含第 5 个工作日)办理发行费拨付;如承销团成员未按时、足额缴纳发行款,重庆市财政局不迟于收到该承销团成员发行款和逾期违约金后 5 个工作日内(含第 5 个工作日)办理发行费拨付。

第十五条 重庆市政府债券于上市日(招标日后第 3 个工作日)起,按规定在交易场所上市流通。

第三章 还本付息

第十六条 国债登记公司应当不迟于还本付息日前 10 个工作日将还本付息信息通知重庆市财政局。

第十七条 重庆市财政局应当不迟于还本付息日前 2 个工作日,将还本付息资金划至国债登记公司指定账户;国债登记公司应当于还本付息日前 2 个工作日日终前将证券交易所市场债券还本付息资金划至证券登记公司账户。国债登记公司、证券登记公司应按时拨付还本付息资金,确保还本付息资金于还本付息日足额划至各债券持有人账户。

第十八条 重庆市财政局按规定向国债登记公司支付债券登记、付息、兑付等服务费用。

第四章 法律责任和罚则

第十九条 承销团成员违反本办法第十二条规定，未按时足额缴纳重庆市政府债券发行款的，按逾期支付额和逾期天数，以当期债券票面利率的两倍折成日息向重庆市财政局支付违约金。违约金计算公式为：

违约金＝逾期支付额×（票面利率×2÷当前计息年度实际天数）×逾期天数

其中，当前计息年度实际天数指自起息日起对月对日算一年所包括的实际天数，下同。

第二十条 重庆市财政局违反本办法第十三、十四条规定，未按时足额向承销团成员支付重庆市政府债券发行费，按逾期支付额和逾期天数，以当期债券票面利率的两倍折成日息向承销团成员支付违约金。计算公式为：

违约金＝逾期支付额×（票面利率×2÷当前计息年度实际天数）×逾期天数

第二十一条 国债登记公司、证券登记公司等机构，因管理不善或操作不当，给其他方造成经济损失的，应当承担赔偿责任，并追究相关责任人法律责任。

第五章 附   则

第二十二条 本办法下列用语的含义：

（一）招标日，是指重庆市政府债券发行文件规定的重庆市财政局组织政府债券发行招投标的日期。

（二）缴款日，是指重庆市政府债券发行文件规定的承销团成员将认购重庆市政府债券的资金缴入国家金库重庆市分库的日期。

（三）上市日，是指重庆市政府债券按有关规定开始在交易场所上市流通的日期。

（四）还本付息日，是指重庆市政府债券发行文件规定的投资者应当收到本金或利息的日期。

第二十三条 本办法由重庆市财政局负责解释。

第二十四条 本办法自公布之日起施行。

2. 重庆市政府债券公开招标发行规则

(渝财债〔2021〕5号公布 自2021年1月7日起施行)

一、招标方式

公开招标方式发行的重庆市政府债券（包括一般债券和专项债券），通过"财政部政府债券发行系统""财政部上海证券交易所政府债券发行系统""财政部深圳证券交易所政府债券发行系统"（以下简称债券发行系统），面向重庆市政府债券承销团成员（以下简称承销团成员）招标发行，采用单一价格荷兰式招标方式，招标标的为利率。按照利率从低到高的原则，全场最高中标利率为当期重庆市政府债券票面利率，各中标承销团成员按面值承销。

二、投标限定

（一）投标标位限定。投标标位变动幅度为0.01%。每一承销团成员10年期以下期限（包含10年期）最高、最低标位差为30个标位，10年期以上期限最高、最低标位差为60个标位，无需连续投标。投标标位区间为招标日前1至5个工作日（含第1和第5个工作日）中国债券信息网公布的中债国债收益率曲线中，相同待偿期国债收益率算术平均值与该平均值上浮30%（四舍五入计算到0.01%）之间。

（二）投标量限定。主承销商最低投标量为每期债券发行量的15%；其他承销团成员最低投标量为每期债券发行量的0.5%。单一标位最低投标量为0.1亿元，单一标位最高投标量不得高于当期债券计划发行量的35%，投标量变动幅度为0.1亿元的整数倍。

（三）最低承销额限定。主承销商和其他承销团成员的最低承销额分别按照与重庆市财政局签订的承销协议执行。

上述比例均计算至0.1亿元，0.1亿元以下四舍五入。

三、中标原则

（一）中标募入顺序。按照低利率优先的原则对有效投标逐笔募入，直到募满招标额或将全部投标募完为止。

（二）最高中标利率标位中标分配顺序。以各承销团成员在最高中标利率标位投标量为权数平均分配，最小中标单位为 0.1 亿元。分配后仍有尾数时，按投标时间优先原则分配。

四、债权登记

（一）在招标工作结束 15 分钟内，各中标承销团成员应通过发行系统填制"债权托管申请书"，在中央国债登记结算有限责任公司（以下简称国债登记公司），中国证券登记结算有限责任公司（以下简称证券登记公司）上海、深圳分公司选择托管。逾时未填制的，系统默认全部在国债登记公司托管。

（二）券种注册和承销额度注册。国债登记公司，证券登记公司上海、深圳分公司根据招标结果办理券种注册，根据各中标承销团成员选择的债券托管数据为各中标机构办理承销额度注册。

（三）重庆市政府债券的债权确立实行见款付券方式。承销团成员不迟于缴款日（招标日后第 1 个工作日）将发行款缴入国家金库重庆市分库。重庆市财政局于债权登记日（招标日后第 2 个工作日）15：00 前，将发行款入库情况通知国债登记公司办理债权登记和托管，并委托国债登记公司对涉及证券登记公司上海、深圳分公司分托管的部分，于债权登记日 16：00 前通知证券登记公司上海、深圳分公司。

重庆市财政局在发行款缴款截止日期前未足额收到中标承销团成员应缴发行款时，将于债权登记日 15：00 前通知国债登记公司。国债登记公司办理债权登记和托管时，对重庆市财政局未收到发行款的相应债权暂不办理债权登记和托管。对涉及证券登记公司上海、深圳分公司分托管的部分，国债登记公司应于债权登记日 16：00 前书面通知证券登记公司上海、深圳分公司，后者办理债权登记和托管时对重庆市财政局未收到发行款的相应债权暂不办理登记和托管。对于未办理债权确认的部分，重庆市财政局根据发行款到账情况，另行通知国债登记公司办理。

五、分销

重庆市政府债券分销，是指在规定的分销期内，中标承销团成员将中标的全部或部分重庆市政府债券债权额度转让给非承销团成员的行为。

（一）重庆市政府债券采取场内挂牌、场外签订分销合同等方式分销。具体分销方式以当期发行文件规定为准。

（二）重庆市政府债券分销对象为在国债登记公司开立债券账户以及在证券登记公司开立股票和基金账户的各类投资者。重庆市政府债券承销团成员间不得分销。非承销团成员通过分销获得的重庆市政府债券债权额度，在分销期内不得转让。

（三）承销团成员根据市场情况自定价格分销。

六、应急投标

债券发行系统客户端出现技术问题，承销团成员可以在规定时间内将内容齐全的《地方政府债券发行应急投标书》或《地方政府债券债权托管应急申请书》（格式见附件）传真至招标场所，委托招标场所代为投标或托管债权。

（一）承销团成员如需进行应急投标（或债权托管），应及时通过拨打招标室电话向重庆市财政局招标人员报告。

（二）应急投标时间以招标场所收到应急投标书（或债权托管应急申请书）的时间为准。应急投标截止时间为当期重庆市政府债券投标截止时间，债权托管应急申请截止时间为当期重庆市政府债券债权托管截止时间。

（三）应急投标书（或债权托管应急申请书）录入债券发行系统后，申请应急的承销团成员将无法通过债券发行系统投标（或托管债权）。应急投标书（或债权托管应急申请书）录入债券发行系统前，该承销团成员仍可通过债券发行系统投标（或托管债权）。

（四）如承销团成员既通过债券发行系统投标（或托管债权），又进行应急投标（或债权托管），或进行多次应急投标（或债权托管），以最后一次有效投标（或债权托管）为准；如承销团成员应急投标（或债权托管）内容与通过债券发行系统投标（或托管债权）的内容一致，不做应急处理。

（五）除重庆市财政局通知延长应急投标时间外，晚于投标截止时间的应急投标为无效投标。

（六）招标场所确认招标时间内其负责维护的债券发行系统或通讯主干线运行出现问题时，重庆市财政局将通过中债发行业务短信平台或证券交易场所相关信息渠道，通知经备案的承销团成员联系人、投标操作人，延长招标应急投标时间至投标截止时间后半小时。通知内容为"〔招标室通知〕20××年××月××日重庆市政府债券招标应急投标时间延长半小时"。

七、其他

（一）为加强发债定价现场管理，确保发债定价过程公平、规范、有序进行，招标发行现场的发行人员、监督员由重庆市财政局及相关部门派员担任。

(二)执行中如有变动,以当期重庆市政府债券发行文件为准。

(三)本规则自公布之日起施行。

附:1. 地方政府债券发行应急投标书(略)

    2. 地方政府债券债权托管应急申请书(略)

3. 重庆市政府专项债券项目资金绩效管理办法

(渝财债〔2021〕68号公布　自2021年11月19日起施行)

第一章　总　　则

第一条　为加强重庆市政府专项债券项目资金绩效管理,提高专项债券资金使用效益,有效防范政府债务风险,根据《中华人民共和国预算法》《中华人民共和国预算法实施条例》《中共中央　国务院关于全面实施预算绩效管理的意见》《国务院关于进一步深化预算管理制度改革的意见》《项目支出绩效评价管理办法》《地方政府专项债券项目资金绩效管理办法》等法律法规及有关规定,制定本办法。

第二条　本办法所称重庆市政府专项债券(以下简称专项债券)指为有一定收益的公益性项目发行的、以公益性项目对应的政府性基金收入或专项收入作为还本付息资金来源的政府债券,包括新增专项债券和再融资专项债券等。

第三条　本办法所称绩效管理,是指财政部门、项目主管部门和项目单位以专项债券支持的政府投资项目为对象,通过事前绩效评估、绩效目标管理、绩效运行监控、绩效评价管理、评价结果应用等环节,推动提升债券资金配置效率和使用效益的过程。

第四条　绩效管理应当遵循以下原则:

(一)科学规范。专项债券项目资金绩效实行全生命周期管理。坚持"举债必问效、无效必问责",遵循项目支出绩效管理的基本要求,注重融资收益平衡与偿债风险。建立规范的工作流程和指标体系,推动绩效管理工作有序开展。

(二)协同配合。各级财政部门牵头组织专项债券项目资金绩效管理工作,督促指导项目主管部门和项目单位具体实施各项管理工作。

（三）公开透明。绩效信息是专项债券项目信息的重要组成部分，应当依法依规公开，自觉接受社会监督，通过公开推动提高专项债券资金使用绩效。

（四）强化运用。突出绩效管理结果的激励约束作用，将专项债券项目资金绩效管理结果作为专项债券额度分配的重要测算因素，并与有关管理措施和政策试点等挂钩。

第二章　事前绩效评估

第五条　申请专项债券资金前，项目单位或项目主管部门要开展事前绩效评估，并将评估情况纳入专项债券项目实施方案。事前绩效评估主要判断项目申请专项债券资金支持的必要性和可行性，重点论证以下方面：

（一）项目实施的必要性、公益性、收益性；

（二）项目建设投资合规性与项目成熟度；

（三）项目资金来源和到位可行性；

（四）项目收入、成本、收益预测合理性；

（五）债券资金需求合理性；

（六）项目偿债计划可行性和偿债风险点；

（七）绩效目标合理性；

（八）其他需要纳入事前绩效评估的事项。

第六条　各级财政部门指导项目主管部门和项目单位做好事前绩效评估，将事前绩效评估作为项目进入专项债券项目库的必备条件。必要时财政部门可组织第三方机构独立开展绩效评估，并将评估结果作为是否获得专项债券资金支持的重要参考依据。

第三章　绩效目标管理

第七条　绩效目标应当重点反映专项债券项目的产出数量、质量、时效、成本，还包括经济效益、社会效益、生态效益、可持续影响、服务对象满意度等绩效指标。

第八条　项目单位在申请专项债券项目资金需求时，要同步设定绩效目标，经项目主管部门审核后，报同级财政部门审定。绩效目标要尽可能细化量化，能有效反映项目的预期产出、融资成本、偿债风险等。

第九条　各级财政部门要将绩效目标设置作为安排专项债券资金的前置条

件，加强绩效目标审核，将审核后的绩效目标与专项债券资金同步批复下达。

第十条 绩效目标原则上执行中不作调整。确因项目建设运营环境发生重大变化等原因需要调整的，按照新设项目的工作流程办理。

第四章 绩效运行监控

第十一条 绩效运行监控是指在专项债券资金使用过程中，对专项债券资金预算执行进度和绩效目标实现情况进行"双监控"，查找资金使用和项目实施中的薄弱环节，及时纠正偏差。

第十二条 项目主管部门和项目单位应当建立专项债券项目资金绩效跟踪监测机制，对绩效目标实现程度进行动态监控，发现问题及时纠正并告知同级财政部门，提高专项债券资金使用效益，确保绩效目标如期实现。

第十三条 各级财政部门应当跟踪专项债券项目绩效目标实现程度，对严重偏离绩效目标的项目要暂缓或停止拨款，督促及时整改。项目无法实施或存在严重问题的要及时追回专项债券资金并按程序调整用途。

第十四条 各级财政部门利用信息化手段探索对专项债券项目实行穿透式监管，根据工作需要组织对专项债券项目建设运营等情况开展现场检查，及时纠偏纠错。

第五章 绩效评价管理

第十五条 各级财政部门负责组织本级专项债券项目资金绩效评价工作。年度预算执行终了，项目单位要自主开展绩效自评，评价结果报送主管部门和本级财政部门。项目主管部门和本级财政部门选择部分重点项目开展绩效评价。

第十六条 市财政局根据工作需要，每年选取部分重大项目开展重点绩效评价。选取项目对应的资金规模原则上不低于本市上年新增专项债务限额的5%，并逐步提高比例。

第十七条 项目主管部门和财政部门绩效评价要反映项目决策、管理、产出和效益。绩效评价指标框架和绩效评价提纲包括但不限于以下内容：

（一）决策方面。项目立项批复情况；项目完成勘察、设计、用地、环评、开工许可等前期工作情况；项目符合专项债券支持领域和方向情况；项目绩效目标设定情况；项目申请专项债券额度与实际需要匹配情况等。

（二）管理方面。专项债券收支、还本付息及专项收入纳入政府性基金预算管理情况；债券资金按规定用途使用情况；资金拨付和支出进度与项目建设进度匹配情况；项目竣工后资产备案和产权登记情况；专项债券本息偿还计划执行情况；项目收入、成本及预期收益的合理性；项目年度收支平衡或项目全生命周期预期收益与专项债券规模匹配情况；专项债券期限与项目期限匹配情况等；专项债券项目信息公开情况；外部监督发现问题整改情况；信息系统管理使用情况；其他财务、采购和管理情况；

（三）产出方面。项目形成资产情况；项目建设质量达标情况；项目建设进度情况；项目建设成本情况；考虑闲置因素后债券资金实际成本情况；项目建成后提供公共产品和服务情况；项目运营成本情况等。

（四）效益方面。项目综合效益实现情况；项目带动社会有效投资情况；项目支持国家重大区域发展战略情况；项目直接服务对象满意程度等。

第十八条　专项债券项目建立全生命周期跟踪问效机制，项目建设期绩效评价侧重项目决策、管理和产出等，运营期绩效评价侧重项目产出和效益等。

第十九条　各级财政部门负责组织实施本级绩效评价结果公开工作，指导项目主管部门和项目单位每年6月底前公开上年度专项债券项目资金绩效评价结果。绩效评价结果要在全国统一的地方政府债务信息公开平台上公开。

第六章　评价结果应用

第二十条　绩效评价结果量化为百分制综合评分，并按照综合评分进行分级。综合评分为90分（含）以上的为"优"，80分（含）至90分的为"良"，60分（含）至80分的为"中"，60分以下的为"差"。

第二十一条　项目主管部门和项目单位要根据绩效评价结果及时整改问题。市财政局将重点绩效评价结果反馈项目主管部门和项目单位，并提出整改意见。项目主管部门和项目单位应根据评价结果和整改意见，提出明确整改措施，认真组织开展整改工作。

第二十二条　市财政局对区县财政部门绩效管理工作定期开展抽查，指导和督促提高绩效管理水平，财政部重庆监管局定期抽查市级和区县级绩效管理工作情况。

第二十三条　按照评价与结果应用主体相统一的原则，市财政局在分配新增地方政府专项债务限额时，将抽查情况及开展的重点绩效评价结果等作为分配调整因素。各级财政部门将绩效评价结果作为项目建设期专项债券额度以及运营期财政补助资金分配的调整因素。

第二十四条　各级财政部门、项目主管部门和项目单位及个人，违反专项债券项目资金绩效管理规定致使财政资金使用严重低效无效并造成重大损失的，以及有其他滥用职权、玩忽职守、徇私舞弊等违法违规行为的，依法责令改正；对负有直接责任的主管人员和其他直接责任人员依法给予处分；涉嫌犯罪的，依法移送有关机关处理。

第七章　附　　则

第二十五条　本办法由市财政局负责解释。

第二十六条　本办法自印发之日起施行。2022 年及以后年度新增专项债券到期后按规定发行的再融资专项债券参照本办法执行。

附：1. 专项债券项目资金支出绩效自评表（参考）（债 2021 68 附）（略）

2. 专项债券项目绩效重点监控表（参考）（债 2021 68 附）（略）

3. 专项债券项目资金绩效评价指标体系框架（参考）（债 2021 68 附）（略）

五、浙江省

1. 浙江省政府债券公开发行承销团组建及管理办法

（浙财预执〔2019〕44号公布　自2019年11月13日起施行）

第一章　总　则

第一条　为规范浙江省政府债券公开发行承销团组建、管理工作，维护报名机构和债券承销团成员的合法权益，根据《财政部关于印发〈地方政府债券发行管理办法〉的通知》（财库〔2020〕43号）及其他有关规定，结合浙江省实际，制定本办法。

第二条　浙江省政府债券公开发行承销团（以下简称承销团）组建及管理适用本办法。

第三条　承销团的组建遵循公开、公平、公正的市场化原则。

第四条　浙江省财政厅根据市场环境和浙江省政府债券公开发行任务等，确定承销团成员的目标数量。

第五条　承销团每届有效期3年，期满后，依照本办法重新组团。承销团成员（含主承销商）按年度实行取消、退出、增补机制。

第二章　资格条件

第六条　报名参加承销团的金融机构（以下简称报名机构）应当具备下列基本条件：

（一）在中国境内依法成立，经营范围包括债券承销。除外国银行分行外，其他报名机构均应具有独立法人资格；外国银行分行参与承销政府债券，应取得其总行对该事项的特定授权；

（二）财务稳健，资本充足率、偿付能力或者净资本状况等方面指标达到监管标准，具有较强的风险防控能力；

（三）具有负责债券业务的专职部门和健全的债券投资与风险管理制度；

（四）有能力履行浙江省政府债券公开发行承销协议（以下简称承销协议）规定的各项义务；

（五）应当为依法开展经营活动，近3年内在债券承销、交易等经营活动中没有重大违法记录，注册资本不低于人民币5亿元或者总资产不低于人民币200亿元的银行类金融机构，或注册资本不低于人民币10亿元的券商类金融机构；

（六）若为上一届承销团成员的，应当在上一届承销团有效期最后一年未到退团标准或未主动退团。

省内农村信用合作联社、农村商业银行、农村合作银行统一以浙江省农村信用社联合社为主体参与报名。

第三章 申请与组建

第七条 浙江省财政厅提前公布承销团组建通知（以下简称组团通知）和承销协议范本。

组团通知应当分别明确银行类、券商类承销团成员的目标数量、报名要求以及主承销商数量等内容。

承销协议范本应当包括浙江省财政厅和承销团成员双方的权利、义务等内容，并与组团通知同时发布。

第八条 报名机构应当在申请截止日期之前提出申请，并提交下列申请材料：

（一）浙江省政府债券承销团成员申请表；

（二）浙江省财政厅要求提供的其他材料。

第九条 浙江省财政厅对符合本办法第六条基本条件的报名机构进行综合评分。综合评分指标包括承销意愿、承销能力、资本经营及风险防控状况、其他因素等四类指标。指标得分满分为100分，按照银行类、券商类报名机构分别排名计分，由高到低确定承销团成员。各项指标权重、计分方法详见附表。

第十条 主承销商从承销团成员中产生，按前三年浙江省政府债券承销量排名顺序确定，如承销量相同，依次按承销意愿、承销能力指标得分由高到低排序。其中排名前三位的承销团成员自动获得本届主承销商资格，其余主承销商依承销团成员申请，按上述排名情况及实际所需主承销商数量确定。

第十一条 中央国债登记结算有限责任公司、上海证券交易所、深圳证券交易所等债券托管、交易场所应当根据浙江省财政厅需要提供综合评分指标中有关业务数据。

第十二条 浙江省财政厅对确定作为承销团成员（含主承销商）的报名机构予以书面通知，并向社会公布。

第四章 承销团成员的取消、退出与增补

第十三条 承销团成员在年度内累计承销公开发行的浙江省政府债券金额为零的，浙江省财政厅有权取消其本届承销团有效期内的下年承销团成员资格，终止与其签订的承销协议，并向社会公告；取消期届满后，浙江省财政厅有承销团成员增补需要的，上述机构仍可参与增补申请。

第十四条 主承销商在年度内承销量未达到规定比例的累计期数超过全年公开发行期数50%的，或累计3期承销公开发行的浙江省政府债券金额为零的，浙江省财政厅有权取消其本届承销团有效期内的下年主承销商资格，该机构自动变为一般承销商，主承销商资格变动情况将向社会公告；取消期届满后，浙江省财政厅有主承销商增补需要的，上述机构仍可参与增补申请。

第十五条 承销团成员可以根据承销协议的约定，自愿申请退出承销团。浙江省财政厅应当自收到书面退出申请之日起30日内予以确认，并向社会公布。

申请退出的承销团成员，在获得确认之前，应当按照承销协议的约定，继续履行承销协议。自浙江省财政厅确认之日起，浙江省财政厅应当终止与其签订的承销协议。

第十六条 承销团成员出现以下行为的，应当主动退出承销团，或由浙江省财政厅根据承销协议的约定通知其退出本届承销团，终止与其签订的承销协议，并向社会公告：

（一）以欺骗、利益输送等不正当手段加入承销团的；

（二）财务状况恶化，难以继续履行承销团成员义务的；

（三）年度内投标量未达到规定比例的累计期数超过全年公开发行的浙江省政府债券期数30%的；

（四）严重不正当投标行为、操纵二级市场行为；超承销额度分销，违规向承销团其他成员分销；出现伪造浙江省政府债券账务记录，发布关于浙江省政府债券虚假信息等重大违法行为或者严重违反浙江省政府债券相关管理政策

规定行为的；

（五）严重违反承销协议其他相关约定的。

第十七条　浙江省财政厅可以根据浙江省政府债券公开发行需求，参照本办法第三章规定增补承销团成员（含主承销商），并将增补情况及时向社会公布。

退出债券承销团成员的机构，不得再申请加入本届承销团。

第五章　附　　则

第十八条　本办法由浙江省财政厅负责解释。

第十九条　本办法自 2019 年 12 月 13 日起施行。

2. 浙江省财政厅关于做好浙江省政府债券公开发行工作有关事项的通知

（2021 年 1 月 14 日浙财预执〔2021〕5 号公布）

浙江省政府债券公开发行承销团成员，中央国债登记结算有限责任公司、中国证券登记结算有限责任公司，上海证券交易所、深圳证券交易所：

根据财政部《关于进一步做好地方政府债券发行工作的意见》（财库〔2020〕36 号）、《关于印发〈地方政府债券发行管理办法〉的通知》（财库〔2020〕43 号）和地方政府债券发行管理有关规定，现就做好浙江省政府债券公开发行工作的有关事项通知如下：

一、招标方式

公开发行（不含通过商业银行柜台市场发行、续发行、公开承销和弹性招标，下同）的浙江省政府债券（以下简称浙江省政府债券），通过财政部政府债券发行系统、财政部上海证券交易所政府债券发行系统或财政部深圳证券交易所政府债券发行系统（以下简称招标系统），面向浙江省政府债券公开发行承销团（以下简称承销团）招标发行，采用单一价格荷兰式招标方式，招标标的为利率。全场最高中标利率为当期浙江省政府债券票面利率，各中标承销团成员按面值承销。

二、投标限定

（一）投标标位。投标标位变动幅度为0.01%。每一承销团成员最高、最低标位差为30个标位，无需连续投标。投标标位区间为招标日前1至5个工作日（含第1和第5个工作日）中国债券信息网公布的中债国债收益率曲线中，相同待偿期国债收益率算术平均值与该平均值上浮20%（四舍五入计算到0.01%）之间。为推进地方政府债券发行市场化水平，条件具备时可以参考地方债收益率曲线合理设定投标标位区间，具体在当期债券发行文件中规定。

（二）投标量。主承销商最低投标额为每期债券发行量的10%；一般承销商最低投标额为每期债券发行量的1.5%。单一标位最低投标额为0.1亿元，主承销商单一标位最高投标额不得高于每期债券发行量的35%，一般承销商单一标位最高投标额不得高于每期债券发行量的25%，投标量变动幅度为0.1亿元的整数倍。

（三）最低承销额。主承销商最低承销额为每期债券发行量的6.5%。

上述比例均计算至0.1亿元，0.1亿元以下四舍五入。

三、中标原则

（一）中标募入顺序。全场有效投标量大于当期招标量时，按照低利率优先的原则对有效投标逐笔募入，直到募满招标额为止。全场有效投标量小于或等于当期招标量时，所有有效投标全额募入。

（二）最高中标利率标位中标分配顺序。以各承销团成员在最高中标利率标位的有效投标量占该标位总有效投标量的权重进行分配，最小中标单位为0.1亿元，分配后仍有尾数时，按投标时间优先原则分配。

四、债权托管和确认

（一）在招标工作结束后15分钟内，各中标承销团成员应通过招标系统填制《债权托管申请书》，在中央国债登记结算有限责任公司（以下简称国债登记公司）及中国证券登记结算有限责任公司（以下简称证券登记公司）上海、深圳分公司选择托管。逾期未填制的，系统默认全部在国债登记公司托管。

（二）券种注册和承销额度注册。国债登记公司，证券登记公司上海、深圳分公司根据招标结果办理券种注册，根据各中标承销团成员选择的债券托管数据为各中标机构办理承销额度注册。

（三）浙江省政府债券的债权确立实行见款付券方式。各中标承销团成员不迟于缴款日（即招标日后第1个工作日）将发行款缴入国家金库浙江省分库。浙江省财政厅于债权登记日（即招标日后第 2 个工作日）15：00 前，将发行款入库情况书面通知国债登记公司办理债权登记和托管，并委托国债登记公司将涉及证券登记公司上海、深圳分公司分托管的部分，于债权登记日 16：00 前通知证券登记公司上海、深圳分公司。

若浙江省财政厅在发行款缴款截止日前未足额收到中标承销团成员应缴发行款，将于债权登记日 15：00 前通知国债登记公司。国债登记公司办理债权登记和托管时，对浙江省财政厅未收到发行款的相应债权暂不办理债权登记和托管；对涉及证券登记公司上海、深圳分公司分托管的部分，国债登记公司应于债权登记日 16：00 前书面通知证券登记公司上海、深圳分公司，后者在办理债权登记和托管时，对浙江省财政厅未收到发行款的相应债权暂不办理债权登记和托管。对于未办理债权确认的部分，浙江省财政厅根据发行款到账情况，另行通知国债登记公司处理。

五、应急流程

如招标系统客户端出现技术问题，承销团成员可以在浙江省政府债券发行文件所规定的时间内将内容齐全的《地方政府债券发行应急投标书》（以下简称应急投标书）或《地方政府债券债权托管应急申请书》（以下简称债权托管应急申请书）（格式见附件）传真至招标场所，由国债登记公司、上海证券交易所、深圳证券交易所（以下简称支持部门）代为投标或托管债权。

（一）承销团成员如需进行应急投标（或债权托管），应及时通过拨打招标室专用固定电话向浙江省财政厅发行人员报告。

（二）应急时间以招标场所收到应急投标书（或债权托管应急申请书）的时间为准。应急投标截止时间为当期浙江省政府债券投标截止时间，债权托管应急申请截止时间为当期浙江省政府债券债权托管截止时间。

（三）应急投标书（或债权托管应急申请书）录入招标系统后，申请应急的承销团成员将无法通过招标系统投标（或托管债权）。应急投标书（或债权托管应急申请书）录入招标系统前，该承销团成员仍可通过招标系统投标（或托管债权）。

（四）如承销团成员既通过招标系统投标（或托管债权），又进行应急投标（或债权托管），或进行多次应急投标（或债权托管），以最后一次有效投标（或债权托管）为准；如承销团成员应急投标（或债权托管）内容与通过招标系统投标（或托管债权）的内容一致，不做应急处理。

（五）除浙江省财政厅通知延长应急投标时间外，晚于投标截止时间的应急投标为无效投标。

（六）支持部门确认招标时间内其负责维护的招标系统或通讯主干线运行出现问题时，浙江省财政厅将使用专用固定电话或委托支持部门通知经备案的承销团成员联系人，延长招标应急投标时间至投标截止时间后半小时。

六、债券分销

浙江省政府债券分销，是指在规定的分销期（招投标结束至缴款日）内，中标承销团成员将中标的全部或部分浙江省政府债券债权额度转让给非承销团成员的行为。

浙江省政府债券在全国银行间债券市场和证券交易所债券市场（以下简称交易场所）采取场内挂牌、场外签订分销合同的方式，向符合规定的投资者分销。具体分销方式在当期债券发行文件中规定。

承销团成员间不得分销。非承销团成员通过分销获得的浙江省政府债券债权额度，在分销期内不得转让。

承销团成员根据市场情况自定价格分销。

七、债券上市

浙江省政府债券于上市日（即招标日后第 3 个工作日）起，按规定在交易场所上市流通。

八、发行手续费

浙江省财政厅按债券发行面值向承销团成员支付发行手续费，各期限债券发行手续费费率在当期债券发行文件中规定。

九、还本付息

浙江省政府债券采用记账式固定利率附息形式，7 年期以下（含 7 年期）债券利息按年支付，10 年期以上（含 10 年期）债券利息按半年支付。

国债登记公司应当不迟于还本付息日前 11 个工作日将还本付息信息通知浙江省财政厅。

浙江省财政厅应当不迟于还本付息日前 2 个工作日将还本付息资金拨付至国债登记公司账户。

国债登记公司应当于还本付息日前 2 个工作日日终前将证券交易场所债券还本付息资金划至证券登记公司账户。国债登记公司、证券登记公司应按时拨付还本付息资金，确保还本付息日足额划至各债券持有人账户。

十、其他

（一）承销团成员应当按照承销协议和有关规定，积极开展浙江省政府债券承销、分销、做市、交易等工作，将市场信息、意见建议等有关情况及时报送浙江省财政厅。

（二）为加强发债定价现场管理，确保发债定价过程公平、规范、有序进行，招标发行现场的发行人员、监督员分别由浙江省财政厅、人行杭州中心支行等有关职能部门派员担任。

（三）浙江省财政厅按相关规定，通过浙江省财政厅门户网站、中国债券信息网等网站做好浙江省政府债券发行前信息披露、发行结果公告以及还本付息、跟踪评级等存续期信息披露工作。

（四）本通知未作规定的，或者规定的内容与当期浙江省政府债券发行文件不一致的，以当期浙江省政府债券发行文件为准。

（五）本通知自印发之日起施行。

附件：1. 地方政府债券发行应急投标书（略）
　　　2. 地方政府债券债权托管应急申请书（略）

浙江省财政厅
2021 年 1 月 14 日

3. 浙江省地方政府专项债券项目资金绩效管理办法

（浙财债〔2022〕24 号公布　自 2022 年 11 月 1 日起施行）

为加强我省地方政府专项债券项目资金绩效管理，提高地方政府专项债券资金使用效益，有效防范地方政府债务风险，根据《地方政府专项债券项目资金绩效管理办法》（财预〔2021〕61 号）、《浙江省项目支出绩效评价管理办法》（浙财监督〔2020〕11 号）等有关规定，结合我省实际情况，制定本办法。

一、总则

（一）本办法所称地方政府专项债券（以下简称专项债券）是指省政府为

有一定收益的公益性项目发行的、以公益性项目对应的政府性基金收入或专项收入作为还本付息资金来源的政府债券，包括新增专项债券和再融资专项债券等。

（二）本办法所称绩效管理，是指我省各级财政部门、项目主管部门和项目单位以专项债券支持项目为对象，通过事前绩效评估、绩效目标管理、绩效运行监控、绩效评价管理、评价结果应用等环节，推动提升专项债券资金配置效率和使用效益的过程。

（三）绩效管理应当遵循以下原则：

1. 科学规范。专项债券项目资金绩效实行全生命周期管理。坚持"举债必问效、无效必问责"，遵循项目支出绩效管理的基本要求，注重融资收益平衡与防控偿债风险。建立规范的工作流程和指标体系，推动绩效管理工作有序开展。

2. 协同配合。财政部门牵头组织并督促指导专项债券项目资金绩效管理工作，项目主管部门和项目单位具体实施各项管理工作。上级财政部门加强工作指导和检查。

3. 公开透明。绩效信息是专项债券项目信息的重要组成部分，应当依法依规公开，自觉接受社会监督，通过公开推动提高专项债券资金使用绩效。

4. 强化运用。突出绩效管理结果的激励约束作用，将专项债券项目资金绩效管理结果作为专项债券额度分配的重要测算因素，并与有关管理措施和政策试点等挂钩。

二、事前绩效评估

（一）申请专项债券资金前，项目单位或项目主管部门要开展事前绩效评估，并将评估情况纳入专项债券项目实施方案。事前绩效评估主要判断项目申请专项债券资金支持的必要性和可行性，重点论证以下方面：

1. 项目实施的必要性、公益性、收益性；
2. 项目建设投资合规性与项目成熟度；
3. 项目资金来源和到位可行性；
4. 项目收入、成本、收益预测合理性；
5. 债券资金需求合理性；
6. 项目偿债计划可行性和偿债风险点；
7. 绩效目标合理性；
8. 其他需要纳入事前绩效评估的事项。

（二）财政部门指导项目主管部门和项目单位做好事前绩效评估，将事前绩效评估作为项目进入专项债券项目库的必备条件。项目主管部门要将评估结果作为项目单位提出专项债券需求的重要参考。必要时财政部门可组织第三方机构独立开展绩效评估，并将评估结果作为项目能否获得专项债券资金支持的重要参考依据。

三、绩效目标管理

（一）绩效目标应当重点反映专项债券项目的产出数量、质量、时效、成本，还包括经济效益、社会效益、生态效益、可持续影响、服务对象满意度等绩效指标。

（二）项目单位在申请专项债券项目资金需求时，要同步设定绩效目标，经项目主管部门审核后，报同级财政部门审定。绩效目标要尽可能细化量化，能有效反映项目的预期产出、融资成本、偿债风险等。

（三）财政部门要将绩效目标设置作为安排专项债券资金的前置条件，加强绩效目标审核，将审核后的绩效目标与专项债券资金同步批复下达。

（四）绩效目标在执行中原则上不作调整。确因项目建设运营环境发生重大变化等原因需要调整的，按照新设项目的工作流程调整绩效目标。

四、绩效运行监控

（一）绩效运行监控是指在专项债券资金使用过程中，对项目资金预算执行进度和绩效目标实现情况进行"双监控"，查找资金使用和项目实施中的薄弱环节，及时纠正偏差。

（二）项目主管部门和项目单位应当建立专项债券项目资金绩效跟踪监测机制，对债券资金拨付使用进度和绩效目标实现程度进行动态监控，发现问题及时纠正并告知同级财政部门，提高专项债券资金使用效益，确保绩效目标如期实现。

（三）财政部门应当跟踪专项债券项目绩效目标实现程度，对严重偏离绩效目标的项目要暂缓或停止拨款，督促项目主管部门和项目单位及时整改。项目无法实施或存在严重问题的要及时追回专项债券资金并按程序调整用途。

（四）财政部门利用信息化手段探索对专项债券项目进行穿透式监管，根据工作需要组织对专项债券项目建设运营等情况开展现场检查，及时纠偏纠错。

五、绩效评价管理

（一）财政部门负责组织本级专项债券项目资金绩效评价工作。年度预算执行终了，项目单位要开展绩效自评，并将评价结果报送项目主管部门和本级财政部门。项目主管部门和本级财政部门选择部分重点项目开展绩效评价。

（二）省财政厅将根据工作需要，每年选取部分重大项目开展重点绩效评价。选取项目对应的资金规模原则上不低于上年新增专项债务限额的5%，并逐步提高比例。适时引入第三方机构，对重大项目开展重点绩效评价。

（三）项目主管部门和财政部门绩效评价要反映项目决策、管理、产出和效益，以《浙江省地方政府专项债券项目资金绩效评价指标框架》和《浙江省地方政府专项债券项目资金绩效评价报告提纲》为基础和参考。包括但不限于以下内容：

1. 决策方面。项目立项批复情况；项目完成勘察、设计、用地、环评、开工许可等前期工作情况；项目符合专项债券支持领域和方向情况；项目绩效目标设定情况；项目申请专项债券额度与实际需要匹配情况等。

2. 管理方面。专项债券收支、还本付息及专项收入纳入政府性基金预算管理情况；债券资金按规定用途使用情况；资金拨付和支出进度与项目建设进度匹配情况；项目竣工后资产备案和产权登记情况；专项债券本息偿还计划执行情况；项目收入、成本及预期收益的合理性；项目年度收支平衡或项目全生命周期预期收益与专项债券规模匹配情况；专项债券期限与项目期限匹配情况；专项债券项目信息公开情况；外部监督发现问题整改情况；信息系统管理使用情况；其他财务、采购和管理情况。

3. 产出方面。项目形成资产情况；项目建设质量达标情况；项目建设进度情况；项目建设成本情况；考虑闲置因素后债券资金实际成本情况；项目建成后提供公共产品和服务情况；项目运营成本情况等。

4. 效益方面。项目综合效益实现情况；项目带动社会有效投资情况；项目支持国家及我省重大区域发展战略情况；项目直接服务对象满意程度等。

（四）专项债券项目建立全生命周期跟踪问效机制，项目建设期绩效评价侧重项目决策、管理和产出等，运营期绩效评价侧重项目产出和效益等。

（五）财政部门负责组织实施本地区绩效评价结果公开工作，指导项目主管部门和项目单位在每年6月底前，按照政府信息公开的有关规定公开上年度专项债券项目资金绩效评价结果。绩效评价结果要在全国统一的地方政府债务信息公开平台上公开。

六、评价结果应用

（一）绩效评价结果量化为百分制综合评分，并按照综合评分进行分级。综合评分为 90 分（含）以上的为"优"，80 分（含）至 90 分的为"良"，60 分（含）至 80 分的为"中"，60 分以下的为"差"。

（二）项目主管部门和项目单位要根据绩效评价结果和整改意见，提出明确整改措施，认真组织开展整改工作。项目主管部门要进一步加大项目建设协调推进力度，提升专项债券项目储备质量。

（三）上级财政部门对下级财政部门绩效管理工作定期开展抽查，指导和督促提高绩效管理水平。

（四）按照评价与结果应用主体相统一的原则，省财政厅在分配专项债务限额时，将抽查情况及开展的重点绩效评价结果等作为分配调整因素。各级财政部门将绩效评价结果作为项目建设期专项债券额度以及运营期财政补助资金分配的调整因素。

（五）财政部门、项目主管部门和项目单位及个人，违反专项债券项目资金绩效管理规定致使财政资金使用严重低效无效并造成重大损失的，以及有其他滥用职权、玩忽职守、徇私舞弊等违法违规行为的，依法责令改正；对负有直接责任的主管人员和其他直接责任人员依法给予处分；涉嫌犯罪的，依法移送有关机关处理。

本办法自 2022 年 11 月 1 日起施行。2022 年及以后年度新增专项债券到期后按规定发行的再融资专项债券参照本办法执行。

六、福建省

1. 福建省政府债券公开招标发行兑付办法

(闽财债管〔2018〕20号公布 自2018年6月22日起施行)

第一章 总 则

第一条 为规范福建省政府债券公开招标发行兑付管理，根据有关法律法规以及财政部相关文件规定，制定本办法。

第二条 本办法所称福建省政府债券，是指在国务院批准的发债规模限额内，以福建省人民政府作为债务人承担按期支付利息和归还本金责任，由福建省财政厅办理发行、还本付息和拨付发行费的可流通记账式债券。

债券公开发行后可按规定在全国银行间债券市场和证券交易所债券市场（以下简称交易场所）上市流通。

第三条 福建省政府债券实行年度发行额管理。

第四条 福建省政府债券每期发行数额、发行时间、期限结构等要素由福建省财政厅确定。

第二章 发行与上市

第五条 福建省政府债券发行采用市场化招标方式。参与投标机构为福建省政府债券承销团成员。

第六条 经福建省财政厅委托，评级公司开展福建省政府债券信用评级，并在债券存续期内每年度开展跟踪评级。

第七条 福建省财政厅不迟于福建省政府债券招标日前5个工作日，通过福建省财政厅门户网站、中国债券信息网、证券交易所网站等渠道（以下简称指定网站）向社会公布福建省政府债券发行文件、信用评级报告等，并披露福建省经济运行、财政收支及债务有关数据。福建省政府债券存续期内，福建省财政厅通过指定网站持续披露福建省经济运行、财政收支、债务情况、跟踪评级报告和影响偿债能力的重大事项。

对于一般债券，福建省财政厅重点披露本地区生产总值、财政收支、债务风险等财政经济信息，以及债券规模、利率、期限、具体使用项目、偿债计划等债券信息。对于专项债券，重点披露本地区以及使用债券资金相关地区的政府性基金预算收入、专项债务风险等财政经济信息，以及债券规模、利率、期限、具体使用项目、偿债计划等债券信息。对于土地储备、收费公路专项债券等项目收益专项债券，福建省财政厅应当积极与国土资源、交通运输等相关部门沟通协调的基础上，充分披露对应项目详细情况、项目融资来源、项目预期收益情况、收益和融资平衡方案、潜在风险评估等信息。

第八条　福建省财政厅于招标日通过"财政部政府债券发行系统""财政部上海证券交易所政府债券发行系统""财政部深圳证券交易所政府债券发行系统"组织招投标工作，并邀请至少一名非财政部门监督员现场监督招投标过程。

第九条　招投标结束后，福建省财政厅通过指定网站向社会公布中标结果。

第十条　招投标结束至缴款日（招标日后第 1 个工作日）为福建省政府债券发行分销期。中标的承销团成员可于分销期内在交易场所采取场内挂牌和场外签订分销合同的方式向符合规定的投资者分销。

第十一条　福建省政府债券的债权确立实行见款付券方式。承销团成员不迟于缴款日将发行款缴入国家金库福建省分库。福建省财政厅不迟于债权登记日（招标日后第 2 个工作日）中午 12∶00，将发行款入库情况书面通知中央国债登记结算有限责任公司（以下简称国债登记公司）办理债权登记和托管，并委托国债登记公司将涉及中国证券登记结算有限责任公司（以下简称证券登记公司）上海、深圳分公司分托管的部分，于债权登记日通知证券登记公司上海、深圳分公司。

福建省财政厅如在发行款缴款截止日期前未足额收到中标承销团成员应缴发行款，将于债权登记日 15∶00 前通知国债登记公司。国债登记公司办理债权登记和托管时对福建省财政厅未收到发行款的相应债权暂不办理债权登记和托管；对涉及证券登记公司上海、深圳分公司分托管的部分，国债登记公司应于债权登记日 16∶00 前书面通知证券登记公司上海、深圳分公司，后者办理债权登记和托管时对福建省财政厅未收到发行款的相应债权暂不办理债权登记和托管。对于未办理债权确认的部分，福建省财政厅根据发行款收到情况另行通知国债登记公司处理。国债登记公司如在债权登记日 15∶00 前未收到福建省财政厅关于不办理全部或部分债权登记的通知，证券登记公司上海、深圳分公司如在债权登记日 16:00 前未收到国债登记公司关于不办理全部或部分分托管债权登记的通知，即办理全部债权登记和托管手续。

第十二条　福建省财政厅按 1 年期、2 年期、3 年期福建省政府债券发行面值的 0.5‰，5 年期、7 年期、10 年期及以上福建省政府债券发行面值的 1‰，向承销团成员支付发行费。

第十三条　若承销团成员已足额缴纳发行款，福建省财政厅不迟于缴款日后 5 个工作日办理发行费拨付；若承销团成员未按时、足额缴纳发行款，福建省财政厅不迟于收到该承销团成员发行款和逾期违约金后 5 个工作日办理发行费拨付。

第十四条　福建省政府债券于上市日（招标日后第 3 个工作日）起，按规定在交易场所上市流通。

第三章　还本付息

第十五条　福建省财政厅应当不迟于还本付息日前 5 个工作日，通过指定网站公布还本付息事项，并按照有关规定办理福建省政府债券还本付息。

第十六条　国债登记公司应当不迟于还本付息日前 11 个工作日将还本付息信息通知福建省财政厅。

第十七条　福建省财政厅应当不迟于还本付息日前 2 个工作日 15:00，将还本付息资金划至国债登记公司指定账户。若债券为跨市场流通债券，国债登记公司应当于还本付息日前 2 个工作日日终前将证券交易所市场债券还本付息资金划至证券登记公司账户。国债登记公司、证券登记公司应按时拨付还本付息资金，确保还本付息资金于还本付息日足额划至各债券持有人账户。

第四章　法律责任

第十八条　承销团成员违反本办法第十一条规定，未按时足额缴纳福建省政府债券发行款的，按逾期支付额和逾期天数，以当期债券票面利率的两倍折成日息向福建省财政厅支付违约金。违约金计算公式为：

违约金 = 逾期支付额 ×（票面利率 × 2 ÷ 当前计息年度实际天数）× 逾期天数

其中，当前计息年度实际天数指自起息日起对月对日算一年所包括的实际天数，下同。

第十九条　国债登记公司、证券登记公司等机构，因管理不善或操作不当，给其他方造成经济损失的，应当承担赔偿责任，并追究相关责任人法律责任。

第二十条　福建省财政厅违反本办法第十三条、第十七条规定，未按时足额向承销团成员支付发行费，或者未按时足额向相关机构支付应付本息等资金的，按逾期支付额和逾期天数，以当期债券票面利率的两倍折成日息向承销团成员支付违约金，或者向债券持有人支付罚息。计算公式为：

违约金或者罚息 = 逾期支付额 ×（票面利率 × 2 ÷ 当前计息年度实际天数）× 逾期天数

第五章　附　　则

第二十一条　本办法下列用语的含义如下：

（一）招标日（T日），是指福建省政府债券发行文件规定的福建省财政厅组织发行招投标的日期；

（二）缴款日（T+1日），是指福建省政府债券发行文件规定的承销团成员将认购福建省政府债券资金缴入国家金库福建省分库的日期；

（三）上市日（T+3日），是指福建省政府债券按有关规定开始在交易场所上市流通的日期；

（四）还本付息日，是指福建省政府债券发行文件规定的投资者应当收到本金或利息的日期。

第二十二条　本办法自印发之日起施行。原《福建省政府债券公开招标发行兑付办法》（闽财债管〔2017〕14号）同时废止。

2. 福建省政府债券招标发行规则

（闽财债管〔2018〕21号公布　自2018年6月22日起施行）

第一章　总　　则

第一条　福建省政府债券通过"财政部政府债券发行系统""财政部上海证券交易所政府债券发行系统""财政部深圳证券交易所政府债券发行系统"（以下简称招标系统）面向福建省政府债券承销团成员（以下简称承销团成员）

招标发行，采用单一价格招标方式，招标标的为利率。全场最高中标利率为当期福建省政府债券票面利率，各中标承销团成员按面值承销。

第二章　投标限定

第二条　投标标位变动幅度为 0.01%。每一承销团成员最高、最低标位差为 40 个标位，无需连续投标。投标标位区间为招标日前 1 至 5 个工作日（含第 1 和第 5 个工作日）中国债券信息网公布的中债国债收益率曲线中，相同待偿期的国债收益率算术平均值与该平均值上浮 30%（四舍五入计算到 0.01%）之间。

第三条　主承销商最低投标限额分别为每期债券发行量的 15%，其他承销团成员最低投标限额分别为每期债券发行量的 1%；单个承销团成员投标额上限无比例限制。单一标位最低投标限额原则上为 0.1 亿元，如单支债券发行量过于零碎，经与承销商沟通，可根据实际情况进行设置，并在当期发行通知中公布；单一标位最高投标限额无比例限制。投标量变动幅度为最低投标限额的整数倍。

第四条　主承销商最低承销额为每期债券发行量的 10%。

第五条　投标量和承销额中比例计算均四舍五入精确到与最低投标限额相等，一般为 0.1 亿元。

第三章　中标原则

第六条　中标募入顺序按照低利率优先的原则，对有效投标逐笔募入，直到募满招标额或将全部投标募满为止。

第七条　最高中标利率标位中标分配顺序以各承销团成员在最高中标利率标位投标量为权数平均分配，最小中标单位为 0.1 亿元，分配后仍有尾数时，按投标时间优先原则分配。

第四章　债权登记与托管

第八条　在招标结束后 15 分钟内，各中标承销团成员应通过招标系统填制《债权托管申请书》，在中央国债登记结算有限责任公司（以下简称国债登记公司），中国证券登记结算有限责任公司（以下简称证券登记公司）上海、深圳分公司选择托管。逾期未填制的，系统默认全部在国债登记公司托管。

第九条　国债登记公司，证券登记公司上海、深圳分公司根据招标结果办理券种注册，根据各中标承销团成员选择的债券托管数据为各中标机构办理承销额度注册。

第十条 福建省政府债券的债权确立实行见款付券方式。

承销团成员不迟于缴款日（招标日后第一个工作日）将发行款缴入国家金库福建省分库。福建省财政厅不迟于债权登记日（即招标日后第二个工作日）中午12：00，将发行款入库情况书面通知国债登记公司办理债权登记和托管，并委托国债登记公司将涉及证券登记公司上海、深圳分公司分托管的部分，于债权登记日通知证券登记公司上海、深圳分公司。

福建省财政厅如在发行款缴款截止日期前未足额收到中标承销团成员应缴发行款，将于债权登记日15：00前通知国债登记公司。国债登记公司办理债权登记和托管时对福建省财政厅未收到发行款的相应债权暂不办理债权登记和托管；对涉及证券登记公司上海、深圳分公司分托管的部分，国债登记公司应于债权登记日16：00前书面通知证券登记公司上海、深圳分公司，后者办理债权登记和托管时，对福建省财政厅未收到发行款的相应债权暂不办理债权登记和托管。对于未办理债权确认的部分，福建省财政厅根据发行款收到情况另行通知国债登记公司处理。国债登记公司如在债权登记日15：00前未收到福建省财政厅关于不办理全部或部分债权登记的通知，证券登记公司上海、深圳分公司如在债权登记日16：00前未收到国债登记公司关于不办理全部或部分分托管债权登记的通知，即办理全部债权登记和托管手续。

第五章 应急投标

第十一条 如招标系统客户端出现技术问题，承销团成员可以将内容齐全的《地方政府债券发行应急投标书》（以下简称应急投标书）或《地方政府债券发行债权托管应急申请书》（以下简称债权托管应急申请书）（格式见附件）传真至招标场所，委托国债登记公司、上海证券交易所、深圳证券交易所（以下简称支持部门）代为投标或托管债权。

第十二条 承销团成员如需进行应急投标（或债权托管），应及时通过拨打招标室电话向福建省财政厅招标人员报告。

第十三条 应急投标时间以招标场所收到应急投标书（或债权托管应急申请书）的时间为准。应急投标截止时间为当期福建省政府债券投标截止时间，债权托管应急申请截止时间为当期福建省政府债券债权托管截止时间。

第十四条　应急投标书（或债权托管应急申请书）录入招标系统后，申请应急的承销团成员将无法通过招标系统投标（或托管债权）。

第十五条　如承销团成员既通过招标系统投标（或托管债权），又进行应急投标（或债权托管），或进行多次应急投标（或债权托管），以最后一次有效投标（或债权托管）为准；如承销团成员应急投标（或债权托管）内容与通过招标系统投标（或托管债权）的内容一致，不做应急处理。

第十六条　除福建省财政厅通知延长应急投标时间外，晚于投标截止时间的应急投标为无效投标。

第十七条　支持部门确认招标时间内其负责维护的招标系统或通讯主干线运行出现问题时，福建省财政厅将通过中债发行业务短信平台（010－88170678）或证券交易所相关信息渠道，通知经备案的承销团成员联系人、投标操作人，延长招标应急投标时间至投标截止时间后半小时。通知内容为"〔招标室通知〕201×年××月××日福建省政府（一般或专项）债券招标应急投标时间延长半小时"。

第六章　分销

第十八条　福建省政府债券分销，是指在规定的分销期内，中标承销团成员将中标的全部或部分福建省政府债券债权额度转让给非承销团成员的行为。

第十九条　福建省政府债券采取场内挂牌、场外签订分销合同等方式分销。

第二十条　福建省政府债券承销团成员间不得分销。非承销团成员通过分销获得的福建省政府债券债权额度，在分销期内不得转让。

第二十一条　承销团成员根据市场情况自定价格分销。

第七章　附　　则

第二十二条　承销团成员在福建省政府债券发行招标中的投标量和承销额等情况，将作为以后年度组建福建省政府债券承销团、选取主承销商的重要参考。

第二十三条　为加强发债定价现场管理，确保发债定价过程公平、规范、有序进行，招标发行现场的发行人员由福建省财政厅负责组织，并邀请至少一名非财政部门监督员现场监督招投标过程。

第二十四条　执行中如有变动，以当期福建省政府债券发行文件为准。

第二十五条　本规则自印发之日起施行。原《福建省政府债券招标发行规则》（闽财债管〔2017〕15号）同时废止。

3. 政府专项债券项目资金绩效管理办法

（闽财债管〔2021〕50号公布　自2021年10月19日起施行）

第一章　总　　则

第一条　为加强政府专项债券项目资金绩效管理，提高专项债券资金使用效益，有效防范政府债务风险，根据《财政部关于印发〈地方政府专项债券项目资金绩效管理办法〉的通知》（财预〔2021〕61号），结合我省实际，制定本办法。

第二条　本办法所称政府专项债券（以下简称专项债券）指为有一定收益的公益性项目发行的、以公益性项目对应的政府性基金收入或专项收入作为还本付息资金来源的政府债券，包括新增专项债券和再融资专项债券等。

第三条　本办法所称绩效管理，是指财政部门、项目主管部门和项目单位以专项债券支持项目为对象，通过事前绩效评估、绩效目标管理、绩效运行监控、绩效评价管理、评价结果应用等环节，推动提升债券资金配置效率和使用效益的过程。

第四条　绩效管理应当遵循以下原则：

（一）科学规范。专项债券项目资金绩效实行全生命周期管理。坚持"举债必问效、无效必问责"，遵循项目支出绩效管理的基本要求，注重融资收益平衡与偿债风险。建立规范的工作流程和指标体系，推动绩效管理工作有序开展。

（二）协同配合。各级财政部门牵头组织专项债券项目资金绩效管理工作，督促指导项目主管部门和项目单位落实绩效管理的主体责任，具体实施各项管理工作。设区市财政部门加强对所辖县（市、区）的工作指导和检查。

（三）公开透明。绩效信息是专项债券项目信息的重要组成部分，应当依法依规公开，自觉接受社会监督，通过公开推动提高专项债券资金使用绩效。

（四）强化运用。突出绩效管理结果的激励约束作用，将专项债券项目资金绩效管理结果作为专项债券额度分配的重要测算因素，并与有关管理措施和政策试点等挂钩。

第二章　事前绩效评估

第五条　申请专项债券资金前，项目单位或项目主管部门要开展事前绩效评估，并将评估情况纳入专项债券项目实施方案。事前绩效评估主要判断项目申请专项债券资金支持的必要性和可行性，重点论证以下方面：

（一）项目实施的必要性、公益性、收益性；

（二）项目建设投资合规性与项目成熟度；

（三）项目资金来源和到位可行性；

（四）项目收入、成本、收益预测合理性；

（五）债券资金需求合理性；

（六）项目偿债计划可行性和偿债风险点；

（七）绩效目标合理性；

（八）其他需要纳入事前绩效评估的事项。

第六条　各级财政部门指导项目主管部门和项目单位做好事前绩效评估，将事前绩效评估作为项目进入专项债券项目库的必备条件。必要时财政部门可组织第三方机构独立开展绩效评估，并将评估结果作为是否获得专项债券资金支持的重要参考依据。

第三章　绩效目标管理

第七条　绩效目标应当重点反映专项债券项目的产出数量、质量、时效、成本，还包括经济效益、社会效益、生态效益、可持续影响、服务对象满意度等绩效指标。

第八条　项目单位在申请专项债券项目资金需求时，要同步设定绩效目标，经项目主管部门审核后，报同级财政部门审定。绩效目标要尽可能细化量化，能有效反映项目的预期产出、融资成本、偿债风险等。

第九条　各级财政部门要将绩效目标设置作为安排专项债券资金的前置条件，加强绩效目标审核，将审核后的绩效目标与专项债券资金同步批复下达。

第十条　绩效目标原则上执行中不作调整。确因项目建设运营环境发生重大变化等原因需要调整的，按照新设项目的工作流程办理。

第四章 绩效运行监控

第十一条 绩效运行监控是指在专项债券资金使用过程中，对专项债券资金预算执行进度和绩效目标实现情况进行"双监控"，查找资金使用和项目实施中的薄弱环节，及时纠正偏差。

第十二条 项目主管部门和项目单位应当建立专项债券项目资金绩效跟踪监测机制，对绩效目标实现程度进行动态监控，发现问题及时纠正并告知同级财政部门，提高专项债券资金使用效益，确保绩效目标如期实现。

第十三条 各级财政部门应当跟踪专项债券项目绩效目标实现程度，对严重偏离绩效目标的项目要暂缓或停止拨款，督促及时整改。项目无法实施或存在严重问题的要及时追回专项债券资金并按程序调整用途。

第十四条 财政部门利用信息化手段探索对专项债券项目实行穿透式监管，根据工作需要组织对专项债券项目建设运营等情况开展现场检查，及时纠偏纠错。

第五章 绩效评价管理

第十五条 各级财政部门负责组织本地区专项债券项目资金绩效评价工作。年度预算执行终了，项目单位要自主开展绩效自评，评价结果于次年1月底前报送主管部门和本级财政部门。项目主管部门和本级财政部门选择部分重点项目开展绩效评价。

第十六条 省财政厅根据工作需要，每年选取部分重大项目开展重点绩效评价。选取项目对应的资金规模占上年新增专项债务限额的比例原则上不低于5%，并逐步提高比例。设区市财政部门对所辖县（市、区）选取部分重大项目开展重点绩效评价。必要时可引入第三方机构，对重大项目开展重点绩效评价。

第十七条 项目主管部门和财政部门绩效评价要反映项目决策、管理、产出和效益。市、县（区）财政部门可在我省绩效评价指标框架和绩效评价提纲基础上，结合实际情况细化绩效评价指标体系和绩效评价内容，包括但不限于以下内容：

（一）决策方面。项目立项批复情况；项目完成勘察、设计、用地、环评、开工许可等前期工作情况；项目符合专项债券支持领域和方向情况；项目绩效目标设定情况；项目申请专项债券额度与实际需要匹配情况等。

（二）管理方面。专项债券收支、还本付息及专项收入纳入政府性基金预算管理情况；债券资金按规定用途使用情况；资金拨付和支出进度与项目建设进度匹配情况；项目竣工后资产备案和产权登记情况；专项债券本息偿还计划执行情况；项目收入、成本及预期收益的合理性；项目年度收支平衡或项目全生命周期预期收益与专项债券规模匹配情况；专项债券期限与项目期限匹配情况等；专项债券项目信息公开情况；外部监督发现问题整改情况；信息系统管理使用情况；其他财务、采购和管理情况。

（三）产出方面。项目形成资产情况；项目建设质量达标情况；项目建设进度情况；项目建设成本情况；考虑闲置因素后债券资金实际成本情况；项目建成后提供公共产品和服务情况；项目运营成本情况等。

（四）效益方面。项目综合效益实现情况；项目带动社会有效投资情况；项目支持中央和我省确定的重点领域情况；项目直接服务对象满意程度等。

第十八条　专项债券项目建立全生命周期跟踪问效机制，项目建设期绩效评价侧重项目决策、管理和产出等，运营期绩效评价侧重项目产出和效益等。

第十九条　各级财政部门负责组织实施本地区绩效评价结果公开工作，指导项目主管部门和项目单位每年6月底前公开上年度专项债券项目资金绩效评价结果。绩效评价结果要在全国统一的地方政府债务信息公开平台上公开。

第六章　评价结果应用

第二十条　绩效评价结果量化为百分制综合评分，并按照综合评分进行分级。综合评分为90分（含）以上的为"优"，80分（含）至90分的为"良"，60分（含）至80分的为"中"，60分以下为"差"。

第二十一条　项目主管部门和项目单位要根据绩效评价结果及时整改问题。省财政厅及时将重点绩效评价结果反馈项目主管部门和项目单位，并提出整改意见。项目主管部门和项目单位应根据评价结果和整改意见，提出明确整改措施，认真组织开展整改工作。

第二十二条　上级财政部门对下级财政部门绩效管理工作定期开展抽查，指导和督促提高绩效管理水平。

第二十三条　按照评价与结果应用主体相统一的原则，省财政厅在分配专项债务限额时，将抽查情况及开展的重点绩效评价结果等作为分配调整因素。

各级财政部门将绩效评价结果作为项目建设期专项债券额度以及运营期财政补助资金分配的调整因素。

第二十四条 各级财政部门、项目主管部门和项目单位及个人,违反专项债券项目资金绩效管理规定致使财政资金使用严重低效无效并造成重大损失的,以及有其他滥用职权、玩忽职守、徇私舞弊等违法违规行为的,依法责令改正;对负有直接责任的主管人员和其他直接责任人员依法给予处分;涉嫌犯罪的,依法移送有关机关处理。

第七章 附 则

第二十五条 市、县(区)财政部门制定本地区专项债券项目资金绩效管理办法,报省财政厅备案。

第二十六条 本办法自印发之日起施行。2022年及以后年度新增专项债券到期后按规定发行的再融资专项债券参照本办法执行。

附件：1. 事前绩效评估报告（参考提纲）（略）
2. 专项债券项目资金绩效目标表（略）
3. 专项债券项目资金绩效自评表（略）
4. 专项债券项目资金绩效评价指标体系框架（参考）（略）
5. 专项债券项目资金绩效评价报告（参考提纲）（略）

七、广东省

1. 广东省财政厅关于做好广东省政府债券公开招标发行工作的通知

(粤财债〔2021〕11号公布 自2021年3月15日起施行)

2021—2023年广东省政府债券承销团成员、中央国债登记结算有限责任公司、中国证券登记结算有限责任公司，上海证券交易所、深圳证券交易所：

根据《关于印发〈地方政府债券发行管理办法〉的通知》（财库〔2020〕43号）、《关于进一步做好地方政府债券发行工作的意见》（财库〔2020〕36号）等有关规定，现就做好广东省政府债券公开招标发行等工作通知如下：

一、发行组织

（一）发行安排。广东省政府债券每期发行数额、发行时间、期限结构等要素由广东省财政厅根据项目资金需求、债券市场状况等因素确定。

（二）信用评级。广东省财政厅委托信用评级公司对广东省政府债券进行信用评级，并在债券存续期内每年度开展跟踪评级，及时发布信用评级报告。

（三）发行信息披露。广东省财政厅不迟于广东省政府债券招标日前5个工作日（含第5个工作日），通过中国债券信息网和广东省财政厅门户网站等渠道（以下简称指定网站）向社会披露当期债券基本信息、发行文件、第三方专业报告等；并披露广东省经济运行、财政收支和债务有关数据以及按发行需披露的其他相关信息披露。广东省政府债券存续期内，广东省财政厅通过指定网站持续披露广东省财政经济运行情况、地方政府债务管理情况、跟踪评级报告和影响偿债能力的重大事项。

（四）招标方式。公开招标发行的广东省政府债券通过财政部政府债券发行系统、财政部上海证券交易所政府债券发行系统、财政部深圳证券交易所政府债券发行系统（以下简称招标系统）面向2021~2023年广东省政府债券承销团成员（以下简称承销团成员）发行，采用单一价格荷兰式招标方式。首次发行，招标标的为利率，全场最高中标利率为当期广东省政府债券票面利率；一般债券续发行，招标标的为债券含息价格，即承销团成员在续发行缴款日应向广东省财政厅支付的债券价格，其中包含债券在续发行缴款日前的应计利息，全场最低中标价格为当期广东省政府债券续发行中标价格。首次发行和续发行，各中标承销团成员按面值承销。

（五）现场招标。广东省财政厅于招标日通过招标系统组织招投标工作，并邀请有关部门派出监督员现场监督招投标过程。

二、投标限定

（一）投标标位。投标区间、标位变动幅度、承销团成员投标标位差等技术参数，根据债券期限品种与债券市场情况以及推进地方政府债券发行市场化需要在当期债券发行通知中规定。

（二）投标量。承销团成员最低投标额按承销协议执行。单一标位最低投标额为0.1亿元，单一标位最高投标额为当期债券计划发行量的35%，全场最高投标额为当期债券计划发行量的100%，投标额变动幅度为0.1亿元的整数倍。

（三）最低承销额。承销团成员的最低承销额按照承销协议执行。

投标量和承销额中比例计算均四舍五入精确到0.1亿元。

三、中标原则

（一）中标募入顺序。全场有效投标量大于招标量时，按照低利率优先的原则对有效投标逐笔募入，直到募满当期债券发行量为止。全场有效投标量小于或等于招标量时，所有有效投标全额募入。

（二）中标分配顺序。以各承销团成员在最高中标利率标位（招标标的为价格时，以各承销团成员在最低中标价格标位）的有效投标量占该标位总有效投标量的权重进行分配，最小中标单位为0.1亿元，分配后仍有尾数时，按投标时间优先原则分配。

四、债权托管和确认

（一）债权托管申请。在招标工作结束后15分钟内，各中标承销团成员应通过招标系统填制《债权托管申请书》，在中央国债登记结算有限责任公司（以下简称国债登记公司）和中国证券登记结算有限责任公司（以下简称证券登记公司）上海、深圳分公司中选择托管单位。逾时未填制的，系统默认全部在国债登记公司托管。

（二）券种注册和承销额度注册。国债登记公司，证券登记公司上海、深圳分公司根据招标结果办理券种注册，根据各中标承销团成员的债券托管数据为各中标机构办理承销额度注册。

（三）广东省政府债券的债权确立实行见款付券方式。承销团成员不迟于缴款日15:00前将发行款缴入国家金库广东省分库。广东省财政厅于债权登记日（缴款日后第1个工作日）15:00前，将发行款入库情况通知国债登记公司办理债权登记和托管，并委托国债登记公司将涉及证券登记公司上海、深圳分公司分托管的部分，于债权登记日16:00前通知证券登记公司上海、深圳分公司。

如发行款缴款截止日期前，广东省财政厅未足额收到中标承销团成员应缴发行款，将于债权登记日15:00前通知国债登记公司。国债登记公司办理债权登记和托管时，对广东省财政厅未收到发行款的相应债权暂不办理债权登记和托管；对涉及证券登记公司上海、深圳分公司分托管的部分，国债登记公司应于债权登记日16:00前书面通知证券登记公司上海、深圳分公司，后者办理债权登记和托管时，对广东省财政厅未收到发行款的相应债权暂不办理债权登记和托管。对于未办理债权确认的部分，广东省财政厅根据发行款到账情况，另行通知国债登记公司处理。

五、应急处理

如招标系统客户端出现技术问题，承销团成员可以在广东省政府债券发行文件所规定的时间内，将内容齐全的《地方政府债券发行应急投标书》（以下简称《应急投标书》，详见附件1）或《地方政府债券债权托管应急申请书》（以下简称《债权托管应急申请书》，详见附件2）传真至招标场所，委托招标场所代为投标或托管债权。

（一）承销团成员如需进行应急投标（或债权托管），应及时通过拨打招标室电话向广东省财政厅招标人员报告。

（二）应急投标时间以招标场所收到《应急投标书》（或《债权托管应急申请书》）的时间为准。应急投标截止时间为当期广东省政府债券投标截止时间，债权托管应急申请截止时间为当期广东省政府债券债权托管截止时间。

（三）《应急投标书》（或《债权托管应急申请书》）录入招标系统后，申请应急的承销团成员将无法通过招标系统投标（或托管债权）。《应急投标书》（或《债权托管应急申请书》）录入招标系统前，该承销团成员仍可通过招标系统投标（或托管债权）。

（四）如承销团成员既通过招标系统投标（或托管债权），又进行应急投标

（或债权托管），或进行多次应急投标（或债权托管），以最后一次有效投标（或债权托管）为准；如承销团成员应急投标（或债权托管）内容与通过招标系统投标（或托管债权）的内容一致，不做应急处理。

（五）除广东省财政厅通知延长应急投标时间外，晚于投标截止时间的应急投标为无效投标。

（六）招标系统或通讯主干线运行出现问题时，广东省财政厅将通过中债发行业务短信平台或证券交易所相关信息渠道，通知经备案的承销团成员联系人、投标操作人，延长招标应急投标时间至投标截止时间后半小时。

六、债券分销和上市

（一）分销。广东省政府债券分销，是指在规定的分销期内，中标承销团成员将中标的全部或部分广东省政府债券债权额度转让给非承销团成员的行为。

1. 分销方式。广东省政府债券采取场内挂牌、场外签订分销合同等方式分销。具体分销方式以当期发行文件规定为准。

2. 分销对象。广东省政府债券承销团成员间不得分销。非承销团成员通过分销获得的广东省政府债券债权额度，在分销期内不得转让。

3. 分销价格。承销团成员根据市场情况自定价格分销。

（二）上市。广东省政府债券于上市日（缴款日后第 2 个工作日）起，按规定上市流通。

七、发行手续费

广东省财政厅按照债券发行面值、发行款缴付情况及时足额向承销团成员支付发行手续费，各期限债券发行手续费率在当期债券发行通知中规定。

八、还本付息

（一）付息频率。广东省政府债券采用记账式固定利息付息形式，7 年期以下（含 7 年期）债券利息按年支付，10 年期以上（含 10 年期）债券利息按半年支付。

（二）缴付要求。广东省财政厅应当不迟于还本付息日前 2 个工作日，将还本付息资金划至国债登记公司指定账户。国债登记公司应当于还本付息日前 2 个工作日日终前，将证券交易所市场债券还本付息资金划至证券登记公司账户。国债登记公司、证券登记公司应按时拨付还本付息资金，确保还本付息资金于还本付息日足额划至各债券持有人账户。

九、其他

（一）为加强发债定价现场管理，确保发债定价过程公平、规范、有序进行，招标发行现场的发行人员、监督员分别由广东省财政厅会同有关职能部门派员担任。

（二）广东省财政厅按相关规定，通过指定网站做好广东省政府债券发行前信息披露、发行结果公告以及还本付息、跟踪评级等存续期信息披露工作。

（三）本通知未作规定的，或者规定的内容与当期广东省政府债券发行文件不一致的，以当期广东省政府债券发行文件为准。

（四）本通知自公布之日起施行。

附件：1. 地方政府债券发行应急投标书（略）
　　　2. 地方政府债券债权托管应急申请书（略）

广东省财政厅
2021年3月3日

2. 2021—2023年深圳市政府债券招标发行和兑付办法

（自2021年4月18日起施行）

为进一步规范深圳市政府债券发行管理，促进地方政府债券发行市场健康发展，根据《中华人民共和国预算法》、《财政部关于印发〈地方政府债券发行管理办法〉的通知》（财库〔2020〕43号）和《财政部关于进一步做好地方政府债券发行工作的意见》（财库〔2020〕36号）等有关规定，制定本办法。

第一条　招标方式

深圳市政府债券通过财政部政府债券发行系统、财政部上海证券交易所政府债券发行系统或财政部深圳证券交易所政府债券发行系统（以下简称招标系统），面向2021—2023年深圳市政府债券承销团成员（以下简称承销团成员），采用单一价格荷兰式招标方式发行。

招标标的为利率，全场最高中标利率为当期债券票面利率，各中标承销团成员按面值承销。

第二条　投标限定

（一）投标标位

投标标位变动幅度为0.01%。

每一承销团成员最高、最低标位差为30个标位，无需连续投标。

投标标位区间为招标日前1至5个工作日（含第1和第5个工作日）中国债券信息网公布的中债国债收益率曲线中，相同待偿期的国债收益率算术平均值与该平均值上浮15%（四舍五入计算到0.01%）之间。为推进地方政府债券发行市场化水平，将适时参考地方债收益率曲线合理设定投标标位区间，具体以当期债券发行文件公布为准。

（二）投标要求

主承销商每期债券最低投标额为发行量的8%，承销团一般成员每期债券最低投标额为发行量的3%。

单一标位最高投标额为每期债券发行量的35%，最低投标额为0.1亿元，投标量变动幅度为0.1亿元的整数倍。

（三）承销要求

主承销商最低承销额为每年债券发行量的4%，承销团一般成员最低承销额为每年债券发行量的0.2%。

深圳市财政局将根据承销协议和承销团成员的承销情况，适时启动承销团成员退出、增补机制。

上述比例均计算至0.1亿元，0.1亿元以下四舍五入。

第三条　中标原则

（一）中标募入顺序

全场有效投标量大于当期招标量时，按照低利率优先的原则对有效投标逐笔募入，直到募满招标额为止。全场有效投标量小于或等于当期招标量时，所有有效投标全额募入。

（二）最高中标利率标位中标分配顺序

最高中标利率标位的投标额大于剩余招标额时，以各承销团成员在最高中标利率标位的有效投标量占该标位总有效投标量的权重进行分配，最小中标单位为0.1亿元，分配后仍有尾数时，按投标时间优先原则分配。

第四条　债权登记和托管

（一）在招标结束后15分钟内，各中标承销团成员应通过招标系统填制

《债权托管申请书》，在中央国债登记结算有限责任公司（以下简称国债登记公司）或中国证券登记结算有限责任公司（以下简称证券登记公司）上海、深圳分公司中选择托管。逾期未填制的，系统默认全部在国债登记公司托管。

（二）券种注册和承销额度注册。国债登记公司，证券登记公司上海、深圳分公司根据招标结果办理券种注册，根据各中标承销团成员选择的债券托管数据为各中标机构办理承销额度注册。

（三）深圳市政府债券的债权确立实行见款付券方式。承销团成员不迟于缴款日（招标日后第1个工作日）将发行款缴入国家金库深圳分库。深圳市财政局不迟于债权登记日（招标日后第2个工作日）15:00，将发行款入库情况通知国债登记公司办理债权登记和托管，并委托国债登记公司将涉及证券登记公司上海、深圳分公司分托管的部分，于债权登记日16:00前通知证券登记公司上海、深圳分公司。

如在缴款日前未足额收到中标承销团成员应缴发行款，深圳市财政局将不迟于债权登记日15:00通知国债登记公司。国债登记公司办理债权登记和托管时，对深圳市财政局未收到发行款的相应债权暂不办理债权登记和托管。对涉及证券登记公司上海、深圳分公司分托管的部分，国债登记公司应不迟于债权登记日16:00书面通知证券登记公司上海、深圳分公司，后者办理债权登记和托管时，对深圳市财政局未收到发行款的相应债权暂不办理债权登记和托管。对于未办理债权确认的部分，深圳市财政局根据发行款到账情况另行通知国债登记公司处理。

第五条　应急处理

（一）招标系统客户端出现技术问题，承销团成员可以在规定时间内将内容齐全的《地方政府债券发行应急投标书》（以下简称《应急投标书》，详见附件1）或《地方政府债券债权托管应急申请书》（以下简称《债权托管应急申请书》，详见附件2）传真至招标场所，委托招标场所代为投标或托管债券，并应当及时拨打招标场所专用固定电话向深圳市财政局发行人员报告。

（二）应急投标、应急债权托管时间分别以发行现场收到《应急投标书》（或《债权托管应急申请书》）的时间为准。应急投标截止时间为当期深圳市政府债券投标截止时间，债权托管应急申请截止时间为当期深圳市政府债券债权托管截止时间。

（三）《应急投标书》或《债权托管应急申请书》录入招标系统后，申请应急的承销团成员将无法通过招标系统投标或托管债权。

（四）如承销团成员既通过招标系统投标（或托管债权），又进行应急投标（或债权托管），或进行多次应急投标（或债权托管），以最后一次有效投标（或债权托管）为准；如承销团成员应急投标（或债权托管）内容与通过招标系统投标（或托管债权）的内容一致，不做应急处理。

第六条　分销

深圳市政府债券分销，是指在规定的分销期内，中标承销团成员将中标的全部或部分深圳市政府债券债权额度转让给非承销团成员的行为。

（一）分销方式。深圳市政府债券采取场内挂牌、场外签订分销合同等符合监管要求的方式分销。

（二）分销对象。深圳市政府债券承销团成员间不得分销。非承销团成员通过分销获得的深圳市政府债券债权额度，在分销期内不得转让。

（三）分销价格。承销团成员根据市场情况自定价格分销。

第七条　债券上市

深圳市政府债券于上市日（招标日后第3个工作日）起，按规定在交易场所上市流通。

第八条　发行手续费

深圳市财政局按以下标准向承销团成员支付发行费：5年期以下（不含5年期）的债券为深圳市政府债券发行面值的0.4‰，5年期或5年期以上的债券为深圳市政府债券发行面值的0.8‰。

第九条　还本付息

深圳市政府债券采用记账式固定利率附息形式，10年期以下（不含）债券利息按年支付，10年期以上（含）债券利息按半年支付。

国债登记公司应当不迟于还本付息日前1个月将还本付息信息通知深圳市财政局。

深圳市财政局不迟于还本付息日前5个工作日，通过指定网站公布还本付息事项，并按照有关规定办理深圳市政府债券还本付息。

深圳市财政局应当不迟于还本付息日前2个工作日15：00，将还本付息资金划至国债登记公司账户。

国债登记公司应当于还本付息日前第2个工作日日终前将证券交易所市场债券还本付息资金划至证券登记公司账户。国债登记公司、证券登记公司应按时拨付还本付息资金，确保还本付息资金于还本付息日足额划至各债券持有人账户。

第十条 其他

（一）承销团成员应当按照承销协议和有关规定，积极开展深圳市政府债券承销、分销、做市、交易等工作，并每年将上述情况报送深圳市财政局。

（二）为加强发债定价现场管理，确保发债定价过程公平、规范、有序进行，招标发行现场的发行人员、监督员分别由深圳市财政局会同有关职能部门派员担任。

（三）深圳市财政局按相关规定，通过指定网站做好深圳市政府债券发行计划披露、发行前信息披露、发行结果公告以及还本付息、跟踪评级等存续期信息披露工作。

（四）本办法未作规定的，或者规定的内容与当期深圳市政府债券发行文件不一致的，以当期深圳市政府债券发行文件为准。

（五）本办法自公布之日起施行，有效期至2023年12月31日。

附件：1. 地方政府债券发行应急投标书（略）

2. 地方政府债券债权托管应急申请书（略）

八、湖南省

1. 湖南省预算审查监督条例

(2022年7月28日湖南省第十三届人民代表大会常务委员会第三十二次会议通过 自2022年10月1日起施行)

第一章 总 则

第一条 为了规范和加强县级以上人民代表大会及其常务委员会对政府预算的全口径审查和全过程监管，强化预算约束，提高财政资金使用绩效，保障和促进经济社会健康发展，根据《中华人民共和国预算法》《中华人民共和国各级人民代表大会常务委员会监督法》等有关法律、行政法规，结合本省实际，制定本条例。

第二条 预算审查监督应当依照法定职责和范围，遵守法定程序，实行正确监督、有效监督、依法监督。

第三条 县级以上人民代表大会在预算审查监督中审查本级总预算草案以及本级总预算执行情况的报告；批准本级预算和本级预算执行情况的报告；改变或者撤销本级人民代表大会常务委员会关于预算、决算的不适当的决议；撤销本级人民政府关于预算、决算的不适当的决定和命令；审查监督政府债务。

第四条 县级以上人民代表大会常务委员会在预算审查监督中监督本级总预算的执行；审查和批准本级预算的调整方案；审查和批准本级决算；撤销本级人民政府和下一级人民代表大会及其常务委员会关于预算、决算的不适当的决定、命令和决议；监督审计查出问题整改情况；审查监督政府债务。

第五条 县级以上人民代表大会财政经济委员会对本级预算草案初步方案以及上一年预算执行情况、本级预算调整初步方案和本级决算草案进行初步审查，提出初步审查意见。

县级以上人民代表大会常务委员会预算工作委员会协助人民代表大会财政经济委员会承担本级人民代表大会及其常务委员会审查预算、决算、预算调整方案和监督预算执行方面的具体工作；承担审计查出突出问题整改情况跟踪监督方面的具体工作；承担预算联网监督方面的具体工作；承办人民代表大会常务委员会、主任会议交办的其他有关财政预算的具体事项。

第六条　县级以上人民政府在出台事关本行政区域内经济社会发展全局、涉及人民群众切身利益的重大财政政策前，应当向本级人民代表大会常务委员会报告。

第七条　县级以上人民政府应当建设全方位、全过程、全覆盖的预算绩效管理体系，强化事前绩效评估，严格绩效目标管理，完善预算绩效指标体系，加强绩效评价结果运用，促进绩效评价结果与完善政策、安排预算和改进管理相结合，将重要绩效目标与预算草案同步报送本级人民代表大会审查，将绩效评价结果与决算草案同步报送本级人民代表大会常务委员会审查。

第八条　县级以上人民代表大会及其常务委员会可以通过听取和审议政府专项工作报告、执法检查、专题审议、专题询问、质询、特定问题调查等方式开展预算审查监督。

第九条　县级以上人民代表大会常务委员会应当建立健全预算联网监督系统，加强对支出预算和政策的审查监督，实现预算审查监督的网络化、智能化，提高预算审查监督效能。对预算联网监督发现的问题，向本级人民政府及其相关部门通报，本级人民政府及其相关部门应当核实处理并反馈处理情况。

县级以上人民政府相关部门应当及时、准确、完整提供相关数据，配合本级人民代表大会常务委员会做好预算联网监督工作。

第十条　县级以上人民代表大会常务委员会应当建立预算审查前听取人民代表大会代表和社会各界意见建议的机制。根据需要，可以聘请专家或者引入社会中介机构为预算审查监督工作提供服务。

县级以上人民代表大会常务委员会应当发挥代表在预算审查监督中的主体作用，通过利用预算联网监督系统等方式为代表履职提供预算信息查询、分析等服务，提升人大代表的预算审查监督履职能力和水平。

第十一条　县级以上人民代表大会常务委员会应当健全人大预算审查监督与纪检监察监督、巡视监督、审计监督、国有资产管理情况监督等各类监督的贯通协调机制，加强信息共享，实现各类监督的融合贯通、协调高效，形成监督合力。

第十二条　县级以上人民代表大会及其常务委员会应当加强对政府各类派出机构预算决算的审查监督。

第二章 预算审查和批准

第十三条 县级以上人民政府财政部门应当在本级人民代表大会会议举行的三十日前,将本级预算草案的初步方案提交本级人民代表大会财政经济委员会进行初步审查,县级以上人民代表大会财政经济委员会进行初步审查时,本级人民政府相关部门负责人应当到会说明情况,听取审议意见。

第十四条 预算草案初步方案应当主要包括下列内容:

(一)贯彻落实国家以及本地区国民经济和社会发展重大方针政策、决策部署的主要情况;

(二)一般公共预算、政府性基金预算、国有资本经营预算、社会保险基金预算安排情况;

(三)部门预算草案;

(四)重点支出和重大投资项目预算安排的政策依据、标准;

(五)转移支付资金安排情况;

(六)专项资金绩效目标情况;

(七)地方政府债务情况;

(八)基本支出保障情况;

(九)其他与预算有关的重要情况。

第十五条 县级以上人民代表大会财政经济委员会在人民代表大会会议举行前提出初步审查意见,交由本级人民政府财政部门办理。人民政府财政部门应当在人民代表大会会议举行前书面反馈办理情况。初步审查意见及其办理情况的报告,在人民代表大会会议期间印发本级人民代表大会代表。

第十六条 除预算法第四十八条规定内容外,对预算草案及其报告、预算执行情况的报告重点审查下列内容:

(一)贯彻落实党中央重大方针政策、决策部署情况;

(二)法律法规有关财政支持和保障规定的落实情况;

(三)预算收入安排与经济社会发展目标、国家宏观调控政策相适应的情况;

(四)转移支付预算与财政事权和支出责任划分匹配情况;

(五)重点支出和重大投资项目支出绩效评价结果与预算安排衔接情况;

(六)政府性基金预算、国有资本经营预算、社会保险基金预算与一般公共预算相衔接情况。

第三章 预算执行监督

第十七条 县级以上人民代表大会常务委员会每年六月至九月期间听取和审议本级人民政府关于本年度上一阶段预算执行情况的报告。

县级以上人民政府财政部门应当在本级人民代表大会常务委员会举行会议听取和审议本年度上一阶段预算执行情况报告前，向本级人民代表大会财政经济委员会、常务委员会预算工作委员会提交本年度上一阶段预算执行情况的报告。

第十八条 预算执行情况监督重点包括以下内容：

（一）贯彻落实党中央重大方针政策、决策部署情况；

（二）执行本级人民代表大会及其常务委员会有关预算决算决议、决定情况；

（三）重点支出与重大投资项目预算下达与执行情况；

（四）部门预算执行情况；

（五）转移支付资金分配、下达和执行情况；

（六）政府债务情况；

（七）依法公开预决算情况；

（八）其他与预算执行有关的重要情况。

第十九条 县级以上人民代表大会常务委员会对预算执行情况报告的审议意见交由本级人民政府研究处理，人民政府应当将研究处理情况向本级人民代表大会常务委员会提出书面报告。

第四章 预算调整的审查和批准

第二十条 经人民代表大会批准的预算非经法定程序，不得擅自调整。在预算执行中，县级以上人民政府对于必须进行的预算调整，应当编制预算调整方案，报本级人民代表大会常务委员会审查和批准。

第二十一条 县级以上人民政府财政部门应当在本级人民代表大会常务委员会举行会议审查和批准预算调整方案的三十日前，将预算调整初步方案送交本级人民代表大会财政经济委员会进行初步审查。

第二十二条 预算调整方案应当说明调整预算的原因、依据、项目、数额以及与调整有关的事项。

第二十三条 预算调整方案审查重点包括以下内容：

（一）是否符合预算法等相关法律法规的规定；

（二）预算调整的理由和依据是否充分；

（三）实施预算调整方案的措施是否切实可行；

（四）增加举借政府债务的，是否超出政府债务限额，是否有切实可行的偿还计划和稳定的偿还资金来源，是否符合政府债务管理的有关规定；

（五）预算调整有关重要事项的说明是否清晰；

（六）其他与预算调整有关的重要情况。

第二十四条 县级以上人民代表大会财政经济委员会应当向本级人民代表大会常务委员会提出关于本级预算调整方案的审查结果报告。

第五章 决算审查和批准

第二十五条 县级以上人民代表大会常务委员会应当在每年六月至九月期间，审查和批准本级人民政府上一年度决算草案和决算报告，同时听取和审议审计工作报告。

第二十六条 决算草案应当与预算相对应，按照预算数、调整预算数以及决算数分别列出，对重要变化应当作出说明。一般公共预算支出应当按功能分类编列到项，按经济性质分类编列到款。政府性基金预算支出、国有资本经营预算支出、社会保险基金预算支出，应当按功能分类编列到项。

第二十七条 县级以上人民政府财政部门应当在本级人民代表大会常务委员会举行会议审查和批准本级决算草案的三十日前，将上一年度本级决算草案提交本级人民代表大会财政经济委员会进行初步审查。

第二十八条 除预算法第七十九条规定内容外，决算草案审查重点包括以下内容：

（一）决算编制符合有关法律、法规规定的情况；

（二）收支决算总量与预算比较的变动情况；

（三）收支决算结构与预算比较的变动情况；

（四）重点支出与重大投资项目决算与预算相比较的变动情况；

（五）转移支付决算和预算相比变化情况、项目开展绩效评价的情况。

第二十九条 县级以上人民代表大会常务委员会应当加强对重点支出和重

大投资项目绩效目标、绩效评价结果的审查监督。

第六章　地方政府债务审查监督

第三十条　县级以上人民政府应当完善向本级人民代表大会及其常务委员会报告地方政府债务机制，完整清晰反映地方政府债务情况。

县级以上人民政府财政部门应当每季度向本级人民代表大会财政经济委员会、常务委员会预算工作委员会报送政府债务报表，每半年向本级人民代表大会财政经济委员会、常务委员会预算工作委员会书面报告政府债务管理情况。

第三十一条　县级以上人民代表大会及其常务委员会举行会议期间，人民代表大会代表以及常务委员会组成人员在审查预算草案、预算调整方案、决算草案和报告时，应当加强对地方政府债务有关情况的审查，提出审查意见。

县级以上人民代表大会财政经济委员会在对政府预算草案初步方案、预算调整初步方案、决算草案进行初步审查时，应当将地方政府债务作为审查的重要内容。根据需要，可以对地方政府债务开展专题审议。

第三十二条　县级以上人民代表大会及其常务委员会对地方政府债务审查重点包括以下内容：

（一）政府债务限额和分配方案的合理性；

（二）政府债务资金使用方向；

（三）政府债务项目的合规性、科学性；

（四）使用政府债务资金实施的重大建设项目的必要性、可行性。

第三十三条　县级以上人民代表大会常务委员会对地方政府债务监督重点包括以下内容：

（一）政府债务资金执行情况；

（二）使用政府债务资金实施的重大建设项目进展情况；

（三）专项债务项目资金绩效管理情况；

（四）审计查出债务问题整改情况；

（五）建立健全政府债务风险预警和应急处置机制情况；

（六）政府债务信息披露情况；

（七）其他需要重点监督的情况。

第三十四条　县级以上人民代表大会及其常务委员会不得违法违规为政府举债融资提供担保或者作出决议、决定。

上一级人民代表大会常务委员会应当依法撤销下一级人民代表大会及其常务委员会违法违规提供担保或者偿还承诺的决议、决定。

第七章　审计查出问题整改情况监督

第三十五条　县级以上人民代表大会常务委员会应当听取和审议本级人民政府提出的审计工作报告。审计工作报告应当报告下列内容：

（一）本级预算执行、决算草案以及其他财政收支的审计情况，重点报告对预算执行及其绩效的审计情况；

（二）纳入年度审计计划的重点事项、重大政府性投资项目审计情况；

（三）审计查出的问题以及问题清单；

（四）审计查出问题的原因分析以及建议；

（五）其他需要报告的重要事项。

第三十六条　县级以上人民代表大会常务委员会听取和审议审计工作报告后，人民代表大会财政经济委员会、常务委员会预算工作委员会根据本级人民代表大会常务委员会有关决议和审议意见的要求，结合审计查出问题性质、资金规模和以往整改情况等，提出跟踪监督工作方案，确定跟踪监督突出问题及其整改的责任部门、单位，经主任会议通过后，组织开展跟踪监督。

第三十七条　县级以上人民代表大会常务委员会应当听取和审议本级人民政府提出的审计查出问题整改情况的报告。根据需要，可以听取审计查出突出问题的责任部门、单位的整改情况报告。审计查出问题整改情况报告应当包括下列内容：

（一）本级人民代表大会常务委员会有关决议以及审议意见落实情况；

（二）审计查出问题整改情况；

（三）审计移交、移送违纪违法事项以及对相关责任人的处理情况；

（四）尚未完成整改的主要问题及其原因；

（五）进一步落实整改的措施以及建议；

（六）其他需要报告的重要事项。

第三十八条　县级以上人民代表大会常务委员会在审议审计查出问题整改情况报告时，人民政府审计机关和审计查出突出问题的责任部门、单位负责人应当到会听取意见，并接受人民代表大会常务委员会组成人员的询问。

第三十九条　县级以上人民代表大会常务委员会听取和审议审计查出问题

整改情况报告后,可以对跟踪监督存在突出问题的整改责任部门、单位的整改情况进行满意度测评。

第四十条　县级以上人民代表大会常务委员会应当强化审计查出问题监督结果运用,推动人民政府及其相关部门深化体制机制改革,健全预算管理制度,完善相关支出政策,优化财政资源配置。

审计结果以及整改情况作为相关部门、单位绩效考核、预算编制和调整的重要依据,并作为考核、任免、奖惩领导干部和制定政策、完善制度的重要参考。

第四十一条　县级以上人民政府审计机关在制定年度审计项目计划时,应当征求本级人民代表大会财政经济委员会、常务委员会预算工作委员会的意见。

县级以上人民代表大会常务委员会可以要求本级人民政府审计机关对预算执行中的突出问题进行专项审计。

第八章　法律责任

第四十二条　县级以上人民政府及其相关部门违反本条例规定,有下列情形之一的,由有关职权机关依法作出处理:

(一)违反本级人民代表大会及其常务委员会关于预算、决算、预算调整的决议、决定的;

(二)未依法编制和提交预决算草案的;

(三)未按照规定对本级人民代表大会常务委员会就预算执行、预算调整、审计工作报告、审计查出突出问题整改情况报告提出的审议意见进行处理的;

(四)未按照规定对预算联网监督中发现的问题进行整改的;

(五)其他违反预算审查监督规定的行为。

第四十三条　对违反本条例规定的行为,公民、法人或者其他组织可以依法检举、控告。被检举、控告的单位或者个人对检举、控告者进行压制和打击报复的,依法给予处分;构成犯罪的,依法追究刑事责任。

第九章　附　　则

第四十四条　乡、民族乡、镇人民代表大会的预算审查监督工作依照《湖南省乡镇人民代表大会工作条例》的有关规定执行。

乡、民族乡、镇人民政府民生实事票决项目所需资金应当列入同级人民政府财政预算草案，经人民代表大会批准后执行。实行"乡财县管"财政体制的县、市、区，由县、市、区人民政府统筹，足额纳入财政预算。预算报告对票决民生实事项目资金安排情况应当作专项说明。

《中华人民共和国民族区域自治法》《湖南省实施〈中华人民共和国民族区域自治法〉若干规定》对自治州、自治县预算管理另有规定的，依照其规定进行审查和监督。

第四十五条 本条例自2022年10月1日起施行。2001年9月29日湖南省第九届人民代表大会常务委员会第二十五次会议通过的《湖南省县级以上人民代表大会常务委员会预算审查监督条例》同时废止。

2. 重大政府投资建设项目审计监督实施办法

（湘委审〔2020〕2号公布　自2020年8月12日起施行）

第一条 为进一步加强对重大政府投资建设项目的审计监督，规范投资行为，提高投资效益，防范廉政风险，根据《中华人民共和国审计法》及实施条例、《政府投资条例》等法律法规，结合我省实际，制定本办法。

第二条 本办法所称重大政府投资建设项目，是指列入发展改革部门重点建设项目名录，且省本级项目使用财政性资金1亿元以上、市州本级项目使用财政性资金5000万元以上、县市区级项目使用财政性资金2000万元以上的政府投资建设项目。

第三条 审计机关依法对重大政府投资建设项目的概（预）算执行情况、项目竣工决算开展常态化审计监督，根据需要采取一项一组或者多项一组的方式实施跟踪审计。与项目有关的部门和单位应当协助、配合审计机关实施审计。

第四条 发展改革、财政、住房和城乡建设、交通运输、水利等部门应当将年度预算内基建投资计划、项目审批、项目实施进度、资金拨付等文件资料及时抄送审计机关。

第五条 审计机关根据年度重大政府投资建设项目实施情况，拟定年度审计计划，报同级党委审计委员会批准后实施。党委审计委员会领导同志直接指示批示要求实施审计的项目，应纳入年度审计计划。

第六条　项目建设单位及其主管部门、发展改革、财政、与项目有关的部门和单位应当根据各自职责，依法承担重大政府投资建设项目的实施、管理或者监督责任。

（一）项目建设单位主要承担项目的规划设计、投资控制、施工监理管理、结算办理、决算编制等主体责任。项目建设单位的主管部门对项目建设单位承担监管责任。

（二）发展改革部门主要承担项目的立项审批、投资概算审批、招投标监管等责任。

（三）财政部门主要承担项目建设中财务活动的监管责任。

（四）住房和城乡建设、交通运输、水利、自然资源、生态环境等行业主管部门主要承担项目建设的行业监管责任。

第七条　项目建设单位及其主管部门应当加强对本单位、本系统重大政府投资建设项目的内部审计。其内部审计工作应当接受审计机关的业务指导和监督。

第八条　重大政府投资建设项目按照项目建设单位的财政、财务隶属关系或者国有资产监督管理关系实行分级审计。上级审计机关可以组织下级审计机关审计上级审计机关管辖范围内的重大政府投资建设项目，也可以直接审计属于下级审计机关管辖范围内的重大政府投资建设项目。

第九条　审计机关实施重大政府投资建设项目审计所需的经费列入财政预算予以保障。

第十条　对重大政府投资建设项目开展审计监督，主要审计以下内容：

（一）与项目有关的部门和单位履职情况；

（二）国家有关政策措施落实情况；

（三）基本建设程序执行情况；

（四）资金来源及到位情况；

（五）建设资金管理使用及财务收支情况；

（六）招投标管理及合同执行情况；

（七）设备、物资和材料采购情况；

（八）工程造价及工程变更管理情况；

（九）建设成本核算及概（预）算执行情况；

（十）资产管理及交付情况；

（十一）土地利用及征地拆迁情况；

（十二）竣工决算报表编制情况；

（十三）投资绩效情况；

（十四）其他需要审计的内容。

第十一条　审计机关应当重点关注重大政府投资建设项目中增加投资额超过原核定概算10%及以上的项目，并注重揭示以下问题：

（一）擅自扩大建设规模、提高建设标准、增加建设内容、虚假变更套取资金等问题；

（二）涉嫌虚假招标、围标串标、违法转分包及利益输送等问题；

（三）搞形象工程、政绩工程，致使国家、集体或者群众财产和利益遭受较大损失等问题；

（四）其他违纪违规违法问题。

第十二条　审计机关对重大政府投资建设项目开展概（预）算执行情况审计，审计前该项目应完成工程结算；开展竣工决算审计，审计前该项目应完成工程结算和竣工决算报表的编制；开展跟踪审计，审计前该项目应已明确建设单位、资金来源并已取得项目立项批复。

第十三条　审计机关对重大政府投资建设项目开展跟踪审计，可根据项目建设周期、项目实施特点和审计资源等情况，采取分阶段或者定期的方式实施。

（一）采取分阶段方式实施的，应当按项目建设重点事项或者关键环节合理划分阶段；

（二）采取定期方式实施的，一般以半年或者一年为周期。

第十四条　审计机关有权要求被审计单位或者审计调查对象提供下列资料（包括文档资料、电子数据和视听资料）：

（一）立项批复、概算批复、规划许可、建设用地许可等审批或者许可类文件；

（二）前期勘察、初步设计、施工图设计及概（预）算审查、咨询、科研、竣工图纸等成果类文件；

（三）招投标资料、合同文件等；

（四）工程变更、现场签证、质检资料及监理资料等工程管理类资料；

（五）与项目建设有关的财务会计资料；

（六）工程结算、竣工决算报表等资料；

（七）交（竣）工验收资料及有关部门或者单位出具的检验结论；

（八）与项目有关的其他资料。

被审计单位或者审计调查对象应当及时提供上述资料，不得拒绝、阻碍、拖延。被审计单位的主要负责人或者审计调查对象对提供资料的真实性和完整性负责。

第十五条　审计机关可以按照有关规定聘请社会中介机构参加审计，也可以短期或者长期聘请专业技术人员参加审计。聘请的社会中介机构或者专业技术人员中，与审计事项有经济利益关系、与被审计单位负责人或者有关主管人员有利害关系的，应当回避。

审计机关不得聘请与本单位领导干部有特定关系的社会中介机构或者专业技术人员参加审计。

第十六条　审计机关开展审计或者专项审计调查时，有权对社会中介机构出具的相关审计报告进行核查。

第十七条　审计机关对重大政府投资建设项目实施审计，应当依法出具审计报告，对审计查出的违反财政收支、财务收支规定的行为，应当在法定职权范围内依法作出处理、处罚决定。对不属于审计职权范围、依法应由其他部门处理处罚的事项，移送有关部门处理；涉嫌违纪违法的问题线索，应当及时移送有关部门处理。

第十八条　审计发现与项目有关的部门或者单位有下列情形之一的，责令改正，对负有责任的领导人员和直接责任人员移送有关部门依纪依法处理：

（一）超越审批权限审批政府投资项目；

（二）对不符合规定的政府投资项目予以批准；

（三）未按照规定核定或者调整政府投资项目的投资概算；

（四）为不符合规定的项目安排投资补助、贷款贴息等政府投资资金；

（五）违法违规举借债务筹措政府投资资金；

（六）未按照规定及时、足额办理政府投资资金拨付；

（七）涉嫌贪污贿赂、滥用职权、玩忽职守、权力寻租、利益输送、徇私舞弊以及浪费国家资财等情形；

（八）其他违纪违法情形。

第十九条　审计发现项目建设单位有下列情形之一的，责令改正，向有关部门建议暂停、停止拨付资金或者收回已拨付的资金，暂停或者停止建设活动；

对负有责任的领导人员和直接责任人员移送有关部门依纪依法处理：

（一）未经批准或者不符合规定的建设条件开工建设政府投资项目；

（二）弄虚作假骗取政府投资项目审批或者投资补助、贷款贴息等政府投资资金；

（三）未经批准变更政府投资项目的建设地点或者对建设规模、建设内容等作较大变更；

（四）擅自增加投资概算；

（五）要求施工单位对政府投资项目垫资建设；

（六）无正当理由不实施或者不按照建设工期实施已批准的政府投资项目。

第二十条　审计机关应当将年度重大政府投资建设项目审计情况向同级党委、政府报告，并受政府委托向同级人大常委会报告。市县两级审计机关应当将年度重大政府投资建设项目审计情况及时向上一级审计机关报告。

第二十一条　被审计单位或者审计调查对象拒绝、阻碍、拖延提供与审计事项有关的资料，或者提供的资料不真实、不完整，或者拒绝、阻碍检查的，审计机关应当责令改正或通报批评；拒不改正的，应当依法予以处理、处罚；涉嫌违法犯罪的，应当移送有关部门予以处理。

第二十二条　审计机关聘请参加重大政府投资建设项目审计的社会中介机构或者人员违反有关法律、法规和本办法规定的，审计机关应当停止其承担的工作、追究违约责任、移送有关部门处理；构成犯罪的，依法追究刑事责任。

第二十三条　审计人员有下列行为之一的，应当依纪依法追究纪律责任和法律责任：

（一）明知与被审计单位或者审计事项有利害关系而不主动回避，造成严重后果的；

（二）泄露国家秘密或者被审计单位商业秘密的；

（三）索贿、受贿或者接受不正当利益的；

（四）隐瞒被审计单位违纪违法行为的；

（五）其他违纪违法情形。

第二十四条　国有资本占控股地位或者主导地位的企业投资的重大建设项目，使用由政府部门管理的国外援助、贷款资金或者社会捐赠资金投资的重大建设项目，参照本办法执行。

第二十五条　本办法自印发之日起施行。

3. 进一步规范政府性投资项目决策和立项防范政府债务风险的管理办法

（湘政办发〔2022〕26号公布　自2022年5月26日起施行）

为进一步规范市、县两级政府性投资项目决策和立项管理，加强政府性投资项目决策风险防控，提高政府投资效率，防范化解地方政府债务风险，根据中共中央国务院关于深化投融资体制改革的意见和《政府投资条例》（国务院令第712号）精神，特制定以下办法。

一、明确项目范围

（一）纳入本办法管理的市州、县市区政府性投资项目，主要包括以下几种情形：

1. 党政机关、各类事业单位建设的固定资产投资项目；

2. 国有投融资公司投资建设的非经营性固定资产投资项目；

3. 国有投融资公司投资建设的经营性固定资产投资项目。

上述第2、3种情形所称国有投融资公司，是指纳入名录管理的市州、县市区所属融资平台公司和国有投融资企业，名录由市州每年6月30日、12月31日前对行政区域内登记注册的国有投融资公司进行全面梳理，其中，融资平台公司名录报省财政厅汇总备案，同时抄送省发展改革委，国有投融资企业名录报省发展改革委汇总备案。严禁为规避项目审批监管而新成立融资平台公司等来开展政府性投资项目建设。

二、规范决策程序

（二）政府性投资项目履行立项（审批、核准、备案）手续前，必须由同级政府常务会议研究决策，加强资金来源审核和风险评估论证。

（三）符合第（一）条第1、2种情形的重大政府性投资项目，必须使用财政资金、政府债券资金，不得违规使用市场化融资新增政府隐性债务。在同级政府常务会议研究决策前，须由上级财政部门对资金来源进行评估论证。其中，县市区级总投资额5000万元及以上的，须报所在市州财政部门会同投资主管及行业主管部门进行资金来源评估论证；总投资额2亿元及以上的，在完成市州评估论证程序后，还须报省财政厅会同投资主管及行业主管部门进行评估论证复核。市州级总投资额2亿元及以上的，须报省财政厅会同投资主管及行业主管部门进行资金来源评估论证。若实施项目后债务率大于300%的市州和县市区，总投资额1亿元及以上的，须报省财政厅会同投资主管及行业主管部门进行资金来源评估论证。

（四）符合第（一）条第3种情形的重大项目决策，须由上级相关部门进行投资联审。在完成本级决策程序后，由上级政府投资主管部门牵头，联合财政、工业和信息化、科技等相关部门建立联审机制，对项目建设的资金来源以及是否符合产业政策等开展联审。其中，财政部门负责对使用政府性资金情况，发展改革会同科技、工业和信息化等行业管理部门负责对是否符合行业规划、产业政策等方面进行审查。县市区国有投融资公司投资5000万元及以上的，在完成本级决策程序后，须报市州联审机制开展联审；2亿元及以上的，在完成市州联审程序后，还须报省联审机制开展联审复核。市州国有投融资公司投资2亿元及以上的，在完成本级决策程序后，须报省联审机制开展联审。

三、严格立项管理

（五）符合第（一）条第1、2种情形的项目，由各级投资主管部门对项目立项实行审批制管理。履行审批手续时，必须同步提供以下文件：①政府常务会议决议书；②同级财政部门出具的资金来源审核意见；③上级财政部门出具的资金来源评估论证意见；④履行政府投资项目审批所需的国土规划、行业审查等意见。

（六）符合第（一）条第3种情形的项目，由各级投资主管部门对项目立项实行核准或备案制管理。履行核准或备案手续时，参与投资的国有投融资公司必须同步提供以下文件：①政府常务会议决议书；②上级联审机制出具的经营性项目投资联审意见。

（七）省政府投资主管部门加强湖南省投资项目在线审批监管平台的功能完善和流程优化，利用信息化手段，对市州、县市区投资立项情况开展核验、抽查和监督。未按本办法履行决策程序的，投资主管部门不得办理立项手续。

四、加强概算管理

（八）项目单位法定代表人对政府性投资项目投资概算承担全过程管理责任，项目单位向投资主管部门申请审批项目投资概算时，必须提供项目单位法定代表人概算管理承诺书。项目建设过程中，法定代表人发生变化的，应及时签署法定代表人变更责任移交书，并报投资主管部门备案，未经备案的，原法定代表人继续对项目概算管理承担责任，确保实现投资概算管理责任建设过程全覆盖，不同责任期法定代表人分阶段对相应的投资概算管理承担责任。

（九）项目单位在项目建设过程中，未经批准一律不得擅自调整概算。确需调整投资概算的，项目单位必须事前向投资主管部门正式申报，经严格论证并按程序批准同意后方可实施。

（十）投资主管部门必须严格落实政府性投资项目的概算核定、监督和调整职责，应在项目建设过程中，定期开展概算控制检查，发现超出投资概算总额的，应责令停工整改，并书面通知同级财政部门暂停付款。对违规超概项目，先行追责问责到位，再严格按程序履行评估论证、重新决策、调整概算等手续后，方可继续实施。

（十一）财政部门根据批复或核定的投资概算，按工程进度拨付财政资金。对于超过概算批复的项目，未经批复调整，不得拨付财政资金。

五、实行跟踪审计

（十二）各级投资主管部门每年底前将本年度政府性投资项目信息推送同级审计部门，各级审计部门应根据项目管理层级，按《中共湖南省委审计委员会关于印发〈重大政府投资建设项目审计监督实施办法〉的通知》（湘委审〔2020〕2号）要求，将辖区内重大政府性投资项目列入下年度审计计划，相关审计结果及整改建议经本级党委、政府研究通过后，报上级审计机关、投资主管部门和财政部门备案。

六、严肃追责问责

（十三）有下列情形的，责令改正，对负有责任的领导人员和直接责任人员依规给予处分。存在违纪违法行为的，移交相关纪检监察机关或者司法机关处置：

1. 在必要文件缺失情况下予以立项的，追究投资主管部门相关人员责任；

2. 人为压低投资规模或拆分项目，规避决策程序的，追究项目单位相关人员责任；

3. 资金来源评估论证文件等必要文件弄虚作假的，追究对应主管部门相关人员责任；由项目单位提供的相关数据、文件弄虚作假的，追究项目单位相关人员责任；

4. 未履行概算调整决策及审批程序，超概算的，追究项目单位法定代表人及相关人员、代建单位责任；

5. 未按规定实行代建制的，追究项目单位相关人员责任。

各市州、县市区人民政府应按照本办法，结合本地工作实际，制定完善配套政策或实施措施，加强对本级及下级政府性投资项目管理，政府性投资项目决策和立项管理过程依法接受同级人大及其常委会的监督，自觉接受人民政协的民主监督。各相关部门根据职能分工，切实履行好政府性投资项目全过程各环节的监督、管理等相关责任，各级投资主管部门会同财政、审计等部门建立相应的决策、管理、审计等机制。本办法自发布之日起施行，以前规定与本办法不一致的，按本办法执行。在施行过程中出现重要情况及时向省政府报告。

附件：决策程序流程图（略）

4. 湖南省发展和改革委员会、湖南省财政厅关于进一步加强地方政府专项债券项目储备申报和发行建设管理的通知

（2022年6月1日湘发改投资〔2022〕414号公布）

各市州人民政府，省直有关单位：

根据党中央、国务院关于"用好政府债券扩大有效投资"部署要求，为有力推动专项债券项目科学决策、超前储备、精准实施、规范管理，经报省人民政府同意，现将有关事项通知如下。

一、总体要求。强化专项债券项目储备、申报、发行、建设全过程管理。省、市、县三级分别提前开展项目准备工作，经发改、财政部门联合审查后，纳入储备库；经省人民政府同意上报国家，并经国家发改委、财政部审核通过的项目，纳入需求库；"一案两书"（项目融资平衡方案、法律意见书、财务评价报告书）达到发行信息披露要求，已开工并提供概算审批、用地许可、规划许可、施工许可"一件三证"的项目，纳入发行库；完成专项债券发行的项目，纳入存续库。根据审核、发行情况，四库动态晋级、滚动更新。专项债券发行后，各地要加快项目建设，及时拨付使用资金，形成有效投资。

二、科学决策。专项债券是指省人民政府在专项债务限额内，为有一定收

益的公益性项目发行,以公益性项目对应的政府性基金收入或专项收入作为还本付息资金来源的政府债券。专项债券项目必须严格按照省人民政府关于政府性投资项目决策和立项管理有关要求,履行决策、立项等基本建设程序。

三、项目储备。每年6月,各地提前启动下年度专项债券项目储备,加快推进项目前期,编制项目融资平衡方案。市县发改、财政和省直行业主管部门按照本年度专项债券申报条件和要求,分级组织项目评审并形成评审报告(评审细则由省发改委、省财政厅另行制定)。其中,已开工或具备开工条件的为优先项目,已完成初步设计和概算审批的为备选项目(其中2023年优先项目比例不低于50%,后续年度逐年提高),两类项目完成项目评审并经同级政府同意后,于每年9月底前逐级报送至省发改委、省财政厅,经两部门联合审查后纳入储备库。其中,省发改委审核:①是否按照政府性投资项目决策和立项管理要求,履行项目决策、立项等基本建设程序。其中,对优先项目主要审核项目概算、用地、规划、施工许可等"一件三证"是否齐全,项目是否已开工。对备选项目主要审核是否完成初步设计和概算审批。②项目建设内容是否符合国家确定的专项债券投向领域。③是否严格落实《地方政府专项债券资金投向领域禁止类项目清单》(财预〔2021〕115号)要求。省财政厅审核:①项目融资平衡方案是否达到要求,是否有一定收益且能够覆盖融资本息。②项目是否开展事前绩效评估。③专项债券资金额度需求是否合理。

四、需求申报。根据国家关于专项债券申报最新要求和安排,省发改委、省财政厅从储备库中筛选符合要求的项目,原则上申报已开工的优先项目。按照全省整体申报额度超过上年度发行额度的150%的原则,达成一致并报省人民政府同意后,上报国家发改委、财政部审核。若全省储备申报专项债券需求未达到上年度发行额度的150%,可适当申报部分备选项目。

国家发改委、财政部审核通过、达成一致的专项债券项目,纳入需求库。省财政厅将专项债券限额分配与各地需求库项目挂钩。后续发行项目必须从需求库中选择,未纳入需求库的项目不得发行。

五、发行安排。各级在专项债券限额内,根据轻重缓急从需求库中优选已开工建设的拟发行项目,完善项目融资平衡方案,取得法律意见书、财务评价报告书,经省发改委、省财政厅联合审查后,纳入发行库。其中,省发改委审核:对储备时尚未开工的备选项目,进一步审核项目概算审批、用地、规划、施工许可等"一件三证"是否齐全,项目是否已开工。省财政厅审核:①项目融资平衡方案等信息披露材料是否达到发行要求。②债券发行金额是否与项目建设、投资计划等相符。③债券发行金额是否超出专项债券限额。省财政厅根据年度发行计划，对发行库中项目适时安排发行。

若某地区专项债券限额大于其发行库债券需求，其多余的债务限额，由省财政厅调剂至发行库中项目充足的地区。

六、建设监管。专项债券项目完成债券发行后纳入存续库，由发改、财政部门联合调度监管。严格落实惩戒机制，对存在债券资金闲置、支出进度滞后等问题的地区、单位，采取通报预警、督导约谈，暂停储备申报和发行安排，核减后续专项债券限额等惩戒措施，督促相关地方、单位立行立改，落实到位。

七、压实责任。专项债券申报、使用单位承担真实申报、合规使用和有效管理的主体责任，对项目申报资料的真实性、合法性和完整性负责。各市县政府对评审报告负责。省级发改、财政部门重点对项目单位申报材料、市县政府评审结论进行程序性把关。健全追责问责机制，对截留、挪用、套取专项债券资金的，按照《中华人民共和国监察法》《中华人民共和国预算法》及其实施条例、《财政违法行为处罚处分条例》等法律法规规定，追究相关地方、单位及人员责任；涉嫌犯罪的，移送有权机关处理。对不符合专项债券投向及发行要求的项目进行过度包装的，依法依规追究项目单位及相关中介机构责任。相关中介机构纳入"黑名单"，依法实行行业禁入。

省发改委、省财政厅之前出台专项债券管理规定与本通知不一致的，以本通知为准。

湖南省发展和改革委员会
湖南省财政厅
2022 年 6 月 1 日

九、四川省

1. 四川省人民政府关于进一步深化预算管理制度改革的实施意见

(2022年2月18日川府发〔2022〕4号公布)

各市(州)、县(市、区)人民政府,省政府各部门、各直属机构,有关单位:

为全面落实《中华人民共和国预算法》及其实施条例有关规定,深入贯彻《国务院关于进一步深化预算管理制度改革的意见》(国发〔2021〕5号)精神,现就我省进一步深化预算管理制度改革提出以下实施意见。

一、总体要求

(一)指导思想。以习近平新时代中国特色社会主义思想为指导,深入贯彻党的十九大和十九届历次全会精神,全面落实习近平总书记对四川工作系列重要指示精神,认真落实省委十一届三次全会以来决策部署,坚持稳中求进工作总基调,完整、准确、全面贯彻新发展理念,积极融入和服务新发展格局,坚持以供给侧结构性改革为主线,全面深化改革开放,坚持创新驱动发展,推动高质量发展,深入落实省委"三保一优一防"(保运转、保民生、保重点、优结构、防风险)重要要求,进一步完善预算管理制度,更好发挥财政在国家治理中的基础和重要支柱作用,为全面建设社会主义现代化四川提供坚实保障。

(二)基本原则。

坚持党的全面领导。将坚持和加强党的全面领导贯穿预算管理制度改革全过程,加强财政资源统筹,集中力量办大事,坚决落实党政机关过紧日子要求,强化预算对落实党中央、国务院和省委、省政府重大政策的保障能力。

坚持预算法定。增强法治观念,严肃财经纪律,更加注重强化约束,着力提升制度执行力,维护法律的权威性和制度的刚性约束力。明确市(州)、县(市、区)和部门的主体责任,加强对权力运行的制约和监督。

坚持绩效导向。牢固树立"花钱必问效,无效必问责"意识,推进预算和绩效管理一体化,健全绩效结果运用机制。改革创新财政支持方式,完善预算管理机制,发挥财政资金"四两拨千斤"作用,高效带动社会资本促进经济社会发展。

坚持底线思维。杜绝脱离实际的过高承诺，形成稳定合理的社会预期。加强财政承受能力评估，增强预算可持续性。加强政府债务和中长期支出事项管理，牢牢守住不发生系统性风险的底线。

二、加强预算收入统筹

(三) 加强政府收入统筹管理。不得违法违规制定实施歧视性税费减免政策，不得超越权限制定实施税费优惠政策。新出台的一般公共预算收入政策一般不得规定以收定支、专款专用。严禁将政府非税收入与征收单位支出挂钩。加大上级补助资金与本级安排资金、财政拨款与非财政拨款资金、部门所属各单位预算资金的统筹力度。

(四) 加强政府性资源统筹管理。将依托行政权力、国有资源（资产）获取的收入以及特许经营权拍卖收入等按规定全面纳入预算。完善收费基金清单管理制度，将清单内的收费基金按规定纳入预算。应当由政府统筹使用的基金项目，按照国家统一部署转列入一般公共预算。合理确定国有资本收益上缴比例，研究建立国有独资企业利润上缴比例动态调整机制，健全股权多元化企业国有股份分红上缴机制，探索国有企业特别利润上缴长效机制。

(五) 加强部门和单位收入统筹管理。部门和单位取得的各类收入要依法依规纳入部门或单位预算，未纳入预算的收入不得安排支出。部门所属单位事业收入、事业单位经营收入等非财政拨款收入应在部门和单位预算中如实反映，行政事业性国有资产处置收入和资产出租出借收入应当按规定及时足额缴入国库或纳入单位预算。加强对主管部门集中收入的管理并统一缴入国库。严禁截留、挤占、坐支和挪用应上缴的财政收入。

(六) 切实盘活存量资源。建立财政资金"三项清理"制度，执行中动态收回部门和单位各类闲置沉淀资金、低效无效资金、预算结余资金。按规定建立行政事业性国有资产台账，所有资本性支出应当形成资产并予以全程登记。各级行政事业单位要将资产使用管理责任落实到人。推进各级国有资产跨部门共享共用。探索建立公物仓，促进长期闲置、低效运转和超标准配置资产的调剂使用，按规定处置不需使用且难以调剂的国有资产。

三、严格预算编制管理

(七) 科学编制政府预算。考虑经济运行和实施减税降费政策等因素实事求是编制收入预算。上级政府应当依法依规提前下达转移支付和新增地方政府债务限额预计数。下级政府应当严格按照提前下达数如实编制预算,既不得虚列收支、增加规模,也不得少列收支、脱离监督。健全转移支付定期评估和动态调整、退出机制,实行转移支付清单制管理。量入为出合理确定支出预算规模,将预算绩效管理结果与预算安排挂钩,相关重点支出不得与财政收支增幅或生产总值挂钩。经本级人大或其常委会批准,国有资本规模较小或国有企业数量较少的市(州)、县(市、区)可以不编制本级国有资本经营预算。

(八)规范编制部门和单位预算。部门和单位要履行预算管理主体责任,对预算完整性、规范性、真实性、合法性以及执行过程、结果、绩效负责。部门和单位预算支出全部以项目形式纳入预算项目库,建设项目纳入部门项目库并纳入预算项目库,未纳入的不得安排预算。实行项目标准化分类,规范立项依据、实施期限、支出标准、预算需求等要素。建立健全项目入库评审机制和项目滚动管理机制,开展事前绩效评估。做实做细项目储备,纳入预算项目库的项目应当编制绩效目标,按规定完成可行性研究论证、制订具体实施计划等各项前期工作,做到预算一经批准即可实施,并按照轻重缓急等排序,突出保障重点。将新增资产配置与资产存量挂钩,严格资产配置审批,严格按规定编制相关支出预算。依法依规管理预算代编事项,除应急、救灾等特殊事项外,部门不得代编应由所属单位实施的项目预算。

(九)持续优化支出结构。围绕党中央、国务院决策部署和省委、省政府工作安排编制支出预算,加大对重大战略、重点规划、重点项目的保障力度。坚持"三保"(保基本民生、保工资、保运转)支出在预算编制中的优先顺序,兜牢"三保"支出底线。严格控制竞争性领域财政投入,强化对具有正外部性创新发展的支持。落实党政机关过紧日子要求,从严控制一般性支出。严格控制政府性楼堂馆所建设,严格控制和执行资产配置标准,暂时没有标准的要从严控制、避免浪费。按照国家统一部署规范奖励性补贴,清理压缩各种福利性、普惠性、基数化奖励。优化国有资本经营预算支出结构,健全国有企业资本金动态补充机制。

(十)完善支出标准体系。充分衔接基本公共服务保障国家基础标准,结合我省实际制定省级支出标准。鼓励市(州)、县(市、区)在国家和省尚未出台支出标准的领域制定当地标准,按程序报上级备案后执行。结合国家"三保"支出保障范围和标准,研究制定我省保障范围和标准。建立不同行业、不同地区、分类分档的预算项目支出标准体系,根据经济社会发展、物价变动和财力变化等适时调整。加快推进项目要素、项目文本、绩效指标等标准化规范化。将支出标准作为预算编制的基本依据，不得超标准编制预算。

（十一）加强跨年度预算平衡。完善中期财政规划管理制度机制，进一步增强与国家、省发展规划的衔接，强化中期财政规划对年度预算的约束。对各类合规确定的中长期支出事项和跨年度项目，要将全生命周期内对财政支出的影响纳入中期财政规划。地方政府举借债务应当严格落实偿债资金来源，科学测算评估预期偿债收入，合理制订偿债计划，并在中期财政规划中如实反映。鼓励市（州）、县（市、区）结合项目偿债收入情况，按照国家有关规定建立政府偿债备付金制度。完善补充和动用预算稳定调节基金等有关管理制度。

（十二）完善预算报审程序。各级预算、决算草案和预算调整方案应当依法提请本级人大或其常委会审查批准，预算、决算草案提请本级人大或其常委会审查批准前，应当按程序报本级党委和政府审议。各地各部门（单位）应当根据本级政府的要求和本级政府财政部门的部署，结合本部门的具体情况，组织编制本部门及其所属各单位的预算草案，并报本部门党组（党委）审议。

四、加强预算执行管理

（十三）规范财政性资金管理决策程序。各地各部门（单位）要履行财政性资金分配主体责任，严格执行"三重一大"事项集体决策规定，分类规范资金分配、预算调剂等预算管理行为的流程和机制，减少资金分配随意性，防范资金管理决策风险。

（十四）建立健全常态化财政资金直达机制。在保持现行财政体制、资金管理权限和保障主体责任基本稳定的前提下，稳步扩大直达资金范围。优化直达资金分配决策程序，完善监控体系和机制，实施"一竿子插到底"监管，加大从资金源头到使用末端的全过程、全链条、全方位监管力度，防止挤占挪用、沉淀闲置等，提高财政资金使用的有效性和精准性。

（十五）强化预算对执行的控制。依法依规及时足额征收应征的预算收入，严禁虚收空转。不得将各地财政收入规模、增幅纳入考核评比。坚持先有预算后有支出，严禁超预算、无预算安排支出或开展政府采购，严禁将国库资金违规拨入财政专户或单位实有资金账户。严禁出台溯及以前年度的增支政策，新的增支政策原则上通过以后年度预算安排支出。严禁违反规定乱开口子、随意追加预算，规范预算调剂行为。市县级财政国库集中支付结余不再按权责发生制列支。严禁以拨代支，进一步加强财政暂付性款项管理，除已按规定程序审核批准的事项外，不得对未列入预算的项目安排支出。强化对政府投资基金设立、出资的预算约束。加强国有资本管理与监督，确保国有资本安全和保值增值。

（十六）加强预算绩效管理。加强财税政策和重大项目评估评价，将绩效目标设置作为预算安排的前置条件，健全绩效评价结果双向反馈机制，落实绩效问题整改责任制。加强重点领域预算绩效管理，分类明确转移支付绩效管理重点，加强对政府和社会资本合作、政府购买服务、政府投资基金等领域资金使用的全过程绩效管理。强化国有资本使用绩效管理，探索开展行政事业单位国有资产绩效管理。加强乡镇预算绩效管理，推动预算绩效管理纵向到底。强化全过程绩效结果应用，将绩效结果与完善政策、调整预算安排有机衔接，对低效无效资金一律削减或取消，对沉淀资金一律按规定收回并统筹安排。

（十七）加强国库集中收付管理。对政府全部收入和支出实行国库集中收付管理，优化整合国库业务流程，分类管理单位账户，动态掌握账户收支情况。全面推行非税收入收缴电子化管理。完善国库集中支付控制体系和集中校验机制，实行全业务、全流程电子支付，优化预算支出审核流程。科学制定地方政府债券发行计划，优化品种期限结构，合理把握发行节奏，节省资金成本。建立健全库款风险预警和现代国库现金管理机制，统筹协调国库库款管理、政府债券发行与国库现金运作。

（十八）拓展政府采购政策功能。强化政府采购政策执行，在政府采购需求中严格落实支持创新、绿色低碳发展、中小企业发展等政策要求。细化政府采购预算编制，严格按照政府集中采购目录及标准编制政府采购预算。合理确定采购需求，严禁超标准、豪华采购。对于适合以市场化方式提供的服务事项，应当依法依规实施政府购买服务，坚持费随事转，防止出现"一边购买服务，一边养人办事"的情况。

五、强化风险防范化解

（十九）健全地方政府依法适度举债机制。健全地方政府债务限额确定机制，一般债务限额与一般公共预算收入相匹配，专项债务限额与政府性基金预算收入及项目收益相匹配。推动专项债券全生命周期管理，加强项目收益评估论证，确保融资规模与项目收益相平衡。专项债券期限要与项目期限相匹配，专项债券项目对应的政府性基金收入、专项收入应当及时足额缴入国库。完善以债务率为主的政府债务风险评估指标体系，建立健全政府债务与项目资产、收益相对应的制度,加强风险评估预警结果应用。完善专项债券项目库管理,建立企业法人项目单位新增专项债券资金监管账户。依法落实到期法定债券偿还责任,将到期政府债券本息全面纳入预算安排,有序发行适当规模的再融资债券用于偿还到期政府债券本金。

(二十)防范化解隐性债务风险。把防范化解地方政府隐性债务风险作为重要的政治纪律和政治规矩,坚决遏制隐性债务增量,妥善处置和化解隐性债务存量,完善隐性债务变动工作机制和程序。完善常态化监控机制,决不允许新增隐性债务上新项目、铺新摊子,严禁违法违规融资担保及以政府投资基金、政府和社会资本合作、政府购买服务等名义变相举债。强化国有企事业单位监管,依法健全地方政府及其部门(单位)向企事业单位拨款机制,严禁地方政府以企业债务形式增加隐性债务,融资平台公司合规举债时应当在相关借款合同、信息披露文件中明确标示地方政府不承担偿债责任。严禁地方政府通过金融机构违规融资或变相举债,金融机构要按市场化原则审慎授信,严禁要求或接受地方党委、人大、政府及其部门(单位)出具担保性质文件或者签署担保性质协议。金融监管部门要加强监管,堵塞金融机构向地方政府违规提供融资的漏洞。清理规范地方融资平台公司,剥离其政府融资职能,对失去清偿能力的要依法实施破产重整或清算。健全市场化、法治化的债务违约处置机制,鼓励债务人、债权人协商处置存量债务,切实防范恶意逃废债,保护债权人合法权益,金融机构和企业违法违规融资的,要坚决予以查处,并依法承担相应损失。加强督查审计问责,严格落实政府举债终身问责制和债务问题倒查机制。

(二十一)提升财政运行可持续性。进一步完善政府财务报告体系,扩展财政财务信息内容,全面客观反映政府资产负债与财政可持续性情况。完善国有资产管理情况报告制度,做好与政府综合财务报告的衔接。实施社会保险全民参保计划,扩大参保覆盖面。完善企业职工基本养老保险统收统支省级统筹制度,按国家部署推进全国统筹。推进工伤、失业保险统收统支省级统筹,做实基本医疗保险统收统支市级统筹并研究建立省级统筹制度。严格开展政府和社会资本合作项目财政承受能力论证,加强项目履约监管。各部门(单位)出台涉及增加财政支出的政策时,要征求财政部门意见,按规定进行财政承受能力评估,未通过评估的不得安排预算。除党中央、国务院统一要求以及共同事权下级应负担部分外,上级政府及其部门不得出台要求下级配套或以达标评比、考核评价等名目变相配套的政策。

六、加大预算监督力度

（二十二）切实增强财政透明度。进一步完善预决算公开制度，做好财政政策公开工作。细化政府预决算公开内容，推进政府投资基金、收费基金、国有资本收益、政府采购意向、地方政府债务以及转移支付资金管理办法、预算安排、绩效目标、绩效完成情况等依法依规向社会公开。各部门（单位）及其所属单位的预算、决算及相关报表应当依法依规向社会公开。细化部门预决算公开内容，项目预算安排、资金使用、绩效目标、绩效完成情况等项目信息应当依法依规向社会公开。推进按支出经济分类公开政府预决算和部门预决算。建立民生项目信息公示制度。加强预决算公开情况检查，确保公开及时、完整、真实。

（二十三）发挥多种监督方式的协同效应。充分发挥党内监督的主导作用，整合监督力量，强化信息共享，促进财会监督与党内监督、行政监督、司法监督、审计监督、统计监督、群众监督、舆论监督等协同发力。各级政府、各部门（单位）要依法接受人大及其常委会、审计部门的监督。积极推进人大预算联网监督。各级财政部门要加强对财税法规落实、政策执行、预算管理等情况的监督，构建日常监管与专项监督协调配合的监督机制。强化监督结果运用，对监督发现的问题，严格依规依纪依法追究有关单位和人员责任，加大处理结果公开力度。

七、提高预算管理信息化水平

（二十四）实现各级财政系统信息贯通。以省级财政为主体加快建设覆盖全省的预算管理一体化系统并与中央财政对接，有力支撑省级和市（州）、县（市、区）预算规范统一管理。建立完善全覆盖、全链条的转移支付资金监控机制，实现资金从预算安排源头到使用末端全过程来源清晰、流向明确、账目可查、账实相符。

（二十五）推进部门间预算信息互联共享。预算管理一体化系统集中反映单位基础信息和会计核算、资产管理、账户管理等预算信息，推动实现信息资源共享。积极推动财政与组织、人力资源社会保障、税务、人民银行、审计、公安、市场监管等部门（单位）实现基础信息按规定共享共用。财政部门与预算单位开户银行探索建立预算单位银行账户资金信息查询机制。

各地各部门（单位）要立足自身实际，细化落实举措，完善工作机制，强化协同配合，加强对预算工作的统筹协调，切实提升预算管理水平。

四川省人民政府
2022 年 2 月 18 日

2. 四川省地方政府专项债券全生命周期管理办法

（川财规〔2021〕6 号公布　自 2021 年 5 月 1 日起施行）

第一章　总　　则

第一条　【目的和依据】为了加强全省地方政府专项债券（以下简称专项债券）管理，有序做好专项债券发行使用工作，根据《中华人民共和国预算法》、《中华人民共和国预算法实施条例》、《国务院关于加强地方政府性债务管理的意见》（国发〔2014〕43 号）、《中共中央办公厅　国务院办公厅关于做好地方政府专项债券发行及项目配套融资工作的通知》（厅字〔2019〕33 号）等有关规定，制定本办法。

第二条　【定义】专项债券是为有一定收益的公益性项目发行，以公益性项目对应的政府性基金收入或专项收入（以下简称项目收入）作为还本付息资金来源的政府债券。

专项债券用于国务院明确的投向领域项目，优先支持地方经济社会发展急需、前期工作准备充分、开工条件成熟的项目以及符合条件的在建项目。在符合国家政策领域范围内，允许将专项债券作为一定比例的项目资本金。

第三条　【发行主体】四川省人民政府（以下简称省政府）是四川省专项债券的发行主体。各市（州）、县（市、区）（以下简称市县）政府需使用专项债券的，由省政府代为发行并转贷市县使用。

第四条　【限额管理】专项债券实行限额管理，专项债券发行规模不得超过专项债务限额。

第五条　【分级负责】专项债券管理实行分级负责，按照"谁使用、谁负责"的原则，由各级政府承担主体责任；各级财政部门承担归口管理责任；具体主管部门和项目单位承担直接责任。

第六条 【管理内容】专项债券全生命周期管理包括项目库管理、限额管理、预算管理、债券发行、资金使用、还本付息、监督与绩效等方面内容。

第二章 项目库管理

第七条 【项目库】专项债券实行项目库管理，项目库分为储备库、备选库、执行库三级子库。

第八条 【储备库入库】市县主管部门和项目单位根据公益性事业发展规划、项目前期准备、收益与融资平衡等情况筛选符合专项债券发行条件的项目报本级财政、发展改革部门。各级财政、发展改革部门会同自然资源、生态环境等职能部门核实项目情况和年度专项债券项目资金需求，报同级政府批准。市（州）财政、发展改革部门汇总本地区（含扩权县）项目需求报财政厅、省发展改革委，同时抄送省级主管部门（单位）。省本级项目由主管部门根据重大项目专项建设规划、项目前期准备、收益与融资平衡等情况筛选后报财政厅、省发展改革委。

市县和省级主管部门（单位）报送的项目纳入储备库管理。储备库项目信息包含但不限于以下内容：项目基本情况、立项情况、投融资规模、专项债券需求金额、建设周期、开工年度、收入来源、预计收益、绩效目标等。

第九条 【储备库项目调整】储备库根据市县和省级主管部门（单位）项目需求动态补充。储备库中项目因客观原因发生变化需要调整的，市县或省级主管部门（单位）可申请项目信息变更或退库。

第十条 【项目实施方案】储备库中前期工作准备充分、经济社会效益明显、建设资金需求迫切的项目，主管部门和项目单位可自行编制或依法依规委托独立第三方机构编制项目实施方案。包含但不限于以下内容：

（一）项目基本情况；

（二）项目立项审批、用地规划、环境评估等情况；

（三）项目经济社会效益分析和公益性论证；

（四）项目绩效目标；

（五）项目投资估算及资金筹措方案；

（六）项目建设运营方案；

（七）项目预期收入、成本测算及融资平衡情况；

（八）债券发行计划；

（九）资金管理；

（十）资产管理；

（十一）还本付息保障机制；

（十二）潜在风险评估及应对措施；

（十三）其他需要说明的事项。

项目实施方案应当内容完备、信息真实。主管部门和项目单位对实施方案的真实性、科学性、有效性负责。独立第三方律师事务所、会计师事务所客观公正评估项目的合法性、可行性，并分别出具法律意见书、财务评估报告。独立第三方机构由各地依法依规自主选择。

第十一条 【备选库入库】各级财政部门汇总本地区项目实施方案、法律意见书、财务评估报告（以下简称"一案两书"），由市（州）财政部门组织项目初评后统一本地区（含扩权县）情况报财政厅。省本级组织实施的项目，由主管部门报财政厅并做好相关信息、资料填录。

财政厅牵头建立专项债券项目联合评审机制，并制定评审标准，组织省级有关部门（单位）和专家对项目进行评审。评审通过的项目纳入备选库管理。

第十二条 【备选库项目调整】备选库中项目因管理政策、建设工期、投资规模、筹资来源、债券发行总规模、债券期限、预期收益等发生重大变化，市县或省级主管部门（单位）应及时向财政厅申请项目信息变更或退库。申请项目信息变更的，相应调整"一案两书"相关内容。备选库项目超过两年未发行专项债券的，自动退出备选库。

第十三条 【执行库入库退库】发行专项债券项目必须从备选库内选择，发行成功的纳入执行库管理。专项债券存续期满、债券本息全部清偿后，项目退出执行库。

第十四条 【执行库项目调整】专项债券应当严格按照信息披露文件约定的用途使用，原则上不得调整。因政策、规划、外部环境等发生变化，导致项目建设内容与实施方案不一致的，市县和省级主管部门（单位）应当充分论证、科学评估，重新完备相关手续报财政厅备案，并及时做好重大事项信息披露。

因准备不足短期内难以建设实施等特殊原因导致债券资金无法用于原定项目，确需调整的，经本级政府审核同意后，由市（州）财政部门汇总报财政厅。财政厅报省政府批准后，按规定程序办理债券资金用途调整相关手续，报财政部备案。其中，涉及预算调整的按程序报同级人大常委会批准。

第三章　新增限额分配与下达

第十五条　【分配程序】财政厅在财政部下达的全省新增专项债务限额内，合理分配省本级和各市（州）、扩权县新增专项债务限额，分配方案报省政府批准后下达。市（州）财政部门应根据下达的新增专项债务限额，合理分配本地区（不含扩权县）新增限额，经市（州）政府批准后下达。

第十六条　【分配办法】省本级各单位新增专项债务限额由财政厅根据省本级项目资金需求、收益与融资平衡、部门（单位）预算安排情况、债券资金使用绩效等确定。市（州）、扩权县新增专项债务限额由财政厅根据项目资金需求、债务风险状况、财力情况、债务管理绩效等因素测算。

第四章　债券发行

第十七条　【发行方案】各地在上级核定的新增专项债券发行额度内，提出专项债券项目安排及发行建议，经本级政府批准后逐级上报财政厅、省发展改革委。省级有关部门（单位）根据批准的专项债券额度和项目建设情况，提出发行建议报财政厅、省发展改革委。

第十八条　【项目安排】各地安排项目额度时，应充分考虑项目成熟度、重要程度、急迫性等，提高对重点领域重大项目、已发债项目集中保障程度，避免项目安排零碎化。未能足额发行的项目，市县和省级有关部门（单位）应采取增加项目资本金、安排财政性资金、项目单位自筹资金等方式确保项目顺利推进。

第十九条　【期限匹配】专项债券期限原则上应与项目期限相匹配。在按照市场化原则保障债权人合法权益的前提下，可采取到期偿还、提前偿还、分年偿还、发行含权债券等本金偿还方式。

第二十条　【发行计划】财政厅根据市县及省级主管部门（单位）提出的专项债券发行建议，统筹考虑项目周期、投资者需求、债券市场状况等因素，确定全省专项债券发行计划，明确债券发行时间、批次、规模、期限等。

第二十一条　【发行准备】各级财政部门应当会同本级主管部门和项目单位做好债券发行准备工作，按要求及时、准确、完整提供相关材料，配合做好信息披露、信用评级等工作。

第二十二条 【债券发行】专项债券按规定通过全国银行间债券市场、证券交易所债券市场发行。发行遵循公开、公平、公正原则。

第二十三条 【发行费用】省级单位应承担的发行费用通过预算安排或足额缴纳方式支付；市县应承担的发行费用由财政厅统一支付并通过上下级资金清结算方式统一扣收。

第二十四条 【市场化配套融资】符合国家政策规定的项目可以实施组合使用专项债券和市场化融资，但不得超越项目收益实际水平过度融资。项目单位依法对市场融资承担全部偿还责任。

第五章 债券资金管理使用

第二十五条 【正面负面清单】专项债券资金按规定用于对应项目建设，只能用于公益性资本支出，不得用于经常性支出。严禁用于发放工资及福利、支付单位运行经费、发放养老金、支付利息等；严禁将专项债券资金用于置换存量债务；严禁用于商业化运作的产业项目、房地产相关项目、企业补贴等，决不允许搞形象工程、面子工程。

第二十六条 【资金拨付】各级财政部门应当及时拨付专项债券资金。专项债券资金纳入国库集中支付管理，严格按照财政国库管理制度、协议约定和履行情况及时足额拨付。

第二十七条 【资金使用】各级财政部门应当加强专项债券项目收支预算执行管理，严格按照合同约定或项目进度拨付债券资金，严禁超项目实施进度拨款，严禁将债券资金滞留国库、沉淀在部门单位，任何单位和个人不得截留、挤占、挪用。

主管部门和项目单位应当加强项目前期准备，避免"钱等项目"造成债券资金闲置，在确保资金使用合法合规、工程质量安全的前提下，加快项目建设和资金使用进度。

第二十八条 【库款提前调度】各级财政部门根据库款情况，对年度预算拟安排专项债券的项目可通过先行调度库款的办法，加快项目建设进度，债券发行后及时回补。

第二十九条 【专账管理】项目单位应当对专项债券资金收入和支出、对应项目形成的收入和支出进行专账核算，准确反映资金的收支情况。企业法人项目单位应当单独开设账户，用于专项债券资金、项目资本金、项目收入、还本付息等资金监管。

第六章　预算管理

第三十条　【预算管理范围】专项债券收入、支出、还本付息、发行兑付费用、项目收入及其安排的支出等各项收支均应纳入政府性基金预算管理，列入相关预算科目。

第三十一条　【预算编制】主管部门和项目单位应按项目编制收支预算总体平衡方案和年度平衡方案，全面准确反映项目收支、债务举借、还本付息等情况，并将其纳入年度收支预算管理。专项债券收支、还本付息、发行兑付、项目收入及其安排的支出等应当足额纳入年度政府性基金预算。

第三十二条　【预算调整】专项债券收入和项目收入、专项债券安排的支出和项目收入安排的支出（包括本级支出和转贷下级支出），在执行过程中需要调整的，应当列入本级预算调整方案。包括：

（一）省政府在专项债务限额内新增发行的专项债券收入；

（二）市县政府收到上级政府转贷的专项债券收入；

（三）增加或减少预算总支出；

（四）其他需要调整专项债务收支的情形。

第三十三条　【预算执行】项目单位应当加强项目建设运营管理，确保项目收入如期实现并及时足额缴入国库。在保障专项债券还本付息前，严禁将项目收入用于其他支出。

第三十四条　【决算办理】各级财政部门应当会同本级主管部门和项目单位根据决算有关安排与要求，编制专项债券收支决算，在政府性基金决算和部门决算中全面、准确反映专项债券收入、支出、还本付息、发行兑付费用，项目收入及其安排的支出等情况。

第三十五条　【资产管理】各级财政部门应当建立资产登记和统计报告制度，将专项债券项目形成的资产纳入国有资产管理，会同主管部门和项目单位加强日常统计和动态监控。专项债券项目形成的国有资产和权益应当按照规定的用途管理使用，严禁违规注入企业或担保抵押。

第七章　还本付息

第三十六条　【还本付息】各级政府对本地区使用的专项债券本息依法承

担全部偿还责任。各级财政部门及时足额上缴专项债券本息及兑付费用。财政厅按照约定偿还到期债券本金、支付利息及兑付费用。

第三十七条　【保障措施】主管部门和项目单位未及时足额落实专项债券还本付息资金的，各级财政部门可扣减相关预算资金等用于偿债。市县财政部门未及时足额上缴本地区还本付息等资金的，按逾期支付额和逾期天数计算罚息，上级财政部门在办理年终结算时采取专项上解方式予以扣收。由此产生的政府债务风险事件，根据《四川省政府性债务风险应急处置预案》相关规定处置。

第三十八条　【接续发行】因客观原因导致项目运营期限与专项债券期限不匹配的，可以在同一项目周期内接续发行维持资金周转。接续发行债券的发行费用仍由原项目所在省级单位或市县承担。

第八章　职责分工

第三十九条　【财政厅】财政厅负责全省专项债务限额管理和预算管理。建立完善专项债券项目库，组织专项债券项目需求申报以及债券项目评审、评审专家管理、承销团组建、信用评级机构选择、信用评级、信息披露、招标承销发行、信息公开等工作，做好专项债券项目全生命周期管理。向金融管理部门共享专项债用作资本金项目、组合使用专项债和市场化融资项目清单。开展专项债券项目绩效评价。建立专项债券对应资产的统计报告制度，对专项债券对应资产进行监控。加强项目调度协调，健全债券资金使用进度通报机制，定期通报债券资金使用情况。

第四十条　【省发展改革委】省发展改革委负责依托国家重大建设项目库，组织开展专项债券项目储备申报工作，督促指导各地各部门做好专项债券项目审批、核准、备案等前期工作。加强专项债券项目监测调度，推动项目建设实施。

第四十一条　【自然资源厅】自然资源厅负责指导各级自然资源主管部门依法依规做好项目用地预审与选址等用地保障工作。

第四十二条　【生态环境厅】生态环境厅负责指导各级生态环境部门依法依规做好环评审批工作。

第四十三条　【项目主管部门（单位）】项目主管部门（单位）负责对本部门（单位）专项债券项目审核把关。指导本行业项目规划与储备、梳理项目需求和编制项目实施方案。指导本行业及时规范使用债券资金,对建设运营情况进行监督。

第四十四条 【市县政府】市县政府负责统筹协调本地区专项债券管理工作,建立本地区财政、发展改革、自然资源、生态环境以及项目主管部门等各负其责、各司其职的专项债券工作协调机制,做好专项债券全生命周期管理工作。

第四十五条 【项目单位】项目单位负责提出专项债券项目需求申请,编制报送项目实施方案及相关资料,配合做好债券发行准备。规范使用债券资金,及时形成支出,提高资金使用效益。定期评估项目成本、预期收益和对应资产价值等,发现风险或异常情况及时向主管部门报告。编制专项债券收支、偿还计划并纳入单位年度预算管理,将债券项目收入及时足额缴入国库。将用于偿还市场化融资的专项收入足额归集至监管账户,保障市场化融资到期偿付。做好数据填报、信息公开等相关工作。

第四十六条 【金融监管部门】金融监管部门负责引导金融机构积极参与四川省地方政府债券承销业务和投资业务,在依法合规防范风险前提下积极为符合条件的专项债券项目提供配套融资支持,保障项目合理融资需求,加快符合条件的专项债券项目落地。

第四十七条 【评审专家】评审专家按照有关规定以独立身份参加专项债券项目评审工作,认真履行评审专家工作职责,按评审标准对项目进行综合评估并对出具意见的准确性负责。

第四十八条 【独立第三方机构】独立第三方机构依法依规提供专项债券咨询服务,对出具的相关评估意见的合法性、真实性、可靠性负责。

第九章 监督与绩效管理

第四十九条 【日常监督】各级财政部门会同项目主管部门加强对本地区专项债券发行、使用、偿还及项目收入、资产的管理和监督;项目单位未按要求履行项目建设运营管理责任的,应责令其整改并追究责任;对截留、挪用专项债券资金、擅自改变专项债券资金用途的地区,按照《中华人民共和国监察法》《中华人民共和国预算法》《财政违法行为处罚处分条例》等法律法规规定,追究相应单位及人员责任;涉嫌犯罪的,移送有权机关处理。

第五十条 【信息公开】各级财政部门、主管部门和项目单位应按《四川省政府债务信息公开实施细则（试行）》等相关规定做好专项债券存续期及对应项目信息公开工作。

第五十一条 【绩效管理】各级财政部门加强对专项债券资金绩效管理，开展绩效运行监控，组织开展或聘请第三方机构定期开展专项债券项目绩效评价工作，提高专项债券资金使用效益。

第五十二条 【结果运用】财政厅将专项债券发行使用管理、绩效结果等与专项债券额度分配挂钩，对工作开展较好地区适当倾斜。对申报项目质量差、资金使用进度慢、管理工作不到位、虚报债券资金使用进度的地区，减少后续专项债券额度。违反本办法规定情节严重的地区，财政厅可暂停为其代为发行专项债券。

第十章 附 则

第五十三条 本办法由财政厅负责解释。

第五十四条 本办法自 2021 年 5 月 1 日起施行，有效期 5 年。

3. 四川省省级新区省预算内投资专项管理办法（试行）

（川发改地区规〔2021〕312 号公布　自 2021 年 8 月 25 日起施行）

第一章 总 则

第一条 为规范省级新区省预算内投资专项（以下简称本专项）管理，确保资金安全合规使用，切实提高资金使用绩效，根据《四川省省级预算内基本建设投资管理办法》，结合省级新区建设发展实际，制定本办法。

第二条 本专项重点用于支持绵阳科技城新区、南充临江新区、宜宾三江新区等省级新区范围内的投资项目。

第三条 本专项支持的项目类型主要包括：

（一）基础设施项目。包括省级新区范围内的道路、桥梁、供气、供排水、综合管廊等基础设施项目，人才公寓、统建安置房等配套设施项目，以及通信网络、数据中心、充电桩、车路协同设施等新型基础设施项目；

（二）公共服务项目。包括省级新区范围内的教育、医疗卫生、公共文化、就业和社会保障等公共服务设施项目；

（三）产业发展和科技创新平台项目。包括产业孵化基地、检验检测中心、重大科技基础设施、产业创新中心、工程研究中心（工程实验室）、企业技术中心、招院引所（院所副中心）、研发基地、双创示范基地、成果转化服务平台、知识产权交易平台等项目；

（四）节能环保和生态建设项目。包括省级新区范围内的城镇污水垃圾处理等环境基础设施、节能减碳、资源节约与高效利用、突出环境污染治理、生态修复和保护等项目；

（五）省委、省政府确定的其他项目。

对列入省级新区发展规划的项目，在具备条件、符合要求的前提下，本专项予以优先支持。

第四条　本专项年度投资计划采用切块补助方式安排。省发展改革委向省级新区管理机构承担发展改革工作职能的部门（以下简称省级新区发展改革部门）下达省预算内投资计划，省级新区发展改革部门将年度投资计划分解安排到具体项目。

第五条　本专项支持地方的省预算内投资资金，可采取资本金注入、投资补助、贴息等方式安排项目。

（一）资本金注入是指安排经营性固定资产投资项目省预算内投资并形成地方国有股权或国有股份；

（二）投资补助是指对符合条件的固定资产投资项目给予的建设资金补助或前期工作经费补助；

（三）贴息是指对符合条件的固定资产投资项目的银行贷款和企业债券等给予的利息补贴。

第六条　本专项应当用于计划新开工或续建项目，不得用于已完工项目。

项目安排的省预算内投资金额原则上应当一次性核定，对于已经足额安排的项目，不得重复安排；安排本专项投资的同一项目原则上不得重复申请和安排不同省级财政专项资金、省级预算内基本建设不同投资专项资金。

第七条　省级新区所在地的市级发展改革部门（以下简称市级发展改革部门）对项目资金申报、使用和管理进行业务指导和监督检查。

第二章　投资计划申请和下达

第八条　市级发展改革部门指导省级新区发展改革部门按照本办法有关规定，组织省级新区有关单位开展项目申报。申请专项投资的项目，应当列入项目储备库和三年滚动投资计划，并通过投资项目在线审批监管平台（以下简称在线平台）完成审批、核准或备案程序（政府投资项目应完成项目可行性研究报告或初步设计审批）。

第九条　项目单位按程序向省级新区发展改革部门报送资金申请报告和综合信用承诺书。

（一）资金申请报告应当包括以下内容：项目单位基本情况、项目基本情况［包括列入三年滚动投资计划情况，通过在线平台完成审批（核准、备案）情况及生成的项目代码、建设内容、总投资及资金来源、建设条件落实情况等］、申请专项投资的主要理由和政策依据、项目绩效目标申报表等，并附项目可行性研究报告或者初步设计批复文件（核准批复或备案文件）。

（二）综合信用承诺书应当包括以下内容：承诺申报材料真实、按照年度投资计划推进项目建设、及时准确上报进度数据和信息等。

项目单位被列入联合惩戒合作备忘录黑名单的，省级新区发展改革部门不予受理其资金申请报告。

第十条　省级新区发展改革部门对资金申请报告的下列事项进行实质审核，并对审核结果和申报材料的真实性、合规性负责。

（一）符合专项的支持方向和相关要求；

（二）项目主要建设条件基本落实；

（三）项目已列入三年滚动投资计划，并通过在线平台完成审批（核准、备案）；

（四）项目审批（核准、备案）符合有关规定；

（五）未申请、使用其他省级专项资金；

（六）项目单位未被依法列入严重失信主体名单；

（七）项目建设符合地方财政承受能力和政府投资能力；

（八）符合法律法规规章等要求的其他条件。

第十一条　省级新区发展改革部门应根据本地财政承受能力和政府投资能力，合理分解安排专项投资项目，严格防范地方政府隐性债务风险。地方建设资金不落实、当年无法开工的不得安排专项投资。

第十二条 省级新区发展改革部门根据项目申报和审核情况，提出拟安排专项投资的项目和拟安排方式，经市级发展改革部门复审并出具意见后，由省级新区发展改革部门按要求向省发展改革委报送切块项目投资计划申请文件。投资计划申请以"块"作为项目进行上报，并附拟安排专项投资项目情况表和市级发展改革部门复审意见。

第十三条 省发展改革委根据年度专项投资规模、地方财力和投资需求、上年度省级新区综合发展水平考核评价结果、专项投资项目财政绩效评价结果和监督检查结果等因素，确定各省级新区年度专项投资切块额度，一次性下达投资计划，同步抄送省人大预算委员会、财政厅、审计厅和相关市级发展改革部门。投资计划不下达到具体项目，不明确项目数量，仅明确安排方向、切块额度、工作要求等。

第十四条 省级新区发展改革部门应当在收到投资计划下达文件后20个工作日内，在上报的拟安排专项投资项目范围内，将专项投资分解落实到具体项目，转下达投资计划并抄送市级发展改革部门，同时报省发展改革委备案。省级新区发展改革部门应当对投资计划安排的合规性负责，并在规定时限内通过在线平台报备相关项目信息。

省级新区发展改革部门在分解下达投资计划时，应当逐一明确每个项目的日常监管直接责任单位及监管责任人，并经日常监管直接责任单位及监管责任人认可后填报入库。未分解落实责任的，由省级新区发展改革部门承担日常监管直接责任。

第三章 项目实施管理和绩效管理

第十五条 使用专项投资的项目，应当严格执行国家和省有关政策、规定和要求，不得擅自改变主要建设内容和建设标准，严禁截留、滞留、转移、侵占或者挪用专项投资。

第十六条 项目单位是项目实施的责任主体，应当严格按照年度投资计划下达的建设任务组织实施，项目建成后及时申请开展竣工验收。确需调整建设主体、建设地点、建设规模、建设期限、总投资等的项目，应当按程序重新报原审批、核准或备案部门调整，并将调整结果报送省级新区发展改革部门，同时抄送市级发展改革部门。

第十七条 市级发展改革部门指导、督促省级新区发展改革部门定期组织调度已下达专项投资项目的实施情况，每月 10 日前由省级新区发展改革部门通过四川省投资项目管理服务平台（以下简称"项目一张网"）向省发展改革委报告下列内容。

（一）项目实际开工、竣工时间；

（二）项目资金到位、支付和投资完成情况；

（三）项目的主要建设内容；

（四）项目工程形象进度；

（五）存在的问题。

项目日常监管直接责任单位应督促项目单位（法人）及时准确录入项目信息、按时如实填报项目进度数据。

第十八条 年度投资计划一经下达，原则上不得调整。因不能按时开工建设或者建设规模、标准和内容发生较大变化等情况，导致项目不能完成既定建设目标的，项目单位应及时报告情况和原因，省级新区发展改革部门商市级发展改革部门和财政部门办理年度投资计划调整，调整结果应当及时通过"项目一张网"报备。

年度投资计划调整应当优先在省级新区发展改革部门上报的拟安排专项投资项目范围内进行。如上报的拟安排专项投资项目均已足额安排，可调整用于符合本办法有关要求的其他项目。

第十九条 专项投资项目的财务管理，按照财政部门的有关财务管理规定执行。资金使用涉及政府采购的，按照政府采购相关规定执行。

第二十条 项目单位和省级新区发展改革部门是预算绩效管理的责任主体。项目单位在申报专项投资时同步提出绩效目标，并报省级新区发展改革部门审核。省级新区发展改革部门在分解下达年度投资计划时一并下达项目总体绩效目标和年度绩效目标。

第二十一条 市级发展改革部门指导省级新区发展改革部门对绩效目标实现程度进行监督管理，发现问题及时纠正，确保绩效目标如期保质保量实现。项目日常监管责任和项目建设主体责任落实情况，作为年度绩效考核重要内容。

第二十二条 省发展改革委组织开展省预算内投资项目年度绩效自评。省级新区发展改革部门按照绩效管理规定将项目绩效自评情况及时报送省发展改革委，同时抄送市级发展改革部门。省发展改革委根据财政绩效评价结果，对下年度专项投资切块安排进行相应调整。

第四章　监督检查和法律责任

第二十三条　不涉及保密要求的专项投资项目,应当按照有关规定公开。

省发展改革委接受单位、个人对专项投资项目在审批、建设过程中违法违规行为的举报,并按照有关规定予以查处。

第二十四条　项目日常监管直接责任单位及监管责任人对项目申报、建设管理、信息报送等履行日常监管直接责任。

省级新区发展改革部门承担项目监管主体责任,应当采取组织自查、复核检查、实地查看、通过"项目一张网"在线监测等多种方式,加大对下达投资计划、项目落地实施、工程建设管理、计划执行进度、资金使用与拨付等计划执行重点关键环节的监督检查力度,发现问题及时研究解决,限期组织整改,保证政府投资资金的合理使用和项目顺利建设实施。对于专项投资项目,省级新区发展改革部门应当"三到现场",即开工到现场、建设到现场、竣工到现场。

市级发展改革部门履行项目属地监管责任,应当采取督促自查、实地调研抽查、联合有关部门不定期检查、专项督导、通过"项目一张网"在线监测等多种方式,切实加强项目全过程监管。对于检查督导和监测调度等发现的问题,要逐项督促推动整改,重大问题及时报告省发展改革委。

省发展改革委指导、督促市级发展改革部门和省级新区发展改革部门做好投资计划管理工作,加强监督检查,对发现的问题严格按照有关法律法规和政策规定进行处理,并将监督检查结果作为专项投资安排的重要依据。

第二十五条　项目单位有下列行为之一的,省级新区发展改革部门责令其限期整改;拒不整改或者整改后仍不符合要求的,应当会同有关部门采取措施核减、收回或停止拨付专项投资,暂停其申报专项投资项目,将相关信息纳入四川省社会信用信息平台和在"信用中国"(四川)网站公开,并可根据情节轻重提请或者移交有关机关依法追究有关责任人责任。

(一)提供虚假情况,骗取或重复申请专项投资的;

(二)转移、侵占或者挪用专项投资的;

(三)擅自改变主要建设内容和建设标准的;

(四)项目建设规模、标准和内容发生较大变化而不及时报告的;

（五）无正当理由未及时建设实施的；

（六）拒不接受依法进行的监督检查的；

（七）未按要求通过"项目一张网"报告相关项目信息的；

（八）其他违反国家法律法规和本办法规定的行为。

市级发展改革部门发现项目单位有上述行为之一的，应当要求和督促省级新区发展改革部门限期组织整改，重大问题及时报告省发展改革委。

第二十六条 省级新区发展改革部门有下列行为之一的，省发展改革委责令其限期整改，并可根据情节，在一定时期内不再受理其报送的投资计划申请，或调减其专项投资安排规模。

（一）指令或授意项目单位提供虚假情况、骗取或重复申请专项投资的；

（二）审核项目不严，造成投资损失或重复安排专项投资的；

（三）未在规定时间内分解转下达年度投资计划的；

（四）安排的项目不符合专项安排原则和投资方向，或存在其他严重失误的；

（五）未按规定及时调整年度投资计划，造成资金闲置超过一年的；

（六）未按要求通过在线平台和"项目一张网"报告相关项目信息，或报送信息不实的；

（七）未履行项目监管主体责任或监管不力，安排的项目存在问题较多的；

（八）对项目存在的问题未及时研究解决、限期组织整改，或整改不到位的；

（九）其他违反国家法律法规和本办法规定的行为。

市级发展改革部门发现省级新区发展改革部门有上述行为之一的，应当要求和督促省级新区发展改革部门限期整改，并及时向省发展改革委报告。

第二十七条 市级发展改革部门有下列行为之一的，省发展改革委责令其限期整改，并可根据情节，在一定时期内不再受理其所在地省级新区投资计划申请，或调减该省级新区专项投资安排规模。

（一）指令或授意省级新区发展改革部门或项目单位提供虚假情况、骗取或重复申请专项投资的；

（二）对项目复审不严，造成投资损失或重复安排专项投资的；

（三）未履行项目属地监管责任或监管不力，所在地省级新区专项投资项目存在问题较多且督促整改不到位的；

（四）发现重大问题未及时上报的；

（五）其他违反国家法律法规和本办法规定的行为。

第二十八条 各级发展改革部门工作人员要严格执行本办法规定做好专项投资管理工作；对滥用职权、玩忽职守、徇私舞弊、索贿受贿等行为依法追究相关责任。

第五章 附 则

第二十九条 本办法由省发展改革委负责解释。

第三十条 本办法自发布之日起施行，有效期2年。

附：法律意见书模板

××律师事务所关于××项目之

法律意见书

××律师事务所

年 月 日

法律意见书

致：_____

××律师事务所接受××委托，作为××项目特聘专项法律顾问，根据《中华人民共和国预算法》、《国务院关于加强地方政府性债务管理的意见》（国发〔2014〕43号）、《国务院关于深化预算管理制度改革的决定》（国发〔2014〕45号）、《地方政府债券发行管理办法》（财库〔2020〕43号）、《关于对地方政府债务实行限额管理的实施意见》（财预〔2015〕225号）、《地方政府专项债务预算管理办法》（财预〔2016〕155号）、《关于试点发展项目收益与融资自求平衡的地方政府专项债券品种的通知》（财预〔2017〕89号）、《财政部关于做好地方政府债券发行工作的意见》（财库〔2019〕23号）、《关于做好地方政府专项债券发行及项目配套融资工作的通知》（厅字〔2019〕33号）等法律、法规及规范性文件的有关规定，遵循诚实、守信、独立、勤勉、尽责的原则，按照律师行业公认的业务标准、道德规范和勤勉尽责精神，严格履行法定职责，就××项目发行地方政府专项债券，出具本法律意见书。

一、释义与声明

（一）释义

本法律意见书中，除非文中另有所指，下列词语具有以下含义：

序号	简称	全称
1	发行人	××
2	委托人/项目建设单位/项目实施主体	××
3	本项目	××
4	本法律意见书	《××法律意见书》
5	《实施方案》	《××实施方案》
6	《财务报告》	××会计师事务所于××年××月编制的《××财务报告》
7	会计师事务所	××会计师事务所
8	律师事务所/本所	××律师事务所

（二）声明

本法律意见书仅依据截至其出具日中国大陆地区现行有效的法律、法规、规章及规范性法律文件的规定而出具。

本法律意见书仅针对本次发行有关情况所涉法律问题发表意见，不对本次发行的可偿付性作出任何保证。

本法律意见书仅依据截至其出具日之前已经发生或存在的事实及提供的文件资料之相关信息而出具。委托人已保证该等文件、资料的真实性、完整性和准确性。对于本法律意见书至关重要而又无法得到独立证据支持的事实，本所依赖委托人提供的文件、资料、所作的说明、承诺、中介机构的专业报告或意见及相关政府部门出具的文件发表意见。本所不承诺在本法律意见书出具日之后因客观情况或法律及其解释的变更等因素对本法律意见书所产生的影响，不明示或暗示任何超越法律的观点和意见。

本法律意见书仅针对××项目法律问题发表意见，并不对其他中介机构所出具的诸如《财务报告》等专业报告发表意见，本法律意见书中需要引用其他中介机构所出具的上述专业报告的结论或涉及上述专业报告内容的，本所均依赖上述专业报告；但该等引用并不表明本所律师对上述专业报告的真实性和准确性做出任何明示或默示的判断、确认、保证和承诺。

本法律意见书仅供××项目使用，不得用作任何其他目的。本所同意将本法律意见书作为本次债券发行必备的法律文件随其他材料一同公开披露，并承担相应的法律责任。

本法律意见书的任何内容，均应被视为是构成本所所出具法律意见的不可分割之有机组成部分；在阅读、理解、引用本法律意见书时，任何对本法律意见书内容的分割均可能导致对本所出具的法律意见的曲解。

本法律意见书仅供发行人为申请本次发行××项目政府专项债券使用，未经本所书面同意，不得他用。

二、本次债券发行情况

（一）发行主体

（二）发行概述

（三）资金用途

按照财政部《关于试点发展项目收益与融资自求平衡的地方政府专项债券品种的通知》（财预〔2017〕89号）规定，本期债券募集资金由财政部门纳入政府性基金预算管理，并由相关主管部门专项用于××项目，任何单位和个人不得截留、挤占和挪用，不得用于经常性支出。

……

三、本次发行对应投资项目

（一）项目背景

（二）项目内容

（三）项目批复

本项目已取得的批复文件如下：

序号	批复文件名称	文号	批复机关	批复时间
……	……	……	……	……

（四）项目实施主体

本项目实施单位：

单位地址：

单位性质：

法定代表人：

注册资本：

统一社会信用代码：

经营范围：

本所律师认为：（对实施主体的主体资格的复核意见）

四、项目收益与融资平衡情况

（一）项目收益

（二）融资平衡

（项目投资情况、还本付息情况、偿还计划、投资计划……根据《实施方案》和《财务报告》的内容撰写）

综上所述，本所律师认为……（对项目收益与融资自求平衡方案的合规意见）

五、中介服务机构

（一）会计师事务所

（对会计师事务所的执业资格合规意见）

（二）律师事务所

（对律师事务所的执业资格合规意见）

六、项目潜在风险及控制措施

根据《实施方案》和《财务报告》，本项目可能存在的主要风险及控制措施建议如下。

（一）影响项目收益和融资平衡的风险因素

……

（二）主要风险控制措施

……

七、偿债保障及投资者保护

根据《实施方案》披露，本项目偿债保障及投资者保护措施如下。

（一）偿债保障

……

（二）投资者保护

1. 制度层面建立地方政府性债务风险防控措施及债务风险应急处置预案。

根据《中华人民共和国预算法》、《国务院关于加强地方政府性债务管理的意见》(国发〔2014〕43号)和《国务院办公厅关于印发地方政府性债务风险应急处置预案的通知》(国办函〔2016〕88号),××市政府制定有……(描述及引用地方政府制定颁布的有关本地区应对地方政府性债务风险防控工作的规范性文件及相关应急处置措施等。)

2. 建立完善的债券资金使用管理机制。

……

八、结论意见

(对前述各方面合规审查/复核意见的汇总)

本法律意见书一式×份,经本所律师签字并加盖律师事务所公章后生效。

(以下无正文,为本法律意见书之签章页)

××律师事务所(盖章)

律师(签字):

律师(签字):

××年××月××日

附件

××律师事务所执业许可证(正/副本)复印件及律师执业资格证复印件

后　　记

　　不动产金融是建纬律师事务所的核心业务板块之一，2014年《国务院关于加强地方政府性债务管理的意见》（国发〔2014〕43号）出台后，从2015年至今，国务院与财政部、国家发展和改革委员会等多部门陆续颁布了大量文件，逐步建立并完善了专项债制度体系。建纬（长沙）律师事务所和建纬（天津）律师事务所承接了大量地方政府专项债券发行法律服务业务，并一直密切关注着与专项债相关的政策动态，收集和梳理相关法律法规及其他规范性文件。在此过程中，建纬（长沙）律师事务所和建纬（天津）律师事务所的各位律师同人们边学习、边运用、边总结，对这些法律法规及其他规范性文件进行分类，例如，预算管理、固定资产投资、地方债务管理、债券发行、金融机构参与、行业领域、监督与风险处置等。这些分类既有助于律师们在日常工作中使用查阅，又有助于全面、深入掌握相关法条的内容和要义；也反映出律师从事非诉讼领域的工作，不仅要知晓具体的法律法规及其他规范性文件内容，而且要做到融会贯通，形成专业知识体系，并且不断完善、更新，才能有助于为客户提供更高质量的专业服务。

　　在汇编过程中，我们充分考虑到法律条文的时效性要求。对于具有政策导向性的规范性文件，我们根据政策的调整动向和趋势，及时将条文予以更新。对那些仅是指导既往年度债券发行的规范性文件，因时过境迁，本次汇编未收录在内。但是像土地储备专项债、棚户区改造专项债虽然已不再是发行重点，甚至被限制或禁止，但由于其在专项债发展过程中的重要地位和历史意义，故本书仍然将其收录。此外，由于篇幅所限，且考虑到各地经济发展水平、地方债务限额等存在明显差异，各地方政府及所属部门出台的指导本地方发行地方政府专项债的法规和规范性文件难以具备普遍的指引性和适用性，因此我们将汇编重点放在国家层级文件的梳理上，另收录了具有代表性和典型性的九个省（直辖市）的主要地方性文件。

后 记

本书能付梓出版，首先，要感谢湖南省、天津市、长沙市等多个省、市地区财政部门、发改委、国有企业等客户单位对建纬（长沙）律师事务所和建纬（天津）律师事务所的信任与支持。其次，要感谢招商银行股份有限公司、招商银行股份有限公司长沙分行、宣怀管理咨询（天津）有限公司等众多合作伙伴的协同与帮助，特别是宣怀管理咨询（天津）有限公司在本书编辑过程中给予了大力支持，提供了众多专项债项目策划方案、投融资方案等实务案例分享。本书能够顺利出版，还离不开很多在幕后辛勤劳动的同人们。感谢建纬（长沙）律师事务所高级合伙人陈良俊律师、李倩律师、唐砼律师，建纬（天津）律师事务所高级合伙人梁素娟律师、李淼律师对本书的编辑和出版提供了大量的帮助与宝贵建议；感谢建纬（长沙）律师事务所唐文艺律师、何淑懿律师、吕佩琦律师、黄时雨（实习律师），建纬（天津）律师事务所高级合伙人阎军律师、黄亚江律师、郑梦雨（实习律师）对本书的编辑与制作付出了大量的心血和精力。

同时，我们也看到本书仍存在诸多不足，文件分类方式亦有局限。整理归纳政策性文件是一项长期、细致的工作，有待团队继续努力，携手共进。也希望诸位读者不吝赐教，为编者团队提出宝贵意见。